A ASCENSÃO DA CHINA

Acomodação pacífica ou grande guerra?

TIAGO VASCONCELOS

A ASCENSÃO DA CHINA
Acomodação pacífica ou grande guerra?

A ASCENSÃO DA CHINA
ACOMODAÇÃO PACÍFICA OU GRANDE GUERRA?

AUTOR
TIAGO MARIA RAMOS CHAVES DE ALMEIDA E VASCONCELOS

EDITOR
EDIÇÕES ALMEDINA, SA
Av. Fernão Magalhães, n.° 584, 5.° Andar
3000-174 Coimbra
Tel.: 239 851 904
Fax: 239 851 901
www.almedina.net
editora@almedina.net

PRÉ-IMPRESSÃO | IMPRESSÃO | ACABAMENTO
G.C. – GRÁFICA DE COIMBRA, LDA.
Palheira – Assafarge
3001-453 Coimbra
producao@graficadecoimbra.pt

Setembro, 2009

DEPÓSITO LEGAL
297705/09

Os dados e as opiniões inseridos na presente publicação
são da exclusiva responsabilidade do(s) seu(s) autor(es).

Toda a reprodução desta obra, por fotocópia ou outro qualquer
processo, sem prévia autorização escrita do Editor, é ilícita
e passível de procedimento judicial contra o infractor.

Biblioteca Nacional de Portugal – Catalogação na Publicação

VASCONCELOS, Tiago Maria Ramos Chaves
de Almeida e

A ascensão da China : acomodação pacífica
ou grande guerra
ISBN 978-972-40-3916-9

CDU 327
     338
     355

ÍNDICE

Agradecimentos 11

Prefácio 13

Razões de Um Livro 15

CAPÍTULO I – INTRODUÇÃO – O SISTEMA INTERNACIONAL "PANO DE FUNDO" DA ASCENSÃO DA CHINA 23

I.1. Caracterização e distribuição do poder no sistema 23

I.2. Estabilidade da ordem internacional e estratégia da superpotência 29

I.3. Mecanismos de regulação do sistema internacional 36

I.4. "Tectónica" dos poderes mundiais e longevidade do sistema internacional 41

CAPÍTULO II – OS FACTORES GEOESTRATÉGICOS 49

II.1. O factor físico 49

    II.1.1.Factor físico: potencialidades e vulnerabilidades 53

II.2. O factor humano 54

    II.2.1. Efectivo populacional e questões económico-sociais que ressaltam desde logo 54

    II.2.2. Distribuição da população e minorias étnicas 58

    II.2.3. Diáspora chinesa ultramarina e "Grande China": acelerando forças centrífugas históricas ou facilitando eventuais irredentismos 63

    II.2.4. Factor humano: potencialidades e vulnerabilidades 65

II.3. Factor recursos naturais e comunicações 66

    II.3.1. Recursos alimentares 66

    II.3.2. Minérios e metais 68

    II.3.3. Recursos energéticos 69

    II.3.4. Comunicações 73

    II.3.5. Factor recursos naturais e comunicações: potencialidades e vulnerabilidades 77

6   *A ascensão da China. Acomodação pacífica ou grande guerra?*

CAPÍTULO III – O FACTOR ECONÓMICO-TECNOLÓGICO   79

III.1. A dependência de tecnologia e os modelos de desenvolvimento do período das reformas. O *engagement* institucional da China na economia internacional   79

III.2. Objectivos de crescimento económico das autoridades chinesas e projecções   85

III.3. A composição do PIB chinês por sectores de actividade   91

III.4. Implicações estratégicas da dependência chinesa de petróleo   95

III.5. Alguns aspectos das relações da economia chinesa com a economia mundial   102

III.6. As assimetrias de desenvolvimento regional e as forças centrífugas. . .   111

III.7. Economia chinesa e economia mundial – a realidade e os discursos. . .   116

III.8. Factor económico-tecnológico – conclusões. Potencialidades e vulnerabilidades   121

CAPÍTULO IV – O FACTOR POLÍTICO-CULTURAL   129

IV.1. Sistematizando os problemas económicos, sociais e políticos   129

IV.2. República Popular: "Nova" China, legitimidade e política de reforma e abertura ao exterior.   131

IV.3. Instrumentos de legitimação do regime: nacionalismo como "ideologia de substituição"; contradições entre nacionalismo e desempenho económico   137

IV.4. Problemas políticos do modelo de desenvolvimento – Ensaio sobre a capacidade de sedução do modelo político-cultural chinês   142

IV.4.1. Generalidades   142

IV.4.2. Direitos humanos: possibilidades de pressão externa sobre o sistema político e as respostas chinesas.   145

IV.4.3. Estratégia cultural da China e projecção do poder político-cultural chinês   153

IV.4.4. Estado e religião. Igreja, Taiwan, Macau e Hong Kong   159

IV.4.5. Direitos humanos e democracia no contexto de Taiwan, Hong Kong e Macau   162

IV.4.6. A abertura do sistema político? Uma resposta arriscada às limitações das outras estratégias de legitimação. Reforma política: paradoxos e desafios. A vitalidade do Partido Comunista. 164

IV.4.7. Perspectivas de evolução do regime 169

IV.5. Factor político-cultural – conclusões. Potencialidades e vulnerabilidades 171

CAPÍTULO V – O FACTOR MILITAR. 177

V.1. Introdução. 177

V.2. A necessidade da transformação das forças armadas chinesas e as tendências de modernização. 179

V.2.1. Lições aprendidas e esforço de modernização 179

V.2.2. Objectivos, prioridades e focos do esforço de modernização. . . . 180

V.2.3. A China na "corrida ao espaço" 184

V.3. As forças convencionais 186

V.3.1. Forças terrestres 186

V.3.2. Forças aéreas. 187

V.3.3. Marinha. 188

V.4. Forças de mísseis e forças nucleares 191

V.5. Despesas militares chinesas 196

V.6. Capacidades absolutas e capacidades relativas: *watching China*. 200

V.7. Capacidades militares absolutas e relativas a médio e longo prazo. . . . 205

V.8. Factor militar – conclusões. Potencialidades e vulnerabilidades 208

CAPÍTULO VI – O ESTADO CHINÊS E O SEU AMBIENTE EXTERNO 213

VI.1. Introdução. 213

VI.2. Um olhar da China para o mundo moderno 215

VI.3. Lidando com as periferias – um giro do horizonte a partir de Pequim 219

VI.3.1. Estabilidade, segurança das fronteiras, liberdade de acção e contra-contenção 219

VI.3.2. O sector noroeste – Rússia, Islão e Ásia Central: a estepe preocupação estratégica permanente da China. A Organização de Cooperação de Xangai. Aliança anti-americana sino-russa em formação?. 221

8 *A ascensão da China. Acomodação pacífica ou grande guerra?*

VI.3.3. O sector sudoeste – Ásia do Sul: Índia e Paquistão potências nucleares. Aliança anti-chinesa indiano-americana? 231

VI.3.4. O sudeste asiático 238

VI.3.5. Taiwan 245

VI.3.6. Nordeste asiático. A aliança entre o Japão e os Estados Unidos. A questão coreana e a defesa contra mísseis no contexto regional e de Taiwan 252

VI.4. Para além das periferias 264

VI.4.1. Mundo em desenvolvimento e mundo desenvolvido 264

VI.4.2. A estratégia da China em África 265

VI.4.3. América Latina 269

VI.4.4. Austrália e Canadá 271

VI.4.5. Europa. 273

VI.4.6. Estados Unidos 279

VI.4.7.O triângulo de relações China, Europa e Estados Unidos 287

VI.5. O Estado chinês e o seu ambiente externo – conclusões 291

CAPÍTULO VII – CENÁRIOS ESTRATÉGICOS 299

VII.1. Objectivos e longevidade da estratégia da República Popular da China 299

VII.2. Os 4 cenários principais: probabilidade e perigosidade 302

VII.2.1. Cenário 1 – Implosão 302

VII.2.2. Cenário 2 – Estagnação 303

VII.2.3. Cenário 3 – Ascensão progressiva dentro da ordem (acomodação recíproca) 305

VII.2.4. Cenário 4 – Desafio chinês à ordem internacional como consequência da ascensão 310

VII.3. A "tectónica" dos grandes poderes face aos cenários de ascensão da China 314

CAPÍTULO VIII – CONCLUSÕES 319

Bibliografia 331

ÍNDICE DE GRAVURAS

Figura 1 – O Mundo segundo Kissinger (2002) 26

Figura 2 – Complexos Regionais de Segurança (Buzan, 1994). 28

Figura 3 – O Mundo das Civilizações (Huntington, 1996) 28

Figura 4 – O Arco de Instabilidade Global 31

Figura 5 – *Global Balkans* ou Balcãs Asiáticos (Brzezinski, 2004) 33

Figura 6 – Tamanho relativo da República Popular da China e dos EUA. . 49

Figura 7 – O Heartland Chinês 50

Figura 8 – Geobloqueamento e disputas territoriais 52

Figura 9 – População da China e de outros grandes actores e regiões 56

Figura 10 – Produção de cereais 67

Figura 11 – Produção de minérios e metais. 68

Figura 12 – Indicadores de energia da China. 70

Figura 13 – Consumo de energia na China 71

Figura 14 – Infra-estruturas de comunicações. 74

Figura 15 – Infra-estruturas de comunicações e efectivo populacional. 74

Figura 16 – Crescimento anual do PIB per capita da China (projecção). . . . 86

Figura 17 – Variação do PIB chinês 2005-2025 87

Figura 18 – Produto Interno Bruto 2000-2050 88

Figura 19 – Produto Interno Bruto per capita 2000-2050 89

Figura 20 – Composição do PIB por sector de actividade – 2005. 92

Figura 21 – Emprego da força laboral por sector de actividade na China. . . 92

Figura 22 – Produção, consumo e importações líquidas de petróleo na China 95

Figura 23 – Importações chinesas de petróleo – 2004. 97

Figura 24 – Fluxo das importações chinesas de petróleo 100

Figura 25 – Investimento directo estrangeiro acumulado na China 102

Figura 26 – Maiores Exportadores Mundiais – 2004. 104

Figura 27 – Maiores Importadores Mundiais – 2004. 104

Figura 28 – Destino das exportações chinesas – 2004. 106

Figura 29 – Origem das importações chinesas – 2004 106

Figura 30 – Importância relativa do comércio externo na economia. 107

Figura 31 – Forças terrestres do EPL. 186

Figura 32 – As 7 Regiões Militares Chinesas 187

Figura 33 – Forças aéreas do EPL 188

Figura 34 – Forças navais do EPL 188

Figura 35 – Limites geográficos da 1ª e 2ª cadeias de ilhas. 189

Figura 36 – Mísseis 191

Figura 37 – Força de mísseis convencionais de curto alcance. 192

Figura 38 – Mísseis balísticos de alcance intermédio e intercontinentais . . . 193

Figura 39 – Despesas militares chinesas orçamentadas e estimadas 196

Figura 40 – Projecção das despesas militares chinesas até 2025. 197

Figura 41 – Comparação despesas RPC e EUA com defesa em 2025. 198

Figura 42 – A China e as grandes potências mundiais: Despesas Milita-
res 2004 200

Figura 43 – China e outras potências regionais (2007) 201

Figura 44 – O contexto regional da China. 221

Figura 45 – Ásia Central 225

Figura 46 – Bases militares na Ásia Central 226

Figura 47 – Traçados possíveis de pipelines entre Ásia Central e do Sul . . . 228

Figura 48 – A Ásia do Sul e o Oceano Índico 232

Figura 49 – Disputas territoriais entre a China e a Índia 234

Figura 50 – O Sudeste Asiático e o Mar da China Meridional 239

Figura 51 – Reclamações territoriais em torno das ilhas Spratly. 241

Figura 52 – O Nordeste Asiático 253

Figura 53 – Zonas Económicas Exclusivas reclamadas pela China e pelo Japão 254

AGRADECIMENTOS

É forçoso dirigirmos o primeiro agradecimento ao Presidente do Instituto do Oriente no Instituto Superior de Ciências Sociais e Políticas, Professor Narana Coissoró, pela simples razão de que, sem a sua intervenção e o seu apoio, provavelmente este estudo não chegaria a ser publicado.

Um segundo agradecimento é devido ao General Abel Cabral Couto, nosso Professor na parte escolar do mestrado e nosso orientador na elaboração da tese, pelo enorme rigor e disponibilidade com que foi lendo as sucessivas aproximações ao trabalho final. Se eventuais erros e omissões neste trabalho apenas a mim se devem, não temos qualquer dúvida em afirmar que, se o trabalho tiver alguma coisa de positivo, isso em grande parte a ele se deve.

Ainda no âmbito do ISCSP, não podemos deixar de mencionar alguns dos outros nossos Professores no mestrado e na pós-graduação sobre a China Moderna, como o General Loureiro dos Santos, o Embaixador Duarte de Jesus, a Professora Ana Maria Amaro, o Professor Heitor Romana e o Dr. Jorge Silveira, bem como deixar a nossa homenagem ao Professor Políbio de Almeida, ao Almirante Sachetti e ao Comandante Virgílio de Carvalho. Finalmente, uma palavra de apreço deve ser deixada ao Secretário do ISCSP, Acácio Almeida Santos, pela disponibilidade e paciência com que sempre ajudou a conciliar as obrigações académicas com as exigências da nossa vida militar.

Ao General Rocha Vieira, último Governador de Macau, a cujo Gabinete tivemos a honra e o privilégio de pertencer, queremos agradecer a confiança que depositou em nós nos anos em que servimos sob as suas ordens, bem como a possibilidade que nos deu de observar de perto o processo de concepção e de execução estratégicas relativo à transição da administração em Macau, um êxito de que todos os portugueses se podem orgulhar.

Foi no Exército Português, e em particular no então Instituto de Altos Estudos Militares, que pudemos beneficiar do clima de reflexão que nos estimulou a aprofundar os conhecimentos na área da Estratégia. É impossível nomear todos os professores e alunos de cujas reflexões e conversas beneficiámos durante os anos em que, como aluno e professor, passámos naquela Casa. Mas aqui fica uma palavra de agradecimento a todos eles.

Ao Major Lourenço de Azevedo temos de agradecer o auxílio na elaboração de alguns quadros e mapas que ilustram o trabalho.

Por último, cumpre-nos deixar uma palavra de agradecimento e apreço pelo apoio da Fundação Jorge Álvares.

PREFÁCIO

A pujança económica da China (RPC) que a coloca já num grupo de países liderantes do mundo contemporâneo – basta pensar que o chamado G20 não é mais que G2 (EUA e RPC) mais 18, deve-se ao seu desenvolvimento económico sustentado durante as últimas três décadas, alcançado através de um exigente processo de reformas iniciadas com a chamada "abertura" em 1978, que transformou um país predominantemente rural e politicamente fechado num "player" incontornável da economia global actual. O facto de a estrutura política se ter conservado sem modificações de relevo, torna a China num "case-study" no domínio das relações internacionais, a que se tem dedicado uma plêiade de investigadores das mais variadas escolas de pensamento na Europa e na América.

É sabido que a entrada da China na OMC (Organização Mundial do Comércio) incentivou a globalização da sua economia de uma forma que se pode considerar exponencial. Em 2006, a China adquiriu o status de segunda maior economia depois dos EUA, no PPP (Purchasing Power Parity) e também no comércio global, dominando actualmente 10% do comércio internacional. É, ao mesmo tempo, o primeiro receptor dos investimentos directos estrangeiros.

Estas realidades têm obviamente um forte impacto no próprio conceito de economia global, que não se resume a uma mera intensificação dos fluxos comerciais. Com efeito, muitas das recentes oscilações no mercado mundial, como o aumento dos preços do petróleo, tiveram origem no comportamento das autoridades chinesas. A aquisição das matérias-primas e as exportações de produtos de baixa qualidade tiveram efeitos perniciosos nos preços e salários, sendo uma das causas do desemprego que grassa nos países desenvolvidos. A influência chinesa revela-se, assim, como um factor de enorme importância no mercado global, podendo tal influência aumentar ainda se pensarmos que o crescimento chinês se poderá manter em 7% do PNB na próxima década, como aliás é salientado pelas instituições como a OCDE, o FMI, a GOLDMAN SACHS, etc.

Não é motivo de grande controvérsia que o chamado "dragão asiático" se coloque à frente dos chamados "tigres asiáticos" e do Japão, a ponto de não ser nenhuma utopia poder afirmar-se que em 2025 a China poderá ultrapassar os próprios EUA.

Esta expectativa concorre, por seu turno, a incentivar ainda mais o crescimento. Em 1999, Gerald Segal publicou na revista Foreign Affairs um famoso artigo ("Does China Matter?", Setembro/Outubro, p. 24), subestimando as potencialidades da China nos domínios militar, político e económico, tendo esta tese feito escola. Por outro lado Shaun Breslin, em Setembro de 2006, apresentou uma comunicação no seminário organizado pela Academia das Ciências Sociais da China argumentando que os autores ocidentais têm uma grande tendência para erigir a China como grande potência, o que não passaria, segundo o seu ponto de vista, de um manifesto exagero porque há uma tendência que parte de dados errados quanto à riqueza e poder militar da China.

A controvérsia entre estes pensadores e aqueles que acreditam nas potencialidades da China tem como denominador comum a questão de saber quais os efeitos da possível expansão e/ou expansionismo da China.

O que é hoje o potencial económico, militar e diplomático da China está muito longe de consensualidade, mas importa salientar é a estratégia do grande dragão em colocar-se numa posição diametralmente oposta à diplomacia americana pós 11 Setembro (09/11) e os desenvolvimentos que projectam a China na Comunidade Internacional. Acresce o constante e frutuoso envolvimento bilateral ou multilateral com os países do continente africano e no espaço sul-americano, outrora "feudos" dos países europeus e dos EUA. Estes países gravitam hoje na órbita da China que aproveita a sua influência nas relações Sul-Sul para poder chegar a uma redefinição das actuais organizações internacionais, que são consideradas como obsoletas, e tentar criar um novo enquadramento de instituições de índole global mais democrática onde pode vir a usufruir de um status igual ao dos EUA.

O estudo de Tiago Vasconcelos é uma importante contribuição para esta controvérsia, um motivo de satisfação para o Instituto do Oriente – ISCSP onde este livro, em anterior forma de dissertação de Mestrado em Estratégia, mereceu a classificação de Excelente.

NARANA COISSORÓ

Presidente do Instituto do Oriente

RAZÕES DE UM LIVRO

Depois de um longo ciclo de decadência e fragmentação política do Império do Meio, o Estado chinês verdadeiramente não contava na balança dos poderes mundiais até à Segunda Guerra Mundial. A China, porém, uma das vencedoras da guerra contra os japoneses no Pacífico, foi desde a fundação das Nações Unidas, em 1945, um dos 5 membros permanentes do Conselho de Segurança. Inicialmente através do governo nacionalista, que se refugiaria em Taiwan em 1949 no rescaldo da derrota com os comunistas na guerra civil, e, a partir de 1971, através do governo de Pequim. A República Popular da China entrou na Guerra da Coreia (1950-53), foi uma das dinamizadoras da conferência de Bandung (1955), apoiou movimentos anti-colonialistas em África nas décadas de 1950 e 1960 disputando influência à União Soviética, tem um programa espacial desde a década de 1950, efectuou o seu primeiro ensaio nuclear em 1964, foi um actor interventivo no processo de descolonização da Indochina, influenciou o curso da guerra-fria quando se aproximou dos Estados Unidos em 1971, etc. A estratégia de guerra revolucionária dos comunistas chineses e as teorias maoístas inspiraram inúmeros movimentos nacionalistas e seduziram milhões e milhões de seres humanos, não apenas no chamado Terceiro Mundo, mas também em círculos intelectuais europeus e em largos sectores da juventude europeia ocidental. Mas, apesar de um inegável protagonismo internacional, a importância económica e militar da China, particularmente depois dos episódios do Grande Salto em Frente e da Revolução Cultural, estava, em meados da década de 70 do século XX, muito aquém do que poderia sugerir a sua dimensão territorial e demográfica. A China era no final dos anos 70 do século passado, fundamentalmente, um país pobre.

No entanto, as reformas que a China iniciou sob a liderança de Deng Xiaoping a partir do final da década de 70 do século XX, que lhe permitiram, com taxas de crescimento anuais de cerca de 9% em média, quadruplicar o seu produto interno bruto anual em cerca de vinte anos, estão a colocar o mundo perante a possibilidade de finalmente a China realizar

16   *A ascensão da China. Acomodação pacífica ou grande guerra?*

o imenso potencial que deriva da sua enorme base de recursos físicos e demográficos.

Neste contexto, embora as características da política mundial contemporânea sejam bastante diferentes das do passado, a expressão "ameaça chinesa" tem-se tornado frequente. Ou porque as exportações chinesas esmagam a concorrência eliminando empresas e empregos noutros países; ou porque os investimentos chineses em países "pária" no contexto da política chinesa de segurança energética minam o efeito das sanções impostas pelos países ocidentais, ou simplesmente diminuem a influência de instituições como o Banco Mundial e o Fundo Monetário Internacional; ou porque se acredita que o desrespeito do regime chinês pelos direitos humanos a nível interno – o direito à liberdade religiosa no Tibete, por exemplo – é indiciador da probabilidade de comportamentos agressivos no plano externo; ou porque a modernização militar da China e a concentração de mísseis balísticos chineses na margem continental do estreito de Taiwan fundamentam teorias sobre intenções expansionistas chinesas à escala regional e global; etc.

Com 1300 milhões de habitantes, a China é o país mais populoso do mundo, alojando 1/5 da população mundial. As reformas na China têm trazido progressivamente para o interior de um cada vez mais globalizado sistema económico internacional de mercado um efectivo de centenas de milhões de seres humanos e não é fácil antecipar as consequências deste processo a longo prazo, designadamente porque não há antecedentes da entrada no sistema de um tal colosso em termos absolutos e relativos. Para se ter uma ideia, se o consumo de petróleo per capita na China fosse igual ao dos Estados Unidos, toda a actual produção mundial de petróleo, cerca de 85 milhões de barris de petróleo por dia, não chegaria para fazer face à eventual procura chinesa, que rondaria os 90 ou 100 milhões de barris de petróleo por dia.

Não são raros, pois, nem destituídos de pertinência, os cenários em que o crescimento acelerado chinês é tido como ameaçador. Até porque ao aumento da capacidade económica da China se associa o fortalecimento efectivo, e a perspectiva de um ainda maior fortalecimento futuro, das suas capacidades militares. O que torna plausível a possibilidade de a China, mais do que uma potência nuclear, que já é há mais de 40 anos, se vir a tornar a prazo numa verdadeira superpotência militar.

Deste modo, embora haja exemplos de acomodação mais ou menos pacífica de novas potências na cena internacional, em relação à ascensão de uma potência como a China podem sempre estabelecer-se preocupantes analogias com o que se passou com a Alemanha antes da Primeira Guerra Mundial, e novamente com a Alemanha, e com o Japão, antes da Segunda Guerra Mundial.

Sem descartar as virtualidades dessas analogias, não deterministas, em exercícios de prospectiva, parece-nos, no entanto, que a "ascensão da China" confronta a Ciência Política e a Estratégia com um problema intelectualmente novo, porque não há precedente histórico da ascensão económico-militar de uma unidade política que junta 1/5 da Humanidade.

Por outro lado, ao mesmo tempo que é pertinente admitir que o continuado desenvolvimento económico chinês ameaça a segurança do abastecimento de matérias-primas de muitos outros países e o equilíbrio ecológico global, e que o fortalecimento militar chinês pode ser gerador de situações potencialmente muito perigosas para a segurança internacional, não é menos preocupante, num mundo em que a proliferação de estados falhados se combina com a proliferação de armas de destruição maciça e o terrorismo, imaginar a perturbação política à escala global resultante de um eventual colapso ou fragmentação da China.

A "ascensão da China" coloca, assim, problemas conceptualmente novos, quer no que respeita à manutenção da ordem no espaço sobre o qual o Estado chinês exerce a sua jurisdição, quer no que respeita ao futuro da ordem internacional existente.

No que respeita à ordem interna chinesa, a primeira observação que se tem de fazer é que não há experiência histórica de um actor no sistema internacional que seja um Estado centralizado, com autoridade sobre 1300 milhões de indivíduos que sejam cidadãos politicamente exigentes e, ao mesmo tempo, ávidos de bens de consumo. Existem experiências de estruturas federais ou confederais, como os Estados Unidos e a União Soviética, com autoridade sobre 2 ou 3 centenas de milhões de habitantes, sendo que os Estados Unidos têm actualmente cerca de 300 milhões de habitantes, mais ou menos a mesma população que tinha a União Soviética quando implodiu. A Federação Russa, por seu turno, tem hoje cerca de 140 milhões de habitantes. Existe ainda a experiência da União Europeia, que com os seus 27 países reúne uma população de cerca de 490 milhões de pessoas. Sabemos, porém, da dificuldade desta entidade (que não poderemos discutir a fundo neste trabalho) em conciliar interesses, percepções e vontades divergentes a nível interno para se impor como actor político-estratégico. Ora, a China tem mais de 4 vezes a população dos Estados Unidos e quase 3 vezes a população da União Europeia.

A China terá hoje algumas dezenas de milhões de habitantes com perfis médios de consumo equiparáveis aos dos países desenvolvidos. Mas é razoável questionar se as suas actuais estruturas político-administrativas, e as fontes ideológicas de legitimidade do regime, permitirão o exercício da autoridade do Estado chinês e a lealdade dos chineses às suas instituições oficiais quando o número de cidadãos mais bem informados e politicamente exigentes passar a ser, se alguma vez o for, de meia dúzia de centenas de milhões, ou mais.

Portanto, a primeira grande questão que coloca a "ascensão da China" é a de saber se o Estado chinês se mantém ou se, pelo contrário, se fragmenta ou implode. Caso se mantenha, o problema subsequente é saber qual a forma de organização política que um tal Estado assumirá. Trata-se de um problema muito estimulante para a Ciência Política. No entanto, embora ocasionalmente nos cruzemos com este problema no decurso deste livro, por causa da interacção que sempre existe entre ordem interna e comportamentos externos, ele não vai ser o principal foco da nossa atenção.

É no que respeita à preservação e longevidade da ordem internacional vigente que a "ascensão da China" coloca a outra grande questão. Com efeito, é difícil conceber o que representa na "tectónica" dos grandes poderes mundiais a emergência de uma grande potência, ou de uma superpotência, que representa 1/5 da Humanidade. Por outro lado, desde que, a partir do século XVI, foram deixando de existir subsistemas "internacionais" regionais relativamente impermeáveis às influências recíprocas, ou seja, desde que se foi consolidando um sistema internacional à escala global, este foi durante muitos séculos um sistema eurocentrado. As grandes potências eram as grandes potências europeias: umas iam desaparecendo ou implodindo e outras emergindo ou reemergindo, mas o seu número andava normalmente a rondar a meia dúzia. O poder destas potências era de uma ordem de grandeza semelhante, e as suas demografias, também não muito diferentes entre si, rondavam as dezenas de milhões de habitantes.

A entrada da primeira grande potência extra-europeia – os Estados Unidos da América – na "tectónica" dos poderes mundiais foi a entrada de uma espécie de irmão ou primo mais novo: mais forte e mais fogoso, mas pertencendo ainda à mesma família. Já a ascensão do Japão teve um cariz diferente. Não tanto pela ordem de grandeza do seu poder, designadamente demográfico, equiparável ao das outras grandes potências, mas porque representava a entrada de um país do extremo-oriente asiático num clube de potências até então relativamente afins do ponto de vista cultural.

Os Estados Unidos ficaram depois do fim da Segunda Guerra Mundial numa posição de grande primazia – a qual, aliás, lhes permitiu desempenhar um papel decisivo no desenho de instituições que se pretendiam reguladoras da nova ordem no sistema internacional –, mas a verdade é que, em breve, essa primazia estava a ser desafiada e contrabalançada pela União Soviética, iniciando-se uma confrontação de quarenta e poucos anos entre duas superpotências liderantes de dois blocos cuja fractura, além de geopolítica, pode dizer-se que era mais ideológica do que, tomando como referência algumas características da actual conflitualidade internacional, cultural ou civilizacional. Porém, repete-se, as duas superpotências da Guerra-Fria eram unidades políticas com 2 ou 3 centenas de milhões de habitantes.

Ora, como é que se equilibra um colosso económico-militar com 1300 milhões de habitantes? Um colosso que não é apenas mais um Estado: representa uma civilização, outras matrizes culturais, filosóficas, morais e políticas. Qual o efeito que a entrada em cena de um tal colosso, com uma mundivisão muito própria, produz sobre uma ordem internacional que é, fundamentalmente, uma criação ocidental? Qual a possibilidade de choque com a pretensão do Ocidente de proselitamente impor valores de cuja bondade e universalismo está mais ou menos convencido? Como é que a China poderá afectar, ou já está a afectar, o sistema e como poderá o sistema afectar, ou já está a afectar, a China? Como é que estas interacções mútuas operam num momento de viragem tecnológico-civilizacional, de grande liberdade de circulação de pessoas, de bens e de ideias, mas, ao mesmo tempo, de algumas linhas de clivagem potencial entre algumas das diferentes culturas e civilizações que habitam o mundo? Que a China afecte o sistema parece mais ou menos inevitável. Mas, ao "importar" as tecnologias e o *know-how* do funcionamento do sistema, tenderá a China a absorver muitas das características deste?

Com este trabalho pretendemos, pois, dar um pequeno contributo para a análise destes problemas segundo uma perspectiva estratégica.

Com efeito, actualmente, a possibilidade da China passar de uma posição que já é bastante importante no palco internacional, para emergir, fruto da modernização e do desenvolvimento da sua economia e das suas forças armadas, como o actor mais proeminente no leste asiático, um dos três ou quatro grandes actores de um sistema internacional multipolar, ou um dia, quem sabe, o principal actor num sistema internacional unipolar, ou seja, da ascensão da China poder polarizar em Pequim um poder suficientemente forte para alterar radicalmente os equilíbrios de poder regionais e mundiais, é mais do que uma hipótese académica.

É por isso que nos parece importante tentar perceber como é que o crescimento económico-militar da China, a "ascensão da China", está a produzir ou vai produzir no futuro alterações decisivas na situação estratégica mundial, na hierarquia e nas balanças dos poderes mundiais e regionais existentes e nos mecanismos reguladores da ordem no sistema internacional. E, designadamente, se essas alterações previsíveis tenderão ou não a provocar um grande conflito mundial (antecedido ou não de uma corrida aos armamentos por parte da China e, ou, de um conflito regional) ou se, pacificamente, conduzirão a uma ordem mundial mais estável e segura.

Foi a minha experiência profissional em Macau, no Gabinete do Governador, General Rocha Vieira, desde meados de 1996 até ao último dia da Administração portuguesa daquele território, a observação a partir de um ponto de observação privilegiado dos efeitos internacionais da transição de Hong Kong em Julho de 1997, algumas visitas que tive oportunidade de fazer a diversas províncias e cidades da República Popular da China, bem como a outros países da Ásia e do Pacífico, que me despertaram o interesse para a problemática da ascensão da China. Acresce que outros factores contribuíram para melhor colocar em perspectiva os efeitos desta ascensão noutras áreas do Globo: a partir de Macau, acompanhando o Governador, tive oportunidade de visitar outros continentes e países, designadamente países onde, um pouco por todo o mundo, residem comunidades macaenses, bem como alguns países de língua portuguesa, tudo no contexto do potencial que, fruto da sua localização geográfica e da sua experiência histórica, Macau tem como plataforma para as relações entre o Oriente e o Ocidente e, em particular, para as relações com o Continente chinês e o mundo da lusofonia.

Do ponto de vista do interesse português em Macau teria sempre interesse fazer uma análise estratégica da ascensão chinesa. Acrescenta interesse a esta análise o facto de a China estar a ter, fruto de um cada vez maior protagonismo à escala global, uma influência crescente noutras áreas de interesse português, como é o caso da Europa ou da lusofonia, no sudeste asiático, em África e na América do Sul. (Uma questão interessante, mas à qual não pretendemos responder com este trabalho, é a de saber se, nas áreas europeia e da lusofonia, é possível conciliar o interesse português em cooperar com a China, com o interesse português em cooperar com alguns dos seus aliados que possam ter com a China interesses divergentes nessas e noutras áreas.)

A nível mundial há muitíssima literatura e estudos académicos sobre este decisivo facto histórico contemporâneo que é a chamada "ascensão da China". Para não falar de numerosos estudos e contributos de âmbito económico, histórico e sócio-cultural, diversos autores em Portugal se têm dedicado ao estudo da problemática da segurança na região Ásia-Pacífico, da modernização militar da China e dos mecanismos do processo de decisão político-estratégica na República Popular da China. Todos estes estudos – que, como é óbvio, não esgotam um tema que é praticamente inesgotável – abordam muitos aspectos políticos e estratégicos relacionados com a "ascensão da China". Mas, tratando-se normalmente de estudos sectoriais, não correspondem a uma análise sistemática e global de natureza estratégica. Tentar colmatar esta insuficiência é a principal razão de ser deste livro.

O livro começa com um primeiro capítulo, introdutório, que contém uma caracterização sucinta do sistema internacional contemporâneo, ou seja, o "pano de fundo" em que se desenrola a ascensão da China.

Seguem-se 6 capítulos. Os capítulos II a V constituem como que uma primeira parte, com a qual se procuram retratar, de acordo com a metodologia habitual em estudos estratégicos, os principais factores do poder da China: o capítulo II os factores de natureza geográfica, como o meio físico, a demografia e os recursos naturais disponíveis; os capítulos III a V os factores estruturais, como o factor económico-tecnológico, o factor político-cultural e o factor militar.

A partir daí, entramos propriamente na perspectiva do "jogo estratégico": no capítulo VI abordaremos a forma como a dinâmica de evolução chinesa joga com outras dinâmicas em contextos regionais em que a China é automaticamente actor pela sua geografia e no contexto mundial; no capítulo VII estabeleceremos alguns cenários principais sobre as evoluções possíveis do processo da "ascensão da China", discutindo os efeitos para a ordem internacional que decorrem de cada um deles.

Finalmente terminaremos com algumas conclusões, designadamente sobre as possibilidades de minimizar os factores de risco que encerra um fenómeno como a ascensão da China, por forma a que a realidade se venha a aproximar o mais possível dos desfechos menos perigosos para a segurança internacional e para a estabilidade política mundial.

CAPÍTULO I

INTRODUÇÃO: O SISTEMA INTERNACIONAL "PANO DE FUNDO" DA ASCENSÃO DA CHINA

I.1. Caracterização e distribuição do poder no sistema

A implosão do sistema comunista e a fragmentação da União Soviética produziram uma profunda alteração numa conjuntura político-estratégica mundial em que, do antecedente, duas superpotências – os Estados Unidos e a União Soviética – dominavam cada uma a sua parte do mundo e competiam por influência no resto. Com o fim da Guerra-Fria deixou de haver um conflito central, simultaneamente ideológico e geopolítico, estruturante do sistema internacional. E, relativamente à distribuição do poder, este deixou de ser bipolar.

No entanto, algumas características do sistema internacional contemporâneo mantêm-se mais ou menos inalteradas desde o tempo da Guerra-Fria: a mundialização do sistema e o elevado grau de interdependência de todos os tipos de actores, características que foram exacerbadas pela transbordante globalização económica do sistema "capitalista" vitorioso na Guerra-Fria e pelos últimos quinze, vinte anos de revolução tecnológica, designadamente o enorme progresso das tecnologias da informação e das comunicações e a democratização do acesso a elas.

Com a implosão do sistema comunista, o sistema económico de mercado estendeu-se a todo o globo, mais ou menos apoiado nas instituições económico-financeiras, como o Banco Mundial, o Fundo Monetário Internacional e outras, que do antecedente regulavam o "mundo capitalista". Apesar da persistência de proteccionismos e de algumas reacções defensivas no rescaldo da crise financeira global de 2008, espera-se que a globalização económica permaneça largamente irreversível. Com efeito, os fluxos de pessoas, capitais, mercadorias, conhecimento e serviços até tendem a aumentar à medida que a economia mundial cresce e que prossegue, embora aos solavancos, o desmantelamento de muitas barreiras tarifárias e outras, designadamente no contexto do alargamento e do aprofundamento do campo de aplicação das regras e procedimentos acordados na Organização Mundial do Comércio (OMC).

Entretanto, a competição pelo domínio, exploração, transporte e distribuição dos recursos naturais, designadamente dos recursos energéticos, é cada vez maior e não se vê que possa diminuir sem uma alteração radical, ainda não vislumbrável, dos modelos de desenvolvimento económico e dos perfis de consumo, nomeadamente das sociedades ricas. Ou sem uma qualquer inovação tecnológica, cuja descoberta possa ser impulsionada pela necessidade de preservar o ambiente à escala global. Neste contexto, as grandes potências continuarão a tentar controlar as regiões produtoras de recursos estratégicos, ou no mínimo manter relações privilegiadas com elas. Ao mesmo tempo, a oferta de recursos energéticos tem sido suficiente para acomodar a procura global. Porém, o "jogo" dos países produtores com as reservas conhecidas, para manipularem os preços em seu próprio benefício, e a instabilidade política nalguns desses países, podem provocar interrupções do abastecimento.

Os Estados, designadamente os grandes Estados, continuam a ser os principais actores do sistema internacional e a distribuição do poder na "sociedade de Estados" é o principal factor estruturante do sistema. Com o fim da Guerra-Fria, os Estados Unidos ficaram isolados na sua posição de única superpotência e a sua superioridade é, em relação a qualquer das outras grandes potências do sistema, esmagadora em todos os domínios do poder: económico, tecnológico, militar e cultural. Em particular, a produção anual de riqueza norte-americana representa cerca de 1/4 da produção total mundial[1] e as despesas militares dos Estados Unidos constituem cerca de metade das despesas militares totais mundiais. Os Estados Unidos são um dos dois países que possuem enormes forças nucleares estratégicas e, ao mesmo tempo, a par da primazia no domínio aero-espacial, o país com as forças aéreas sub-espaciais, terrestres e navais mais sofisticadas do mundo e únicas com capacidade de projecção à escala global, uma projecção que é apoiada numa extensa rede de bases militares.

Apesar da primazia norte-americana, e da liderança dos Estados Unidos nos assuntos mundiais, a posição norte-americana no sistema é, ape-

---

[1] Em 2005 o PIB norte-americano foi de 12,4 biliões (ou *trillion*, na terminologia anglo-saxónica) de dólares, de um PIB total mundial de 44 biliões de dólares, ou seja, o PIB norte-americano foi de cerca de 28% do PIB mundial (*2006 CIA Factbook*).

nas, de relativa superioridade. Abaixo da posição cimeira dos Estados Unidos no sistema, existem diversas grandes potências: a Rússia, que continua a ter uma enorme extensão territorial e ainda é uma superpotência nuclear; o Japão e a Alemanha, esta reunificada depois do fim da Guerra-Fria, que são as segunda e terceira maiores economias mundiais; a China e a Índia, que são grandes potências demográficas, economias emergentes e ocupam espaços quasi-continentais ou sub-continentais; e não é preciso um grande esforço para incluir neste grupo, se não pelo seu papel, pelo menos pelo seu estatuto, o Reino Unido e a França, que são economias muito importantes, potências nucleares e fazem parte, juntamente com os Estados Unidos, a Rússia e a China, do grupo dos 5 membros permanentes do Conselho de Segurança das Nações Unidas.

Neste contexto, alguns têm classificado o sistema internacional como unipolicêntrico, ou seja, unipolar do ponto de vista militar mas multipolar nos domínios económico, cultural, tecnológico e estratégico (Rodrigues Viana, 2002: 39, aludindo a uma ideia exposta inicialmente por Cabral Couto); outros um sistema uni-multipolar, com uma superpotência e diversas grandes potências (Huntington, 2005).

À superpotência sobrante da Guerra-Fria e à meia dúzia de grandes potências do sistema juntam-se mais de 180 Estados de dimensão e poder muito variados, alguns dos quais, aliás, por um ou outro critério (dimensão demográfica ou territorial, controlo de recursos naturais, posse de armas nucleares, etc.), não andam muito longe de poder pertencer ao grupo das grandes potências.

A par dos Estados, outros actores do sistema internacional proliferaram nas últimas décadas e adquiriram uma importância crescente: organizações internacionais, de vocação universal ou regional, de objectivos diversos; empresas multinacionais com maior capacidade económico-financeira do que a maior parte dos Estados e que não prestam contas ao poder político dos Estados onde actuam, empresas cuja motivação pelo lucro pode levar à disseminação de algumas das mais sofisticadas tecnologias de duplo uso; organizações não-governamentais que por vezes invocam o direito de ingerência no interior dos Estados, por razões humanitárias, sociais, ecológicas ou outras; Igrejas, confissões religiosas e seitas diversas, de vocação missionária, por vezes com grande capacidade de mobilização de recursos e da opinião pública; mercados financeiros de dimensão regional ou mundial, ligados electronicamente 24 horas sobre 24 horas, nos quais circulam diariamente, sem grande transparência ou controlo, enormes fluxos de capitais;

movimentos de fragmentação do poder (independentistas, irredentistas, separatistas, regionalistas, etc.), por razões étnicas, culturais, económicas ou outras; organizações ilegais clandestinas, como as que promovem o narcotráfico; grupos terroristas, muitas vezes de carácter transnacional, impulsionados por fanatismos religiosos, raciais, etc., beneficiando por vezes da protecção de poderes estatais, com redes de recrutamento e de apoio logístico que lhes dão capacidade de intervenção à escala mundial; etc.; etc.

Integrando no seu modelo toda esta panóplia de actores, Nye (2002) considera que o padrão de distribuição de poder no sistema internacional parece-se com um "jogo de xadrez tridimensional": no tabuleiro superior, o do poder militar, o sistema é unipolar; no tabuleiro do meio, o do poder económico, o sistema é multipolar (com os Estados Unidos, a União Europeia e o Japão responsáveis por dois terços da produção mundial); o tabuleiro inferior, finalmente, em que o poder se encontra muito disperso, é o do domínio das relações transnacionais que atravessam fronteiras fora do controlo dos governos.

Kissinger (2002), por seu turno, observou que no mundo de hoje existem lado a lado pelo menos quatro sistemas (ou subsistemas) internacionais (fig. 1). O primeiro abrange grosso modo a América e a Europa Ocidental, correspondendo ao "mundo das democracias", que é, para o autor, um espaço de paz baseada na democracia e no progresso económico em que as guerras são inconcebíveis, excepto na periferia.

O MUNDO SEGUNDO KISSINGER (2002)

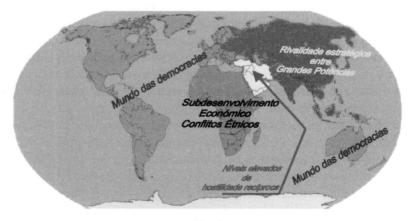

Fig. 1

Outros dois subsistemas são, para Kissinger, o Médio Oriente e África. No Médio Oriente os fundamentos ideológicos e religiosos dos conflitos tornam estes menos "racionalizáveis", porque é grande a hostilidade entre adversários, havendo neste contexto uma certa analogia com a Europa dos confontos religiosos dos séculos XVI e XVII, que culminaram com a Guerra dos Trinta Anos e a paz selada nos acordos de Vestefália. A África, por seu turno, é um caldeirão de 46 países com um potencial explosivo de conflito étnico, num contexto de um grave subdesenvolvimento económico e social, mas onde existem recursos que são importantes, e nalguns casos vitais, para o mundo desenvolvido.

Finalmente outro sistema, ou subsistema, abrange a Ásia Oriental, onde se implanta o principal objecto do nosso estudo, em que as grandes potências se tratam umas às outras como rivais estratégicos e em que, não estando iminentes guerras, elas não são propriamente impensáveis. É um espaço no qual se considera que é possível estabelecer alguma analogia com a Europa do século XIX, ou seja, em que é possível um longo período de paz relativa, cuja preservação, porém, deverá exigir uma cuidadosa gestão da balança dos poderes.

Adoptando uma sistematização ligeiramente diferente, Buzan (1994: 218 e seguintes) distingue diversos tipos de "complexos de segurança regionais" (fig. 2). O Médio Oriente e África estariam próximos do extremo "hobbesiano"; a América Latina é um espaço onde os níveis de cooperação existentes entre os Estados atenuam ou suspendem os dilemas de segurança; a América do Norte e a Europa Ocidental são "ilhas kantianas" onde a guerra, e mesmo o recurso à ameaça do uso da força, se tornou inverosímil nas relações internacionais; finalmente a Ásia Oriental e a Ásia do Sul corresponderiam a um espaço regional onde as relações conflituais são dominantes, embora não exclusivas.

No sistema internacional é muito grande, portanto, a heterogeneidade de modelos políticos, culturais e civilizacionais. Esta heterogeneidade, porém, já não é exacerbada (e de certa forma contida) pela fractura ideológica, em dois campos, do tempo da Guerra-Fria.

Com a implosão comunista e a "homogeneização" económica do sistema, a heterogeneidade é sobretudo acentuada pela clivagem entre diversas "ordens" culturais ou civilizacionais, como começou a ser antecipado por Huntington (1996) a partir de meados dos anos 90 (fig. 3). A hostilidade recíproca entre estes novos "campos" não é igual em todas as interacções bilaterais, sendo mais ou menos óbvio para a maior parte dos observadores e analistas que a que encerra o maior potencial de degradação no futuro mais próximo é a relação entre o Ocidente e o Islão.

COMPLEXOS REGIONAIS DE SEGURANÇA (BUZAN, 1994)

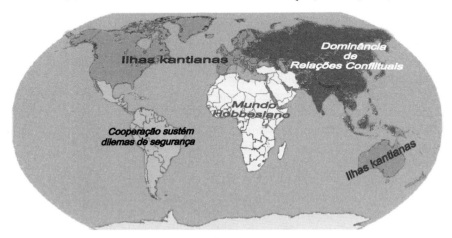

Fig. 2

O MUNDO DAS CIVILIZAÇÕES (HUNTINGTON, 1996)

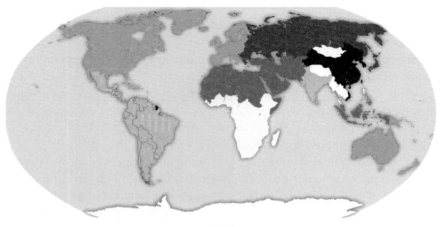

Fig. 3

Neste contexto, o desafio à ordem vigente no sistema, designadamente utilizando o terrorismo como instrumento, é essencialmente apoiado em organizações clandestinas ou semi-clandestinas como a Al-Qaeda e outras. Beneficiando de uma ineficaz oposição estatal (muitos Estados no mundo islâmico têm instituições incipientes, são multiétnicos e/ou contêm diferentes facções do Islão que operam forças centrífugas), quando não cumplicidade, estas organizações manipulam os apelos à *jihad*, os sentimentos da "rua árabe" e a deficiente integração de populações muçulmanas nas sociedades ocidentais para atingirem objectivos próprios, minando transversalmente as lealdades das populações muçulmanas aos Estados em que nasceram ou para onde emigraram. Ao mesmo tempo, estas organizações podem ser instrumentos de Estados que as patrocinam ou manipulam (neste caso, normalmente Estados mais bem organizados ou mais coesos do ponto de vista das facções que dividem o Islão), podem infiltrar Estados mais ou menos abertamente, ou podem aliar-se a Estados.

Finalmente, se em relação a uma organização como a Al-Qaeda são visualizáveis objectivos políticos, é cada vez mais pacífico reconhecer como actores estratégicos entidades ou organizações não vinculadas a Estados, como é o caso de organizações de narcotráfico ou de tráfico de armas e explosivos, incluindo substâncias ou tecnologias para o fabrico de armas de destruição maciça, que inclusivamente podem dar origem aos conflitos muitas vezes designados como "não-clausewitzianos", ou dito de outra maneira, conflitos em que a Política não é a enquadrante superior da Estratégia.

Consequentemente, uma questão central é a de saber como se consegue alguma ordem num sistema com tantos actores (Estados e não-Estados) e tão interdependentes, adoptando formas tão diferentes, perseguindo objectivos muito diversificados, adoptando grelhas de leitura da realidade variadas, obedecendo a lógicas, a racionais e a éticas diferenciadas e recorrendo a instrumentos e utilizando códigos operacionais também muito variáveis.

I.2. Estabilidade da ordem internacional e estratégia da superpotência

Tratando-se da maior potência mundial e da única superpotência sobrante da Guerra-Fria, os Estados Unidos são simultaneamente o principal garante e o primeiro interessado na preservação da ordem no sistema internacional.

30 *A ascensão da China. Acomodação pacífica ou grande guerra?*

Tirando partido da superioridade nos domínios militar, económico, tecnológico e cultural, os Estados Unidos procuram melhorar as condições que lhes permitem manter a posição de primazia no sistema internacional, gerindo a mudança e procurando a institucionalização progressiva de uma ordem global que venha ao encontro dos seus interesses económicos e de segurança.

Aos Estados Unidos é fundamental garantir a segurança da circulação dos fluxos transatlânticos e transpacíficos de informação, de matérias-primas, de mercadorias, de capitais, etc. Sendo impossível, mesmo para um poder como o dos Estados Unidos, o controlo da "Ilha Mundial"[2], interessa-lhe que aí se mantenha um pluralismo suficientemente diverso para que os poderes em presença se equilibrem e neutralizem e, sobretudo, não se unam a um ponto de bloquear o acesso ou substituir a primazia dos Estados Unidos. Por outro lado, não interessa aos Estados Unidos que esse pluralismo leve a uma descontrolada e caótica dispersão dos poderes que perturbe as trocas transoceânicas e ameace a segurança das tropas e das bases avançadas norte-americanas na Ilha Mundial e no Japão, o território nacional norte-americano e, em última análise, a próprio capacidade de gestão do sistema.

Relativamente aos desafios mais prementes que perturbam a estabilidade do sistema é comum considerar-se um arco de instabilidade que se estende por África, pelo Médio Oriente e por partes da Ásia (fig. 4), um arco onde o apelo que a *jihad* suscita em largas camadas da população muçulmana sugere que, pelo menos nalguns aspectos antecipados por Samuel P. Huntington, um choque de civilizações é possível. Até porque alguns actores nesse arco estarão interessados em contribuir para que as possibilidades elencadas por aquele autor se tornem mesmo realidade. Principalmente nos *"Global Balkans"* (fig. 5), para usar a expressão de Brzezinski (2004), o terrorismo e a proliferação de armas de destruição em massa combinados com pobreza extrema, sentimentos de injustiça social, opressão étnica, conflitos tribais, fundamentalismo religioso e estados falhados (antes do Afeganistão, o Sudão, por exemplo, constituiu um santuário da Al-Qaeda nos anos 90) produzem uma turbulência regional e global que é muito complexa nas suas

---

[2] A "Ilha Mundial", que corresponde à massa terrestre eurasiática e africana, foi um conceito expresso pela primeira vez por Halford J. Mackinder, praticamente logo a seguir ao fim da primeira guerra mundial (Almeida, 1990: 159).

diversas manifestações regionais e sociais e que, como adverte o autor, pode acabar em erupções de grande letalidade.

O ARCO DE INSTABILIDADE GLOBAL

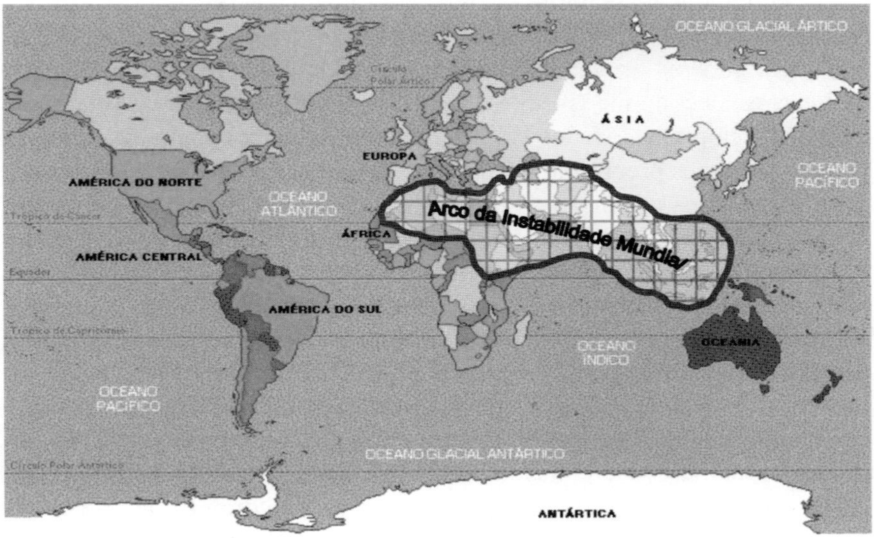

Fig. 4

Com efeito, pode conceber-se que um conflito incontido no Médio Oriente produza um vórtice que arraste os Estados Unidos, a Rússia, a China, a Índia, o Japão, duas ou três potências europeias, etc., para uma dinâmica de proporções imprevisíveis. Ou seja, uma ameaça actual à estabilidade do sistema, susceptível de ser rapidamente eliminada ou contida através do concerto entre as potências, pode, se esse concerto não for oportunamente obtido, gerar situações de grande violência cujo desfecho acabe por ser uma radical redistribuição do poder no interior do sistema, provavelmente seguida de uma alteração da natureza do sistema.

Por outro lado, muitas vezes aquelas regiões mais instáveis são ricas em recursos naturais, podendo uma competição por recursos entre as grandes potências constituir um factor de tensão adicional. Acresce que alguns factores de turbulência no sistema, que nem sempre são específicos dos *"Global Balkans"*, aumentam a tensão potencial naquela região chave: a região contém ou é envolvida por Estados multiétnicos onde operam forças centrífugas mais ou menos poderosas (Turquia/Curdistão, Rússia/Cáucaso, China/Xinjiang, Paquistão/"Pashtunistão", etc.) ou onde a disputa por influência pode integrar a pretensão de reconstituir espaços geopolíticos (como poderá acontecer com a Rússia em relação a grandes extensões da Ásia Central, que no século XIX os czares tinham acrescentado ao Império e que a União Soviética conseguiu manter).

Para gerir os principais problemas actuais e potenciais que afectam os interesses económicos e de segurança norte-americanos na Ilha Mundial, nem sempre os Estados Unidos poderão actuar sozinhos. Pelo contrário, muitas vezes precisarão de aliados e parceiros. Para conter alguns dos eventuais efeitos negativos de uma possível degenerescência do processo de transformação da Rússia, os alargamentos da Organização do Tratado do Atlântico Norte (OTAN/NATO) e da União Europeia (UE) têm sido fundamentais. Para conter os efeitos da combinação potencialmente explosiva entre "estados-pária" ou estados-falhados, terrorismo e armas de destruição maciça, designadamente em África, a União Europeia e alguns países europeus podem ajudar; para gerir a turbulência nos *"Global Balkans"* é preciso o concurso das potências europeias e alguma espécie de concerto com a Rússia, a China e a Índia; etc.; etc. Potências como a Rússia ou a China, por exemplo, podem ser, ao mesmo tempo, origens de problemas potenciais e parceiras para problemas actuais.

Alguns dos "nós" desta estratégia norte-americana são também nítidos: algum ressentimento que provoca a percepção, errada ou não, de serem os Estados Unidos o principal beneficiário da globalização; a utilização percebidamente selectiva dos serviços de aliados e parceiros; a ambiguidade percebida da atitude em relação à emergência de pólos de poder que possam desafiar a primazia norte-americana, mesmo quando são poderes "benignos", como a União Europeia; a insistência na liberalização política de países que do "pacote" da globalização só pretendem retirar os benefícios económicos, que provoca a reacção negativa de países como a Rússia e a China, principalmente quando percepcionam essa insistência como uma tentativa de enfraquecimento dos respectivos regimes (a par da sensação de *"double standards"* norte-americanos neste domínio); o estabelecimento de bases e a promoção de mudanças de regime nos *"Global Balkans"*, o que é sentido como uma tentativa de garantir o controlo dos recursos energéticos em que a região é rica, negando o acesso a esses recursos de outras potências, bem como, simultaneamente, uma maneira de estreitar o cerco à Rússia e à China; etc.

GLOBAL BALKANS OU BALCÃS ASIÁTICOS (BRZEZINSKI, 2004)

Fig. 5

Não quer dizer que aquilo que é percebido como uma intenção dos Estados Unidos corresponda sempre a uma intenção verdadeira (na verdade, os Estados Unidos não precisam de estimular o pluralismo geopolítico da Ilha Mundial, que ele tende a manifestar-se quase espontaneamente; o mesmo se podendo dizer para a península europeia – independentemente do que seja a vontade dos Estados Unidos, se a Europa não é uma potência político-militar é basicamente porque os países europeus não querem), mas neste ponto é preciso ver que os actores reagem mais em função das percepções que têm da realidade, do que da realidade propriamente dita.

Se a hegemonia percebida norte-americana não é considerada suficientemente benevolente, ou dialogante, ou multilateralista, para dissipar algumas más vontades, também não é despótica ao ponto de estimular o aparecimento de coligações inter-estatais que visem derrubá-la ou substi-

34 *A ascensão da China. Acomodação pacífica ou grande guerra?*

tuí-la. Com efeito, para unir todas as formas de anti-americanismo numa coligação anti-americana estrategicamente consequente, era preciso os Estados Unidos não terem diplomacia. Os Estados Unidos decerto detêm a capacidade de impedir o surgimento de coligações hostis generalizadas nos diversos contextos regionais, ou uma reacção sistémica hostil, que diminuiria a capacidade "balanceira" ou de arbitragem dos Estados Unidos nos principais contextos regionais.

No espaço deixado vazio pela "imperfeição" do unipolarismo do sistema, surgem então padrões de relação típicos do multipolarismo, que também não coincide perfeitamente com um modelo multipolar "puro", em que cada um dos pólos tratasse todos os outros indiferenciadamente, sem outros cálculos que não fossem os ditados pelo equilíbrio do poder. Há afinidades de regimes, proximidades culturais e linguísticas, cumplicidades duramente forjadas e testadas no passado recente e na actualidade, interacções mais ou menos intensas, fluxos de interacção mais ou menos densos e, naturalmente, é diferente a dimensão e a intensidade de interesses comuns e divergentes nas várias relações bilaterais entre as maiores potências do sistema.

A observação em qualquer atlas da densidade dos fluxos transatlânticos (nas telecomunicações, no turismo, nas trocas comerciais e de investimentos, etc.) não deixa dúvidas quanto à intensidade dos interesses comuns entre as margens do Atlântico Norte, uma intensidade que, designadamente, é também herdeira do funcionamento mais ou menos coeso da OTAN durante a Guerra-Fria. A densidade dos fluxos transpacíficos é equiparável, mas é maior a distância física e cultural entre as margens do Pacífico, apesar de para alguns ser essa a direcção do "destino manifesto" norte-americano. A densidade dos fluxos entre as grandes regiões da Ilha Mundial é substancialmente menor.

Ocasionalmente têm aparecido sugestões ou apelos a uma espécie de liga das grandes nações democráticas, que agruparia a OTAN/UE, a Índia, o Japão, a Austrália, a Coreia do Sul e mais um ou outro país, especialmente quando é preciso acentuar alguma pressão contra a Rússia ou a China. Estes dois países são então acusados de serem os principais membros de uma "*league of dictators*", que agruparia também as ditaduras da Ásia Central, a Birmânia e mais um ou outro país africano como o Zimbabué ou o Sudão, a par de uma Venezuela ou de uma Bolívia. Porém, apesar da persistência destas ideias em influentes círculos norte-americanos, as diferentes afinidades e alguns interesses divergentes não têm sido suficientes, até agora, para que se desenhe uma definição clara e muito polarizada de dois campos opostos, para os quais nenhuma das grandes potências quer ser empurrada: uma espécie de *"NATO plus"* à escala global de um lado; e uma *"league of the rogue nations"* do outro.

A verdade é que, relativamente às grandes potências do sistema, não há, como vimos, um conflito central separador das águas, um conflito geopolítico ou ideológico com efeitos estruturantes no sistema internacional. Mesmo as grandes potências menos afins dos Estados Unidos – a Rússia e a China – não aparentam ter interesse em degradar demasiado a sua relação bilateral com os Estados Unidos. Por outro lado, potências mais afins dos Estados Unidos na conjuntura actual – como a Índia – não têm interesse num alinhamento incondicional com Washington. Por outro lado, nenhuma grande potência quer empenhar-se decisivamente em conflitos bilaterais que resvalem para o esgotamento mútuo, convidando terceiras potências que tenham ficado de fora ao preenchimento do vazio criado. Ou seja, entre as grandes potências, poucos alinhamentos incondicionais e, ao mesmo tempo, ausência de interesse em elevar a hostilidade recíproca a patamares difíceis de gerir.

Com uma importância que não pode ser ignorada, persistem no entanto as afinidades político-culturais (note-se, neste contexto, que a Austrália, quase sempre, combate ombro a ombro com britânicos e norte-americanos) e uma densidade de interesses comuns, designadamente herança das solidariedades da Guerra-Fria, que mantêm uma aliança como a OTAN, cujas operações *"out of area"* começaram na sua periferia imediata, nos Balcãs, em meados da década de 1990, e hoje se estendem para mais longe: ao Afeganistão; ao Iraque, onde a OTAN tem uma missão de treino das forças armadas iraquianas; ao Paquistão, onde a OTAN comandou uma operação de ajuda humanitária na sequência do sismo de 2005; ou a África, onde a OTAN tem apoiado a capacitação institucional e algumas operações da União Africana.

No entanto, repete-se, já não há uma lógica de conflito ideológico que dite a configuração das alianças internacionais e lhes dê uma maior consistência. E algumas das que são ditadas por alguma lógica de equilíbrio tendem a ser específicas e de curta duração, ou então pouco consequentes em termos estratégicos, uma característica dos sistemas multipolares. Por outro lado, no que é outra característica dos sistemas multipolares, são possíveis várias combinações de equilíbrio, havendo mais flexibilidade nas políticas externas dos actores principais e secundários, com maior oportunidade para o deslocamento dos alinhamentos. Apesar de uma certa insatisfação, em graus diferentes, das grandes potências de segunda linha em relação à sua situação no sistema, não se vislumbra na actualidade a vontade de qualquer delas minar radicalmente os fundamentos do sistema. É razoável pensar que algumas dessas potências sintam a necessidade de sacudir a pressão da potência liderante do sistema, mas não a desafiam directamente.

I.3. Mecanismos de regulação do sistema internacional

O primeiro problema da ordem no sistema internacional, que não é novo, nem a proeminência norte-americana na conjuntura actual resolve, é o de que o sistema internacional de Estados soberanos é fundamentalmente anárquico, porque nenhum Estado reconhece superior na ordem externa. Um Estado Mundial, com o "seu" direito, os "seus" tribunais e a "sua" polícia, resolveria o problema. Mas esse Estado não existe. E, portanto, a ordem no sistema internacional é garantida basicamente por recursos a "mecanismos" como o direito internacional, a balança de poderes baseada em alianças e equilíbrios estratégicos ou a segurança colectiva, idealmente com carácter universal.

Estes "mecanismos" não são exclusivos uns dos outros; pelo contrário, na prática até são muitas vezes reflexos uns dos outros. O direito internacional, por exemplo, enquanto conjunto de regras que permitem a paz e a cooperação entre Estados, é frequentemente resultado de um equilíbrio de interesses e de poderes (Moreira, 1996: 89). O mesmo equilíbrio de interesses e de poderes é necessário à obtenção de um concerto entre as principais potências do sistema, para garantir a eficácia da segurança colectiva. Esta, por seu turno, só abrange as áreas onde pontualmente é possível um consenso relativamente à intervenção da "comunidade internacional".

Assim, o funcionamento da organização da segurança colectiva reflecte a distribuição do poder. No caso concreto da Organização das Nações Unidas (ONU), por exemplo, porventura contrariando o idealismo subjacente ao conceito *wilsoniano* original do conceito de segurança colectiva – que o Presidente Wilson pretendia opor ao sistema de alianças em grande parte responsabilizado pela primeira guerra mundial (Moreira, 1996: 94) –, a presença permanente no Conselho de Segurança, com direitos especiais, das potências vencedoras do conflito 1939-45, reflectiria a sua superior autoridade nos assuntos mundiais. Embora se viesse a verificar, nos anos seguintes, que apenas duas delas tinham o poder de facto para exercer tal autoridade. A segurança colectiva da Humanidade, ou, se preferirmos, a ordem no sistema internacional, a seguir à Segunda Guerra Mundial, acabaria por ser, na realidade, garantida principalmente pelo equilíbrio entre duas grandes redes de alianças, polarizadas em Washington e Moscovo, e pelo receio da destruição mútua entre as duas superpotências. E, frequentemente, não dispensou o concerto directo entre as duas superpotências, ignorando ou disciplinando aliados se necessário fosse.

Por outro lado, independentemente da maior ou menor institucionalização de mecanismos de segurança colectiva, os quais em cada momento reflectem melhor ou pior a hieraquia real das potências, a "complexidade crescente" da vida internacional, para usar a expressão de Adriano Moreira, tem suscitado a necessidade de numerosos outros regimes de regulação internacional. Aos quais os actores estatais aderem por acreditarem que os benefícios ultrapassam os custos de alguma limitação ou condicionamento da sua liberdade de acção. O acervo do direito internacional, deste modo, tem sido enriquecido por todos esses regimes, cuja implementação só é possível porque para tal existe alguma espécie de concerto entre os principais actores do sistema internacional, designadamente os grandes poderes estatais. Mas, repete-se, se bem que o direito internacional seja uma realidade e que tenham existido e continuem a existir alguns tribunais internacionais, não há um Estado Mundial com a sua polícia e os seus tribunais.

O principal mecanismo de regulação formal do sistema internacional é o sistema das Nações Unidas. Os principais órgãos das Nações Unidas são a Assembleia-Geral, o Conselho de Segurança, o Conselho Económico e Social (do qual dependem inúmeras comissões funcionais e regionais), o Tribunal de Justiça Internacional e o Secretariado (que integra diversos gabinetes e departamentos, incluindo o gabinete do Secretário-Geral e o *Department of Peacekeeping Operations*, DPKO, entre muitos outros). O "universo" das Nações Unidas inclui ainda numerosos fundos e programas (*UN Children's Fund* ou UNICEF; *UN Development Program*, UNDP ou PNUD; *World Food Program*, WFP ou PAM; UNCTAD; ACNUR; etc.), bem como diversas agências especializadas. Entre estas incluem-se a FAO (*Food and Agriculture Organisation*), a UNESCO, o Fundo Monetário Internacional, o Banco Mundial, a Organização Mundial de Saúde, a Organização Mundial de Turismo, a Organização Internacional de Aviação Civil, etc., etc. Estas agências especializadas são organizações autónomas,

38 *A ascensão da China. Acomodação pacífica ou grande guerra?*

mas que trabalham e se coordenam de diversas formas e com graus de intensidade variável com a estrutura das Nações Unidas. A Agência Internacional de Energia Atómica, que reporta directamente ao Conselho de Segurança e à Assembleia-Geral, é um entre muitos casos especiais.

Mas, no que diz respeito à segurança em sentido estrito do sistema internacional, o principal órgão das Nações Unidas é o Conselho de Segurança, que tem 5 membros permanentes e 10 não permanentes. Os membros permanentes do Conselho de Segurança, os únicos sem cujo voto a favor ou abstenção nenhuma resolução pode ser aprovada (aquilo a que vulgarmente se chama o direito de veto), materializavam, desde a fundação da Organização a seguir à Segunda Guerra Mundial, o reconhecimento de que existia uma hierarquia entre as potências e que, teoricamente, aquelas 5 eram as mais fortes ou, porque vencedoras, com mais direitos. No entanto, os Estados Unidos e a União Soviética, que a prazo se viriam a tornar em duas superpotências com toda a panóplia de armas nucleares, dispensaram na prática o Conselho de Segurança. Na ordem bipolar da Guerra-Fria, o Conselho de Segurança foi, na expressão de Adriano Moreira, "posto entre parênteses", como vimos. E a Assembleia-Geral, que reúne todos os Estados-membros (que, entre outros factores de proliferação, com a descolonização dos impérios europeus e a fragmentação da União Soviética, no contexto da implosão do sistema comunista, são actualmente mais de 190), permaneceu basicamente um fórum de declarações.

Depois da Guerra-Fria pensou-se que a ONU poderia começar finalmente a ocupar na ordem mundial o vazio deixado pelo fim da ordem bipolar. No entanto, depressa se verificou que os Estados soberanos não querem depositar nas Nações Unidas os principais "capitais" que aplicam na sua segurança. Por outro lado, a própria representatividade do Conselho de Segurança é contestada. Uns, que não podem aspirar de modo algum ao estatuto de permanência, contestam o estatuto dos membros permanentes; outros, normalmente os próprios, contestam os critérios que impedem que grandes potências económicas (como a Alemanha e o Japão) e demográficas (como a Índia), ou potências que têm escala para representar os seus contextos regionais (Brasil, por exemplo), não tenham acesso a este grupo mais exclusivo.

Neste contexto, continuam a ser muito evidentes as limitações de ordem política da ONU para garantir, colectivamente, nos termos previstos pela Carta, a segurança da Humanidade. Consequentemente, a maior parte dos Estados, seguramente os grandes Estados, continuam a mostrar, através dos seus comportamentos, que, a par dos outros mecanismos de regulação, o equilíbrio estratégico, designadamente o equilíbrio das balanças de poderes regionais e globais, com eventual recurso a sistemas de alianças formais e informais, ainda constitui para eles uma indispensável garantia de segurança.

Apesar de tudo, as Nações Unidas têm um papel importante, e nalguns aspectos insubstituível, na regulação do sistema internacional, e, porventura uma das principais razões da sua importância, são a única fonte de legitimação, que é mais ou menos reconhecida universalmente, do recurso à utilização da força na resolução de conflitos internacionais, bem como do direito de ingerência. Um direito que teoricamente pode ser invocado quando um Estado não quiser assumir a responsabilidade de proteger os direitos das suas populações ou não tiver capacidade de impedir que, à sua revelia, se produzam no interior do seu território situações que podem pôr gravemente em causa a segurança internacional. Mas mesmo esta função legitimadora das Nações Unidas é ocasionalmente dispensada, como na intervenção da NATO no Kosovo em 1999 ou na invasão do Iraque em 2003.

Como vimos, existem, no contexto das Nações Unidas, muitos instrumentos para regular o sistema internacional: desde os que regulam o turismo, a aviação civil, a meteorologia, as telecomunicações, a saúde, etc., até às instituições económico-financeiras como o Fundo Monetário Internacional (FMI), o Banco Mundial, etc., passando por diversos tribunais internacionais, a cujas decisões muitos Estados voluntariamente se declaram submeter. Também existem, designadamente na esfera político-económica, mecanismos de regulação global relativamente informais como o G8, que agrupa as sete economias mais industrializadas do mundo (daí a antiga designação G7) – Estados Unidos, Canadá, Japão, Alemanha, Reino Unido, França e Itália – e a Rússia.

Para além destes mecanismos de regulação, existem muitas organizações regionais nos mais diversos domínios, que ordenam ou tentam ordenar espaços políticos (por exemplo, a União Europeia ou a Associação das Nações do Sudeste Asiático, mais conhecida pelo seu acrónimo inglês ASEAN), económicos (Mercosul, Associação Norte Americana de Comércio Livre, mais conhecida por NAFTA, etc.), estratégicos (OTAN, por exemplo), etc. Todos estes mecanismos de regulação regional, mais ou menos alargados, cujos graus de institucionalização são muito diferentes entre si, contribuem para melhorar a gestão da complexidade crescente do sistema internacional e a capacidade que os Estados têm de enfrentar essa complexidade.

No domínio da segurança existem agências e tratados que visam regular a utilização de armas, bem como a proliferação dos armamentos e de tecnologias perigosas. Uns, como o tratado, entretanto denunciado pelos Estados Unidos em 2001, que limitava o número de locais que cada superpotência podia proteger com sistemas de defesa contra mísseis balísticos (*Treaty on the Limitation of Anti-Ballistic Missile Systems*, conhecido por tratado ABM) e algumas séries de tratados e acordos bilaterais de limitação e de redução de armas estratégicas (*Strategic Arms Limitation Talks*, SALT, e *Strategic Arms Reduction Treaty*, START), típicos de um sistema bipolar em evolução constante, foram, com o fim da Guerra-Fria, em parte ultrapassados pelos acontecimentos. Nalguns casos pretendeu-se que fossem continuando em vigor com adaptações, como o tratado multilateral sobre redução de forças convencionais na Europa (*Treaty on Conventional Armed Forces in Europe*, conhecido por tratado CFE, cujas estipulações tinham sido concebidas num contexto em que existiam dois blocos, a NATO e o Pacto de Varsóvia). Alguns sobreviveram ou amadureceram no pós-Guerra Fria, como as convenções para banir armas químicas e biológicas, os regimes de controlo da tecnologia de mísseis, o tratado de interdição total de testes nucleares, entre outros, dos quais devemos destacar o tratado de não-proliferação nuclear (*Treaty on the Non-Proliferation of Nuclear Weapons*, conhecido por tratado NPT), que existe em paralelo com a possibilidade dos países, abdicando de produzirem armas nucleares, acederem à tecnologia nuclear para fins pacíficos através da Agência Internacional de Energia Atómica (AIEA).

O NPT, que data do final da década de 60 do século XX, funcionou nestes últimos quarenta anos, e a Rússia permaneceu como única herdeira da condição de potência nuclear detida pela União Soviética. Mas existem no mundo muitas potências nucleares latentes, isto é, potências que produzem energia nuclear e que possuem capacidade para, com maior ou menor rapidez conforme os casos, a partir da sua base industrial e tecnológica, produzirem armas nucleares. Por outro lado, a par das cinco potências nucleares "oficiais", existem mais quatro potências nucleares não subscritoras do NPT: Índia, Paquistão, Israel e, ultimamente, Coreia do Norte. Esta, que realizou em Outubro de 2006 o seu primeiro ensaio de uma explosão nuclear, foi aliás o único país que até hoje denunciou o NPT. Teme-se que o Irão possa ir pelo mesmo caminho da Coreia do Norte, podendo ambos provocar efeitos de dominó nuclear nos respectivos contextos regionais. Com efeito, apesar de se admitir que a letalidade nuclear total existente no mundo, ainda que suficiente para destruir a vida na Terra tal como a conhecemos, não tenha aumentado – até terá diminuído – desde o fim da Guerra-Fria, os "disciplinadores" regimes de não-proliferação dão mostras de algum desgaste. Não se vê para já como é que se poderá conter esta tendência (principalmente se houver potências nucleares "estabelecidas" que promovam a proliferação), mas pode ser que se consiga. Terá de haver um acordo entre as grandes potências para rever ou melhorar o regime de não-proliferação nuclear e capacidade e vontade, concertadas, de o impor.

I.4. "Tectónica" dos poderes mundiais e longevidade do sistema internacional

A longevidade de uma determinada ordem no sistema internacional mundial, fruto de um determinado equilíbrio de poderes (ou da presença de um poder hegemónico), institucionalizado mais ou menos em regras e mecanismos de regulação, que não dispensam o concerto entre as principais potências (um concerto que pode tender mais ou menos para a forma de directório das grandes potências), depende da capacidade de o "sistema" ir garantindo a estabilidade política mundial. Uma determinada ordem no sistema perdura enquanto tiver capacidade para absorver ou conter crises, que podem ser de maiores ou de menores dimensões, sem grandes perturbações da estabilidade global do sistema.

A estabilidade de um sistema não significa que o sistema permaneça completamente inalterado. Daí o recurso à figura da tectónica das placas para explicar o funcionamento do sistema. As placas, ou as grandes áreas de poder, confluem em determinados pontos, encostam-se, chocam, sobrepõem-se. Dessa interacção podem resultar perturbações ou movimentos telúricos. Essas perturbações ou são absorvidas pelos mecanismos de regulação do sistema ou podem dar origem a perturbações ainda maiores; no caso do sistema internacional, dar origem a grandes guerras entre grandes potências.

Mesmo num sistema em que a energia das placas tectónicas ou a geografia das grandes áreas de poder permanece relativamente inalterada, é sempre real a possibilidade de uma perturbação incontida destruir a configuração, o equilíbrio e a estabilidade do sistema. Essa possibilidade,

42   *A ascensão da China. Acomodação pacífica ou grande guerra?*

porém, é incomensuravelmente maior quando há uma própria alteração da forma e da energia das placas, quando há uma redistribuição significativa do poder no sistema. Com efeito, a experiência histórica sugere que há uma forte correlação entre a redistribuição do poder no sistema (às vezes, apenas a percepção de que essa redistribuição pode estar em marcha ou de que existem projectos consistentes e credíveis para alterar tal redistribuição) e a ocorrência de grandes guerras, as quais, aliás, normalmente, consagram uma nova, por vezes radical e imprevista, redistribuição do poder no sistema.

As grandes potências não estão, necessariamente, permanentemente em choque, nem em todo o lado. Entre duas ou mais potências de um sistema em equilíbrio podem identificar-se, para além do território sobre o qual cada Estado exerce a sua jurisdição, três tipos de zonas (Moreira, 1996: 210): as zonas de influência reservadas a um Estado (também lhes podemos chamar faixas/zonas-tampão ou faixas/zonas de segurança); as zonas de confluência de poderes (onde convergem os interesses de mais do que um Estado); e as zonas marginais (livres para expansão). Estes conceitos são diferentes, embora estejam relacionados com eles, dos de área de interesse e área de influência.

Por definição a área de interesse de uma superpotência é todo o globo terrestre (e também o espaço exterior). Também por definição, uma superpotência terá capacidade de influência em todo o globo, embora se abstenha mais ou menos de o fazer nas zonas de influência reservada das potências rivais (por vezes, só depois de alguns "testes de força" se atinge o reconhecimento mútuo das respectivas zonas de influência reservada ou zonas de segurança), sabendo que nessas zonas a resposta pode escalar rapidamente para uma guerra. Nas zonas de confluência dos poderes poderá haver um maior ou menor entendimento, tácito ou expresso, sobre as respectivas zonas de influência, ou, antes de se chegar a um equilíbrio, a uma disputa por zonas de influência (neste contexto também se utiliza com frequência a expressão "esferas de influência"). Nas zonas marginais será mais fácil chegar a acordo. Estas diferentes zonas não têm, em permanência, uma área perfeitamente definida, porque elas dependem, entre outros factores, da configuração e da distribuição do poder em cada momento ou em cada período de tempo. A configuração e distribuição do poder, por seu turno, podem dar origem a diversos sistemas básicos – unipolar, bipolar e multipolar. Este último pode admitir ou não a existência de uma potência que, pela sua proeminência no sistema, pela sua geografia ou por qualquer outra razão, pode desempenhar o papel de balanceiro do equilíbrio, ou de fiel da balança dos poderes.

Durante a Guerra-Fria, por exemplo, a "crise dos mísseis" de Cuba (1961) terminou com o reconhecimento soviético de que tinha de respeitar, ali, aquilo que para os Estados Unidos era uma zona onde tinha interesses vitais de segurança. Do mesmo modo que os Estados Unidos não exacerbaram ao extremo a repressão soviética da sublevação húngara em 1956. A Europa foi por excelência uma zona de confluência dos poderes das duas superpotências. As zonas marginais foram de um modo geral o chamado Terceiro Mundo. Embora a própria dinâmica da bipolarização entre as superpotências tendesse a transformar o mundo inteiro numa espécie de zona de confluência de poderes, porque qualquer avanço de uma era visto como um recuo da outra, numa espécie de jogo de soma nula à escala global. Por isso o Terceiro Mundo foi palco das chamadas "guerras por procuração". Ao longo da Guerra-Fria, através de crises, umas mais graves que outras, Estados Unidos e União Soviética foram estabelecendo as regras do jogo (ou as regras de funcionamento da "ordem"), que ambos reconheciam, sabendo quais os riscos que não podiam pisar – aqueles cuja ultrapassagem poderia escalar para um holocausto nuclear que os destruiria mutuamente.

Actualmente, a possibilidade de um conflito entre grandes potências, com origem específica na vontade de algum grande actor estatal promover a redistribuição radical do poder no interior do sistema, escalar para uma guerra total, ou seja, uma guerra nuclear ilimitada, não se afigura provável. Não apenas pelas razões que vimos ligadas à estrutura e padrão de funcionamento do sistema na actualidade, mas também, provavelmente, por efeito daquilo a que Kissinger chama o "paradoxo da era nuclear", que terá funcionado na Guerra-Fria e poderá continuar a funcionar no futuro: "o aumento das capacidades nucleares – e, por isso, a aquisição de um vasto poder total – é inevitavelmente acompanhado pelo correspondente declínio da vontade de as usar" (2002: 19). Aliás, como também assinala Cabral Couto, perante o risco de escalada de um conflito ao patamar nuclear, mesmo apenas em relação a acções ao nível clássico "a existência do nível nuclear cria, por si, uma atmosfera de prudência" (1989: 110).

Com a implosão soviética e a desagregação do Bloco de Leste, os "países de leste", sentindo-se fortemente atraídos pelo modelo ocidental vencedor da Guerra-Fria, têm engrossado as fileiras da OTAN e da União Europeia, como é sabido. Nada disso, porém, levou a União Soviética, ou depois a Rússia, a provocar uma grande guerra, decerto em grande parte porque, a par do "paradoxo da era nuclear", a implosão também resultou de um reconhecimento, de origem endógena, da sua fraqueza.

No entanto, apesar da implosão soviética ter sido acompanhada de um aumento generalizado da influência americana, mormente através da globalização da economia de mercado, perdeu-se o efeito disciplinador da ordem bipolar, assistindo-se a um aumento da turbulência global. Ao mesmo tempo, o avanço da globalização e a emergência económica de grandes potências demográficas são acompanhados de uma procura de recursos naturais à escala global, que pode transformar-se, a prazo, numa competição estratégica.

A persistirem as tendências dos últimos 25 anos, daqui a 40/50 anos, talvez menos, a economia chinesa pode, de acordo com algumas projecções, ter ultrapassado a economia norte-americana[3].

A ascensão da China provocará por definição uma nova distribuição do poder no sistema internacional. Alguns autores defendem por isso que as crescentes capacidades da China desencadearão uma reacção entre os actores mais preocupados com a utilização que a China pode dar a essas capacidades. Uns porque se preocuparão em frustrar, por antecipação ou preventivamente, as alegadas ambições hegemónicas chinesas, outros porque quererão impedir a China de estar um dia em condições de frustrar a sua condição (ou ambição) de hegemonia.

De facto, muitos defendem que a ascensão de uma nova grande potência conduz com frequência à guerra, seja porque a potência em ascensão utiliza a força para conformar o sistema internacional aos seus interesses, seja porque uma potência hegemónica, quando existe, ou uma aliança de potências preocupadas, provocam uma guerra preventiva para preservar a sua predominância enquanto têm capacidade para o fazer. Por seu turno, se a crença na inevitabilidade do conflito for grande, mais racional se torna que o ataque preventivo se faça enquanto se dispõe da superioridade relativa ou quando um partido sabe que só pode vencer se atacar primeiro; ou quando sabe que se atacar primeiro, a retaliação não tem efeitos devastadores face aos seus sistemas de defesa e à sua capacidade de encaixe. Por

---

[3] Ver, por exemplo, WILSON, Dominic and PURUSHOTHAMAN, Roopa, "Dreaming with BRICs: The Path to 2050", *Global Economic Papers nº: 99*, The Goldman Sachs Group, Inc., 2003.

outro lado, como alguns exemplos históricos sugerem, também a potência que ascende, preocupada em ser vítima de um ataque preventivo, poderá atacar antes de atingir a paridade.

As respostas dos outros actores regionais e globais à possibilidade da ascensão da China são naturalmente influenciadas por muitos factores. Desde logo, pelos objectivos de cada um desses actores e pela leitura que fazem das realidades políticas internacionais. Depois, as respostas são influenciadas pela avaliação que os diversos actores fazem das capacidades actuais da China, das suas capacidades potenciais e dos prazos de concretização das capacidades potenciais em capacidades efectivas; pela leitura que fazem dos discursos e dos comportamentos da liderança chinesa; das teorias sobre as razões subjacentes aos comportamentos e sobre as intenções actuais e futuras chinesas; finalmente, da leitura que fazem relativamente à inevitabilidade da ascensão da China ou, pelo contrário, à inevitabilidade desta ascensão ser irremediavelmente constrangida pelos enormes problemas internos da China, passando pela possibilidade das respostas dos actores externos, sozinhos ou em coligações mais ou menos estruturadas, prevenirem, retardarem ou mesmo impedirem a ascensão da China.

São cada vez menos as grandes questões estratégicas mundiais em que não se faz sentir, directa ou indirectamente, o peso da China, como objecto ou como sujeito. O fortalecimento da aliança entre Washington e Tóquio ou o patrocínio norte-americano a uma melhor coordenação tripartida entre os Estados Unidos, o Japão e a Austrália são vistos como o melhor seguro destes países contra uma eventual tentativa de proeminência chinesa no Pacífico. O protagonismo da China no sudeste asiático é frequentemente assinalado como resultado de uma intenção de diminuir nessa região a influência relativa dos Estados Unidos, do Japão ou da Índia. O acordo nuclear entre Washington e Nova Deli é visto por alguns como uma forma de a actual administração norte-americana trazer a Índia para uma cintura de segurança, mais ou menos herdeira do *San Francisco system*[4]

---

[4] Este sistema, um subconjunto do *containment*, foi iniciado em 1951 com uma série de tratados entre os Estados Unidos e outros Estados da Ásia-Pacífico: o Japão; as Filipinas; a Austrália e a Nova Zelândia (ANZUS); a Coreia do Sul (em 1953, depois do fim da Guerra da Coreia); Taiwan (em 1954); e a Tailândia (em 1962). Entretanto, a experiência da SEATO (*South East Asia Treaty Organization*) não teve, por diversos factores, o êxito da sua congénere transatlântica.

edificado a partir do fim da Guerra do Pacífico, que envolva, ou contenha, a China. A aproximação da China à Rússia na Ásia Central é vista como destinada a diminuir nessa região a influência norte-americana. Divididos os dois lados do Atlântico Norte sobre a questão do embargo à venda de armas imposto ao governo de Pequim desde os acontecimentos de 1989 na praça Tiananmen, o "factor China" parecia estar em 2003, 2004 e 2005 a funcionar como uma cunha separadora entre alguns dos principais países da Europa e os Estados Unidos. Por outro lado, a necessidade de garantir o abastecimento de recursos energéticos e outros, está a levar a China a ser um actor cada vez mais activo no Médio Oriente, em África, na América Latina e mesmo no Canadá ou na Austrália, estendendo a sua influência a regiões onde confluem desde há muito interesses de outras grandes potências.

A China participa nos regimes globais de regulação política, económica, etc. e em muitas organizações regionais com configurações e fins diversos (*Asia-Pacific Economic Cooperation*, ou APEC, Fórum Regional da ASEAN, Organização de Cooperação de Xangai e outras). Como membro permanente do Conselho de Segurança das Nações Unidas e, ou, como actor regional, o papel da China tem sido importante nas questões nucleares da Coreia do Norte e do Irão. A China também tem disponibilizado cada vez mais efectivos para integrar forças de manutenção de paz das Nações Unidas.

A China já é, portanto, um dos actores-pilares mais importantes da estrutura do sistema internacional. Mas permanece sempre uma dúvida: a China pretende genuinamente acomodar-se aos regimes internacionais, ou apenas pretende neles entrar para os minar? Ou para conformar as regras desses regimes aos seus próprios interesses? Pode a China melhorar a capacidade dos mecanismos de regulação do sistema?

O sistema pode acomodar a ascensão da China? Pode impedi-la? Num caso ou noutro, como? O Estado chinês conseguirá manter a sua unidade política e integridade territorial? Qual será o efeito, na "tectónica" dos grandes poderes mundiais, da emergência de uma grande potência, ou de uma superpotência, que representa 1/5 da Humanidade, no sistema internacional? A ascensão da China apaziguará ou exacerbará as potenciais clivagens de ordem civilizacional?

Será que uma alteração lenta da estrutura de distribuição de poder no interior do sistema – por exemplo, uma transição sistémica resultante da emergência de países como a China e a Índia fazer-se de forma progressiva e controlada – pode levar a uma alteração da sua natureza, sem que necessariamente se produzam situações de violência extrema à escala global?

Qual será a zona de segurança de uma "superpotência China"? As outras potências reconhecerão à China, pacificamente ou mediante "testes de força", o direito de influência reservada na sua zona de segurança? Que alianças buscará a China? Que eventuais alianças ou concertos se poderão estar a formar, ou vir a formar, para contrariar a ascensão/expansão da China?

Poderá no futuro uma questão regional (Taiwan, por exemplo) escapar à capacidade de gestão dos mecanismos de regulação internacional, designadamente do Conselho de Segurança das Nações Unidas, constituindo o rastilho para uma dinâmica de conflito mais ou menos imparável à escala global?

CAPÍTULO II

OS FACTORES GEOESTRATÉGICOS

II.1. O Factor Físico

O território da RPC abrange cerca de 9,6 milhões de quilómetros quadrados, aproximadamente 1/16 da superfície total emersa mundial, uma área que é praticamente igual à dos Estados Unidos (fig. 6).

Tamanho relativo da República Popular da China e dos Estados Unidos da América (estes sem o Alaska e o Hawai), in *A Military History of China*, David A. Graff e Robin Higham, Westview Press, Boulder, Colorado, 2002.

Fig. 6

A parte ocidental, grosso modo o planalto tibetano e o Xinjiang, abrange uma enorme região com cerca de 4 mil metros de altitude média, que inclui as grandes montanhas do maciço dos Himalaias. Mais de 40% do território chinês, aliás, situam-se acima dos 2 mil metros de altitude.

As grandes planícies orientais correspondem ao território tradicional da China. Este *heartland* cultural, geográfico e sócio-político chinês, a que alguns autores chamam a China propriamente dita ou *China proper*, corresponde basicamente às bacias dos dois maiores rios chineses, o Yangtze e o Amarelo, ou seja, ao actual território da RPC menos o planalto tibetano a oeste (a região autónoma do Tibete e a província de Qinghai), o Xinjiang ou Turquestão chinês a noroeste, a Mongólia Interior a norte, e as três províncias do extremo nordeste (fig. 7). Estas regiões periféricas, que correspondem a cerca de metade do actual território da RPC, são em grande parte regiões montanhosas ou desérticas.

O *HEARTLAND* CHINÊS

Map 2—China's Heartland

In Swaine e Tellis, *Interpreting China's Grand Strategy: Past, Present and Future*, Rand, 2000, p. 23.

Fig. 7

A profundidade, a extensão e as características físicas do território chinês traduzem-se numa relativa compartimentação que possibilita o estabelecimento de zonas de refúgio e de rotas de fuga numa estratégia de resistência – de que os sovietes comunistas e a Grande Marcha nos anos

30 do século passado são exemplos muito conhecidos –, seja contra um inimigo externo, seja favorecendo a acção de forças centrífugas que se oponham à autoridade do centro em Pequim, como aliás a longa história de unidade e fragmentação do espaço chinês dá sobejas provas.

As fronteiras oriental, sul e sudoeste do *heartland* chinês são primariamente definidas por barreiras geográficas: o mar Amarelo, o mar da China Oriental, o mar da China Meridional e as montanhas, florestas e grandes planaltos do sudoeste. A norte, situam-se predominantemente estepes e desertos que não foram ao longo da história da China barreiras geográficas suficientemente fortes para deter as tribos nómadas que por lá cirandavam, frequentemente ameaçando a segurança dos estados chineses estabelecidos no *heartland*.

Nas vastas regiões de montanha e desérticas, o clima chinês tem as características próprias dessas regiões. No resto do território, o clima varia entre o tropical, a sul, e o sub-árctico, a norte, diminuindo a precipitação à medida que se avança de sul para norte. Daqui resulta a alternância de grandes inundações (mais prováveis no sul) e de grandes secas (principalmente no norte e no oeste). Grandes intempéries suscitaram grandes obras públicas, patrocinadas pelos diversos Estados chineses ao longo da história. Ainda hoje, o Estado promove grandes obras públicas para garantir a segurança económica e a segurança física das populações, para se precaver dos efeitos do clima.

A República Popular da China tem uma fronteira terrestre com aproximadamente 22 mil quilómetros e uma linha de costa que bordeja o Pacífico ocidental ao longo de cerca de 11 mil quilómetros. Partilha fronteiras terrestres com 14 estados (a China e a Rússia são os dois países do mundo que têm o maior número de vizinhos terrestres): Coreia do Norte, Rússia (cerca de 3650 quilómetros, divididos em dois segmentos: o maior de todos – 3605 quilómetros – situa-se no noroeste; o mais pequeno – algumas poucas dezenas de quilómetros – situa-se no nordeste, entre a Mongólia e o Cazaquistão), Mongólia (4677 quilómetros), Cazaquistão (1533 quilómetros), Quirguistão, Tajiquistão, Afeganistão, Paquistão, Índia (3 segmentos, num total de 3380 quilómetros), Nepal (1236 quilómetros), Butão, Birmânia ou Myanmar (2185 quilómetros), Laos e Vietname (1281 quilómetros). Oito deles são países encravados.

Resolvidas para já as principais disputas territoriais com a Rússia e resolvidos os problemas de delimitação territorial com os estados da Ásia Central resultantes da fragmentação da União Soviética, a principal disputa que persiste nas fronteiras terrestres é com a Índia. Na região de Caxemira, uma região cujo controlo a Índia também disputa com o Paquistão, a China ocupa cinco enclaves reclamados pela Índia, o maior e mais importante dos quais, com cerca de 30 mil quilómetros quadrados, é o de Aksai Chin. No nordeste indiano, a China reclama uma boa parte do estado indiano de Arunachal Pradesh (região do Assam). Estas disputas estiveram na origem de uma pequena guerra entre a China e a Índia em 1962.

GEOBLOQUEAMENTO E DISPUTAS TERRITORIAIS

Fig. 8

Apesar dos seus cerca de 11 mil quilómetros de linha de costa, as saídas da República Popular da China para o oceano Pacífico através do mar Amarelo, do mar da China Oriental e do mar da China Meridional estão "bloqueadas", de norte para sul, pelo arquipélago japonês e pela península coreana, pela ilha de Taiwan e pelos arquipélagos filipino e indonésio (fig. 8). A China mantém disputas territoriais com o Japão sobre as ilhas Senkaku ou Diaoyu no mar da China Oriental e, no mar da China Meridional, com o Vietname, as Filipinas, a Malásia, o Brunei e a Indonésia, sobre o direito à posse das ilhas Paracel e das ilhas Spratly. Com todos estes países, bem como com as duas Coreias, subsistem problemas de delimitação das águas territoriais. O problema de Taiwan, que também disputa direitos com o Japão e com vários países do sudeste asiático, é bastante mais complexo, mas convém notar que a posição de Taiwan a situa justamente no centro da cadeia de ilhas que, a leste, limitam os três mares que banham a China e "bloqueiam" as saídas para o Pacífico. Ou seja, a importância geoestratégica da posição de Taiwan é um dos factores que envolvem uma questão extremamente complexa. Taiwan, por exemplo, é abrangido pela ideia da "Grande China", onde é normal incluírem-se também Hong Kong, Macau e as comunidades da diáspora chinesa ultramarina nos países do sudeste asiático.

Tecnicamente, a China desfruta de uma posição mista – simultaneamente continental e marítima. No entanto, o "geobloqueamento" das saídas para as *blue waters* do Pacífico e a profundidade do seu território para o interior do Continente, onde fica ladeada por grandes potências como a Rússia e a Índia, fazem com que a China, um pouco à semelhança da Rússia, seja uma potência essencialmente terrestre. Qualquer ponderação do potencial estratégico chinês, designadamente do potencial que pode mobilizar para as questões estratégicas mais actuais da região Ásia-Pacífico, não pode ignorar, portanto, os recursos políticos, económicos, diplomáticos e militares que a China tem de empregar igualmente para gerir a sua continentalidade e a sua preocupação histórica com a segurança das fronteiras terrestres.

Por outro lado, nas saídas para o Pacífico, a China confronta-se com uma potência de grande poder económico e tecnológico como o Japão, com quem tem rivalidades históricas e suspeições mútuas, e com o poder militar dos Estados Unidos que, a par das suas posições no Pacífico Ocidental (Guam, Wake, etc.), tem bases e tropas no Japão e na Coreia do Sul.

II.1.1. *Factor Físico: principais potencialidades e vulnerabilidades*

Potencialidades
- Capacidade de alojar uma enorme população;
- Posse de vastos recursos naturais;
- Capacidade de influenciar directamente diversos teatros de operações do continente eurasiático (Ásia do Norte e do Nordeste, Ásia Central e Ásia do Sul e do Sudeste);

- Possibilidades de defesa contra ataques convencionais conferidas por grandes barreiras geográficas a Sul e Sudoeste;
- Possibilidades de dispersão contra ataques nucleares e, numa estratégia de resistência contra um invasor externo, as possibilidades conferidas pela extensão e compartimentação do território.

Vulnerabilidades

- "Geobloqueamento" das saídas para as *blue waters* do Pacífico, desde o Japão até à Indonésia, de Norte para Sul, passando por Taiwan e pelas Filipinas;
- Inexistência de barreiras geográficas importantes na extensa fronteira Norte (vulnerabilidade mitigada porque a Norte a China se confina com regiões desérticas e semi-desérticas e, portanto, subpovoadas);
- Variedade de fronteiras físicas e políticas que obriga a dispersar recursos políticos, diplomáticos, económicos e militares (embora aqui se possa alegar que a diversidade pode favorecer certas estratégias de diversificação, manobra e equilíbrio);
- Possibilidades de resistência de forças centrífugas que se oponham à autoridade central, num cenário de fragmentação interna;
- Dificuldades naturais de comunicação com o extremo-ocidente (Tibete e Xinjiang);
- Inexistência de grandes acidentes culturais e humanos no extremo-ocidente, a par da concentração das principais instalações industriais e actividades económicas na faixa mais próxima do litoral;
- "Cerco" geopolítico (Rússia, Índia, Japão).

II.2. Factor Humano

II.2.1. *Efectivo populacional e questões económico-sociais que ressaltam desde logo*

A China é o país mais populoso do mundo. Tem uma população de cerca de 1300 milhões de habitantes, o que corresponde a aproximadamente 20% da população mundial (fig. 9). Do efectivo populacional total, 7,7% têm mais de 65 anos, rondando a esperança média de vida os 73 anos.

Com o argumento de que o país podia entrar em colapso devido ao excesso populacional, a política chamada do "filho único" começou a ser aplicada em 1979, em especial nas grandes metrópoles urbanas, como Pequim, Xangai, etc., e com menor rigidez nas zonas rurais e entre as minorias étnicas. Ultimamente, apesar de continuar a ser necessária uma licença do Estado para um casal ter mais do que um filho, surgem sinais de um afrouxamento desta política de controlo da natalidade, por causa das consequências nocivas do envelhecimento da população, como o aumento do rácio entre trabalhadores activos e não activos, o que, aliado ao aumento médio da esperança de vida, antecipa dificuldades gigantescas de financiamento do sistema de segurança social no futuro. Enquanto em 1985 havia cerca de 13 reformados contra 100 activos, em 1997 esse número tinha subido para 23. Em 2004, por seu turno, já havia trinta e três reformados por cada 100 activos. Em 1995 a percentagem da população que tinha entre 15 e 24 anos era de cerca de 18%, estimando-se que esta percentagem desça progressivamente para pouco mais de 10% até 2050[5]. Em todo o caso, a política de "filho único" acabou por produzir alguns resultados. Acredita-se que daqui a cerca de 15 anos a população chinesa estabilize nos 1,5 ou 1,6 mil milhões de habitantes, podendo ser ultrapassada pela Índia, que passará então a ser o país mais populoso do mundo. Nessa altura a população chinesa também terá baixado para cerca de 1/6, ou 16%, da população mundial.

Situam-se na China algumas das maiores metrópoles do mundo, como a capital Pequim (11 milhões de habitantes), Xangai (14 milhões), Tianjin (9 milhões) ou Chongqing (7 milhões na cidade propriamente dita, mas 30 milhões se for considerada toda a municipalidade). O país tem cerca de vinte cidades com mais de 5 milhões de habitantes, entre cerca de 300 cidades com mais de 100 mil habitantes. A taxa de urbanização é irregular, mas as 4 províncias mais urbanizadas situam-se na região costeira. Todas as cidades com mais de 5 milhões de habitantes se situam no terço oriental do país, onde se concentra também a maior parte da população. Espera-se que, em 2025, a população urbana possa ultrapassar a população rural.

Oficialmente o desemprego era, em 2005, de 4,2%, mas este número provavelmente estaria mais próximo da realidade apenas nas áreas urbanas. Nas áreas rurais o número deve ser consideravelmente superior,

---

[5] "Balancing act: A survey of China", *The Economist*, March 25th 2006, p. 12, com base em dados do United Nations, World Population Prospects: The 2004 Revision.

admitindo-se que, em 2005, o desemprego aí atingisse os 20%. É notória a tendência para o crescimento da urbanização e para a migração interna das zonas rurais para as zonas urbanas, com importantes consequências sociais: estima-se que a população "flutuante" entre o campo e a cidade ronde entre os 100 e os 150 milhões de pessoas, o que coloca graves problemas às autoridades responsáveis pela segurança interna do país; as pessoas do campo que migram para a cidade não são aí consideradas residentes legais e, por isso, não têm direito a uma série de apoios sociais; as estruturas familiares deixam de ter capacidade para acomodar os mais velhos e não há um sistema de segurança social que os sustente (a reestruturação do sistema empresarial do Estado e o fim do sistema chamado da *"iron rice bowl"* agrava estes problemas sociais), etc.

POPULAÇÃO DA CHINA E DE OUTROS GRANDES ACTORES E REGIÕES

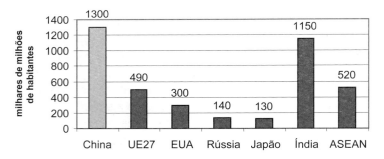

Fonte: *CIA World Factbook 2008.*

ASEAN: Birmânia, Brunei, Cambodja, Filipinas, Indonésia, Laos, Malásia, Singapura, Tailândia e Vietname.

Fig. 9

Os desafios que se colocam perante a liderança chinesa são, portanto, enormes: até 2020 a economia chinesa deverá ter de criar entre 400 e 700 milhões de novos empregos (mais ou menos 15 a 20 milhões por ano) e tem de produzir mais riqueza, porque a China ainda é um país pobre em rendimento per capita e outros indicadores de desenvolvimento humano.

Por outro lado a riqueza produzida tem de ser melhor distribuída internamente. Com efeito, num país em que, de acordo com o Banco Mundial, vivem cerca de 150 milhões de pessoas abaixo do limiar da pobreza, a fortuna total dos 100 chineses mais ricos totaliza algumas dezenas de milhares de milhões de dólares. Em 2004, admitia-se que ascendesse a 236 mil o número de chineses com recursos financeiros superiores a 1 milhão de dólares[6].

Naturalmente que o esforço que as autoridades fazem para fixar as populações nos seus locais de origem, designadamente criando mais cidades no interior, vai implicar nas próximas décadas, para ser bem sucedido, enormes investimentos em infra-estruturas urbanas, a par dos investimentos em infra-estruturas de transportes, necessárias para organizar economicamente e estrategicamente o território e diminuir as desigualdades entre a cidade e o campo e entre as regiões costeiras e o interior. Tudo isto num contexto de insuficiência dos sistemas de apoio de saúde e segurança social, designadamente para fazer face aos custos sociais da reestruturação do sector empresarial do estado.

Por outro lado, o problema do desemprego irá agravar-se nos próximos anos, porque os postos de trabalho gerados pelo crescimento económico serão insuficientes para fazer face à procura de jovens candidatos ao primeiro emprego e dos desempregados à procura de colocação. Com o número de despedimentos a aumentar em virtude do encerramento das fábricas estatais ineficientes, um dos problemas centrais do governo é evitar o aumento de conflitos laborais. Nos primeiros cinco anos do século XXI, a China dispensou cerca de 3 dezenas de milhões de trabalhadores das empresas estatais que viram assim o fim do conceito de um emprego garantido para toda a vida, e muitos não têm saído calados, apesar das fortes restrições do governo a manifestações de rua.

Outro problema é o da falta de pessoal qualificado. Cerca de 15% a 20% dos adultos são analfabetos. Por exemplo, um estudo do Ministério do Trabalho e Segurança Social da RPC, divulgado em Outubro de 2004, concluía que a China enfrenta uma grave falta de trabalhadores especializados nas áreas da engenharia e da gestão de pessoal e de vendas, sobretudo de técnicos experientes, embora o número de diplomados dos cursos de engenharia e outros cursos técnicos esteja a aumentar a bom ritmo.

No entanto, no campo da educação, a cooperação internacional e o intercâmbio de estudantes aumenta todos os anos. Em 25 anos, de 1979 a

---

[6] "Merchants Class: Chinese wealth is flowing to the swift responders in a land of millions of awakening consumers", *Forbes Global*, November 15, 2004, p. 50 a 53.

58   *A ascensão da China. Acomodação pacífica ou grande guerra?*

2004, quase 700 mil chineses estudaram em mais de 100 países e, destes, 185 mil regressaram depois de terminar os estudos. Em 2004 estudavam em universidades na China mais de 100 mil estrangeiros, provenientes de mais de 170 países. Não nos foi possível saber exactamente quantos chineses falam inglês, mas são numerosas as escolas de inglês um pouco por toda a China, principalmente nas grandes cidades.

A ocorrência de graves acidentes laborais é outro problema social da China. São muito frequentes, por exemplo, as explosões de minas na China. De acordo com o ministro chinês para a segurança no trabalho, morreram 8000 pessoas nas minas chinesas no ano de 2003. Observadores independentes consideram que este número deverá na realidade ter ascendido a 20000.

II.2.2. *Distribuição da população e minorias étnicas*

A população da China encontra-se maioritariamente concentrada na região das planícies dos grandes rios e na região de colinas do sudeste. Cerca de três quartos da população vive, portanto, em 25% do território, correspondendo à parte oriental do país. A densidade populacional nestes 25% mais povoados do território é de cerca de 360 habitantes por quilómetro quadrado, equiparável à dos países do centro da Europa. A parte ocidental, dos desertos e dos grandes planaltos, por seu turno, é fracamente povoada. Nos dois milhões de quilómetros quadrados dos grandes planaltos do Tibete e de Qinghai, por exemplo, vivem apenas 8 milhões de habitantes, ou seja, uma densidade de 4 habitantes por quilómetro quadrado.

Os profundos desequilíbrios de povoamento na China têm obviamente repercussões económicas e sociais importantes, mas também têm implicações geopolíticas e outras implicações estratégicas. Com efeito, não obstante a grande homogeneidade étnica que decorre de cerca de 92% da população chinesa ser de etnia Han, existem na China cerca de 91 milhões de pessoas que se considera pertencerem a minorias nacionais. O maior dos 55 grupos minoritários é o dos Zhuang (15,4 milhões), seguido pelos Manchus (9,8 milhões), os Hui ou muçulmanos chineses (8,6 milhões), os Miao (7,3 milhões), os Uigures (7,2 milhões), os Yi (6,5 milhões), os Mongois (4,8 milhões), os Tibetanos (4,5 milhões), os Bouyei (2,1 milhões) e os Coreanos (1,9 milhões).

Os grupos minoritários diferenciam-se dos chineses Han pelo seu modo de vida tradicional (os Yi e os Miao do sudoeste ou os manchus e os coreanos do nordeste), pela sua religião (os Hui) ou pelas duas coisas ao mesmo tempo (os Uigures do Xinjiang e os Tibetanos). Algumas destas minorias têm línguas faladas e escritas próprias.

A língua escrita chinesa pode dizer-se que é comum a todos os chineses de etnia Han, embora haja muitos dialectos regionais, um dos quais o cantonense, que se fala em Macau e Hong Kong. Mas mesmo na província de Guangdong há dialectos diferentes do cantonense. Por outro lado, se a escrita unificada chinesa é obviamente uma potencialidade, é uma potencialidade que tem de ser alimentada. Em tempos recuados, no Japão, na Coreia e no Vietname também se utilizava largamente a escrita chinesa. O Vietname e a Coreia inventaram escritas próprias e a escrita japonesa incorpora, a par de muitos caracteres chineses (embora não tenham todos necessariamente o mesmo significado em japonês e em chinês), mais dois "alfabetos". A consciência de que a língua é uma potencialidade que tem de ser defendida, e porventura de se adaptar às exigências de modernização e de unidade nacional, levou as autoridades centrais a encorajarem a utilização de uma escrita simplificada e, na língua falada, a progressiva extensão a todo o país da utilização de um chinês padrão, próximo do chinês falado na região de Pequim – o mandarim ou *putonghua*. No entanto, trata-se de uma língua muito mais difícil de aprender do que o inglês, por exemplo. E é difícil escrever textos chineses em computador, embora existam técnicas para simplificar a composição dos caracteres.

Apesar das minorias étnicas, no seu conjunto, totalizarem apenas 91 milhões de habitantes, ou 8% da população, espalham-se por quase 60% do território da China, cobrindo 16 províncias diferentes. Acresce que muitas das regiões mais pobres e periféricas da China são habitadas por minorias nacionais, o que constitui uma dupla preocupação para o governo chinês. O eventual ressentimento étnico e a sensação da desigualdade de oportunidades e de desenvolvimento económico reforçam-se mutuamente para minar o vínculo destas populações ao poder central e alimentar forças centrífugas.

Com efeito, um elemento extremamente importante para compreender as políticas da China para com as minorias é que 90% das regiões fronteiriças da China com países vizinhos são habitadas por estas minorias (Wang, 1999: 176), sendo que muitas delas vivem de ambos os lados da fronteira, afectando portanto as relações com os países vizinhos.

O governo criou 5 regiões autónomas (a primeira região autónoma, a do Xinjiang, foi criada em 1955), onde as minorias dispõem de alguns direitos políticos e culturais e de alguma latitude para gerir os seus assuntos internos, ainda que sob o controlo férreo dos quadros locais do Partido Comunista Chinês, o que faz com que, na prática, não disponham de poder nem de autonomia. Três dessas regiões autónomas são maioritariamente habitadas por chineses Han: Guangxi, que faz fronteira com o norte do Vietname e na qual habitam 11 minorias que formam 40% da população; a Mongólia Interior, que faz fronteira com a República da Mongólia e com a Rússia e onde cerca de 15% da população é constituída por Mongois; e Ningxia, a mais pequena de todas e a única que não faz fronteira com qualquer estado vizinho da RPC, que deve o seu estatuto à existência de uma forte minoria Hui, que constitui nessa região aproximadamente 30% da população. Estas três regiões autónomas, em particular Guangxi e Ningxia, não causam grandes problemas ao poder central.

A situação, no entanto, é muito diferente nas duas regiões ocidentais da China, em que a posição geográfica e as aspirações separatistas das populações colocam a Pequim um importante problema geopolítico. De facto, o Tibete e o Xinjiang que, juntos, constituem cerca de um terço da totalidade do território chinês e das fronteiras terrestres do país e onde vivem menos de 30 milhões de habitantes, são duas regiões muito problemáticas para o poder central.

O Xinjiang é muito importante para Pequim por razões estratégicas e económicas. Por razões estratégicas, porque funciona como um território tampão, ou *zona de segurança*, para manter à distância eventuais ameaças percebidas a ocidente, uma preocupação que, aliás, pode dizer-se, tem percorrido a história da China. Por razões económicas, porque a região armazena grandes reservas de petróleo (e pode ser território de trânsito para oleodutos e gasodutos originários de países da Ásia Central), apesar da prospecção petrolífera na região ficar relativamente cara. Conhecido por Turquestão Oriental entre as populações muçulmanas da Ásia Central, o Xinjiang, que chegou a gozar de um curto período de independência antes do estabelecimento da RPC, é maioritariamente habitado por muçulmanos turcófonos: Cazaques, Quirguizes e sobretudo Uigures. Estima-se que só estes últimos constituam cerca de 40% da população total da região, apesar de sucessivas vagas de colonização Han. Estes povos procuram reconstruir a sua identidade étnica e criar laços com populações das mesmas etnias que habitam os países da Ásia Central que pertenciam à antiga União Soviética.

Ao longo dos anos 90, porventura encorajados pela relativa independência política de que passaram a desfrutar alguns povos islâmicos da antiga União Soviética, foram registados inúmeros incidentes violentos provocados por separatistas Uigures na região e mesmo fora dela. Em 1997, por exemplo, registou-se um atentado Uigur no coração de Pequim.

Os problemas que a Rússia tem com a sua cintura islâmica meridional, nomeadamente na Chechénia, a par de outros factores que a têm levado a ser mais interventiva na Ásia Central depois da retracção levada a efeito no início dos anos 90; e os problemas de segurança causados pelo extremismo islâmico nos países da Ásia Central que ameaçam as lideranças políticas nesses países, entre outros factores políticos regionais e globais que evoluem muito rapidamente na actualidade, como a Guerra contra o Terrorismo levada a cabo pelos Estados Unidos depois do 11 de Setembro de 2001, têm dificultado em anos recentes, apesar de tudo, a obtenção de apoios externos por parte destes grupos que actuam na China.

A sul do Xinjiang, o Tibete, cuja identidade nacional tem praticamente 2000 anos, foi um estado independente entre 1911 e 1949. Não se pretendendo discutir exaustivamente a questão tibetana, importa assinalar que, historicamente, os povos montanheses dos grandes planaltos quase sempre representaram uma ameaça para a segurança e para a integridade territorial dos estados estabelecidos no *heartland* chinês. Ao longo da história registaram-se, quando foi possível, várias formas de acomodação entre as dinastias chinesas e os tibetanos, designadamente no quadro do sistema tributário dos Qing.

A China invadiu o Tibete em 1949, anexando-o formalmente em 1951. A anexação é apresentada como a recuperação de uma parte integrante da China, como uma libertação do sistema teocrático e como uma viragem para a modernidade numa região onde realmente não existia qualquer estrutura estatal moderna. É preciso notar que, para os chineses, comunistas ou nacionalistas, o Tibete estava dentro dos limites do que era normalmente considerado território chinês (o governo nacionalista em Taiwan, aliás, ainda considerava a Mongólia Exterior como parte integrante do território chinês, dezenas de anos depois de Pequim, por causa do seu primitivo alinhamento com a União Soviética, ter reconhecido um governo independente em Ulan Bator).

Em 1959, o Exército Popular de Libertação (EPL) reprimiu uma revolta local onde se estima que tenham sido mortos dezenas de milhares de tibetanos, forçando ao exílio, na Índia, o Dalai Lama e 80 mil dos seus seguidores (também existe um número considerável de refugiados tibetanos no Nepal). Seguiu-se um período, que culminou com a criação em 1965 da região autónoma do Tibete, em que as autoridades chinesas procuraram alguma forma de conciliação com as populações tibetanas. A região autónoma do Tibete cobre aproximadamente metade do território tradicional tibetano. A maior parte do restante abrange o que é hoje a província de Qinghai, mas outras fracções menores incorporam as províncias de Gansu, Yunnan e Sichuan. A par desta técnica divisiva, o afluxo centralmente dirigido de chineses Han tem alterado a composição demográfica da região. Com efeito, no Tibete, é manifesta a tendência para uma crescente colonização com chineses Han.

O início da revolução cultural, em 1966, inaugurou um período de repressão e de tentativa de destruição das marcas identitárias da cultura tibetana (terão sido destruídos na época milhares de mosteiros tibetanos), embora se possa alegar que, no quadro da revolução cultural, não se tratou de um desenvolvimento circunscrito ao Tibete. No final dos anos 80, tropas chinesas reprimiram protestos populares pacíficos no Tibete, tendo sido imposta em Março de 1989 a lei marcial em Lhasa, a capital, e nas suas redondezas. A lei marcial seria levantada em Maio de 1990. Durante os anos 90 os problemas continuaram, ainda que, entrecortados com episódios de maior ou menor repressão, a China vá promovendo alguns gestos de boa vontade (recebendo em Pequim enviados do Dalai Lama ou libertando prisioneiros políticos tibetanos antes do fim das suas sentenças) que alguns analistas interpretam como um esforço, eventualmente apenas cosmético, para influenciar a opinião pública internacional. A questão, no entanto, permanece pronta a ser explorada, como se viu um pouco por todo o mundo, por exemplo, durante o percurso da chama olímpica em 2008.

O desrespeito pelos direitos humanos no Tibete tem suscitado bastante criticismo no Ocidente, amplificado pela visibilidade que tem o Dalai Lama, dirigente máximo dos tibetanos, que recebeu o Nobel da Paz em 1989, poucos meses depois da repressão, pelo EPL, do movimento democrático na praça de Tiananmen em Pequim. Apesar de tudo, este criticismo, em que por vezes têm divergido os Estados Unidos e a União Europeia, também varia ao sabor da conjuntura e, desde o final dos anos 90, as exigências de independência completa dos dirigentes tibetanos no exílio têm-se transformado na pretensão por uma auto-determinação mais genuína, num quadro semelhante ao modelo de "um país, dois sistemas" que a RPC aplicou a Hong Kong e Macau e tem procurado oferecer, por enquanto sem sucesso, a Taiwan.

Com efeito, o Dalai Lama tem declarado que é preferível o Tibete permanecer integrado na China a tornar-se independente, com a condição de que a cultura e o ambiente locais sejam respeitados. Mas a própria causa tibetana não é monolítica e, neste contexto, diversos cenários começam a desenhar-se relativamente à estratégia da resistência tibetana no exílio na era pós-Dalai Lama.

Por outro lado, deve notar-se que o Tibete histórico, pelo menos tal como é reivindicado pelo governo tibetano no exílio, é praticamente o dobro da região autónoma chinesa com o mesmo nome. É precisamente na parte mais oriental deste território reivindicado, mas já fora da região autónoma propriamente dita, que se situam as nascentes dos dois maiores rios chineses, o que contribui para a importância estratégica que tem para a RPC a questão tibetana. Finalmente a questão tibetana não pode ser desinserida do facto de ser através desta região que a RPC tem uma fronteira muito sensível com o seu grande vizinho indiano.

II.2.3. *Diáspora chinesa ultramarina e "Grande China": acelerando forças centrífugas históricas ou facilitando eventuais irredentismos chineses?*

O conceito de "Grande China" é um pouco controverso e ambíguo, pois que, enquanto para alguns inclui todas as áreas do mundo habitadas por populações chinesas, nomeadamente a diáspora chinesa ultramarina nas Américas, em África, na Europa e na Austrália, para outros a "Grande China" está confinada à RPC, às regiões administrativas especiais de Hong Kong e Macau, a Taiwan e àquelas partes do sudeste asiático que têm grandes populações chinesas mas não estão sujeitas à autoridade chinesa.

A Indonésia tem mais de 7 milhões de chineses, a Tailândia e a Malásia mais de 5 milhões cada, a Birmânia cerca de 1,5 milhões, as Filipinas e o Vietname cerca de 800 mil cada e Singapura, com 2 milhões de chineses, é praticamente uma cidade etnicamente chinesa, embora tenha também grandes percentagens de população malaia e indiana. Fora da região, vivem cerca de 1,8 milhões de chineses nos Estados Unidos, 600 mil no Canadá, 1 milhão na América Latina, 600 mil na Europa e 100 mil em África. Se contarmos com Taiwan, existem cerca de 50 milhões de chineses ultramarinos. Os chineses de Hong Kong e Macau, territórios que hoje fazem parte integrante da República Popular da China, também são considerados um caso especial de chineses ultramarinos.

Os chineses ultramarinos têm uma grande importância económica, contribuindo com parte considerável do investimento estrangeiro na China, frequentemente através de Hong Kong e, em menor escala, de Macau. Só Hong Kong e Taiwan foram, nos anos 90, responsáveis por mais de metade do investimento directo estrangeiro na China, embora a importância relativa destas origens de investimento tenha diminuído ligeiramente à medida que foram entrando na China muitas multinacionais da Europa, do Japão e dos Estados Unidos. Em 1997 existiam na China mais de 20 mil empresas financiadas por Taiwan (hoje serão mais de 70 mil), Hong Kong e Macau, mais de metade das quais em regime de *joint-venture* e um pouco mais de um quarto exclusivamente financiadas por capitais daqueles territórios. Na região costeira de Guangdong, por exemplo, operavam em 1997 cerca de 10 mil empresas de Taiwan.

As comunidades chinesas ultramarinas no Sudeste Asiático têm uma grande importância económica nos países de acolhimento, porque a sua riqueza é muito superior ao que a sua dimensão demográfica poderia sugerir. Com efeito, na Tailândia, por exemplo, a população chinesa corresponde a 10% do total, mas em 1999 os capitais chineses correspondiam a 81% dos capitais listados. Na Malásia, na Indonésia e nas Filipinas estes números são diferentes, mas o fenómeno repete-se.

Claro que esta riqueza das comunidades chinesas nos países de acolhimento no Sudeste Asiático recolhe por vezes algum ressentimento das populações locais e, não raras vezes, têm-se verificado motins anti-chineses em países da região, como na Indonésia em 1998, mais ou menos veladamente apoiados pelas autoridades dos países. Não foi, porém, a primeira vez que houve movimentos anti-chineses na sub-região do Sudeste Asiático, embora durante o tempo da Guerra-Fria fossem mais politicamente motivados, porquanto se temia que as populações chinesas do Sudeste Asiático pudessem funcionar como uma espécie de quintas colunas do movimento comunista mundial, e especialmente do comunismo chinês, para subverter os governos desses países. Esta é uma dimensão que está sempre presente na relação estratégica da China com o Sudeste Asiático. Se pode vir a favorecer no futuro forças centrífugas que operem o afastamento da China meridional da autoridade de Pequim, ou irredentismos que favoreçam a expansão chinesa, designadamente no Mar da China Meridional, é o que está para se ver.

À RPC interessa a promoção da ideia de "Grande China". A sua utilização é regional e estratégica, frequentemente referindo-se a um triângulo cujos vértices são o sul da China, Taiwan e Hong Kong e Macau. A integração controlada pelas autoridades centrais chinesas destes espaços económicos pode ser utilizada para contrariar eventuais sub-regionalismos económicos que, incontrolados pelo centro, operariam a aceleração centrífuga da China meridional em relação a Pequim. Por outro lado, a dita integração alimenta a perspectiva da reunificação com Taiwan. É preciso ver que a política de reformas e de abertura ao exterior é contemporânea do enunciado do princípio "um país, dois sistemas" e que a modernização económica e a reunificação do país surgiram no final dos anos 70 e início dos anos 80 como praticamente duas faces de uma mesma moeda.

É verdade que a ideia de "Grande China" pode favorecer a emergência de um sub-regionalismo económico China-Sudeste Asiático, ou um mais pequeno, entre o Sul da China e Taiwan. No entanto, não é correcto pensar que os chineses ultramarinos sintam alguma espécie de lealdade com Pequim e menos ainda com o regime. Quando escolhem investir na China, os chineses ultramarinos fazem-no por diversas razões. Como falantes de chinês têm vantagens. Culturalmente chineses, têm realmente algumas lealdades com a China, mas mais virada para as partes específicas donde são originários os seus antepassados e menos para qualquer ideia de Grande China, muito menos para com o regime autoritário do partido comunista. Mas não é menos verdade que a diáspora chinesa ultramarina pode vir a ser um trunfo irredentista num qualquer ponto no futuro.

II.2.4. *Factor Humano: principais potencialidades e vulnerabilidades*

Potencialidades

- O grande efectivo populacional;
- A relativa homogeneidade étnica da população (92% da população é de etnia Han), apesar de as minorias (8%) representarem um número impressionante em termos absolutos (mais de 90 milhões de habitantes);
- A diáspora ultramarina, não apenas por causa das remessas e do investimento, mas porque pode ser um trunfo em eventuais políti-

cas irredentistas, designadamente no Sudeste Asiático. Mesmo sem irredentismos, as diásporas são grupos de pressão político-económica, com grande valor eleitoral em certas circunscrições, e que podem ser orientadas pelos interesses da RPC.

Vulnerabilidades

- Envelhecimento da população;
- Grandes desigualdades sociais;
- Falta de pessoal qualificado;
- Concentração da população numa parte relativamente pequena do território, sendo que nas grandes extensões subpovoadas da metade ocidental do país a maioria da população pertence a minorias étnicas com fortes tradições centrífugas;
- Taxa de urbanização muito desigual, com as províncias mais urbanizadas concentradas nas zonas costeiras, mais ricas e industrializadas, exacerbando o fenómeno das migrações internas e dos consequentes graves problemas sociais que tal fenómeno acarreta.

II.3. Factor recursos naturais e comunicações

II.3.1. *Recursos alimentares*

A China não manifesta grandes problemas de auto-suficiência em termos alimentares, não obstante os graves problemas ambientais de que padece e o facto de dispor apenas de 7% da terra arável mundial para uma população que representa um quinto da população mundial. É o primeiro produtor mundial de cereais, algodão, oleaginosas, fruta, carne, ovos, vegetais, etc. Relativamente aos cereais a China é, inclusivamente, o terceiro maior exportador mundial, representando as exportações chinesas, em 2006, 8,1% do total das exportações mundiais (os dois maiores exportadores de cereais são os Estados Unidos e a França, com respectivamente 29,1% e 11,3% do total das exportações mundiais de cereais)[7].

---

[7] *L' Etat du Monde 2006*, p. 74.

PRODUÇÃO DE CEREAIS

Cereal	Ranking da China na lista dos principais produtores mundiais	Percentagem chinesa da produção total mundial	Outros principais países produtores
Arroz	1	30,7	Índia, Indonésia, Bangladesh
Trigo	1	14,6	Índia, EUA, Rússia, França
Milho Maïs	2	18,7	EUA, Brasil, México, França
Milho miúdo e sorgo	6	6,0	Índia, Nigéria, EUA, México
TOTAL	1	18,8	EUA (17,2%), Índia (10%), Rússia (3,3%), França (3,1%)

Fonte: *L'Etat du Monde 2006*, p. 74

Fig. 10

Por um lado, esta auto-suficiência chinesa não será muito surpreendente, visto que foi justamente a fertilidade das bacias dos grandes rios existentes no *heartland* chinês que permitiu a fixação primitiva de populações humanas e o desenvolvimento da milenar civilização chinesa. Por outro lado, há relatos que parecem contradizer esta avaliação, porventura optimista, pelo menos em certas regiões como o Norte e o Oeste, onde as condições naturais são menos favoráveis à agricultura, ocorrendo secas com frequência.

Não obstante o enorme efectivo populacional chinês, a tendência é para este efectivo estabilizar daqui a 15 ou 20 anos nos 1,5 ou 1,6 mil milhões de habitantes. Sendo um aumento enorme em termos absolutos face ao efectivo actual, a verdade é que, de acordo com diversas agências, o próprio desenvolvimento das técnicas agrícolas deverá permitir acomodar as necessidades alimentares básicas da população chinesa, do mesmo modo que o fez no passado.

É claro que, a par de problemas localizados como o acima mencionado, o desenvolvimento económico deve trazer consigo a alteração de alguns hábitos alimentares e, portanto, é possível que no futuro a China se torne dependente de um ou outro produto alimentar que não tenha capacidade de produzir, eventualmente contribuindo para a turbulência dos preços de alguns produtos alimentares nos mercados mundiais. Mas nenhuma agência vislumbra uma situação de grave carência que possa afectar a China como um todo.

68   *A ascensão da China. Acomodação pacífica ou grande guerra?*

II.3.2. Minérios e metais

Dissemos atrás que uma das potencialidades da China no que ao factor físico diz respeito é a posse de vastos recursos naturais. De facto, percorrendo as tabelas de *L'Etat du Monde de 2006*, foi possível construir a tabela que se segue:

PRODUÇÃO DE MINÉRIOS E METAIS

Minério/metal	Ranking da China na lista dos principais produtores mundiais	Percentagem chinesa da produção total mundial	Outros principais países produtores
Alumínio	1	22,8	Rússia, Canadá, EUA, Austrália
Antimónio	1	81,5	Rússia, Af. Sul, Tajiquistão, Bolívia
Bauxite	ND	ND	Austrália, Brasil, Guiné, Jamaica, Índia
Cádmio	2	14,0	Coreia do Sul, Japão, Canadá, México
Chumbo	1	33,1	Austrália, EUA, Perú, México
Cobalto	1	17,3	Finlândia, Zâmbia, Canadá, Noruega
Cobre	ND	ND	Chile, EUA, Perú, Austrália, Indonésia
Crómio	ND	ND	Af. Sul, Índia, Casaquistão, Zimbabué
Diamantes	ND	ND	Congo, Austrália, Rússia, Botswana, A. Sul
Estanho	1	40,8	Indonésia, Perú, Bolívia, Brasil
Ferro	1	22,5	Brasil, Austrália, Índia, Rússia
Magnésio	1	70,5	Canadá, Rússia, EUA
Manganês	1	19,6	Af. Sul, Brasil, Japão, Austrália
Mercúrio	2	30,5	Espanha, Quirguistão, Argélia, Rússia
Molibdénio	3	19,0	EUA, Chile, Perú, Canadá
Níquel	ND	ND	Rússia, Canadá, Austrália
Ouro	4	8,9	Af. Sul, Austrália, EUA, Perú
Platina	ND	ND	Af. Sul, Rússia, Canadá, Zimbabué, EUA
Prata	4	10,7	Perú, México, Austrália, Canadá
Titânio	ND	ND	Austrália, Af. Sul, Canadá, Noruega, Ucrânia
Tungsténio	1	89,7	Rússia, Áustria, Portugal, Bolívia
Urânio	ND	ND	Canadá, Austrália, Casaquistão, Níger
Zinco	1	22,2	Austrália, Perú, Canadá, EUA

Fonte: *L'Etat du Monde 2006*, p. 78-80
ND – dados não disponíveis, porque a China não é um dos cinco principais produtores mundiais.

Fig. 11

Como se pode ver, dos 23 produtos considerados, a China é um dos cinco principais produtores mundiais de 16 deles, e mesmo o principal produtor mundial de 11, ou praticamente metade. Em três produtos tem mesmo uma posição muito dominante: Antimónio, Magnésio e Tungsténio. Numa primeira observação, portanto, não se pode dizer que a China tenha, em geral, uma grande carência ou uma carência absoluta deste tipo de recursos.

Por outro lado, é possível antecipar, relativamente aos produtos em que a China deverá ser mais carente, um natural interesse da China em manter boas relações com a Austrália (um dos maiores produtores mundiais de urânio, de titânio, de diamantes, etc.), o Canadá (urânio, níquel, platina) e com a África do Sul e o Zimbabué (crómio, platina).

Para aferir a importância estratégica que tem para Pequim o controlo dos territórios do Xinjiang e do Tibete, para além da evidente questão político-simbólica, outro elemento que seria muito interessante analisar é o do "peso" daquelas regiões na produção chinesa de minérios e metais. Se relativamente a jazidas de hidrocarbonetos se tem a noção da importância do Xinjiang, e se é possível intuir a presença de recursos naturais importantes em tão grandes extensões de território, não nos é possível, porém, quantificar tal importância. Aliás, embora hoje exista, a nível mundial, uma razoável visibilidade sobre as actividades de extracção e produção de recursos estratégicos, o facto é que não se verifica a mesma transparência em relação às reservas existentes. Nuns casos, porque estas não são efectivamente conhecidas, designadamente por insuficiências de ordem tecnológica; noutros casos porque os seus donos (países e grandes corporações mineiras e energéticas) guardam rigoroso sigilo por razões óbvias.

II.3.3. *Recursos energéticos*

A China produz praticamente 90% da energia que consome. Com efeito, com uma taxa de cobertura de aproximadamente 88%, importa apenas 12% do que consome[8]. Em termos globais, portanto, a dependência energética da China é relativamente pequena.

---

[8] Na viragem do século o total da energia produzida pela China ainda era praticamente igual ao total da energia consumida (taxa de cobertura igual a 100,3%). Nessa altura,

70 *A ascensão da China. Acomodação pacífica ou grande guerra?*

Um rápido olhar pela tabela dos indicadores de energia da China sugere que, se admitíssemos que o consumo e as reservas conhecidas permaneciam relativamente constantes, a China teria, grosso modo, petróleo para 10 anos, gás natural para 50 anos e carvão para 100 anos.

INDICADORES DE ENERGIA DA CHINA

Reservas de petróleo provadas (2002)	24 mil milhões de barris
Capacidade de refinação de petróleo (2002)	4,5 milhões de barris por dia
Produção de petróleo (2001)	3,3 milhões de barris por dia
Consumo de petróleo (2001)	4,9 milhões de barris por dia
Importações líquidas de petróleo (2001)	1,6 milhões de barris por dia
Reservas de gás natural (2002)	1500 mil milhões de metros cúbicos
Produção de gás natural (2000)	28,8 mil milhões de metros cúbicos
Consumo de gás natural (2000)	28,8 mil milhões de metros cúbicos
Reservas de carvão recuperável (1996)	114,4 mil milhões de toneladas
Produção de carvão (2001)	1360 milhões de toneladas
Consumo de carvão (2001)	1270 milhões de toneladas
Geração eléctrica (2000)	294 gigawatt

Fonte: Energy Information Administration, United States Department of Energy, citado por T. S. Gopi Rethinaraj, "China's Energy and Regional Security Perspectives" in *Defense & Security Analysis* Vol. 19, No 4, December 2003, p. 379.

Fig. 12

De acordo com as tabelas de *L' Etat du Monde 2006*, em 2004/2005 a China foi o maior produtor mundial de carvão e lenhite, com 34,3% da produção mundial, seguida dos Estados Unidos com 18,5%.

A seguir aos Estados Unidos, que produzem 23,5%, a China foi o segundo maior produtor mundial de electricidade, com 12,6%, à frente do Japão (6,4%), da Rússia (5,4%), da Índia, da Alemanha e da França.

---

os Estados Unidos e o Japão, por exemplo, apenas produziam, respectivamente, cerca de 4/5 e 1/5 da energia que consumiam (taxas de cobertura iguais a 79,0% e 20,1%, respectivamente). Em relação ao Japão a taxa de cobertura tem-se mantido basicamente inalterada. Já quanto aos EUA, a dependência energética tem vindo a aumentar progressivamente nos últimos anos, situando-se a taxa de cobertura em aproximadamente 60%.

A China é o 7° maior produtor mundial de petróleo bruto (4,5% do total mundial), atrás da Arábia Saudita (12,4%), da Rússia (11,8%), dos Estados Unidos (8,6%), do Irão (5,2%), do México (4,9%) e da Venezuela (4,8%).

A China aparece ainda em 4° lugar na produção de energia hidroeléctrica (embora seja o país com maior potencial hidroeléctrico do mundo), atrás do Canadá, dos Estados Unidos e do Brasil.

Onde a China não aparece nos primeiros dez lugares da tabela dos maiores produtores mundiais é na produção de gás natural e de energia nuclear. No gás natural, a Rússia (22,6%), os Estados Unidos (19%), o Canadá (6,6%), o Reino Unido e o Irão são responsáveis por mais de metade da produção mundial. Na energia nuclear, os Estados Unidos (29,6%), a França (16,3%), o Japão (10,4%), a Alemanha (6,1%) e a Rússia (5,7%) são responsáveis por cerca de 2/3 da produção mundial. A estes "big five" seguem-se seis países – Coreia do Sul, Canadá, Ucrânia, Suécia, Reino Unido e Espanha – e finalmente, em 12° lugar, a China.

CONSUMO DE ENERGIA NA CHINA

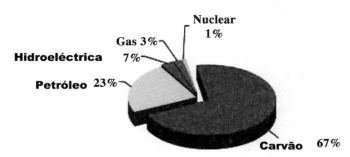

Fonte: *FY05 Report to Congress on PRC Military Power*, Department of Defense, Washington D.C., Maio de 2005.

Fig. 13

Apesar da relativa auto-suficiência energética, a China tem alguns problemas imediatos e a prazo. O primeiro é com o consumo de carvão. A China continuará ainda durante muito tempo a depender do carvão para produzir a maior parte da energia de que precisa (mais de 2/3 da energia eléctrica, por exemplo, são gerados em centrais térmicas "alimentadas" a carvão), com o inevitável impacto ambiental que isso acarreta. Com efeito, a abundância do emprego do carvão, muito dele de baixa qualidade, tem enormes custos ambientais e sanitários na China. Além do problema da poluição, o transporte de carvão coloca uma enorme pressão sobre o sistema de transportes, porque 80% do carvão é produzido no norte e no ocidente, muito longe das províncias costeiras ricas e industriais. Daí o interesse da China em aumentar o peso relativo do gás natural no total da energia consumida.

Por outro lado, o consumo de energia primária da China ronda os 5% do total mundial, o que está mais ou menos em linha com a "quota" chinesa da riqueza mundial produzida (na verdade, os países do G-7, porque são mais eficientes, conseguem *outputs* um pouco maiores por unidade de energia consumida). À medida que a riqueza produzida aumente, a necessidade de produção de cada vez maiores quantidades de energia, qualquer que ela seja, será fundamental para a sustentação do crescimento económico da China. Neste contexto, também é esperável que aumente a dependência energética da China.

A electricidade produzida em centrais nucleares tem tido um papel marginal no sistema energético chinês. Estima-se, no entanto, que a energia nuclear, que constitui 1,4% do total da produção de electricidade na China, possa constituir 2,5% em 2010 e talvez 5% em 2020. A China tem apenas 10 centrais nucleares[9] (a primeira entrou em funcionamento em 1991), com capacidade total de aproximadamente 5 gigawatt. O objectivo declarado da China é aumentar a capacidade nuclear até 2020 para 40 gigawatt (Rethinaraj, 2004: 381), para o que precisará, até lá, de triplicar o número de reactores nucleares.

Relativamente ao petróleo, a China, depois de ter sido um exportador líquido de petróleo até ao princípio dos anos 90, em meados da década de 90 deixou de ser auto-suficiente e tornou-se um importante importador de petróleo. Em 2005, a China produz 3,4 milhões de barris diários de petróleo, mas consome 6,3 milhões de barris diários (em 2001, o consumo diário ainda era apenas de 4,9 milhões de barris) praticamente o mesmo

---

[9] De acordo com o *International Nuclear Safety Center*, existem no mundo 425 reactores nucleares operacionais (estes números variam ligeiramente de acordo com as fontes, mas sempre dentro da mesma ordem de grandeza). A China tem 11 destes (Taiwan tem 4). Os EUA têm 103, a França 59, o Japão 54, o Reino Unido 23, a Coreia do Sul 20, o Canadá, a Alemanha e a Rússia 17 cada, etc.

que o Japão mas muito longe dos 19,7 milhões de barris diários dos Estados Unidos (que representam cerca de ¼ do consumo mundial). A China já é o 2° maior consumidor mundial de petróleo, representando cerca de 7% do consumo mundial de petróleo (dados de 2002). Nas próximas duas décadas a dependência da China em abastecimentos de petróleo (e gás) deverá aumentar substancialmente. Por exemplo, enquanto hoje, por cada 100 habitantes, existem na China 2 automóveis (nos Estados Unidos são 50), estima-se que em 2040 este número possa aumentar para 29[10].

II.3.4. *Comunicações*

Relativamente às infra-estruturas de comunicações de transporte, a China ainda é um país relativamente carenciado. A rede estradal chinesa tem cerca de 1,8 milhões de quilómetros, dos quais 30 mil de auto-estradas. A rede ferroviária tem praticamente 72 mil quilómetros, mas apenas 18 mil são electrificados (a Alemanha, por exemplo, tem 20 mil quilómetros electrificados num total de 46 mil quilómetros). Embora a rede ferroviária chinesa corresponda a 6% do total mundial, estima-se que nela se faça o transporte de cerca de 25% da carga total mundial transportada por via férrea. A China tem 7 portos (ou 8, se contarmos com Hong Kong) entre os 50 maiores portos do mundo. A China tem muitos rios, os maiores dos quais nascem no planalto Qinghai-Tibete. Não havendo estatísticas conhecidas sobre a importância relativa do transporte fluvial na China, é conhecida a importância, histórica e actual, do rio Yangtze, o terceiro maior rio do mundo com 6300 quilómetros de extensão, como via de comunicação na direcção leste-oeste. A China tem, aliás, uma grande tradição no transporte fluvial, designadamente tendo construído, numa obra que começou há 2500 anos, o maior rio artificial do mundo – o Grande Canal – que percorre a China desde Pequim até Hangzhou, ao longo de 1800 quilómetros, ligando 5 rios, entre os quais o Yangtze e o Amarelo. Finalmente a China tem 54 aeroportos com pistas pavimentadas de comprimento superior a 3047 metros (ou seja, pistas que permitem a aterragem dos *wide body*).

---

[10] "The new titans, A survey of the world economy", *The Economist*, September 16, 2006, p. 22.

Para pôr um pouco melhor em perspectiva estes valores, vamos comparar três deles com os Estados Unidos e a Alemanha, utilizando como indicador a quantidade por habitante. Note-se que as superfícies dos Estados Unidos e da China são idênticas pelo que, em relação à quantidade por unidade de superfície fica logo muito claro que os Estados Unidos têm grosso modo 3,3 vezes mais estradas, 2,5 vezes mais linha férrea e 3,5 vezes mais aeroportos que a China (na verdade esta superioridade será maior se introduzirmos o factor qualidade: o comprimento, por exemplo, é insuficiente para qualificar uma auto-estrada; é preciso ver o número de faixas de rodagem, a existência de áreas de serviço, a qualidade do piso, a sinalética, acessos, declives, raios de curvatura, etc. [11]).

INFRA-ESTRUTURAS DE COMUNICAÇÕES

País	Superfície (milhões km²)	População (milhões hab)	Rede estradal (milhões Km)	Auto-estradas (milhares Km)	Linhas férreas (milhares Km)	Aeroportos de 3047m ou mais
China	9,6	1300	1,8	30	72	54
EUA	9,6	300	6	75	227	191
Alemanha	0,35	82	0,23	12	46	12

Fonte: *CIA World Factbook 2006*

Fig. 14

INFRA-ESTRUTURAS DE COMUNICAÇÕES E EFECTIVO POPULACIONAL

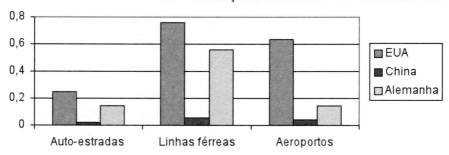

Nota: relativamente às auto-estradas e linhas férreas utilizou-se como grandeza "milhares de km por milhões de habitantes"; relativamente aos aeroportos "quantidade por milhões de habitantes"

Fig. 15

---

[11] "When the Silk Road Gets Paved", *Forbes Global*, September 20, 2004, p. 29 a 32.

Sendo óbvio que não existe uma relação directa entre desenvolvimento económico e cada um dos tipos de infra-estruturas de comunicação (a Irlanda, por exemplo, praticamente não tem auto-estradas, mas tem um Índice de Desenvolvimento Humano superior ao de Portugal; uma grande percentagem do transporte de mercadorias na Alemanha faz-se através do Reno e do Danúbio, tendo o transporte fluvial na Alemanha porventura uma importância relativa maior do que a que tem este tipo de transporte na China; etc.), o conjunto da tabela e do gráfico acima sugere, ainda que a título meramente indicativo, que a China tem à sua frente um grande esforço de investimento para ter o território com um grau de infra-estruturação semelhante ao de um país desenvolvido. Ou, de outro modo, o grau de infra-estruturação sugere o fraco desenvolvimento económico-social da China, o que será tudo menos surpreendente visto o PIB per capita chinês ocupar o 129º lugar num conjunto de 208 países[12] (Zheng Bijian, 2005), sendo um pouco melhor a posição da China na tabela do Índice de Desenvolvimento Humano – 94º lugar[13].

Por outro lado, as forças centrífugas que actuam nas periferias, principalmente no extremo-ocidente chinês, obrigam a um esforço adicional que é um pouco assimétrico em relação à densidade populacional. Por outras palavras, é politicamente importante o investimento em estradas, linhas férreas e infra-estruturas aeroportuárias e linhas aéreas que liguem o *heartland* chinês ao Tibete e ao Xinjiang, embora o retorno desse investimento não se meça necessariamente pelo número de utilizadores (um indicador importante em termos económico-financeiros), mas pela capacidade de o centro em Pequim exercer mais eficazmente o controlo político das periferias.

Relativamente ao esforço de infra-estruturação do território que o governo chinês leva a cabo pode ter-se uma ideia através da comunicação social e de alguns projectos anunciados ou em curso. Com efeito, é frequente assinalarem-se notícias na comunicação social sobre enormes enco-

---

[12] *L' Etat du Monde 2006* posiciona a China em 109º lugar a nível mundial neste indicador. Seja como for, o baixo PIB per capita ainda permite qualificar a China como um país pobre. Em 2004, por exemplo, o PIB per capita chinês foi 3,6% do americano e 4% do japonês.

[13] *L' Etat du Monde 2006.*

mendas chinesas de meios (aviões, navios mercantes, comboios, etc.) e enormes investimentos em infra-estruturas de comunicações de transporte.

Estima-se que a China seja o primeiro país em volume de tráfego portuário de mercadorias em 2010 e Xangai o maior porto comercial do mundo em 2020, um porto que está a ser alvo de importantes investimentos em obras infra-estruturais.

O objectivo do Plano Nacional da Rede de Auto-estradas, aprovado pelo governo chinês em 2005, é construir um sistema de auto-estradas que ligue a Pequim todas as capitais das províncias e regiões autónomas. A rede de auto-estradas terá 85 mil quilómetros. A partir de Pequim irradiarão sete auto-estradas em direcção a Xangai, Taipé (é o que está no site do governo chinês), Hong Kong-Macau, Kunming (capital da Província de Yunnan, no sudoeste), Lhasa (capital do Tibete), Urumchi (capital do Xinjiang) e Harbin. Em 2008, por seu turno, estarão prontas cinco grandes estradas nacionais no sentido norte-sul e sete no sentido leste-oeste num total de 35000 quilómetros. Deste modo, Pequim e Xangai estarão ligadas por estradas principais às capitais de todas as províncias e regiões autónomas, criando ligações por estrada entre 200 cidades, o que denota uma grande visão geoestratégica. Já vimos como, por volta de 2040, o número de automóveis por cada 100 habitantes poderá ter aumentado para 29.

Apesar dos seus mais de 20 mil quilómetros de fronteiras terrestres com 14 países, as ligações terrestres da China com o exterior são muito escassas. Na verdade nem uma auto-estrada, nem mesmo o que possamos chamar um itinerário principal, cruza as fronteiras terrestres da China. Sem exagero pode dizer-se que a China tem cerca de uma dúzia de ligações terrestres por estrada com os seus vizinhos, metade das quais com a Coreia do Norte e o Vietname. Com a Rússia e o Cazaquistão tem 2, com a Mongólia, o Quirguistão, a Índia, o Paquistão, o Nepal, o Laos, a Birmânia 1 cada (com um ou outro caminho vicinal), e pouco mais. Ligações ferroviárias internacionais, excluindo o caso da Coreia do Norte (três, mas apenas uma com alguma importância) e o Vietname (duas), a China tem uma ligação ferroviária com o Cazaquistão, outra com a Mongólia e outra com a Rússia. Esta realidade, que é consequência da geografia e da história, dá um pouco conta do relativo isolamento físico da China.

Anunciam-se entretanto projectos para modernizar as linhas férreas e são celebrados contratos para compras de centenas de aviões à Boeing e à Airbus. Com 120 milhões de pessoas a viajar de avião em 2004, a China é o terceiro mercado mundial no sector, a seguir aos Estados Unidos e à

Europa. A China será no futuro o segundo maior mercado mundial de aviões, e, segundo a Administração Geral da Aviação Civil da China (CAAC), a reguladora da indústria na China, a frota de aviões comerciais do país vai aumentar dos actuais 900 aviões para 1600 até ao ano de 2010, um aumento de 78 por cento. Ou seja, as companhias aéreas chinesas vão comprar um total estimado entre 100 e 150 novos aviões todos os anos entre 2006 e 2010, segundo a CAAC.

II.3.5. *Factor Recursos Naturais e Comunicações: principais potencialidades e vulnerabilidades*

Potencialidades

- A extensão territorial da China garante à partida uma elevada auto-suficiência na maior parte dos recursos estratégicos, com a principal excepção do petróleo;
- A auto-suficiência alimentar (ou, se não se quiser ser tão optimista, pelo menos um grau de auto-suficiência que permite afastar cenários catastróficos).

Vulnerabilidades

- A crescente dependência das importações de petróleo;
- A insuficiente infra-estruturação do território, designadamente quando se comparam os indicadores chineses com os dos países desenvolvidos;
- A necessidade de investimentos "políticos" para contrariar com desenvolvimento económico-social as forças centrífugas existentes em largas extensões do território que são importantes por razões políticas, estratégicas e económicas;
- Dificuldade em sustentar o equilíbrio ambiental face ao ritmo do crescimento económico e à relativa ineficiência do modelo de desenvolvimento;
- Em parte relacionado com o anterior, o impacto negativo no ambiente e no sistema de transportes da excessiva utilização do carvão para a produção de energia;
- As fracas ligações terrestres internacionais (o que, de um ponto de vista defensivo, pode ser uma potencialidade).

CAPÍTULO III

O FACTOR ECONÓMICO-TECNOLÓGICO

III.1. A dependência de tecnologia e os modelos de desenvolvimento económico do período das reformas. Do início das reformas ao *engagement* institucional da China na economia internacional

Nos últimos 25 anos a economia da China passou de um modelo de planeamento centralizado, em que a economia estava praticamente fechada ao comércio internacional, para um modelo mais orientado pelo mercado e com um sector privado em rápido crescimento.

As reformas começaram no final dos anos 1970 com a progressiva descolectivização da agricultura, seguindo-se-lhe a liberalização gradual dos preços, a descentralização fiscal, o aumento da autonomia das empresas estatais, o estabelecimento de um sistema bancário mais diversificado, o desenvolvimento de mercados de valores, o rápido crescimento de um sector não-estatal e a abertura ao comércio e investimento externo. Estas reformas, de um modo geral, têm sido implementadas de forma gradual.

A política de reformas e de abertura ao exterior é, assim, uma designação que cobre, ao longo dos últimos 25 anos, diversos modelos de desenvolvimento económico em transformação e, porque os novos modelos não excluem automaticamente os antigos, em sobreposição. Inicialmente a reforma foi essencialmente no sector agrícola e a ênfase ainda não era na abertura ao exterior. A liberalização parcial dos mercados agrícolas permitiu ganhos que foram investidos em empresas rurais (as TVE, *town and villages entreprises*), essencialmente viradas para indústrias ligeiras, isto é, para a produção de bens de consumo, para os quais havia grande procura no mercado interno. Este modelo de desenvolvimento, baseado no relativo aumento do poder de compra das populações rurais, um modelo em que os recursos agrícolas foram inicialmente o motor do crescimento, estava esgotado ao fim de meia dúzia de anos. Nestes anos iniciais da reforma, as exportações chinesas, pouco expressivas, concentravam-se primariamente em produtos agrícolas, petróleo (ao contrário do que acontecia nesta época, a China é hoje um importador líquido de petróleo) e seus derivados.

No princípio dos anos 80 do século XX, começa a intervir outra fonte de investimentos, com origem no exterior. Na sua maioria, este investimento estrangeiro é proveniente de Taiwan, Hong Kong, Macau e da diáspora chinesa ultramarina do sudeste asiático, um investimento que traz consigo as suas próprias redes de fornecedores e de clientes. É desta altura o estabelecimento de zonas especiais nas regiões costeiras, onde são criadas condições favoráveis ao investimento. O investimento é atraído por estas condições favoráveis, pelos baixos custos da mão-de-obra chinesa e pela afinidade linguística, cultural e às vezes familiar dos investidores com as partes da China donde são originários os seus antepassados. Nesta fase, que beneficiou muito o Delta do Rio das Pérolas, onde estavam localizadas zonas económicas especiais adjacentes ou muito perto de Hong Kong e Macau, os produtos fabricados com recurso à utilização intensiva de mão-de-obra e tecnologia relativamente pouco sofisticada[14], como os brinquedos, os têxteis e o vestuário, ou montados na China com peças importadas – electrodomésticos, produtos electrónicos e, mais tarde, computadores – destinam-se ao mercado chinês e à exportação.

Estas novas empresas não faziam por enquanto concorrência às empresas rurais (*town and village entreprises*) nem às grandes empresas estatais. Pelo contrário, contribuíam para a melhoria da balança comercial, para o crescimento do emprego, para a sustentação da procura dos produtos das empresas rurais e das ineficientes e obsoletas empresas estatais e para o aumento das receitas do Estado.

É possível que a liderança chinesa tivesse pensado que, com os recursos financeiros obtidos desta forma, podia comprar a tecnologia mais avançada ao exterior, sem necessidade de promover e atrair o investimento directo estrangeiro portador dessa tecnologia. Mas algumas experiências nesse sentido não parecem ter resultado muito bem, porquanto lhes faltava a existência de técnicos qualificados e a qualidade da gestão, por exemplo, um recurso muito importante ainda que por vezes praticamente intangível.

---

[14] Nas duas décadas das reformas, centenas de milhares de empregos em indústrias intensivas em mão-de-obra, como os brinquedos, os têxteis e o vestuário, migraram de Hong Kong para a China e, em 2000, as empresas com capitais de Hong Kong empregavam na China 5 milhões de trabalhadores.

E, portanto, a China adoptou o "método clássico" de importação de tecnologia. Com efeito, os países pobres, como era a China (e ainda é, pelo menos em termos de rendimento per capita) no princípio das reformas, quando abrem ao exterior a sua economia, quando têm a vantagem comparativa de experimentar elevadas taxas de poupanças disponíveis para financiar o investimento e quando adoptam as políticas correctas, podem crescer rapidamente importando ideias, técnicas e capitais das economias desenvolvidas e utilizando os mercados dos países ricos como plataforma para o crescimento. Como observa a revista *The Economist*, como uma recém-chegada à economia mundial, "a China não precisa de reinventar a roda", mas meramente abrir a sua economia às ideias do mundo rico[15].

É claro que a China faz um esforço para aumentar as suas despesas com investigação e desenvolvimento e as suas universidades formam cada vez mais engenheiros (sendo também em elevado número os estudantes chineses nas universidades dos Estados Unidos, do Canadá e dos países mais avançados da Europa Ocidental). No período 2002-2004, a universidade chinesa formou cerca de 530 mil engenheiros e outros técnicos superiores, contra cerca de 700 mil na Índia, 480 mil na União Europeia, 420 mil nos Estados Unidos e 350 mil no Japão. No entanto, a qualidade dos cursos ministrados na China ainda é relativamente baixa, estimando-se, por exemplo, que apenas uma décima parte dos engenheiros graduados na China responda aos padrões de exigência de uma firma norte-americana[16]. E, por isso, a verdade é que, em 2002, a quota chinesa de patentes internacionais ainda era de apenas 0,3%, contra 35,6% dos Estados Unidos e 25,6% do Japão. A investigação chinesa, por seu turno, está muito internacionalizada: 66% das patentes registadas na China são estrangeiras e 48% das patentes depositadas no estrangeiro relativas a invenções realizadas na China são controladas por estrangeiros, designadamente americanos. No fundo, mesmo as exportações chinesas mais portadoras de tecnolo-

---

[15] "The dragon and the eagle", A Survey of the World Economy, *The Economist*, 2nd October 2004, p. 6.

[16] "The new titans", A Survey of the World Economy, *The Economist*, September 16, 2006, p. 16.

gia, como veremos a seguir, são menos *"made in China"* e mais *"made by foreigners in China"* ou *"assembled in China"* [17].

Em Outubro de 1991, no rescaldo da crise que conduzira aos acontecimentos de Tiananmen e antecedendo a célebre viagem de Deng em 1992 ao sul da China em que proclamou que "enriquecer é glorioso", o Partido Comunista decidiu adoptar reformas mais rápidas e audaciosas em direcção a uma "economia socialista de mercado": desregulação de preços, privatização das empresas do Estado e promoção do investimento directo estrangeiro (Story, 2003: 352).

É portanto a partir do princípio da década de 90 que começa a explosão de investimento directo estrangeiro, proveniente de países industrializados como os Estados Unidos, o Japão ou os países europeus (equipamentos de telecomunicações, indústria petrolífera, indústria automóvel, etc.). Claro que se a China está particularmente interessada nas transferências de tecnologia que vêm com o investimento directo estrangeiro, para muitas companhias estrangeiras a principal motivação para investir na China são os baixos custos da mão-de-obra. Embora seja esperável que o investimento estrangeiro na China se transfira progressivamente da manufactura e da montagem de partes acabadas para indústrias mais avançadas, como o desenvolvimento de *hardware* e *software*, etc.

Entretanto, o objectivo dos investidores já não é somente o de deslocalizar a produção para beneficiar dos baixos custos dos factores de produção (que, aliás, eventualmente começam a não ser tão baixos como isso, até porque, ao contrário dos investimentos dos chineses ultramarinos, não existem as mesmas facilidades de ligação, nem estão estabelecidas as redes de fornecedores e clientes locais) e reexportar, mas também o de desenvolver o mercado chinês.

No quadro da criação de condições de atracção deste novo tipo de investimento, aliás, a entrada na Organização Mundial do Comércio (OMC) foi durante algum tempo o objectivo principal da política oficial chinesa[18], um objectivo por detrás do qual estavam ainda outros interesses políticos. Para além do facto de não deixar que Taiwan, entrando primeiro,

---

[17] "Chine – Etats Unis: l'ère de l'interdépendance", *Le Monde* (edição on-line, artigo não assinado), 15Juin2006.

[18] A China entrou para a OMC em simultâneo com Taiwan, na cimeira de Doha, Qatar, no final de 2001. Mas a economia da China já estava bastante internacionalizada.

pudesse depois vetar a entrada da China (por isso entraram as duas ao mesmo tempo), a adesão representava, primeiro, o reconhecimento internacional do crescente poder económico da China; segundo, permitia à China desempenhar um importante papel no desenvolvimento de novas regras internacionais sobre o comércio no seio da OMC; terceiro, permitia à China aceder ao processo de resolução de disputas na OMC, reduzindo a ameaça de restrições impostas unilateralmente sobre as exportações chinesas; quarto, tornava mais fácil aos reformadores na China pugnarem por políticas liberalizadoras, por poderem defender que tais políticas eram necessárias para preencher as obrigações internacionais da China; e, quinto, os líderes chineses previam que a adesão à OMC induziria os Estados Unidos a estabelecer com a China "relações comerciais normais permanentes", ou seja, daria à China o estatuto permanente de "nação mais favorecida", desta forma pondo cobro ao processo anual de renovação do estatuto comercial da China, que incluía o muito politizado debate anual no Congresso americano sobre as relações entre os Estados Unidos e a China (Morrison, 2003).

A motivação da China para entrar na OMC radicou, portanto, na percepção de que precisava de um ímpeto exterior para ultrapassar os obstáculos internos que tinha de vencer para aprofundar as reformas e proteger os seus interesses comerciais, se queria sustentar o crescimento económico dos 20 anos anteriores.

Do lado dos Estados Unidos, muitos analistas viam uma dupla vantagem na adesão da China à OMC: por um lado, trazer a China para o seio da OMC e deste modo sujeitar o seu regime de comércio às regras de comércio multilaterais constituía uma oportunidade para os Estados Unidos ganharem um acesso substancialmente maior ao cada vez mais importante mercado chinês, designadamente ajudando a reduzir o desequilíbrio, a favor da China, da balança comercial com os Estados Unidos; por outro lado, alguns analistas, influenciados pela teoria de que a abertura económica catalisa a liberalização política, defendiam que a adesão da China à OMC auxiliaria a causa dos direitos humanos na China, por acarretar a transformação progressiva da China num "estado de direito" em matéria de

---

Aliás, já há muitos anos que a China estava nas outras instituições do sistema Bretton Woods: o Fundo Monetário Internacional e o Banco Mundial.

actividades económicas, diminuindo o controlo do governo central sobre a economia e promovendo a expansão da sector privado.

Com efeito, a progressiva integração da China na economia internacional não foi fruto apenas da vontade da China. Na primeira comunicação da Comissão Europeia sobre as relações com a China, publicada em 1995, a opção é claramente pelo *constructive engagement*, uma opção que é reiterada em comunicações de 1998 e 2001, ano da entrada da China na OMC. Por outro lado, como assinala Story, por exemplo, no final de 1997, no rescaldo da crise financeira asiática que estalara em Julho desse ano, a administração dos Estados Unidos inaugurou uma nova política. Clinton defende o acolhimento da China nas grandes instituições e regimes mundiais, fazendo prevalecer na prática o argumento de que o *engagement* é para já a opção que oferece a melhor garantia de uma acomodação pacífica da ascensão da China, sendo de longe preferível a uma política de confrontação que repousa sobre o preconceito de que as instituições chinesas não são capazes de evoluir (Story, 2003: 355). Para Clinton, tentar opor-se à China e contê-la antes que ela se tornasse demasiado poderosa era "irrealista, contraproducente e potencialmente perigoso".

Para a China, este "ir pelo seu pé" e ao mesmo tempo "deixar-se levar" pelo proposto *engagement* ocidental implicava a aceitação dos princípios ocidentais: o primado da lei, a propriedade privada, instituições responsáveis, a economia de mercado, a liberdade religiosa, a liberdade de expressão, etc. Tem que o fazer gradualmente, gerindo as contradições entre conservadores e reformistas, para não extremar duas visões opostas no seio do aparelho do Estado-partido; preservando o monopólio do poder detido pelo Partido Comunista; lidando com o descontentamento dos sectores que perdem com as reformas, designadamente a reforma do sector empresarial do Estado; tentando estabelecer um aparelho judiciário num espaço onde jamais funcionou um Estado de direito e onde o direito não tem qualquer tradição enquanto mecanismo de regulação social; etc. (Story, 2003: 356).

A entrada da China na OMC no final de 2001 marcou então, simbolicamente e na prática, a vontade chinesa de aceitar os constrangimentos e as vantagens da interdependência económica e política. O *constructive engagement* da União Europeia e da administração Clinton terá ajudado o regime chinês a promover internamente a partir de 1999 os ajustamentos necessários para a adesão à OMC, sem a resistência exagerada dos sectores conservadores, preocupados com o alastramento à esfera política da presença intrusiva do Direito e de uma certa separação de poderes em matéria de jurisdição (Godement, 2003: 181).

A crise financeira asiática de 1997 acabaria por dar à China a oportunidade de se mostrar uma potência responsável, fornecendo um poderoso argumento justificativo da opção da administração americana no final de 1997, e de mostrar ao mundo a relativa importância que a China começava a ter na economia mundial. Por outro lado, da parte da China, a crise asiática – que retirou a muitos investidores da diáspora chinesa os recursos para investirem na China, ou fez com que para eles se tornasse atraente reinvestir no sudeste asiático (eventualmente desinvestindo na China), aproveitando aí as condições novamente mais favoráveis para certas indústrias intensivas em mão-de-obra – agudizaria a necessidade de investimento directo estrangeiro portador das tecnologias mais modernas, levando também por esta via a China a continuar a aposta no aprofundamento da integração institucional da sua economia na economia mundial.

III.2. Objectivos de crescimento económico das autoridades chinesas e projecções

Em Março de 2006, a Assembleia Popular Nacional da República Popular da China aprovou o 11º Plano Quinquenal, que aponta para um crescimento de 45% do PIB até 2010. Já em 2005 o governo chinês declarara publicamente as suas metas para o desenvolvimento do país até 2050. De acordo com as autoridades chinesas, os objectivos serão alcançados em três fases: até 2010 (quando termina o mencionado 11º plano quinquenal) duplicar o PIB de 2000; até 2020 duplicar o PIB de 2010, altura em que o PIB per capita chinês anual deverá atingir 3000 dólares[19]; de 2020 a 2050, "continuar a avançar" até a China se tornar um "país socialista democrático e civilizado" (Zheng Bijian, 2005: 23). De acordo com a retórica oficial chinesa, em 2050 a China terá afastado o subdesenvolvimento e terá um nível de desenvolvimento semelhante ao dos países que ocupam o meio da tabela dos países desenvolvidos[20]. E a verdade é que estes objectivos não

---

[19] Correspondendo a um PIB anual de cerca de 4 biliões de dólares.

[20] *FY04 Report to Congress on PRC Military Power*, Department of Defense, Washington D.C., Maio de 2004, p. 10.

parecem irrealistas, face ao que tem acontecido no último quarto de século e às projecções conhecidas.

Com efeito, em 1978 a economia da China contava menos de 1% da economia mundial e em 2005 já contava 4%, ou seja, entre um sexto e um sétimo da economia dos Estados Unidos e um terço da economia do Japão.

CRESCIMENTO ANUAL DO PIB PER CAPITA DA CHINA (PROJECÇÃO)
(em percentagem)

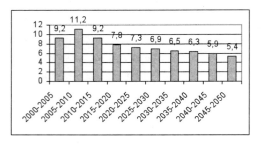

Fonte: "Dreaming with BRICs", *Global Economics Paper N° 99*, Goldman Sachs, 2003, p. 9

Fig. 16

Por outro lado, nunca é demais chamar a atenção para a confusão que por vezes provoca a utilização de dois métodos diferentes para o cálculo da riqueza produzida, com a introdução a partir de 1993, pelo FMI, do método da paridade do poder de compra[21], a par do "velho" método das taxas de câmbio oficiais. Com efeito, se nas economias desenvolvidas se chega praticamente aos mesmos valores, independentemente do método utilizado (no caso dos Estados Unidos, de acordo com o estimado para 2005, o PIB foi de 12,41 biliões de dólares quando calculado pelo método da paridade do poder de compra e de 12,47 biliões de dólares quando calculado pelo método das taxas de câmbio oficiais; para a Alemanha no mesmo período o PIB calculado foi, respectivamente, de 2,45 biliões e de 2,76 biliões,

---

[21] O método da paridade do poder de compra fornece uma medida diferente do método das taxas de câmbio para medir o tamanho relativo das economias. Por exemplo, o mesmo salário em dólares permite, em relação a certos bens ou serviços (um corte de cabelo, géneros alimentares locais, etc.) um incomparavelmente maior poder de compra na China do que nos Estados Unidos.

por um e outro método), nas economias menos desenvolvidas verificam-se grandes discrepâncias (no caso da China, em 2005 o PIB foi de 1,79 biliões de dólares americanos, quando calculado pelo método das taxas de câmbio oficiais, e de 8,2 biliões de dólares americanos, ou seja 4 vezes e meia mais, quando calculado pelo método da paridade do poder de compra[22]).

VARIAÇÃO DO PIB CHINÊS 2005-2025

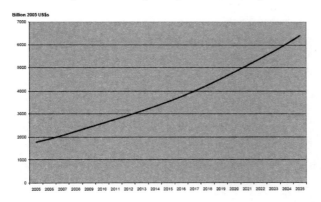

Fonte: *FY05 Report to Congress on PRC Military Power*, Department of Defense, Washington D.C., Maio de 2005.

Fig. 17

Na projecção acima, pode ver-se como se espera que o PIB chinês, em 2005, de cerca de 1,79 biliões de dólares americanos cresça cerca de 3 vezes e meia para 6,5 biliões de dólares americanos a preços constantes de 2005, por volta de 2025. Uma outra projecção muito conhecida e divulgada, da *Goldman Sachs* (fig. 18 e 19), sobre o crescimento das economias emergentes, permite pôr um pouco melhor em perspectiva este sem dúvida importante esperado crescimento absoluto chinês.

---

[22] Medida em paridade do poder de compra, a economia chinesa passou a ser, em 2003, a segunda economia mundial, atrás apenas da dos Estados Unidos.

PRODUTO INTERNO BRUTO 2000-2050
(em milhares de milhões de dólares americanos)

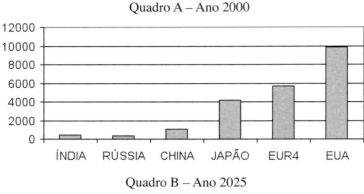

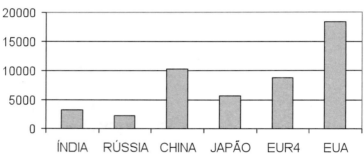

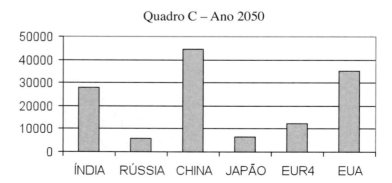

EUR4 = França+Alemanha+Itália+Reino Unido
Fonte: Dados e projecções constantes no Global Economics Paper N° 99 da Goldman Sachs "Dreaming with BRICs", p. 9.

Fig. 18

PRODUTO INTERNO BRUTO PER CAPITA 2000-2050

(em dólares americanos)

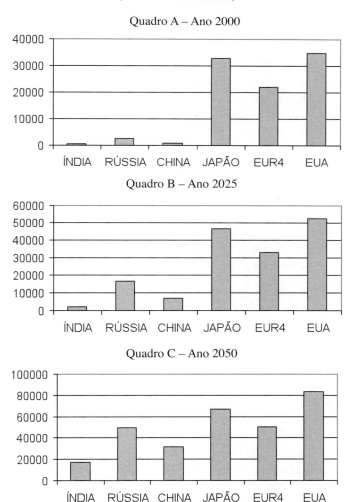

EUR4 = França+Alemanha+Itália+Reino Unido
Feito com base em dados e projecções constantes no Global Economics Paper N° 99 da Goldman Sachs "Dreaming with BRICs", p. 9. Para o grupo EUR4 adoptou-se uma média não ponderada dos PIB per capita dos 4 países individualmente considerados, considerando-se o erro desprezível em virtude da ordem de grandeza relativamente semelhante das respectivas populações e dos PIB per capita.

Fig. 19

Nessa projecção, aponta-se para a possibilidade de a economia chinesa ser em 2025 a segunda maior do mundo, correspondendo grosso modo a apenas metade da economia americana (actualmente, o PIB chinês corresponde a cerca de um sétimo do americano), e mesmo de ultrapassar a economia norte-americana em meados do século XXI.

Outro aspecto para o qual importa chamar a atenção é o do PIB per capita chinês, de acordo com as projecções, ainda ser relativamente pequeno em 2025 e, mesmo em 2050, ainda ficar atrás do das economias mais desenvolvidas, embora tenha atingido o tal "nível de desenvolvimento semelhante ao dos países que ocupam o meio da tabela dos países desenvolvidos".

Em 2006, as projecções utilizadas pelo Departamento da Defesa dos Estados Unidos apontam para que em 2025 o PIB chinês seja de 6,4 biliões de dólares (chamando-se no entanto a atenção para que se trata de projecções lineares, o que, no caso da China, peca por algum optimismo), contra um PIB de 1,5 biliões de dólares da Rússia, 6,3 biliões de dólares do Japão e 22,3 biliões de dólares dos Estados Unidos[23]. Ou seja, enquanto a Goldman Sachs estimava em 2003 que em 2025 a economia chinesa seria grosso modo metade da norte-americana e o dobro da japonesa, três anos mais tarde parece que a tendência é para que, nessa altura, a economia chinesa tenha uma dimensão semelhante à do Japão e, qualquer delas, seja pouco mais de ¼ da economia norte-americana.

Uma outra projecção, publicada na revista *The Economist* em Setembro de 2006, aponta para que o PIB anual chinês supere o norte-americano por volta de 2040. A mesma projecção aponta para que, nessa altura, a Índia e o Japão sejam a 3ª e a 4ª maiores economias do mundo, correspondendo, respectivamente, a cerca de metade e a cerca de ¼ das economias americana e chinesa[24].

Por outro lado, pode verificar-se como, de acordo com a projecção da Goldman Sachs, em 2050 as três maiores economias mundiais serão a China, os Estados Unidos e a Índia. Se daqui a 50 anos a situação será efectivamente assim ou de outra maneira é impossível adivinhar, mas cer-

---

[23] *FY06 Report to Congress on PRC Military Power*, Department of Defense, Washington D.C., Maio de 2006, p. 10., p. 26.

[24] "The new titans", A Survey of the World Economy, *The Economist*, September 16, 2006, p. 12.

Tiago Vasconcelos 91

tamente que a importância económica da China tenderá a aumentar nos próximos anos, a menos que se verifiquem acidentes de percurso graves, o que também não é impossível, inclusivamente face a alguns aspectos económicos e económico-sociais da realidade chinesa que já abordámos e cuja compreensão se torna mais fácil olhando, por exemplo, para a composição do PIB chinês por sectores, para a importância relativa das exportações chinesas e do investimento estrangeiro na China, para as assimetrias de desenvolvimento regional, etc.

III.3. A composição do PIB chinês por sectores de actividade. Modernização, problemas económico-sociais e sustentabilidade

Já tivemos oportunidade de assinalar como, não obstante haver na China um número crescente de grandes fortunas individuais e uma classe média crescente – em 2005 a China já tinha mais de 300 milhões de utilizadores de telefone móvel e 100 milhões de pessoas tinham acesso à internet, por exemplo –, o baixo PIB per capita e o Índice de Desenvolvimento Humano das Nações Unidas ainda permitem qualificar a China como um país pobre. E, de facto, a economia chinesa, apesar dos enormes avanços dos últimos 25 anos, está estruturalmente muito longe das economias mais desenvolvidas do mundo.

Como se pode ver na figura abaixo, enquanto a agricultura representa apenas 1% do PIB nos Estados Unidos e na Alemanha (e mesmo apenas 5% num país como Portugal, relativamente atrasado no contexto das economias desenvolvidas), na China a agricultura representa quase 15% da economia. Enquanto que nos Estados Unidos o sector dos serviços ultrapassa os ¾ da economia e em Portugal iguala os 2/3, na China o sector dos serviços representa apenas 1/3 da economia.

Por outro lado, não havendo normalmente uma correspondência perfeita entre o peso de um sector na formação do PIB de um país e a percentagem da força laboral do país que é empregue nesse sector (por exemplo, Portugal emprega 10% da sua força laboral na agricultura, que representa 5% do PIB; a Alemanha emprega neste sector 2,8% da força laboral para 1,1% do PIB), na China, como é próprio de uma economia em desenvolvimento, estas discrepâncias são muito grandes: a China emprega quase metade da sua força laboral na agricultura, um sector que, como vimos, representa menos de 15% do PIB chinês.

COMPOSIÇÃO DO PIB POR SECTOR DE ACTIVIDADE – 2005

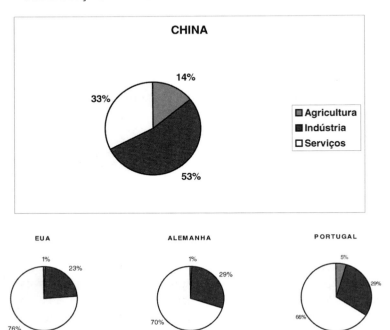

Fonte: *CIA World Factbook 2006*

Fig. 20

EMPREGO DA FORÇA LABORAL POR SECTOR DE ACTIVIDADE – 2005

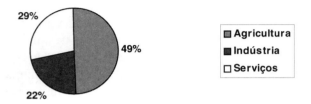

Fonte: *CIA World Factbook 2006*

Fig. 21

Não é difícil compreender muitos dos problemas económico-sociais chineses com que somos confrontados frequentemente na comunicação social de todo o mundo, muitos dos quais ligados ao próprio processo de modernização da economia, designadamente o progressivo desmantelamento do sector empresarial do estado e dos sistemas estatal e tradicional de protecção social: desemprego e sub-emprego; migração dos campos para as cidades, imperfeitamente controlada pelas barreiras internas à livre circulação das populações; população errante de mais de 100 milhões de pessoas; miséria e insegurança (são frequentes notícias sobre motins e distúrbios); pressão sobre os sistemas centrais de segurança social (as famílias urbanas não têm a mesma capacidade de cuidar dos idosos; as empresas estatais e as comunas agrícolas já não garantem a "malga de arroz" para toda a vida; as populações têm acesso desigual a cuidados de saúde, etc.); etc.

Como é normal, o desenvolvimento e a modernização económica da China (industrialização, urbanização e infra-estruturação), bem como a melhoria de certos indicadores de qualidade de vida (número de frigoríficos, televisores ou computadores por lar chinês, etc.), têm e vão continuar a ter um forte impacto sobre o consumo chinês de recursos naturais.

Em 2003, por exemplo, a China consumiu 40% da produção mundial de cimento e a voracidade da procura chinesa de diversas matérias-primas foi determinante para o aumento de cerca de 50% do preço do cobre, 66% do preço do zinco, mais de 100% do preço do níquel e 18% do preço do alumínio. A procura chinesa de aço deverá manter um crescimento de 9% nos próximos anos, passando dos 220 milhões de toneladas em 2003 para cerca de 400 milhões de toneladas em 2010. Só este crescimento de 180 milhões de toneladas é três vezes superior à capacidade de produção de aço instalada na Alemanha. Até 2010, ponderados o aumento da procura chinesa e o consequente aumento da capacidade mundial de produção de aço, a quota do mercado mundial de aço da indústria chinesa passará dos actuais 23% para 27%. O próprio aumento da capacidade de produção de aço na China é financiado por grandes grupos internacionais interessados na produção siderúrgica local e em participarem com empresas locais em mega-projectos de investimento, como os Jogos Olímpicos de Pequim de 2008, a construção de unidades industriais de produção de energia eléctrica e de produção automóvel, etc.

Por outro lado, se, com o actual estádio de conhecimento tecnológico, modelos de desenvolvimento económico e fontes de energia utilizadas, o

94 A ascensão da China. Acomodação pacífica ou grande guerra?

consumo per capita chinês de repente passasse a ser semelhante ao americano, o mundo pura e simplesmente conheceria uma catástrofe ambiental[25]. Com efeito, a China já é o maior emissor de gases com efeito de estufa e o segundo maior poluidor do mundo, a seguir aos Estados Unidos. Fruto do grande crescimento económico dos últimos 25 anos, um dos principais problemas da China é a preservação do ambiente e a sustentabilidade do desenvolvimento. Os grandes problemas ambientais da China são a poluição do ar (são chinesas 8 das 10 cidades mais poluídas do mundo); a erosão do solo; a falta de infra-estruturas de saneamento básico e de tratamento de águas residuais e do lixo; a falta de água, especialmente no norte do país, necessária para a sustentabilidade do desenvolvimento económico e industrial, bem como a falta ou a fraca qualidade da água para consumo humano[26], etc.

Relativamente à sustentabilidade do desenvolvimento, mesmo que factores como os que acima listámos não sejam considerados, o crescimento chinês tem de se acomodar ao ritmo do aumento das capacidades de extracção de matérias-primas, das infra-estruturas de transporte de cargas, dos sistemas de distribuição, etc.

Este problema é reconhecido pelas autoridades chinesas: é o próprio ministro chinês da Comissão para a Reforma e Desenvolvimento que, defendendo as medidas de controlo macroeconómico do governo para limitar o sobreaquecimento da economia, afirma que "é preciso controlar o desenvolvimento da economia num nível que seja compatível com os recursos naturais e energéticos do país"[27]. Em 2004, por exemplo, 24 das 31 províncias chinesas sofreram cortes de electricidade[28].

---

[25] "EUA: Terra viverá pesadelo ecológico se a China adoptar sonho americano – estudo", *Lusa*, Washington, 10Mar2005.

[26] "China: Falta de água é 'grave' problema para desenvolvimento", *Lusa*, 25Mar04. "China: Dois terços das cidades chinesas têm falta de água", *Lusa*, 9Jun04. "China: um quarto dos chineses sem acesso a água potável", *Lusa*, 29Nov2004.

[27] "China: Controlo sobre crescimento 'cego' vai continuar em 2005", *Lusa*, Pequim, 7Mar2005. "China: Autoridades prometem legislação ambiental de reciclagem para 2007", *Lusa*, Pequim, 13 de Dezembro de 2005. "Ambiente: China tem de rever modelo de desenvolvimento – Governo", *Lusa*, Pequim, 2Jun2005

[28] "China: Dois terços do país continuarão com falhas de electricidade em 2005", *Lusa*, Pequim, 27Fev2005.

Todos estes problemas induzem ou são agravados pelas disparidades de rendimento, designadamente as assimetrias de desenvolvimento regional (em que frequentemente as regiões menos desenvolvidas são habitadas por minorias étnicas), o alargamento cada vez maior do fosso entre ricos e pobres, a corrupção, um sistema bancário que por "determinação superior" concede crédito mais na base de considerações políticas e sociais do que das condições do mercado, etc.

No entanto, apesar de todos estes e outros problemas, a abundância de mão-de-obra barata deverá permitir à China manter ainda, durante um período relativamente prolongado, um modelo de desenvolvimento como o actual, que lhe permite explorar aquela vantagem comparativa.

III.4. Implicações estratégicas da dependência chinesa de petróleo

Como mencionámos a abrir este trabalho, se o consumo de petróleo per capita na China fosse equivalente ao dos Estados Unidos, a China precisaria diariamente, só para si, de 100 milhões de barris diários, uma produção que excede o total da produção mundial actual, que ronda os cerca de 85 milhões de barris diários.

PRODUÇÃO, CONSUMO E IMPORTAÇÕES LÍQUIDAS DE PETRÓLEO NA CHINA

(em milhões de toneladas por ano)

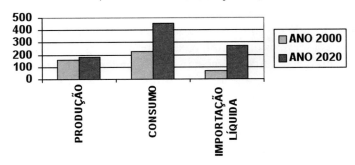

Fonte: *The Strategic Implications of China's Energy Needs* (2002), Andrews-Speed et al, p.25, 29 e 32. Os dados relativos a 2000 são reais. As projecções para 2020 são obtidas a partir da média das diferentes projecções referidas pelos autores, eliminando a mais alta e a mais baixa.

Fig. 22

Também é fácil de ver que, se a China consumisse 100 milhões de barris diários, ou seja 36,5 mil milhões de barris por ano, sozinha esgotaria no espaço de uma geração as reservas mundiais conhecidas de petróleo, estimadas actualmente em 700 mil milhões a 1 bilião de barris. Mas a verdade é que tal perspectiva não se põe, estimando-se que a China aumente o consumo de petróleo, sim, mas apenas para atingir em 2020 o dobro do consumo actual. Longe, portanto, dos níveis do consumo per capita dos Estados Unidos.

Se actualmente o consumo de petróleo da China é 3 a 4 vezes menor que o dos Estados Unidos, em 2020 ainda será, portanto, cerca de metade, de acordo com as projecções. Na estrutura de consumo de energia primária, a China continuará a consumir grandes quantidades de carvão e cada vez mais gás natural e energia eléctrica. Aliás, não é preciso ser-se um especialista em petróleos para perceber que, quando se está a falar de milhões de barris por dia, as produções e os consumos não podem duplicar ou triplicar de um dia para o outro. São precisos oleodutos, refinarias, petroleiros, circuitos de distribuição e comercialização, infra-estruturas, etc., etc., e isso não muda de repente. Por outro lado, com a procura mundial de petróleo praticamente igual à capacidade de produção instalada, e com a maior parte das reservas conhecidas já com dono, para a China aumentar o consumo tem de ir ao mercado, ou conquistar pela força as fontes de aprovisionamento. Além de, principalmente, neste último cenário, ter de ter força militar para proteger as linhas de comunicações terrestres e marítimas. Simplesmente a China não tem força para isso. O que não quer dizer que, em regiões localizadas, como o mar da China Meridional ou o mar da China Oriental, a disputa por hidrocarbonetos em zonas reclamadas por mais do que um país não possa ser mais um factor, ou até o principal catalisador, de conflito.

Com efeito, a situação recente de dependência de importações de recursos energéticos essenciais para o desenvolvimento económico e a prosperidade da China, suscita sem dúvida pelo menos duas questões de alcance estratégico: primeiro, o aumento da procura chinesa provocará uma escassez global destes recursos e, eventualmente, a adopção de uma postura estratégica agressiva para os obter? Segundo, como se repercutirá a dependência de recursos energéticos no padrão de relações da China com o exterior e nas percepções de segurança do Estado chinês?

Relativamente à primeira questão, é muito difícil prever como é que a variável da energia na política externa chinesa influenciará as interacções geoestratégicas da China com o sistema internacional (Andrews-Speed et al, 2002: 73). Invocando os cenários catastrofistas do século passado de que o petróleo estava a acabar e estaria iminente uma grave crise energética, estes autores mostram como não só essas previsões se revelaram erradas no passado, como provavelmente se revelarão do mesmo modo no futuro. Apesar dos receios de uma rotura dos mercados petrolíferos durante os últimos 30 anos, o que houve foi uma diminuição dos preços do petróleo e, nos anos 90, foram encontrados sem dificuldade abastecimentos para satisfazer o aumento de 400 milhões de toneladas na procura anual de petróleo (2002: 75). Estes resultados devem-se à existência de um mercado de petróleo cada vez mais globalizado e eficiente e, talvez mais importante, aos contínuos avanços tecnológicos que têm permitido a descoberta de substanciais reservas (Andrews-Speed et al, 2002: 75).

Para responder à segunda questão, ou seja, o modo como se repercutirá a dependência de recursos energéticos no padrão de relações da RPC com o exterior e nas percepções de segurança do estado chinês, sem prejuízo de voltarmos a este assunto mais à frente quando descrevermos o contexto geoestratégico da China, importa ver em primeiro lugar a origem das importações chinesas de petróleo. Com efeito, enquanto não consegue satisfazer as suas necessidades energéticos com recursos existentes em território controlado ou com os recursos que pode vir a controlar ou não nos mares que lhe são adjacentes, a China tem de se abastecer *overseas*. De acordo com dados publicados na revista *Foreign Affairs* de Setembro/Outubro de 2005 (p. 28), adaptados por nós (fig. 23), as importações chinesas de petróleo em 2004 distribuíram-se do seguinte modo pelas regiões de origem:

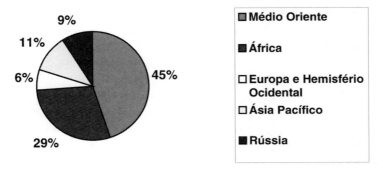

Fig. 23

98   *A ascensão da China. Acomodação pacífica ou grande guerra?*

Os abastecimentos de petróleo russo já têm para a China uma certa importância relativa (cerca de 9% do total de petróleo importado pela China é russo), mas a energia é um sector significativo na potencial expansão das relações económicas e comerciais com a Rússia. De facto, apesar de durante os anos 90 o comércio bilateral entre a China e a Rússia ter crescido, alcançando os 8 mil milhões de dólares em 2000, este número contrasta fortemente, por exemplo, com os 115 mil milhões de dólares – quase quinze vezes mais – de comércio entre a China e os Estados Unidos nesse ano (Andrews-Speed et al, 2002: 62). A Sibéria Oriental e o extremo-oriente russo possuem enormes reservas por explorar de petróleo e gás que são muito maiores do que as que podem ser consumidas por uma população local em diminuição. O mercado mais próximo destes campos de petróleo e gás é o nordeste asiático, podendo a China proporcionar à Rússia um grande mercado no futuro relativamente próximo. É importante ter presente, no entanto, que à Rússia poderá não interessar um cliente único, ou mesmo um cliente dominante, para as suas exportações de hidrocarbonetos no extremo oriente.

À medida que a China se tornou um importador líquido de petróleo, tem aumentado as importações de regiões como a África e a América Latina. África abasteceu cerca de 29% das importações de petróleo da China em 2004. Em África o principal país abastecedor de petróleo da China em 2004 foi Angola, com uma percentagem das importações totais – 13,2% – equiparável à dos grandes fornecedores do Médio Oriente. O maior fornecedor de petróleo da América Latina à China em 2004 foi o Brasil, com 1,3% do total. A Venezuela deverá em breve aumentar em muito as suas exportações de petróleo para a China.

Em 2004, 45% do total de petróleo importado pela China veio do Médio Oriente (em 2003 tinham sido 51%). A Arábia Saudita com 14%, Omã com 13% e o Irão com 11% foram em 2004 os principais fornecedores de petróleo à China do Médio Oriente[29].

---

[29] O Médio Oriente, onde se concentra a maior partedas reservas conhecidas, fornece cerca de 50% do petróleo mundial, embora a dependência do petróleo do Médio Oriente não se faça sentir por igual: os Estados Unidos abastecem-se no Médio Oriente de apenas 20% do total das suas importações de petróleo; já as importações da Europa dependem a mais de 40% do petróleo do Médio Oriente; e as do Japão praticamente a 80%.

No Médio Oriente e no Golfo Pérsico, apesar de existirem significativos interesses políticos e estratégicos chineses, como a necessidade percebida de inibir o fluxo de extremismo político do Médio Oriente para a Ásia Central e para o Xinjiang, o interesse principal da China é garantir o acesso aos abastecimentos de petróleo. Para prosseguir os seus interesses mais especificamente ligados à energia, o governo chinês promoveu uma abordagem ao Médio Oriente segundo três direcções. A primeira, uma ofensiva diplomática para garantir acordos de abastecimento de longo prazo com estados-chave exportadores de petróleo do Golfo. A segunda, a obtenção de direitos para as empresas petrolíferas chinesas investirem e explorarem na região campos petrolíferos. A terceira, o encorajamento de contra-investimentos dos países petrolíferos do Golfo nos sectores chineses da refinação e da distribuição, com o objectivo de, por um lado, consolidar as relações entre a China e o Golfo e, por outro, permitir à China ultrapassar alguns estrangulamentos internos de capital. Neste contexto, a estabilidade do Médio Oriente é um importante objectivo da política da China e o interesse nessa estabilidade, mais do que declarações de circunstância, reflecte a percepção de que a segurança do abastecimento de recursos energéticos repousa na estabilidade estratégica na região (Andrews-Speed et al, 2002: 67).

Nos projectos da China para a Ásia Central relacionados com a energia misturam-se considerações económicas e considerações políticas. As relações económicas e comerciais no campo da energia potencialmente aumentam a influência regional da China na Ásia Central e podem ajudar a estabilizar a região, designadamente diluindo ameaças à unidade nacional e contribuindo para promover a estabilidade social e política no Xinjiang (Andrews-Speed et al, 2002: 49). Por outro lado, o acesso ao petróleo da Ásia Central permite à China diminuir a sua vulnerabilidade em relação aos abastecimentos do Médio Oriente que têm de atravessar linhas de comunicações marítimas (*Sea Lines of Communications,* SLOCs) que podem ser bloqueadas com relativa facilidade pela marinha dos Estados Unidos. Para poder aceder ao petróleo da Ásia Central, a China precisa, no entanto, de fazer grandes investimentos e de enfrentar a concorrência de outros países, como o Japão ou a Índia, por exemplo. Além disso, a China preocupa-se com a cooperação de vários estados da região com os Estados Unidos, designadamente no contexto da guerra contra o terrorismo, que pode antecipar uma presença prolongada de forças americanas na Ásia Central (Dreyer, 2004: 235).

100 *A ascensão da China. Acomodação pacífica ou grande guerra?*

Um factor que desaconselha a China a desafiar os Estados Unidos, pelo menos abertamente, é o facto de os abastecimentos de recursos energéticos chineses estarem localizados em regiões que não são territorialmente adjacentes ao continente chinês e, assim, precisarem de ser transportadas através de SLOCs e de pontos de passagem obrigatória (*choke points*), em especial o estreito de Malaca, cuja segurança repousa primariamente nas capacidades navais americanas. As implicações de segurança desta realidade são essenciais nas considerações estratégicas chinesas, havendo a noção clara de que não há qualquer perspectiva de modificar esta vulnerabilidade de segurança a curto ou médio prazos (Andrews-Speed et al, 2002: 65).

FLUXO DAS IMPORTAÇÕES CHINESAS DE PETRÓLEO

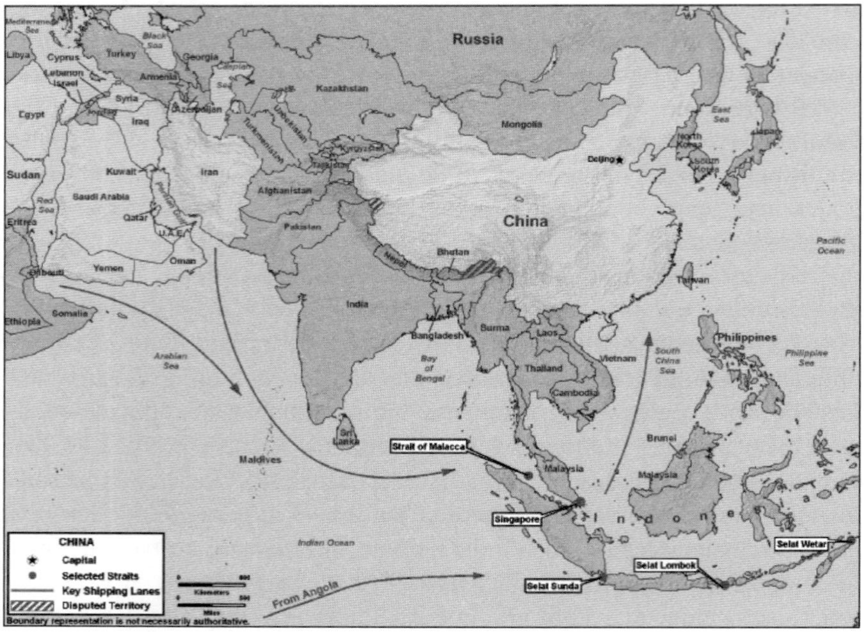

Fonte: *FY08 DoD Report on PRC military power*, US Department of Defense

Fig. 24

A possibilidade da rotura do abastecimento ao longo das linhas de comunicações marítimas que ligam o Médio Oriente, a África e a América Latina à China adquiriu uma importância estratégica e condiciona a política geral da China para com os Estados Unidos, a Índia e os países do sudeste asiático com quem tem disputas territoriais no Mar da China Meridional.

Por outro lado, seria ingénuo ignorar o esforço que a China pretenderá fazer para diminuir esta situação de dependência. Neste contexto, têm sido assinalados os esforços de modernização militar chinesa, designadamente visando o desenvolvimento de uma marinha com capacidades oceânicas, bem como a presença de instalações chinesas no Paquistão, no Sri Lanka e na Birmânia.

As questões energéticas, por seu turno, são um factor a ter em consideração nas disputas territoriais que a China mantém no sudeste e no nordeste asiáticos. As reservas de petróleo e gás natural no mar da China Meridional e no mar da China Oriental não são conhecidas com grande exactidão. A China (e o Japão ou os países do sudeste asiático que controlam partes daqueles mares) tende a exagerar as estimativas para melhorar em seu próprio benefício as condições dos contratos de concessão que possa estabelecer com grandes multinacionais petrolíferas. As companhias petrolíferas, pelas razões opostas, tendem a subestimar as previsões. De qualquer maneira, acredita-se que, no mínimo, existam no mar da China Meridional reservas de petróleo equivalentes às actuais reservas conhecidas de petróleo da China e cinco vezes as reservas de gás natural da China (Rethinaraj, 2003: 381).

Em síntese, de acordo com Andrews-Speed et al, os principais receios e preocupações da comunidade estratégica ocidental são que as necessidades importadoras da China conduzam a uma escassez global de recursos energéticos; que a China utilize a força, particularmente no mar da China Meridional, para garantir a segurança dos abastecimentos; que isso possa levar a Rússia e a Ásia Central a condescenderem com uma hegemonia chinesa no sudeste asiático em troca da garantia das suas exportações de energia; ou que a China seja tentada a vender tecnologia desestabilizadora (mísseis, nuclear, etc.) no Médio Oriente em troca da garantia do abastecimento. A principal conclusão dos autores é a de que estes temores, apesar de legítimos, tendem a ser exagerados e a ignorar as tendências em sentido contrário que, no que respeita ao esforço chinês para garantir a segurança da sua política energética, sugerem que cooperação e integração são um desfecho mais provável que confrontação e conflito. Para diversos autores, apesar de estes não poderem ser excluídos, é improvável que, como variável independente, a segurança da energia seja a causa de conflitos graves com o Ocidente.

Com efeito, actualmente não parece plausível que a China pudesse utilizar a ameaça militar ou adoptar medidas de coacção para garantir os seus abastecimentos de energia nos mercados externos. A par da diversificação das suas origens de abastecimento, o mais provável é a China utilizar o comércio e o investimento como os elementos chave da sua política energética (Rethinaraj, 2003: 377).

III.5. Alguns aspectos das relações da economia chinesa com a economia mundial

No quarto de século que corresponde ao período das reformas, o comércio externo da China aumentou cerca de 40 vezes e a China atraiu milhares de milhões de dólares de investimento estrangeiro (e, diga-se de passagem, biliões de dólares de investimento doméstico privado).

O investimento estrangeiro permanece um forte elemento na notável expansão da China no comércio mundial, porque grande parte das exportações chinesas são produzidas em empresas com capital estrangeiro.

INVESTIMENTO DIRECTO ESTRANGEIRO ACUMULADO NA CHINA

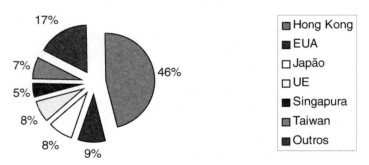

Fonte: Comissão Europeia COM(2003) 533, 10/09/03, p. 30

Fig. 25

De acordo com um relatório divulgado pela Organização para a Cooperação e o Desenvolvimento Económicos (OCDE) em 2004, exceptuando o caso especial do Luxemburgo, a China foi, em 2003, o principal destino mundial do investimento directo estrangeiro (IDE), ultrapassando os Estados Unidos (estamos a falar do IDE num ano e não, obviamente, do *stock* total de IDE acumulado, que, de acordo com a *United Nations Conference on Trade and Development*, UNCTAD, se cifra em 9 biliões de dólares, no final de 2004). De acordo com as estimativas da OCDE e da UNCTAD, em 2003 os estrangeiros investiram cerca de 50 mil milhões de dólares na China, contra 40 mil milhões de dólares nos Estados Unidos.

Em termos mundiais, tem de se pôr em perspectiva a importância relativa dos cerca de 50 mil milhões de dólares de investimento directo estrangeiro captados em 2004 pela China. Em 2004, os Estados Unidos voltaram a ser o maior recipiente de IDE, com quase 100 mil milhões de dólares, seguidos do Reino Unido, com cerca de 80 mil milhões, e a China passou para terceiro lugar, com 60 mil milhões.

O *World Investment Report 2005* da UNCTAD quantifica os fluxos mundiais de investimento directo estrangeiro, em 2004, em 648 mil milhões de dólares. Para se ter uma ideia, os Estados Unidos investiram 229 mil milhões de dólares em todo o mundo em 2004, sendo a Europa o principal destino desse investimento (Reino Unido, por exemplo, investiu 119 mil milhões e a China, apesar de estar a aumentar os seus investimentos directos no estrangeiro, não aparece na lista dos 20 maiores países investidores; Hong Kong, no entanto, aparece em 7°). Por outro lado, o investimento directo estrangeiro anual nos países em desenvolvimento – cerca de 165 mil milhões de dólares em 2003 – é mais ou menos ¼ do investimento directo estrangeiro anual a nível mundial. A China, captando hoje em dia mais ou menos 50 mil milhões de dólares do investimento directo estrangeiro anual a nível mundial, capta cerca de 8% desse investimento mundial (e capta cerca de 1/3 da parte desse investimento que se dirige para os países em desenvolvimento).

Em todo o caso, a OCDE alerta que os números da China devem ser analisados com cuidado porque parte do IDE entra no país através de empresas registadas em Hong Kong, que pertencem efectivamente a empresários chineses, deste modo beneficiando de certos incentivos que são concedidos aos investidores estrangeiros que investem na China.

De qualquer maneira, é nítida a tendência de aumento do investimento directo estrangeiro na China, o que também significa que será cada vez maior a transferência de tecnologia para a China. Directamente, e também porque as grandes corporações transnacionais, as maiores das quais investem mais em investigação e desenvolvimento que países como a Espanha ou a Bélgica, baseiam cada vez mais algumas das suas actividades de investigação e desenvolvimento na China.

O comércio externo da China tem um peso cada vez maior no comércio mundial (fig. 26 e 27). A China é o terceiro maior exportador e o terceiro maior importador a nível mundial.

MAIORES EXPORTADORES MUNDIAIS – 2004

País	Percentagem das exportações do país no total das exportações mundiais
Alemanha	9,4
Estados Unidos	9,3
China	**8,5**
Japão	6,5
França	4,5
Outros	61,8
TOTAL	**100%**

Fonte: *CIA World Factbook 2006*

Fig. 26

MAIORES IMPORTADORES MUNDIAIS – 2004

País	Percentagem das importações do país no total das importações mundiais
Estados Unidos	15,7
Alemanha	7,7
China	**5,4**
França	5,1
Reino Unido	5,1
Japão	4,5
Outros	56,5
TOTAL	**100%**

Fonte: *CIA World Factbook 2006*

Fig. 27

Das duas tabelas acima (dados de 2004), também se pode verificar que a China tem o maior saldo da balança comercial a nível mundial (8,5% das exportações versus 5,4% das importações), seguida do Japão (6,5% e 4,5%, respectivamente) e da Alemanha (9,4% e 7,7%, respectivamente). Os Estados Unidos, por seu turno, têm o maior défice da balança comercial do mundo (9,3% do total das exportações mundiais contra 15,7% do total das importações).

Vista a importância relativa que têm as exportações e as importações chinesas no comércio mundial, importa ver agora quais são os principais parceiros comerciais da China e qual a importância das exportações e das importações na economia chinesa.

Já vimos que a China exporta mais do que importa. Em 2004 a China exportou cerca de 750 mil milhões de dólares americanos e importou cerca de 630 mil milhões de dólares americanos. Nas figuras abaixo podemos verificar que os principais parceiros comerciais da China são, de longe, os Estados Unidos e o Japão. Também facilmente se verifica que as exportações para os Estados Unidos e os seus aliados Japão e Coreia do Sul representam em conjunto 38% das exportações chinesas, sem contar com o trânsito para estes países via Hong Kong. E as importações daqueles três países e de Taiwan representam 47% do abastecimento chinês no estrangeiro.

O que também se verifica facilmente é que enquanto a China tem um bom saldo da balança comercial com os Estados Unidos, tem ao mesmo tempo enormes défices comerciais com o Japão, Taiwan e a Coreia do Sul. Por outro lado, estes países têm hoje balanças comerciais mais equilibradas com os Estados Unidos, porque deslocalizaram muitas das suas produções (designadamente as fases de montagem, que requerem mão-de-obra menos qualificada) para a China, a qual passou a funcionar como plataforma para as suas exportações. Como já dissemos, uma boa parte das exportações chinesas correspondem a produtos que são montados na China a partir de partes importadas do Japão, da Coreia do Sul ou de Taiwan.

Tem de se pôr em perspectiva, portanto, a importância do défice da balança comercial dos Estados Unidos com a China. Primeiro, porque este défice é importante, é verdade, mas os Estados Unidos têm défices comerciais igualmente importantes, embora menores, com o Canadá (em 2005 os Estados Unidos importaram mais do Canadá que da China), o México ou o Japão. Segundo, porque uma boa parte do défice comercial com a China é simplesmente o "herdeiro" dos antigos défices comerciais com o Japão (que, sendo ainda hoje muito grande, já foi maior), e com os tigres asiáticos, como a Coreia do Sul ou Taiwan.

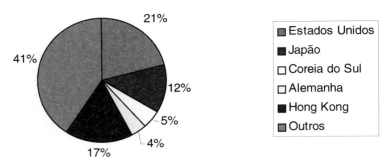

Fonte: *CIA World Factbook 2006*

Fig. 28

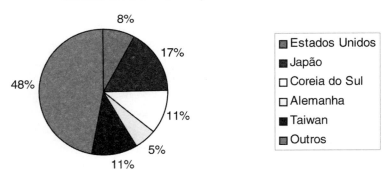

Fonte: *CIA World Factbook 2006*

Fig. 29

Dito isto, importa ver agora qual a importância relativa que tem o comércio externo na economia chinesa e compará-lo com mais três ou quatro países.

IMPORTÂNCIA RELATIVA DO COMÉRCIO EXTERNO NA ECONOMIA
Dados de 2005 (estimativa)

País	PIB (10⁹ US$)	Exportações (10⁹ US$)	Percentagem Export/PIB	Importações (10⁹ US$)	Percentagem Import/PIB
EUA	12470	928	7,4	1727	13,8
Japão	4848	551	11,3	451	9
Alemanha	2764	1016	37	801	29
China	1790	752	42	632	35
Taiwan	327	189	58	182	56

Fonte: *CIA World Factbook 2006*

Fig. 30

Embora se tenha de ter algum cuidado na forma como se utilizam e cruzam estes dados, a tabela acima (fig. 30) sugere a grande importância relativa que o comércio externo tem para a China e a perigosa exposição do crescimento chinês às oscilações da conjuntura mundial[30].

Por outro lado, a China é extremamente dependente, para o seu equilíbrio global, das receitas obtidas com a exportação e com o sector privado ou associado ao estrangeiro: em 2003 as firmas estrangeiras asseguravam 70% das importações e 75% das exportações de produtos transformados. São estas receitas e o investimento de capitais privados que tornam suportável o desequilíbrio das finanças internas, em que uma importante dívida bancária traduz o défice das empresas públicas e a política governamental de estímulo à despesa pública (Godement, 2003: 186 a 188).

Outro aspecto que importa assinalar é que os sucessivos saldos positivos da balança comercial têm permitido à China acumular reservas de ouro e divisas estrangeiras, que já em 2005 se estimavam em 795 mil milhões de dólares norte-americanos[31], o que, para além de permitir cobrir mais de um ano de importações, vem proporcionando muita da "liquidez" que a

---

[30] Também se pode ver o grau de exposição ainda maior de Taiwan. A China é o maior destino das exportações de Taiwan (22% para a China e 15% para Hong Kong, sendo que Taiwan exporta para os Estados Unidos 16% do total das suas exportações) e a terceira maior origem de importações (11%), a seguir ao Japão (25%) e aos Estados Unidos (12%).

[31] *CIA World Factbook 2006*. No final de Outubro de 2008, as reservas em divisas da China eram de 1906 mil milhões de dólares (*The Economist*, October 25th 2008:

China utiliza para equilibrar o défice de algumas grandes empresas estatais e outras despesas públicas "políticas", bem como para os seus investimentos e "ajuda ao desenvolvimento" no exterior, com "geografias" e objectivos extremamente diversificados: a China investe ou ajuda financeiramente países em desenvolvimento, para os aliciar no sentido de manter o isolamento internacional de Taiwan; investe em países onde tem interesses energéticos, seja em infra-estruturas, para explorar esses recursos, seja em "ajuda ao desenvolvimento", para mobilizar a boa vontade dos poderes políticos desses países; investe em países desenvolvidos, designadamente comprando fábricas de automóveis na Europa, empresas de distribuição nos Estados Unidos, empresas petrolíferas, etc., comprando *know-how* e tecnologia. Estas "compras" funcionam assim como uma segunda linha da transferência de tecnologia moderna para a China, a par da tecnologia que é transferida por instalação de capacidades no território chinês.

Enquanto no modelo tradicional do desenvolvimento global a iniciativa pertence às empresas das economias mais industrializadas, que investem nos países mais pobres, de acordo com o relatório *Global Development Finance 2005*, do Banco Mundial, na última década assistiu-se a uma tendência inversa. Cada vez há mais fluxos de investimento Sul-Norte – em que empresas de países em vias de desenvolvimento investem nas economias dos países e blocos desenvolvidos – e Sul-Sul – em que as chamadas "multinacionais de terceiro mundo", empresas sedeadas em países de rendimentos reduzidos ou médios, se expandem para outras economias em vias de desenvolvimento.

No entanto, embora o investimento directo estrangeiro, com origem nos países em desenvolvimento, tenha aumentado cerca de 10 vezes nos últimos 15 anos (de 4 mil milhões anuais para 40 mil milhões de dólares anuais), ainda constitui uma percentagem relativamente baixa dos fluxos de investimento directo estrangeiro anual a nível mundial (os já referidos mais de 600 mil milhões de dólares). O investimento directo estrangeiro anual dos países em desenvolvimento será hoje na ordem dos 6% ou 7% do investimento directo estrangeiro anual a nível mundial. Em 2003 o investimento directo estrangeiro chinês – cerca de 2,9 mil milhões de dólares – terá sido 0,4% do investimento directo estrangeiro nesse ano a nível mun-

---

77). Para se ter uma ideia, os recursos financeiros do FMI em meados de Março de 2009 eram de "apenas" cerca de 350 mil milhões de dólares.

dial, mas os sinais são de que esta "quota" deve aumentar no futuro, pelas razões expostas.

Com efeito, Cristina Alves (2005: 94) assinala que em 2002 o governo de Pequim lançou oficialmente um programa, conhecido por "*go global strategy*", para internacionalizar empresas públicas e privadas. No final de 2003, mais de 3400 empresas do continente chinês (não incluindo, portanto, Hong Kong e Macau) tinham estabelecido quase 7500 empresas em 139 países e 43% dos investidores registados são empresas do sector empresarial do estado; por outro lado, 48,4% do total deste investimento chinês no estrangeiro foi aplicado nos sectores mineiro, petrolífero e do gás.

Como tem sido profusamente noticiado, e por vezes dramatizado, a China utiliza a sua liquidez em divisas estrangeiras provenientes dos seus saldos da balança comercial para comprar títulos da dívida pública dos Estados Unidos. Duas razões principais parecem motivar esta política: primeiro, como a procura chinesa de obrigações do tesouro dos Estados Unidos permite defender o valor do dólar, evita-se que a moeda chinesa se valorize substancialmente face ao dólar, o que, a acontecer, retiraria competitividade às exportações chinesas; segundo, a compra de obrigações do tesouro dos Estados Unidos mantém baixas as taxas de juro nos Estados Unidos, encorajando o consumo dos americanos (principal mercado das exportações chinesas) e desencorajando as pressões inflacionistas[32].

No entanto, este "financiamento" chinês da dívida pública norte-americana também tem riscos para a China. Com efeito, uma grande desvalorização do dólar norte-americano degradaria imediatamente o valor das reservas chinesas.

Esta relação de interdependência económica e financeira entre a China e os Estados Unidos tem levado a que se fale de um G2, um concerto entre aqueles dois países que funcionaria como uma espécie de substituto ou complemento do G7[33]; ou uma espécie de núcleo duro do G20. Enfim, como se a coordenação entre a China e os Estados Unidos fosse suficiente para resolver os problemas da economia mundial. Não se devendo negar a importância que Washington cada vez mais tende a dar à sua relação bila-

---

[32] "Chine – Etats Unis: l'ère de l'interdépendance", *Le Monde* (edição on-line, artigo não assinado), 15Juin2006.

[33] O grupo das sete economias mais industrializadas do planeta: Estados Unidos, Canadá, Japão, Alemanha, França, Itália e Reino Unido.

110 A ascensão da China. Acomodação pacífica ou grande guerra?

teral com Pequim em todos os aspectos económicos e estratégicos, nem a importância que tem para o resto do mundo esta relação bilateral, há algum exagero em pensar que um G2 tudo resolve. Sem prejuízo de, nalguns casos específicos, como o das alterações climáticas, visto que a China e os Estados Unidos são os dois maiores emissores mundiais de gases com efeito de estufa, a acomodação recíproca dos interesses destes dois países ser um ponto de partida fundamental. Certo é um cada vez maior protagonismo da China nos assuntos económicos mundiais, como ficou bem patente, aliás, nas cimeiras do G20 do final de 2008 e de Abril de 2009.

O G20, criado em 1999, é o grupo dos ministros das finanças e dos governadores dos bancos centrais de 19 das 25 maiores economias do mundo[34]. O G20 representa cerca de 85% da economia, 80% do comércio e dois terços da população mundiais, integrando os países do G7, os BRIC (Brasil, Rússia, Índia e China), a Austrália, a Indonésia, a Coreia do Sul, a Turquia, a Arábia Saudita, a África do Sul, a Argentina e a União Europeia. O G20 ganhou grande visibilidade no final de 2008, quando se realizou em Washington a cimeira sobre os mercados financeiros e a economia global[35], na qual se acordou na necessidade de melhorar a regulação dos fluxos financeiros internacionais e de revitalizar a ronda de Doha da Organização Mundial do Comércio (OMC). A 2 de Abril de 2009 a cimeira do G20 voltou a reunir-se, desta feita em Londres, tendo sido acordadas diversas medidas para restaurar o crescimento da economia mundial; melhorar a regulação e supervisão financeira; resistir ao proteccionismo, promovendo o comércio e o investimento (a maior parte dos países do G20, apesar daquilo a que se tinham comprometido em Washington meses antes, tinha entretanto erguido barreiras proteccionistas que, apesar de consistentes com os acordos em sede de OMC, geraram controvérsia, alimentando receios de se poder estar perante dinâmicas semelhantes às da Grande

---

[34] Não confundir este G20 com um outro grupo de 20 países em desenvolvimento (que, por acaso, também integra a China, a par de outras importantes economias emergentes como o Brasil e a Índia), que é um bloco que emergiu em 2003, em Cancún, na 5ª reunião ministerial da OMC, para, dito de uma forma algo simplificada, lutar contra as práticas proteccionistas dos países desenvolvidos, que impedem o acesso dos países em desenvolvimento aos seus mercados agrícolas. É neste quadro, aliás, que se filia em grande parte o fracasso das negociações, no Verão de 2008, em Genebra, da ronda de Doha da OMC.

[35] Na cimeira estiveram também presentes o Banco Mundial, o FMI e o Fórum de Estabilidade Financeira, bem como, a título extraordinário, a Espanha e a Holanda.

Depressão que antecedeu a Segunda Guerra Mundial); minimizar o sofrimento dos mais pobres; e reformar e modernizar as instituições financeiras internacionais, dotando-as de modelos de governação mais consentâneos com as mudanças ocorridas na economia mundial. Esta última disposição é uma abertura para que certos países, designadamente os BRIC, assumam maiores responsabilidades e protagonismo em instituições como o FMI e o Banco Mundial. Algumas ideias avançadas por dignitários russos e chineses antes da Cimeira de Londres no sentido de substituir o dólar por uma moeda de reserva supranacional, porém, não fizeram vencimento. Neste contexto, tem-se discutido se a crise, em si própria, é sintoma de uma transferência do poder a nível mundial. Mas não é evidente que o seja. Com efeito, como tem sido discutido por diversos analistas dos mais variados quadrantes, admite-se até que a crise financeira possa ser uma oportunidade para os EUA emergirem mais fortes nos próximos anos.

Provavelmente, por enquanto a China depende mais dos Estados Unidos do que o contrário.

III.6. As assimetrias de desenvolvimento regional e as forças centrífugas

Embora a China seja um estado unitário com o poder político concentrado no governo central, através da longa história da China houve muitos incidentes nos quais forças centrífugas, atribuíveis à enorme extensão territorial da China e às diversas culturas representadas nas suas diferentes áreas geográficas, operaram o afastamento entre o centro e as regiões. Os termos "provincialismo", regionalismo e "localismo" têm sido utilizados, mais ou menos indistintamente, para descrever os problemas entre as regiões e as autoridades centrais em Pequim, todos eles denotando a "força centrífuga que está constantemente em jogo na cena política chinesa" (Wang, 1999: 162). Porventura aumentando nalguns casos esta "força centrífuga", uma das consequências geopolíticas do modelo de desenvolvimento económico do período das reformas para a unidade do estado chinês foi o agravamento das assimetrias de desenvolvimento no interior da própria China.

Com efeito, a dependência do exterior tem vindo a concentrar nas regiões costeiras, mais aptas à captação do investimento externo e mais próximas dos mercados de exportação, os principais benefícios económicos do crescimento. Esta concentração agrava as assimetrias de desenvolvimento entre o litoral e o interior. A par dos sub-regionalismos económicos, que geram interdependência entre certas províncias e regiões da China e certas regiões ou estados que lhe são vizinhos, as tensões entre o centro e as periferias podem, pois, ser exacerbadas pelas assimetrias de desenvolvimento no interior da China.

As diferentes províncias da China têm beneficiado de forma diferente com as reformas económicas iniciadas em 1978. Apesar de uma melhoria global da qualidade de vida, existem grandes disparidades de rendimento entre populações rurais e urbanas e entre as províncias orientais e o interior ocidental. Em 1995, o índice de desenvolvimento humano das Nações Unidas, que mede o rendimento, a longevidade e a educação para comparar a qualidade de vida entre países, foi utilizado para comparar o desenvolvimento humano da China por província. Xangai teve um resultado semelhante ao da Argentina, mas o Tibete teve o mesmo resultado da Nigéria (Benewick, 1999: 92).

O Banco Mundial calculou que mais de 100 milhões de chineses (cerca de 8% da população) vivem abaixo do limiar da pobreza. Uma parte desproporcionadamente grande desses pobres são camponeses, vivem na parte ocidental do país e pertencem a minorias étnicas (Dreyer, 2004: 237).

Com efeito, uma característica notável da grande expansão comercial da China ao longo das duas últimas décadas tem sido a concentração nas províncias costeiras das indústrias orientadas para a exportação. As quatro províncias costeiras principais (Guangdong, Jiangsu, Fujian e Xangai) têm sido as principais receptoras de investimento directo estrangeiro.

No final dos anos 70 do século XX, no início das reformas, o investimento directo estrangeiro na China era praticamente nulo. As regiões costeiras tinham uma larga história de industrialização e comércio antes de 1949 e estavam mais receptivas ao investimento. Além disso, muitos chineses ultramarinos ou da diáspora tinham aí as suas raízes. Por isso, aliás, as quatro primeiras zonas económicas especiais (ZEEs) – Shenzen, adjacente a Hong Kong; Zhuhai, adjacente a Macau; Shantou, a cerca de meia hora de voo a norte de Hong Kong; e Xiamen, em frente a Taiwan – foram estabelecidas em 1980 nas províncias costeiras de Guangdong e Fujian (Wang, 1999:163), oferecendo uma série de condições favoráveis ao investimento estrangeiro. Em 1988 a ilha de Hainão tornar-se-ia a quinta ZEE.

Até 1984, as ZEEs eram as únicas zonas económicas abertas. Em 1984, foi concedido o estatuto de Cidades Costeiras Abertas a 14 cidades das regiões costeiras, com bases industriais e infra-estruturas já estabelecidas. Menos independentes que as ZEEs, estas cidades também beneficiaram de condições preferenciais para atrair o investimento estrangeiro. Várias destas cidades costeiras e os concelhos adjacentes criaram "áreas de desenvolvimento" mais vastas, tais como a do delta do rio das Pérolas (um delta cujos vértices são Macau, Hong Kong e Cantão) ou o delta do Yangtze (incluindo Xangai). No interior destas zonas, por seu turno, foram criadas outras zonas especiais – Zonas de Desenvolvimento Económico e Tecnologia ou Zonas de Desenvolvimento de Alta Tecnologia – a par de Áreas de Comércio Livre, a cada tipo correspondendo um determinado estatuto específico, mas sempre com o fito de encorajar o comércio e o investimento e, com estes, a transferência de tecnologia.

O arranque do crescimento económico é frequentemente associado à transferência de tecnologia através de investimento directo estrangeiro e o desenvolvimento económico está frequentemente ligado a crescentes desigualdades, pelo menos a curto prazo, sendo directa a lógica que liga estas duas ideias: as regiões ou os países relativamente mais prósperos tendem a receber mais projectos de investimento directo estrangeiro, porque é aí que existem as infra-estruturas para apoiar esses projectos. Deste modo, a desigualdade entre regiões do mesmo país alarga-se, como resultado do investimento directo estrangeiro (Dayal-Gulati et al, 2002: 364).

A disparidade nos rendimentos provinciais também pode estar relacionada com a natureza gradual e experimental das reformas económicas na China. As medidas reformistas tenderam a ser introduzidas numa base experimental em algumas localidades – frequentemente em resultado de iniciativas locais – e alargadas à escala nacional apenas quando provaram ser bem sucedidas a nível local. Além disso, os governos locais, beneficiando de políticas de descentralização económica, desempenharam um papel importante na atracção de investimento estrangeiro para as suas localidades, frequentemente promovendo ou aproveitando vínculos com chineses da diáspora e eventualmente aumentando o seu poder (Dayal-Gulati et al, 2002: 390).

Como é que têm operado ou operam os sub-regionalismos económicos e as assimetrias de desenvolvimento no interior da China, para exacerbar as tensões entre as diferentes províncias e entre o centro e as periferias?

À medida que as províncias costeiras tinham a atenção do centro e beneficiavam de mais autonomia, as áreas do interior começaram a sentir o que Susan Shirk, citada por Wang (1999: 163), chamou "desvantagem competitiva". O centro procurou contrariar esta desvantagem através de políticas redistributivas – impostos e empréstimos bancários – que, por um

114   *A ascensão da China. Acomodação pacífica ou grande guerra?*

lado, exacerbaram os problemas do sector bancário e atrasaram a reforma do sector empresarial do Estado e, por outro, suscitaram desenvolvimentos negativos nas províncias mais ricas (Dayal-Gulati et al, 2002: 380 a 382).

Por outro lado, dado que o vasto interior da China, correspondendo a dois terços do território chinês, capta apenas 4% do investimento estrangeiro que todos os anos entra no país, o governo central tem promovido uma estratégia de "cooperação inter-provincial", para permitir às regiões do interior e às áreas costeiras participarem em *joint-ventures* e fazerem comércio umas com as outras. Além disso, o Partido e o Governo anunciaram, em 2000, uma campanha para investir no ocidente do país (*"Go West"*), uma campanha que, porém, não produziu até agora resultados substantivos.

Acresce que alguns investimentos são vistos por tibetanos, muçulmanos do Xinjiang e mongóis (estes em menor escala) como instrumentos para perpetuar o domínio dos chineses Han sobre regiões por eles habitadas e explorar os seus recursos. Com efeito, quando começou a funcionar, no Verão de 2006, o último troço da linha de caminho-de-ferro Pequim-Lhasa (capital do Tibete), as organizações de defesa dos direitos humanos criticaram a decisão de construir a linha, pois defendem que servirá ao poder comunista de Pequim para reforçar o domínio na região autónoma do Tibete[36].

Sem se pretender fazer a história dos cerca de 25 anos da política de reformas e de abertura ao exterior, das oscilações entre períodos de maior descentralização e recentralização, dos numerosos episódios que ilustram a tensão inter-provincial e entre o centro e as províncias, eventualmente alimentando forças centrífugas, importa assinalar três aspectos que lhes estão associados.

Primeiro, uma das formas de que as províncias mais ricas se serviram para resistir às políticas redistributivas do centro que consideravam atentatórias dos seus interesses foi esconderem os seus próprios rendimentos, o que, entre outras coisas, favoreceu o crescimento da corrupção.

Segundo, a prevalência das considerações políticas sobre considerações puramente económicas nas políticas redistributivas contribuiu para

---

[36] "China: Ligação ferroviária Pequim-Tibete arranca em Julho", *Lusa*, Pequim, 13 de Dezembro de 2005.

o crescimento do crédito malparado no sector bancário estatal e atrasou a reforma do sector empresarial do Estado.

Terceiro, os períodos de descentralização e de recentralização, durante as reformas, estão quase sempre ligados a disputas entre diferentes perspectivas no interior do centro do processo de decisão política.

Se hoje parece haver da parte da liderança chinesa um largo consenso acerca de não haver alternativa ao aprofundamento das reformas económicas, durante muito tempo estiveram presentes, no centro do processo da decisão política, duas sensibilidades ou perspectivas que, simplistamente, podemos classificar de conservadora e reformista. Dizemos simplistamente porque, como quase sempre acontece nas políticas e estratégias reais, as diferentes sensibilidades não são mutuamente exclusivas e todas informam, em maior ou menor extensão e de acordo com a situação política do momento, o processo da decisão.

Para simplificar, também, digamos que a descentralização económica, sendo essencial para o êxito da política de abertura ao exterior, colocava dois problemas: o primeiro, o da descentralização levar a uma maior autonomia das periferias mais ricas, o que, aliado à "força centrífuga que está constantemente em jogo na cena política chinesa", aos sub-regionalismos económicos transnacionais, etc., podia, no limite máximo, levar à fragmentação territorial da China e inibir as perspectivas da reunificação; segundo, o da liberalização económica levar a uma liberalização política, que pusesse em perigo o monopólio do poder do Partido Comunista ou, o que poderá ser considerado um eufemismo, mas na realidade algo em que genuinamente acreditaria uma parte da liderança, e até mesmo uma boa parte da população, à instabilidade, à fragmentação e ao caos.

As sucessivas demissões de dois delfins de Deng Xiaoping – Hu Yaobang e Zhao Ziyang – e o episódio de Tiananmen em Junho de 1989 ilustram, porventura, a necessidade que Deng teve, na época, de demonstrar à sensibilidade mais conservadora que não pretendia, com a descentralização associada à política de reformas e de abertura ao exterior, pôr em causa o monopólio do poder do partido comunista na sociedade chinesa. Embora aqui, seguramente, tenham estado presentes outros factores, os episódios em que o Exército Popular de Libertação interveio no Mar da China Meridional e no Estreito de Taiwan na década de 90 também podem ser vistos como afloramentos desta necessidade de demonstrar que a RPC se mantinha intransigente nos seus objectivos nacionalistas de preservação da integridade territorial.

116 *A ascensão da China. Acomodação pacífica ou grande guerra?*

Dito isto, uma das formas de que Pequim eventualmente se socorre para, minimizando os riscos da reforma e da abertura ao exterior, impedir a cristalização de forças centrífugas nas regiões periféricas mais ricas – e, neste particular, o Sul da China, já que, por diversas razões, em Xangai e no norte da China os efeitos centrífugos não se farão sentir tão intensamente – é deixar que aí se manifestem ou desenvolvam certos centros de poder locais, chamemos-lhe assim, directamente controlados pelo centro, que se anulem parcial e mutuamente e mitiguem as pulsões autonomistas. Tudo isto nos conduz directamente à província de Guangdong, onde estão incrustadas as regiões administrativas especiais de Hong Kong (desde 1997) e Macau (desde 1999). No Guangdong foram estabelecidas, no início da política de reformas e de abertura ao exterior, no início dos anos 80, três das quatro zonas económicas especiais com condições preferenciais de atracção de investimento estrangeiro e de tecnologia, etc., duas delas – Shenzhen e Zhuhai – adjacentes a Hong Kong e Macau, respectivamente. Aliás, o estabelecimento das zonas económicas especiais de Shenzhen e Zhuhai já teria no horizonte a integração de Hong Kong e Macau, através da fórmula "um país, dois sistemas", que, no entanto, foi mais elaborada a pensar primariamente em Taiwan.

III.7. Economia chinesa e economia mundial – os discursos e a realidade

A enorme profusão de notícias económicas sobre a China que, quase diariamente, inundam os jornais e as revistas de todo o mundo, se por um lado reflecte a importância crescente da economia chinesa na economia mundial, também reflecte todas as contradições e problemas dos modelos de desenvolvimento económico chinês em sobreposição e transformação, bem como as campanhas de informação que retratam as posições dos diversos lóbis com interesses divergentes, em cada momento, em relação à economia chinesa. O que não é surpreendente é que a maior parte das notícias, mesmo com sentidos divergentes que confundem as opiniões públicas, tenha uma parcela da verdade.

Neste contexto, a voracidade da China por matérias-primas, por exemplo, tem de ser decomposta. Uma coisa é a voracidade consumista de uma classe média de uma ou duas centenas de milhões de chineses e outra coisa é a necessidade de matérias-primas para alimentar grandes obras do regime, feitas com investimento público do Estado chinês, obras em que imbricam preocupações estratégicas, interesses de prestígio e preocupações de coesão social, como o combate ao desemprego.

Com efeito, a criação de um clima de euforia à volta da expectativa dos ganhos que empresários e pequenos e grandes investidores podem obter no mercado chinês, ou dos lucros que se podem obter com a instalação de indústrias no país beneficiando dos baixos custos de factores de produção como a mão-de-obra, é essencial para sustentar a captação de investimento directo portador da tecnologia de que a China carece para prosseguir o seu programa de modernização. Diga-se que este clima de euforia, que nem sempre é correspondido com ganhos a curto prazo, origina, com frequência, alguma frustração e desapontamento entre os investidores que apostam no mercado chinês.

O clima de euforia com o crescimento chinês também é importante para o prestígio externo do país, para a promoção da marca "China" numa economia muito dependente das exportações e para a legitimação interna do regime, neste caso promovendo o "espírito heróico" do povo chinês e mostrando ao mundo o engenho chinês e a abertura à modernidade, etc. Por isso, para além da sua utilidade concreta, são importantes para o regime realizações como os Jogos Olímpicos de Pequim em 2008, a Exposição Universal de Xangai em 2010, a entrada da China nos circuitos internacionais da Fórmula 1 e do ténis, o programa espacial, a maior barragem do mundo (a barragem das Três Gargantas, no rio Yangtze), a ponte oceânica mais comprida do mundo (na baía de Hangzhou, reduzindo para metade o trajecto entre Xangai e Ningbo), o maior sistema de canais do mundo (para transportar água de sul para norte), a linha férrea mais alta do mundo, o edifício mais alto do mundo (em Xangai), o gasoduto mais comprido do mundo (4000 quilómetros entre o oeste do país e o litoral), etc.

Para além do interesse de prestígio, nestes projectos entrecruzam-se outros objectivos políticos. No caso do gasoduto que ligará o Xinjiang ao litoral, ou da linha férrea que liga o Tibete ao resto da China por comboio, estão obviamente presentes preocupações estratégicas de organização do espaço e de uma integração económica que mitigue os efeitos centrífugos colocados pelas minorias étnicas e pelas concomitantes disparidades de rendimento, que decorrem das assimetrias regionais entre o litoral e o interior. Por outro lado, com estas grandes obras públicas, que implicam maciços investimentos estatais, combate-se o desemprego e favorece-se a coesão social.

118 *A ascensão da China. Acomodação pacífica ou grande guerra?*

Outra coisa ainda é a necessidade de matérias-primas para alimentar a "fábrica" chinesa, sendo que, nesta "fábrica", há que distinguir a "fábrica" chinesa para o mercado mundial da "fábrica" chinesa para o mercado chinês. Numa e noutra, tanto podemos encontrar o investimento chinês pouco reprodutivo, financiado pelos bancos estatais chineses, o investimento chinês financiado por particulares ou bancos privados (chineses ou estrangeiros), ou o investimento directo estrangeiro. Este último é o que mais provavelmente, mas não necessariamente, opera a transferência de tecnologia. Qualquer destas "fábricas" tira vantagem dos baixos custos de mão-de-obra ou da falta de regulamentação ambiental.

O acréscimo de capacidade instalada não só não é sempre acompanhado por ganhos de produtividade, como essa capacidade instalada (mesmo que pouco produtiva) pode exceder em breve a capacidade de absorção dos mercados, o que faz com que os muitos maus investimentos, feitos com recurso ao crédito concedido pelos bancos estatais nas condições que já discutimos, contribuam para o crescimento do crédito malparado (e ao abaixamento artificial dos preços para poder vender a qualquer custo e obter receita para ir pagando aos bancos os juros). Por outro lado, para alimentar capacidades industriais crescentes, a China aumenta as importações de matérias-primas, o que faz os seus preços aumentarem nos mercados mundiais, aumentando os custos de produção e estreitando as margens de lucro.

A dependência do exterior também tem de ser decomposta. Como vimos, uma coisa é a dependência dos mercados externos, para colocar as exportações (em que interessa uma moeda competitivamente desvalorizada, mas ao mesmo tempo exacerba os problemas do crédito malparado e da voracidade de recursos para manter em funcionamento o modelo de crescimento assente nas exportações); outra é a dependência de investimento estrangeiro, portador de *know-how* e tecnologia (que também tem levado capitais chineses a investir no estrangeiro); e ainda outra é a dependência de recursos (que leva a China a investir no exterior em poços e infra-estruturas de exploração de petróleo e de outras matérias-primas).

Também é diversa a forma como o desenvolvimento da economia chinesa se repercute no interior de outros países. Em princípio, qualquer consumidor gosta de comprar ao melhor preço e, nesse sentido, poder comprar produtos chineses baratos e de qualidade é do seu interesse. Mas a deslocalização de indústrias para a China, para beneficiarem dos baixos custos de mão-de-obra, etc., levando a falências e desemprego nesses países, já não é tão interessante. No entanto, aqui entram os interesses das empresas, designadamente das grandes multinacionais. Por um lado, interessa-lhes aceder ao mercado chinês, para se abastecerem e para venderem (por exemplo, aviões comerciais, comboios ultra-rápidos e modernização de vias férreas, turbinas a gás ou gasóleo para produção de energia eléctrica, etc., etc.); por outro lado, a possibilidade de utilizar a China como plataforma para reexportação é muito atraente, devido ao baixo custo dos factores de produção; finalmente, para trabalhadores ameaçados de desemprego num determinado país, pode tornar-se muito atraente a ideia de salvarem os seus empregos devido às vendas para o mercado chinês ou em negócios que sejam comprados por capitais chineses.

Como se pode facilmente depreender, o modelo de crescimento gera numerosos problemas. Para promover a entrada de tecnologia que é transferida com o investimento directo proveniente dos países mais desenvolvidos, a pressão para a reforma institucional é maior e exacerba a contradição entre a abertura económica e a abertura política. A necessidade de conter problemas sociais gera o crescimento do crédito malparado e o investimento em capacidades de produção que, mais tarde ou mais cedo, excederão a capacidade de absorção dos mercados externos, exacerbando os problemas do sistema bancário. A mudança para um modelo de desenvolvimento que privilegie o mercado interno obriga a uma penosa reestruturação da economia, com consequências sociais e políticas, que a rigidez política do regime eventualmente terá dificuldade em absorver. A necessidade de exportar, para alimentar o modelo, por seu turno, provoca a reacção de outros países desenvolvidos e em desenvolvimento, que vêem as quotas de mercado das suas próprias empresas ameaçadas pelos produtos chineses, provocando falências e desemprego.

Por outro lado, os interesses comerciais de muitas empresas ocidentais e japonesas, que deslocalizam as suas produções para a China, para explorar o mercado interno chinês e para tirar vantagem do baixo custo de factores de produção como a mão-de-obra barata, funcionam em sentido contrário.

Tudo isto cria um complexo de interesses muito contraditórios, que a China pode, apesar de tudo, explorar em seu próprio benefício, visto o saldo do seu próprio crescimento para a economia mundial ser de ganho absoluto.

Neste contexto, não é surpreendente a aparente contradição que existe entre as diversas leituras que são feitas do crescimento chinês nos *media* e

120   *A ascensão da China. Acomodação pacífica ou grande guerra?*

nos diversos *fora* mundiais. Para simplificar, digamos que emergem sobretudo dois discursos: um mais favorável e outro mais reservado. O discurso favorável privilegia o ambiente de euforia, a perspectiva de ganhos enormes para empresários e investidores de todo o mundo com o desenvolvimento económico da China, a qualidade e o baixo preço dos produtos chineses, o combate à pobreza, o direito moral da China a desenvolver-se tirando partido das suas vantagens comparativas, etc. O discurso mais reservado é o que enfatiza o desrespeito pelos mais elementares direitos dos trabalhadores, a degradação do ambiente, a corrupção, o *dumping* (designadamente o *dumping* social, acusando-se a China de, por exemplo, encorajar o trabalho infantil ou o trabalho escravo, neste caso utilizando, por exemplo, a mão-de-obra da população prisional), a falta de transparência, o desrespeito pelas regras do mercado, a falta de protecção da propriedade intelectual, as falências e o desemprego provocados nos respectivos países pela deslocalização das produções para a China, etc. Ambos os discursos, que não são exclusivos porque os diversos argumentos podem ser utilizados *a la carte*, são verdadeiros.

Mas, para além dos discursos, importa ver as atitudes que eles sustentam. Para simplificar também, digamos que, para além de interesses imediatos conjunturais e mais ou menos particulares, há duas atitudes principais face à China, ambas partindo do mesmo pressuposto de que a China está longe de ser uma economia desenvolvida, que se trata de uma economia em ascensão, de que não é possível evitar a progressiva integração da economia chinesa na economia mundial e de que, mais discutivelmente, não é desejável ou possível promover a fragmentação da China: uma primeira atitude é de relativa despreocupação estratégica com a ascensão da China, de compreensão pelos problemas que a China enfrenta e de que, não havendo grandes alternativas ao modelo de desenvolvimento prosseguido, se deve ir acomodando os interesses de uma China a quem não se devem negar, por razões morais, as vantagens comparativas de que desfruta[37],

---

[37] Em Abril de 2005, na altura em que se reclamava contra a invasão dos têxteis chineses consequência da liberalização deste mercado no princípio do ano, diversos analistas portugueses se pronunciaram contra o proteccionismo europeu, que não só negava à China a possibilidade de beneficiar da suas vantagens comparativas, como impedia os consumidores europeus de terem produtos melhores e mais baratos. Por exemplo, Teresa de Sousa, "A hipocrisia do comércio 'justo'", *Público*, 12Abr2005 ("A China é rapidamente arvorada em 'parceiro estratégico' quando se quer vender Airbus e comboios de alta velocidade ou

Tiago Vasconcelos 121

mesmo que algumas delas se afastem ocasionalmente das práticas normais das economias de mercado desenvolvidas; a outra atitude é de preocupação com as consequências estratégicas da ascensão da China, pelo que será prudente tentar retardá-la (mesmo que não seja possível impedi-la) ou contê-la dentro de certos limites, para o efeito pressionando a China e explorando as suas vulnerabilidades. Também estas atitudes não são exclusivas e as estratégias reais dos vários países englobam elementos dos dois discursos e das duas atitudes, consoante os interesses que prevalecem nas diferentes conjunturas. Sendo que a própria divergência de interesses em jogo dificulta o aparecimento de opiniões unânimes entre todos os países, porque todos eles obtêm, de uma forma ou de outra, ganhos absolutos com a ascensão da China, e mesmo no interior de cada país, visto que, se há uns actores que perdem, também são muitos os que ganham.

III.8. Factor Económico-tecnológico – Conclusões. Potencialidades e Vulnerabilidades

Admitindo como razoavelmente seguro o pressuposto de que a globalização permanecerá em geral irreversível nos próximos 15/20 anos e que é improvável a eclosão de uma guerra nuclear total entre grandes potências no mesmo período, a China deverá ser uma das economias que mais vai contribuir para o crescimento da economia mundial (admite-se que até 2020 a economia mundial cresça 80%[38]). Os pontos que interessa à partida sublinhar são essencialmente três: primeiro, a China está e estará cada vez mais integrada na economia mundial; segundo, a China vai provavel-

---

mesmo armamento sofisticado. Passa a ser um reles violador dos direitos sociais, uma ameaça ao 'justo' comércio internacional, quando se trata dos têxteis"); João César das Neves, "O tema onde se pode fazer batota", *Diário de Notícias*, 18Abr2005 ("Estes mecanismos [o Acordo de Têxteis e Vestuário da OMC, bem como os seus antecessores Acordo Multifibras de 1974 e, antes dele, o Acordo do Algodão de 1961], que agora acabam após mais de 40 anos, constituíram um infame bloqueio às hipóteses de avanço dos países em vias de desenvolvimento, feito pelos que fingiam ajudá-los (...) O que as empresas francesas de serviços ou os têxteis portugueses pretendem, mais do que bloquear o progresso dos chineses pobres, é proibir os pobres europeus de terem produtos melhores e mais baratos)."

[38] *Mapping the Global Future, Report of the National Intelligence Council's 2020 Project,* National Intelligence Council, Washington, D.C., December 2004, p. 8.

mente continuar a crescer nas próximas décadas; terceiro, dentro de pouco mais de três/quatro décadas (eventualmente, até um pouco antes), a China poderá ser a maior economia mundial.

Decorrentes do estudo do factor económico, apresentam-se as seguintes conclusões:

1) A China não deverá continuar a crescer no futuro ao ritmo a que o tem feito no passado, e decerto alguns acidentes de percurso podem acontecer (como uma eventual "aterragem brusca" a curto prazo ou a necessidade da China acomodar, mais ou menos voluntariamente, alguma tensão que possa surgir, na China e no estrangeiro, entre os sectores que sofrerão mais perdas com a redistribuição das capacidades de produção a nível mundial provocada pela integração das economias emergentes), mas o actual modelo de desenvolvimento, assente nas exportações e em sucessivos ganhos de produtividade de uma enorme força laboral, pode, de acordo com muitos especialistas, ainda ser mantido durante vários anos.

2) As exportações chinesas tenderão a incluir produtos cada vez mais sofisticados: se ainda há uns anos os produtos chineses eram essencialmente têxteis e brinquedos e depois electrodomésticos, etc., já estão a aparecer nos mercados mundiais automóveis chineses, por exemplo, aos quais os consumidores de todo o mundo se habituarão, do mesmo modo que se habituaram aos automóveis japoneses e coreanos (até porque muitos destes automóveis chineses são construídos em fábricas na China com capitais europeus, americanos, japoneses e coreanos).

3) O investimento chinês no exterior tem crescido, quer na edificação de infra-estruturas para a exploração de matérias-primas, quer em "ajuda" aos países menos desenvolvidos cujos recursos naturais interessam à China. O padrão de investimento chinês, sendo bem vindo por quem dele beneficia, pode suscitar alguma hostilidade de terceiros países, designadamente países desenvolvidos, nuns casos por efeito de uma dinâmica de competição por recursos em áreas até agora relativamente indisputadas, noutros casos porque a China pode com o seu investimento "salvar" governos de países que estejam a ser alvo de sanções. Progressivamente, o investimento chinês no exterior incluirá produções industriais e serviços mais sofisticados em economias desenvolvidas, facilitando ainda

mais a absorção, por parte da China, do *know how* e da tecnologia das economias mais desenvolvidas do mundo.

4) O Estado chinês deverá continuar a investir em grandes obras internas ou "obras do regime", designadamente as que visem corrigir as assimetrias de desenvolvimento entre as regiões, promovam no exterior a marca "China" e fortaleçam a coesão e o orgulho nacionais.

5) Apesar do efeito conjugado e interdependente da industrialização, da urbanização e da infra-estruturação territorial de um colosso demográfico como é a China, os recursos do mundo, designadamente os hidrocarbonetos, não se vão esgotar, embora não sejam de excluir algumas perturbações do abastecimento, designadamente por falta de infra-estruturas de exploração, transporte, refinação e distribuição, bem como devido a problemas políticos nos países produtores. As reservas convencionais de recursos energéticos existentes no subsolo deverão permitir acomodar a procura mundial até 2030 (em 2020 estima-se que o petróleo ainda satisfaça cerca de 40% e o gás natural 25% das necessidades de energia mundiais[39]), sendo necessários no entanto investimentos vultuosos em capacidades de extracção[40]. Por outro lado, para sustentar um modelo económico "petróleo-dependente" similar ao dos Estados Unidos, do Japão ou da Europa Ocidental, e com produções per capita da mesma ordem de grandeza, a China precisaria de uma infra-estrutura industrial e de recursos que simplesmente não existem *off-the-shelf*. Este problema da necessidade de tempo para construir uma infra-estrutura industrial moderna, reconverter a economia e ultrapassar o relativo estrangulamento da oferta em recursos sugere que, a menos que surgisse uma inovação tecnológica imprevista, em breve as taxas de crescimento económico da China deverão começar a descer. Mais tarde ainda, as taxas de crescimento deverão descer para os níveis próprios das economias mais desenvolvidas. Mas o certo é que a China tem desafiado estas

---

[39] *Mapping the Global Future, Report of the National Intelligence Council's 2020 Project,* National Intelligence Council, Washington, D.C., December 2004,, p. 59.

[40] *Active Diplomacy for a Changing World: The UK's International Priorities,* Foreign & Commonwealth Office, Londres, Janeiro de 2006, p. 14-15.

previsões e será tudo menos uma surpresa se continuar a fazê-lo durante mais algum tempo.

6) Se à redistribuição de capacidades de produção a nível mundial vai corresponder pacificamente uma redistribuição de matérias-primas e recursos energéticos é praticamente impossível de prever, sendo que o senso comum nos diz, por um lado, que alguma competição por recursos e turbulência são inevitáveis e, por outro, que é impossível prever a longo prazo o eventual impacto de avanços tecnológicos no binómio produção (*output*)/recursos (*input*).

7) A integração da China na economia mundial, e o saldo absoluto positivo entre perdas e ganhos para a economia mundial que decorre dessa integração, dificultam na prática o funcionamento de qualquer estratégia económica de contenção do crescimento chinês e não permitem sustentar até às últimas consequências o discurso da "ameaça chinesa" ligada à "ascensão da China". A menos que os ganhos relativos da China sejam suficientemente assustadores e, sendo-o, assustem um número suficiente de actores, para que estes se disponham a abdicar dos benefícios da integração da China. É importante notar, porém, que, no que respeita à economia mundial, a ascensão ou emergência da China se faz no contexto da integração no sistema global de produção de vastas áreas do mundo, incluindo a Índia, a Rússia e o Brasil, para referir apenas as principais "economias emergentes". Ora, os factores que favorecem a emergência chinesa são os mesmos que favorecem a emergência de outras economias, do mesmo modo que, provavelmente, seria praticamente impossível isolar a economia chinesa sem uma rotura da globalização económica que afectaria não apenas as economias emergentes, como também toda a economia mundial.

8) Com efeito, a contenção económica da China só seria possível com uma vasta coligação de actores insatisfeitos com o crescimento chinês, num cenário extremo, para já pouco vislumbrável, de "desglobalização" e regresso a regionalismos autárquicos e proteccionismos. Mas tudo é possível e o facto subsiste do desenvolvimento económico chinês ser dependente, ou refém, do exterior em recursos, em mercados, em tecnologia e na protecção dos terminais e das linhas de comunicações marítimas por onde fluem os seus abastecimentos e as suas exportações. Esta dependência poderá tender a diminuir com o tempo, mas continua a ser importante.

Neste contexto, para o objectivo de modernização que a estratégia total da RPC tem prosseguido, desde há cerca de 25 anos, a estratégia económica é simples de enunciar: manter a economia chinesa aberta ao exterior (e manter a economia mundial aberta à economia chinesa).

9) O governo tem procurado (a) um crescimento do emprego que acomode as dezenas de milhões de trabalhadores dispensados das empresas estatais, os migrantes internos provenientes das zonas rurais e os jovens que entram no mercado de trabalho; (b) reduzir a corrupção e outros crimes económicos; e (c) conter os danos ambientais e a turbulência social resultantes da rápida transformação da economia.

10) Se a sua economia continuar a crescer, em termos absolutos e relativos, é possível que a China tenha mais hipóteses de "achinesar" progressivamente a globalização económica (por exemplo, em meados de Setembro de 2006, o peso do voto chinês no FMI, apesar de tudo ainda longe do peso dos Estados Unidos, da Europa e do Japão, passou de 2,94% para 3,65%; e deve aumentar ainda mais no rescaldo da crise financeira global de 2008/2009). Crescendo economicamente, também será mais fácil ao Estado chinês resolver alguns dos problemas sociais mais básicos do país, contrariar as forças centrífugas nas suas periferias (sub-regionalismos económicos no litoral e assimetrias de desenvolvimento entre o litoral e o interior, exacerbadas por factores físicos e político-demográficos, como no Tibete e no Xinjiang), estender a sua influência ao sudeste asiático e a outras periferias e eventualmente seduzir Taiwan a juntar-se ao continente. Se a economia não crescer, todos estes problemas serão obviamente de solução mais difícil.

11) Já é mais difícil de prever em que medida, e quando, o crescimento económico da China secundarizará significativamente o Japão e os Estados Unidos na Ásia Oriental. Projecções e previsões há-as mais ou menos para todos os gostos, mas a maior parte admite que em meados do século XXI a economia chinesa possa ultrapassar a norte-americana (sendo que ultrapassar não é passar de repente a ser três ou quatro vezes maior). Embora as projecções utilizadas mais recentemente pelo Departamento da Defesa norte-americano apontem para que a China não estreite assim tão depressa a diferença que a separa dos Estados Unidos.

A interdependência económica na região da Ásia Oriental é grande e a importância absoluta e relativa da economia chinesa na economia regional tende a aumentar. Mas as respostas institucionais aos regionalismos económicos em formação não apontam para já para uma liderança chinesa, forçada pela China ou consentida pelos outros actores. Também é difícil de prever, por outro lado, os efeitos que o crescimento chinês terá no extremo-oriente russo, mas é natural que a expansão chinesa seja resistida nesses azimutes, directa ou indirectamente.

12) A China continuará ainda durante alguns anos a ser um país relativamente pobre em termos de rendimento per capita e as assimetrias de desenvolvimento, o fosso entre ricos e pobres, os problemas sociais e o potencial de frustração decorrente de expectativas não satisfeitas irão continuar a desafiar as autoridades chinesas, sendo que estes problemas não são completamente insusceptíveis de ser manipulados ou exacerbados do exterior.

13) A China, ao acompanhar a onda da globalização económica, não torna o sistema económico internacional mais heterogéneo. Se o perturba, é uma perturbação que muitos tomam por positiva: a riqueza gerada no mundo é maior por causa do crescimento chinês; e, com algumas "dores de crescimento" sem dúvida, a integração da economia chinesa na economia mundial estimula a criatividade e a competitividade necessárias ao aumento da produtividade e ao crescimento da riqueza. Algum crédito tem de ser dado, portanto, aos efeitos apaziguadores pretendidos pela teoria da interdependência económica.

Mas ao acompanhar tão bem a onda da globalização económica, a China também pode crescer ao ponto de alterar radicalmente a distribuição do poder existente no sistema. A reacção do sistema pode ser a de acomodar razoavelmente a ascensão da China. Mas esta acomodação pode fazer-se de forma violenta ou não se fazer de todo, designadamente se se der o caso de algum actor ou conjunto de actores pretender impedir a China de alterar o equilíbrio de poder existente.

O estudo do factor económico tornou mais claras algumas potencialidades e vulnerabilidades que já tinham sido assinaladas no estudo de outros factores do potencial estratégico. Para além do que ficou então assinalado, no entanto, ainda é possível acrescentar uma síntese de algumas potencialidades e vulnerabilidades.

Potencialidades

- A vantagem comparativa do relativamente baixo custo da mão-de-obra, que permite colocar no mercado mundial uma grande panóplia de produtos a preços muito competitivos;
- A existência de elevadas taxas de poupança doméstica, conjugada com o reduzido valor da dívida pública;
- O potencial de desenvolvimento de um já grande mercado interno;
- O potencial existente para os ganhos de produtividade e consequente crescimento da economia e dos padrões de vida;
- O potencial de captação de investimento externo;
- A integração nas grandes organizações que regulam o sistema económico internacional;
- A capacidade de, através da interdependência com a economia mundial, aumentar a influência política da China nos países fornecedores de matérias-primas e, simultaneamente, cativar e manter o interesse no crescimento económico da China de importantes grupos de pressão nas principais economias mundiais, designadamente nos Estados Unidos.

Vulnerabilidades

- Dependência do exterior: dependência de *know-how* e tecnologia para se modernizar, dependência dos mercados externos para colocar as exportações e dependência de recursos (como o petróleo);
- Dependência da "liquidez" gerada pelo saldo da balança comercial para a execução de muitas políticas públicas a nível interno e externo;
- Crédito malparado no sistema bancário;
- Corrupção;
- Assimetrias de desenvolvimento entre o litoral e o interior, que exacerbam nalguns casos forças centrífugas históricas que se manifestam nas periferias da China (subpovoadas e habitadas por minorias étnicas) e mesmo no *heartland* chinês;
- Assimetrias de rendimento entre ricos e pobres;
- Necessidade de requalificação da força laboral;

- Degradação ambiental;
- Dificuldade em controlar o descontentamento popular em sectores (como o sector empresarial do estado) que perdem com as reformas (designadamente os até aqui "beneficiários" do sistema "*iron rice bowl*") e dificuldade em gerir o potencial de frustração que decorre de eventuais expectativas não satisfeitas.

CAPÍTULO IV

O FACTOR POLÍTICO-CULTURAL

IV.1. Sistematizando os problemas económicos, sociais e políticos

Entre outras vulnerabilidades que temos vindo a pôr em evidência, assinalámos já os problemas sociais e ambientais resultantes da transformação da economia, as assimetrias de desenvolvimento regional que exacerbam forças centrífugas históricas favorecidas pela geografia, algumas delas ligadas à presença nas periferias de minorias étnicas com fortes sentimentos de identidade, e a dificuldade de administrar uma população gigantesca (a envelhecer) num enorme território. Neste contexto, questionarmonos sobre a capacidade do Estado chinês para garantir a coesão mínima das populações em torno da sua liderança política é certamente mais do que um simples exercício académico.

Com efeito, o desenvolvimento económico da China ainda não permitiu ao regime resolver, em termos razoáveis, os problemas sociais do país. Poucos países no mundo experimentaram como a China uma mudança social e económica de tão largo alcance, ao longo das duas últimas décadas. Mas novos problemas aparecem enquanto persistem muitos dos antigos.

Em primeiro lugar, o Estado chinês confronta-se com os problemas sociais, típicos de uma economia própria de um país em desenvolvimento, que afectam a maior parte da população, designadamente nos meios rurais.

Um segundo tipo de problemas é o que decorre de alguns factores permanentes, ou estruturais. A República Popular da China (RPC) tem uma enorme população de 1300 milhões de habitantes, irregularmente distribuídos por um imenso território, que favorece as possibilidades de resistência de forças centrífugas. Estas forças centrífugas não operam só na base da existência de minorias étnicas em regiões fronteiriças, com acessos difíceis e pouco densamente povoadas, como são os casos do Xinjiang e do Tibete, que discutimos atrás. Se a homogeneidade étnica e a escrita unificada chinesa Han (a etnia Han constitui cerca de 92% da população) são uma potencialidade, é importante ter a noção dos seus limites como antídoto

130 *A ascensão da China. Acomodação pacífica ou grande guerra?*

eficaz para aplacar as forças centrífugas, historicamente presentes no contexto chinês. À escrita unificada corresponde, por exemplo, uma enorme proliferação de dialectos regionais entre a maioria Han[41]. Se a homogeneidade étnica da maioria Han fosse um antídoto eficaz para aplacar as forças centrífugas, a China provavelmente não teria conhecido na sua História períodos tão extensos de fragmentação territorial e guerra civil.

O problema de administrar uma imensa população num imenso território é histórico. Diversos Estados e dinastias chineses têm conseguido responder a este problema ao longo da história milenar da China e também é sabido que, não obstante períodos mais ou menos extensos de fragmentação política, tem emergido apesar de tudo, de forma mais ou menos recorrente, a ideia de um Estado chinês unificado. Mas não propriamente de uma nação chinesa. Vale sempre a pena recordar Lucien Pye[42], quando caracteriza a China como uma civilização *"pretending to be a state"*.

O terceiro tipo de problemas é o que decorre das respostas, seus bloqueios e contradições, que o sistema político chinês tem dado aos problemas estruturais ou permanentes da China (Romana, 2005: 40). Nem sempre há uma fronteira nítida entre estes dois tipos de problemas. As assimetrias de desenvolvimento regional e os sub-regionalismos económicos, por exemplo, são problemas históricos decorrentes de factores estruturais físicos e humanos, mas são também exacerbados pelos modelos de desenvolvimento económico que têm sido prosseguidos mais recentemente no contexto do objectivo geral de modernização. Já o desemprego provocado pela reestruturação do sector empresarial do Estado, ou as contradições entre a modernização económica e a abertura do sistema político, são problemas que tipicamente decorrem da resposta chinesa a uma questão muito concreta e actual, no contexto da modernização da economia. Neste contexto é importante não perder de vista que a China chegou atrasada à Era Moderna e foi leninista o primeiro modelo consistente de construção de um Estado chinês moderno. E foi apetrechada com tal "Estado", e com a teoria de um

---

[41] Uma notícia publicada no *Diário de Notícias* de 25 de Maio de 2005 – "Chineses: Metade não sabe falar mandarim" – referia um estudo realizado pelo governo chinês, e revelado pela imprensa oficial chinesa, de acordo com cujas conclusões apenas 53% dos chineses falam o mandarim ou putonghua.

[42] "China: erratic State, frustrated society" in *Foreign Affairs*, 69, 4 (Fall 1990), pp. 56-74 (cit. por Romana, 2005: 256).

mundo dividido entre impérios exploradores e colónias exploradas que a China, recém-saída de uns poucos de milhares de anos de especialização em relações tributárias entre o "Império do Meio" e a sua periferia, entrou no "carrossel" das relações internacionais entre Estados, a que a soberania confere um estatuto de igualdade de direito (mas que a hierarquia do poder transforma numa desigualdade de facto).

Não cabe no âmbito deste trabalho fazer um diagnóstico rigoroso da situação social e política da China, uma tarefa sempre inacabada à qual se dedicam milhares de sociólogos, economistas e outros académicos em todo o mundo. Serve-nos o pequeno retrato da situação feito desde o princípio deste estudo até aqui.

Como resume Lieberthal, a RPC irá ter de fazer sérios ajustamentos, que afectam a própria natureza do sistema político e que, longe de serem ajustamentos revolucionários, também não são ajustamentos triviais, ao mesmo tempo que não se pode dar ao luxo de cometer erros graves que lhe possam custar o acesso ao investimento estrangeiro e aos mercados de exportação e à melhoria da eficiência económica (2002: 42 a 44).

Como é que o sistema político se adaptará, quando é sabido que mesmo a mudança na direcção certa tende a suscitar tensão na sociedade, porque as pessoas se sentem inseguras em relação ao futuro? Por outro lado, mesmo que a mudança aumente substancialmente as hipóteses da China alcançar os seus próprios objectivos económicos e sociais, levará tempo. Só que, como observa Lieberthal, em política, melhorias "com o tempo" podem não chegar com rapidez suficiente. Será preciso tomar decisões duras e enfrentar grandes problemas. Finalmente, como se conseguirá mobilizar o apoio das pessoas, quando a estrutura de valores que ajudou a manter a sociedade unida sob o maoísmo se degradou e ainda não se desenvolveu em seu lugar uma nova base de ética social? (Lieberthal, 2002: 37).

IV.2. República Popular: "Nova" China, legitimidade e a política de reformas e abertura ao exterior

A criação de um Estado forte, a reunificação nacional e a recuperação da antiga proeminência chinesa estavam bem simbolizadas na adjectivação "Nova" que os comunistas deram à China, quando conquistaram o poder em 1949, depois de uma longa guerra civil que, desde a década de 20, só fora posta entre parênteses, e mesmo assim parcialmente, durante

132 *A ascensão da China. Acomodação pacífica ou grande guerra?*

a segunda guerra mundial, que uniu precariamente os nacionalistas e os comunistas chineses contra o inimigo comum japonês. O Partido Comunista, fundado em Xangai em 1921, alegadamente iria devolver o orgulho nacional aos chineses, triunfando onde os anteriores regimes Qing e do Kuomintang tinham capitulado ou chegado a humilhantes compromissos.

Com efeito, possuindo uma força superior, quando comparada com a China dos Qing ou com o regime nacionalista, e beneficiando da sintonia com a União Soviética nos primeiros anos, a República Popular da China foi capaz de recuperar e incorporar com êxito, no interior das fronteiras do Estado chinês, três áreas periféricas tradicionais: a Mongólia Interior (abdicando da Mongólia exterior, hoje República da Mongólia, que se transformaria num Estado satélite da então União Soviética), o Tibete e o Xinjiang, não conseguindo porém o mesmo objectivo em relação a Taiwan, porque a isso se opuseram os Estados Unidos em 1950, quando já se tinham iniciado as hostilidades na península coreana (duas tentativas chinesas posteriores, em 1954 e 1958, sem o apoio da União Soviética, também não lograriam a recuperação de Taiwan). Contudo, apesar destes êxitos, as capacidades económicas e militares do Estado comunista chinês permaneceram muito inferiores às dos Estados industriais avançados, em parte devido ao legado de subdesenvolvimento dos períodos Qing e republicano, em parte devido aos desastrosos efeitos das políticas sócioeconómicas estalinistas e maoístas.

As políticas utópicas e altamente perturbadoras do Grande Salto em Frente e da Revolução Cultural nos anos 50 e 60 criaram um enorme caos e incerteza na China. Nos anos 60 e 70, a combinação de pressões demográficas, de uma estratégia de desenvolvimento geralmente autárquica e de um sistema político altamente rígido, repressivo e centralizado provocaram um grande empobrecimento e desilusão. No conjunto, estes desenvolvimentos, não só enfraqueceram a fé dos cidadãos comuns e dos funcionários na liderança do Partido Comunista e na sua estratégia de desenvolvimento oficial, mas também resultaram numa corrosão da cultura política.

Em Dezembro de 1978, na reunião da 3ª sessão plenária do XI Comité Central do Partido Comunista da China, Deng Xiaoping lançou a política de reformas e de abertura ao exterior. Quando Deng Xiaoping vem para o poder, em 1977/78, o país está à beira da catástrofe, por causa da prevalência da ideologia no período maoísta: o Partido Comunista controla todos os aspectos da vida política, económica e social, pública e privada. Deng quer trazer o pragmatismo ("procurar a verdade nos factos") de volta para o centro do sistema político, livrando-o de todo o excesso de ideologia e reimplantando regras e normas previsíveis. Lança o desafio das quatro modernizações: agricultura, indústria, ciência e tecnologia e defesa nacional[43]. No fundo, materializar o sonho de gerações e gerações de intelectuais chineses, desde a humilhação da Guerra do Ópio: modernizar o país, para que ele possa assumir o lugar a que se acha com direito na comunidade das nações.

Para isso é preciso um corpo de executivos e por isso são reabilitados muitos intelectuais vítimas do maoísmo. A falência da teoria maoísta da mobilização das massas como motor do desenvolvimento (teoria que, porventura, tinha tido mais a ver com a necessidade que Mao teve de ir esmagando, a partir do final dos anos 50, os seus opositores internos) tinha ficado amplamente demonstrada. Como a teoria marxista-leninista--maoísta da luta de classes já não é operativa, tem de se arranjar uma nova base ideológica da legitimidade do regime: o desenvolvimento económico, que o discurso oficial apresenta sempre, ainda hoje, como uma vingança sobre a humilhação infligida pelo Ocidente ao Império do Meio, desde as guerras do ópio (Béja, 2004: 16). A pouco e pouco, também foi emergindo o nacionalismo de base territorial, como fonte de legitimidade, porventura resultado da necessidade de aplacar as correntes mais conservadoras. O princípio "um país, dois sistemas", finalmente plasmado na Constituição de 1982, foi a síntese entre os objectivos de modernização económica e de reunificação nacional, ou seja, a recuperação do controlo sobre Hong Kong, Macau e Taiwan.

Se em 1978 Deng queria trazer o pragmatismo para o centro da decisão política, ao mesmo tempo queria manter, ou eventualmente acharia que não havia alternativa, a liderança do partido na sociedade. Mas nem tudo correu bem. Se Deng queria modernizar a ditadura para desenvolver economicamente o país, a descolectivização da terra e outros desenvolvimentos internos estimulariam outras exigências. A juventude, designadamente, queria mais: o partido fizera tantos erros que perdera o direito de governar. A expressão mais visível dessas exigências foi o Muro da Democracia, em 1978. Deng vê-se por isso obrigado a estabelecer, em Março de 1979, os limites da reforma. Os jovens mais radicais são presos

---

[43] Na realidade estas 4 modernizações já tinham sido enunciadas por Zhou Enlai em 1964, tendo sido relançadas em 1973 por este mesmo primeiro-ministro (Béja, 2004: 7).

134 *A ascensão da China. Acomodação pacífica ou grande guerra?*

e são instituídos os quatro princípios cardeais da reforma: a via socialista; o marxismo-leninismo-maoísmo; a ditadura democrática do povo; e a liderança do Partido Comunista. Estes são os riscos que ninguém pode pisar. O discurso não podia cortar repentinamente com verdades incrustadas. Mas não havia alternativa à reforma. O discurso político adapta-se: "socialismo com características chinesas"[44], etc.

Mas a resposta da sociedade foi mais forte. A maior parte dos quadros queria mais. As vítimas do maoísmo sabiam que tinham de ter mais garantias do que as dadas pelo partido. Como recorda Béja, ao longo dos anos 80 várias propostas de reforma do sistema político são colocadas na ordem do dia (2004: 9). Em 1987, no XIII congresso do Partido Comunista, é o próprio Hu Yaobang, que se acreditava poder ser o herdeiro de Deng, que propõe uma maior separação entre partido e o Estado, prevendo um máximo de autonomia a todos os níveis da administração governamental e empresarial e um papel supervisor da Assembleia Popular Nacional sobre o Governo. Era demais e por isso foi deposto.

No entanto, no final dos anos 80, com o aprofundamento das reformas na agricultura e a economia a fugir ao controlo do partido nas cidades, a sociedade sentia-se cada vez mais confiante e mais crítica da corrupção, do desemprego e das altas taxas de inflação, que sublinhavam o desfasamento entre a ideologia socialista e a realidade económica. Zhao Ziyang, o novo delfim de Deng, de certo modo passara a corporizar o espírito reformista mais avançado. Para Béja (2004: 11), o fim dos anos 80 constitui o apogeu da tentativa de transformação do sistema político. Nas vésperas do movimento pela democracia de 1989, o marxismo-leninismo perdera toda a sua força de atracção sobre a juventude estudantil; os camponeses tinham readquirido a sua autonomia económica, enquanto as organizações do partido no campo "olhavam para o lado"; alguns jornais não se coibiam de criticar a ditadura do partido; as organizações sociais tinham desenvolvido alguma

---

[44] Aquilo que foi oficialmente designado por "Teoria do Socialismo com Características Chinesas" (Wei-Wei Zhang, 1991, referido por Romana, 2005: 57) assenta em cinco pontos-chave: (1) o desenvolvimento como estratégia de fundo, devendo estar tudo subordinado àquele propósito; (2) pragmatismo ideológico expresso na tese da "procura da verdade nos factos"; (3) o gradualismo (Deng Xiaoping concebe as reformas como um processo com prioridades); (4) o nacionalismo (Deng considera que a China deverá ocupar o lugar a que tem direito na cena internacional); (5) um Estado forte que promova a modernização e que resiste às pressões internas e externas.

autonomia ao longo dos anos anteriores, sem que, todavia, tivessem podido ser formalmente institucionalizadas; etc. Desenvolve-se, por outro lado, algum descontentamento com o que era percebido como uma lentidão das reformas. Para Béja, esta conjunção de factores tornou inevitável o confronto entre as forças conservadoras e as forças democráticas, estas apoiadas nos estudantes, na sociedade urbana e numa parte dos reformistas existentes no interior do aparelho do Estado-Partido.

O confronto materializa-se nos acontecimentos de Junho de 1989, na Praça de Tiananmen, em Pequim. A ala reformista é suprimida. As organizações semi-autónomas são desmanteladas. Deng esmaga a facção reformista mais radical e, depois de Hu Yaobang, é a vez de Zhao Ziyang ser deposto. A reforma do sistema político é bloqueada. A legitimidade da autoridade do partido sofre mais um rude golpe, tanto mais que, internacionalmente, o colapso do comunismo na Europa de Leste e na União Soviética estava a revelar a falência da ideologia marxista-leninista e do modelo económico socialista.

De 1989 a 1992 os conservadores tentaram reverter o sentido das reformas. Mas Deng, que esmagara os prospectos de reforma política, sabe que reverter o sentido das reformas económicas é comprometer o objectivo da modernização. Sabe que a economia planeada não é a solução para o desenvolvimento. Como diz Béja, "conservar a ditadura do Partido, sim; eliminar a ameaça de desestabilização política representada pelo movimento social, de acordo; mas não pagando o preço de desencorajar as forças vivas da sociedade, as únicas capazes de tomarem nas suas mãos o projecto de modernização" (2004: 12). Em 1992 Deng faz a célebre viagem ao sul da China, onde estavam as Zonas Económicas Especiais, duas delas fronteiras a Hong Kong e Macau, e relança as reformas económicas. Reafirma a necessidade de abrir a economia e propõe aos intelectuais um novo contrato social.

De facto, nos anos 80 a agricultura e alguns sectores tinham sido liberalizados, mas esses desenvolvimentos eram insuficientes. Para se modernizar, a China precisava de tecnologia e, para isso, precisava da colaboração dos quadros, dos técnicos, dos cientistas, etc., cujo apoio o regime alienara em 1989. A mensagem de Deng é que eles agora vão poder criar empresas e vão poder melhorar a qualidade de vida. Só uma coisa interessa: o desenvolvimento económico, "enriquecer é glorioso". Mas existe uma condição: a estabilidade tem de eclipsar tudo. Os intelectuais e os

136   *A ascensão da China. Acomodação pacífica ou grande guerra?*

quadros podem participar no projecto, mas o preço é a estabilidade. E a estabilidade é a autoridade do Partido.

Em Dezembro de 1991 Gorbachov anunciara o fim da União Soviética. Se fora um grande choque para os líderes comunistas chineses, também o tinha sido para os intelectuais democratas chineses. Porque os intelectuais queriam a democracia, porque acreditavam que esse era o caminho para tornar a China num país moderno. De repente, verificavam que a democracia levara à desintegração da União Soviética. Os intelectuais chineses questionam-se se a democratização "descontrolada" não conduzirá provavelmente à fragmentação do país. Por outro lado, a proposta de Deng era atraente: iam viver bem. Por isso aceitaram o contrato social proposto por Deng em 1992. A ordem de prioridades passava a ser: primeiro, economia de mercado; segundo, desenvolvimento da sociedade civil; terceiro, democracia.

Com a formulação da "economia socialista de mercado", consagrada em 1992 no XIV Congresso do Partido Comunista Chinês e no ano seguinte vertida para a Constituição da RPC, com o discurso político a afirmar que a fase primária do socialismo na China deveria durar pelo menos 100 anos, etc., Deng consegue gerir o equilíbrio entre a sensibilidade conservadora e a sensibilidade mais reformista, entre a prática capitalista e o discurso socialista, entre a reforma económica e o monopólio do poder do partido. Hoje está aparentemente ultrapassada a divisão entre conservadores e reformistas. Já ninguém contesta as reformas. O debate é, sobretudo, sobre a maior ou menor extensão e profundidade das reformas. Não quer dizer que a sensibilidade conservadora tenha deixado completamente de existir, ou que não exista latente, mas não parece provável um retorno ao passado.

Ao longo da década de 90, os incidentes no Mar da China Meridional, as crises no Estreito de Taiwan e o retorno de Hong Kong e Macau alimentaram o discurso nacionalista e, de certo modo, legitimaram o discurso da estabilidade, que já sabemos o que significa. As reformas prosseguem, a economia cresce e alguns segmentos da população melhoram realmente o seu nível de vida, mas subsistem certos problemas, ao mesmo tempo que surgem novos problemas como resultado das reformas.

Depois de 1989, o projecto de reforma do sistema político não foi relançado. Os dirigentes chineses afirmam, de modo recorrente, a intenção de instaurar um "Estado de direito", de reforçar os poderes da Assembleia Popular Nacional para que ela exerça alguma forma de controlo sobre o governo, etc. Mas nunca mais a direcção do partido retomou as propostas

Tiago Vasconcelos

formuladas por Hu Yaobang em 1987, no sentido de estabelecer a separação entre o partido e o Estado (Béja, 2004: 14).

IV.3. Instrumentos de legitimação do regime: nacionalismo como "ideologia de substituição"; contradições entre nacionalismo e desempenho económico

No rescaldo da crise de legitimidade resultante do uso da força pelas autoridades chinesas para reprimirem as manifestações de Tiananmen em 1989, do vazio ideológico resultante do colapso do comunismo como ideologia legitimadora da autoridade do partido e da corrupção e da ineficácia do partido em resolver os problemas económicos e sociais, a liderança chinesa, a partir do início dos anos 90, fez apelo a certos valores e ideias fundamentais partilhados pelo povo chinês, como o orgulho, o sentimento de humilhação, etc. A liderança tem procurado, deste modo, duas estratégias diferentes para restaurar a legitimidade interna do partido: o desempenho económico, procurando ligar-lhe como uma pré-condição essencial a estabilidade política (o eufemismo que já assinalámos para a perpetuação da autoridade do partido); e o nacionalismo. Com o nacionalismo o regime procura, por um lado, distrair a atenção da inabilidade do Estado para ir ao encontro das exigências da sociedade por segurança e aumento do bem-estar. Por outro lado, com o nacionalismo o regime tenta aplacar as exigências externas e internas por um funcionamento mais transparente e participado do sistema político.

A ascensão recente do nacionalismo chinês é parcialmente produto dos esforços conscientes do regime para elaborar uma nova ideologia que possa justificar a autoridade continuada do partido (Downs e Saunders, 2000: 50). O nacionalismo funciona assim como uma "ideologia de substituição" (Romana, 2005).

O Japão tem desempenhado um papel central no reaparecimento do nacionalismo chinês, quer como um catalisador do "patriotismo de Estado" chinês, quer como alvo para a xenofobia chinesa (Downs e Saunders, 2000: 46). A vitória militar do Japão na guerra sino-japonesa de 1895, e a ocupação japonesa sucessiva de Taiwan e da Coreia, foram particularmente humilhantes, porque os chineses tradicionalmente consideravam que a cultura japonesa era uma derivação, inferior, da própria cultura chinesa. No final da primeira guerra mundial, o sentimento de humilhação da

138   *A ascensão da China. Acomodação pacífica ou grande guerra?*

China por se ver excluída das conversações misturou-se com a revolta, por dessas conversações ter resultado a transferência, para o Japão, dos territórios chineses do antecedente dominados pelos alemães. A invasão japonesa da China nos anos 30 do século XX, e as atrocidades cometidas pelas tropas japonesas, tais como o massacre de Nanquim em 1937, continuaram a alimentar o sentimento popular anti-japonês. Finalmente, é preciso ver que uma boa parte da legitimidade do partido comunista foi forjada na resistência organizada contra o Japão, e o próprio discurso oficial não se faz rogado na atribuição ao Partido de todo o crédito pela derrota do Japão. O Japão continua, portanto, a proporcionar um alvo útil, que permite aos líderes chineses definir a identidade nacional da China em oposição à agressão e ao imperialismo japonês (Downs e Saunders, 2000: 46).

Como notou Michael Yahuda[45], porém, o foco anti-japonês do nacionalismo, promovido pela liderança chinesa, tem mais a ver com o futuro do que com o passado. Durante muitos anos o discurso oficial chinês foi marcado pela oposição ao "imperialismo revisionista soviético", que influenciou as gerações mais velhas. O discurso anti-japonês é mais recente e são as gerações mais novas que são mais excitáveis com o discurso anti-japonês.

Por outro lado ainda, a agressão japonesa é uma memória ainda muito viva na região e suscita uma genuína repulsa na península da Coreia e no sudeste asiático, dando à China a possibilidade de, deste modo, ocasionalmente se unir aos outros actores estatais regionais em frentes anti-japonesas (ou quando é conveniente, mais no caso do sudeste asiático, frentes anti-ocidentais, usando o tema do anti-colonialismo). Mesmo que a alimentação do sentimento anti-japonês não sirva para mais nada, pelo menos dificulta o aparecimento de uma eventual aliança dos actores dessas regiões com o Japão (ou, por exemplo, o apoio desses países a uma pretensão do Japão a tornar-se membro permanente do Conselho de Segurança das Nações Unidas), que pudesse ter por foco a resistência a um expansionismo imperialista chinês.

No entanto, diversos analistas têm vindo a pôr em evidência, através do estudo de diversos casos concretos (relacionados por exemplo com as ilhas Diaoyu, ou Senkaku, em japonês), os limites do nacionalismo como

---

[45] Intervenção no Seminário *Asia and Global Security*, ISCSP/Instituto do Oriente, 15Nov2005, apontamentos do autor.

estratégia de legitimação da liderança chinesa, especialmente quando choca com o objectivo do desenvolvimento económico.

Com efeito, existem diversos limites à manipulação do nacionalismo como estratégia de legitimação. Em primeiro lugar, o temor do governo chinês em que manifestações anti-japonesas (no caso das Diaoyu) ou anti-americanas (como nos casos do bombardeamento da embaixada chinesa em Belgrado em 1999 ou do choque entre um caça chinês e um avião de reconhecimento americano nas imediações da ilha de Hainão, em Abril de 2001) se possam transformar em manifestações anti-governamentais ou instabilidade política (Romana, 2005: 258), num contexto em que o nacionalismo é um sentimento enraizado na população que, podendo ser manipulado pelas autoridades, não é completamente controlado por elas. Quando esse controlo ameaça perder-se, o que não é difícil na medida em que existem sectores da sociedade em que grassa algum descontentamento, as autoridades fazem tudo para recuperar o controlo da situação, mesmo que tenham de acomodar algum ressentimento ou insatisfação popular.

Em segundo lugar, o nacionalismo pode ser, para o regime em Pequim, um pau de dois bicos, quando os protestos populares atingem um nível que prejudique outras prioridades – quando a dependência do ambiente externo (por exemplo, a dependência das relações económicas com o Japão) não lhe dá a liberdade de acção de que precisa para subir a parada, em conformidade com o sentimento popular; ou quando pura e simplesmente não tem capacidade para corresponder a exigências domésticas por políticas internacionais mais afirmativas.

Em terceiro lugar, a "resposta nacionalista" pode alimentar a retórica da "ameaça chinesa" e criar, por exemplo, o ambiente propício ao estreitamento das relações militares entre os Estados Unidos e o Japão, podendo ainda afectar a vontade de outros Estados para negociar com a China, investir na China, ou mesmo estimular reacções militares.

Shambaugh caracteriza, por isso, o nacionalismo chinês actual como defensivo, afirmando que ele reflecte inseguranças básicas acerca da sociedade chinesa e do lugar da China no mundo (2000: 232). Claro que a possibilidade de o nacionalismo defensivo chinês se transformar em nacionalismo agressivo e em comportamento internacional expansionista existe. Mas a verdade é que o nacionalismo tem sido empregue pelas autoridades chinesas sobretudo como um instrumento de mobilização interna em torno do regime. Como afirmam Downs e Saunders (2000: 43 e 44), as preocupações com o nacionalismo agressivo chinês são exageradas, ou pelo menos

140   *A ascensão da China. Acomodação pacífica ou grande guerra?*

prematuras. No caso das relações sino-japonesas, apesar dos esforços de grupos nacionalistas nos dois lados para escalar as disputas, o governo chinês tem preferido prejudicar as suas credenciais nacionalistas, seguindo políticas contidas e cooperando com o governo japonês para preservar a normalidade das relações bilaterais.

Em 2005, por exemplo, o declarado reforço da aliança americano-japonesa e a percepção, em Pequim, de que tal aliança é dirigida contra a RPC; o esforço de Tóquio para, a reboque da reforçada aliança com Washington, aumentar a sua liberdade de acção político-estratégica; a "candidatura" japonesa a um lugar de membro permanente no Conselho de Segurança das Nações Unidas, no contexto da reforma da Organização, etc., terão levado Pequim a soltar, interna e externamente, os demónios do nacionalismo-militarismo japonês. No entanto, embora seja cedo para se chegar a conclusões muito definitivas sobre a crise das relações sino-japonesas de 2005 – nas palavras do ministro dos Negócios Estrangeiros da RPC, a "mais grave desde 1972", ano em que os dois países estabele-ceram relações diplomáticas – também parece ter acabado por prevalecer a preocupação com um clima geral de estabilidade, que permita a Pequim prosseguir o seu programa de modernização.

Obviamente, não quer isto dizer que seja sempre assim. Com efeito, o nacionalismo e o sentimento anti-estrangeiro que, com carácter defensivo, o regime instrumentaliza para se legitimar perante a população e distrair a sua atenção para a incapacidade do Estado ir ao encontro dos anseios popu-lares, pode sempre transformar-se, quando e se a China tiver capacidades para isso (ou mesmo não tendo, por erro de cálculo), num nacionalismo militarista e expansionista, mais ou menos exacerbado pela competição política doméstica no quadro de um regime autoritário, uma competição que tem ocasionalmente exercido uma influência decisiva sobre o com-portamento de segurança do Estado chinês (Swaine e Tellis, 2000: 94). No entanto, apesar da pressão das forças armadas ou das facções no seio do Partido, que favorecem uma postura mais agressiva para atingir objectivos nacionalistas, terem por vezes afectado a política externa chinesa, diversos autores defendem que em regra o controlo civil e o comportamento caute-loso equilibram os objectivos económicos e estratégicos.

Por outro lado, a resposta nacionalista depende do valor do que está em jogo (as ilhas Spratly e Paracel no Mar da China Meridional, consti-tuem um problema diferente do das ilhas Diaoyu e, qualquer deles, muito diferente da questão de Taiwan), da avaliação da conjuntura, dos equilíbrios entre facções e sensibilidades no interior do regime, da situação política interna (os momentos de transição da liderança podem produzir alguma instabilidade, porque ninguém está disposto a pagar o preço de um compromisso, por mais racional que seja, poder ser confundido com uma capitulação nas matérias mais sacralizadas da soberania e da integridade territorial), etc. Mas o facto é que, quando forçados a escolher, os líderes chineses têm optado pelo desenvolvimento económico à custa dos objectivos nacionalistas. Tal, provavelmente, deve-se a que, embora o apelo ao nacionalismo e a melhoria das condições de vida sejam importantes factores de legitimidade, o desempenho económico é o mais importante para um largo segmento da população (Downs e Saunders, 2000: 44 a 47).

Como observaram aqueles autores, os constrangimentos internos da China ao seu desenvolvimento económico e as contradições entre os apelos domésticos ao nacionalismo, e uma estratégia de desenvolvimento que depende fortemente do estrangeiro, significam que por vezes tem de se escolher entre uma e outra. O desafio do Partido Comunista Chinês é perseguir as duas fontes de legitimidade de uma forma complementar, procurando manipular as percepções internas e externas de tal modo que não se tornem impossíveis de gerir as contradições entre uma estratégia de legitimação, baseada no nacionalismo, e outra, baseada no desempenho económico.

A procura da liderança chinesa por novas fontes de legitimidade, a partir dos anos 90 do século XX, tem de ser considerada, pelo menos em parte, bem sucedida. Os líderes chineses geriram com êxito a reversão de Hong Kong e Macau para a soberania chinesa, puseram termo ao isolamento internacional da China a seguir a Tiananmen e atrasaram, pelo menos temporariamente, o movimento de Taiwan para a independência. Economicamente, as suas políticas têm sustentado elevadas taxas de crescimento e retiraram milhões de pessoas da pobreza, apesar das desigualdades sociais, assimetrias de desenvolvimento e outros problemas que vimos. Estes sucessos, combinados com aquilo a que Downs e Saunders (2000) chamam a "legitimidade negativa", ou seja, uma legitimidade por via da inexistência de alternativas viáveis à autoridade do Partido, têm-no ajudado a permanecer no poder. Para os autores, porém, apesar destes êxitos, a posição do Partido no final do século XX permanecia frágil. O governo tinha apenas uma limitada aptidão para alcançar os objectivos nacionalistas e económicos e dificuldades em satisfazer as expectativas crescentes que ele próprio criara.

142 *A ascensão da China. Acomodação pacífica ou grande guerra?*

Se olharmos para a meia dúzia de anos que medeia entre a análise de Downs e Saunders e os nossos dias, vemos que ela se mantém basicamente actual, até porque fundamentalmente permanece a estratégia chinesa de desenvolvimento, através da abertura ao exterior. Aliás, com a excepção de Taiwan, e sem prejuízo de poderem sempre emergir as questões das Spratly ou Diaoyu, neste último caso à mistura com um sentimento anti-japonês sempre latente, a sensação que se colhe é a de que o fundamento territorial do nacionalismo tem-se vindo a desvalorizar progressivamente. Um novo foco do nacionalismo passa a ser o orgulho com os êxitos que a China alcançou ao longo do período das reformas, no que ao desempenho económico diz respeito, por um lado, e com uma série de realizações, como os Jogos Olímpicos de Pequim em 2008, a Exposição Universal de Xangai em 2010, as grandes obras públicas ou a colocação em órbita de um taikonauta, etc., que mostram a capacidade de realização dos chineses, por outro. E, sobretudo, como afirma Shambaugh (2000: 231), dão oportunidade ao Partido de reclamar para si um papel central na redenção de "um século de vergonha e humilhação", para a China, na cena internacional.

IV.4. Problemas políticos do modelo de desenvolvimento. Ensaio sobre a capacidade de sedução do modelo político-cultural chinês

IV.4.1. *Generalidades*

A estratégia de desenvolvimento económico cria à liderança chinesa outro tipo de problemas. Por via da sua estratégia de abertura ao exterior, a China é crescentemente submetida ao escrutínio dos outros Estados e da opinião pública internacional, sempre pronta a criticar a pouca protecção que o regime chinês consagra a certos direitos civis e políticos, como a liberdade de expressão e de manifestação, ou a certas práticas, como o trabalho infantil, os horários de trabalho excessivos, etc.

A dependência do exterior, voluntariamente assumida pelo regime, faz, assim, intervir diversos tipos de pressão para a mudança política, colocando problemas ao regime. Um tipo de pressão, com propósitos fundamentalmente económicos, é feito pelos operadores económicos externos com que a China tem de interagir, neste âmbito surgindo as pressões para a desvalorização da moeda, para a protecção dos direitos dos trabalhadores, que torne menos "desleal" a concorrência com base na mão-de-obra barata, para a transparência dos métodos estatísticos ou, noutro plano, para a modernização do sistema legal, que garanta a segurança dos contratos e dos investimentos, a protecção dos direitos de propriedade intelectual, etc.

Tradicionalmente, na China o direito era visto como um corpo de regras punitivas e não era encarado como uma forma nobre de regulação social. Por razões várias, nem a revolução republicana de 1911 nem a RPC conseguiram alterar este estado de coisas até 1978. Para um país como a China, em que o direito não tem uma grande tradição como regulador de litígios, mas é cada vez mais indispensável para a China poder oferecer aos operadores económicos e financeiros internacionais um corpo de normas previsíveis, o direito codificado romano-germânico tem, aliás, sobre a *common law* (que se aplica em Hong Kong) a grande vantagem de poder ser lido e compreendido.

Ora, o direito é um instrumento que espalha na sociedade uma determinada visão, um determinado modelo social. Como nota Godement (2003: 177), chamando a atenção para os 38000 textos regulamentadores adoptados pela China nos primeiros 20 anos de reformas, esta "proliferação jurídica"[46], tornada necessária de início por causa da incorporação na economia chinesa de capitais e de empresas estrangeiras, influenciou igualmente a "super-estrutura política". Por outro lado, como observaram Brian Hook e Miguel Santos Neves (2002: 132), a existência de um sistema legal continental vivo e eficiente no Sul da China tem um importante efeito de demonstração, no resto da China, e pode fornecer um estímulo positivo para a reforma legal na China e o avanço do Estado de Direito. Desse ponto de vista, o esforço de tradução jurídica feito em Macau é um legado muito importante, nem sempre devidamente conhecido, que Portugal deixa na China.

A teoria de que a liberalização económica contribui para a liberalização política fundamenta-se, entre outros, nestes mecanismos de influência: a transparência e a previsibilidade, que os investidores exigem, obrigam

---

[46] De 1978 para 2003 o número de advogados na China subiu de 2 mil para 120 mil. Mais de 230 faculdades de direito preparavam, em 2003, mais 80 mil advogados. Enquanto do antecedente os juízes eram cidadãos vulgares ou militares reformados, em 2003 cerca de 70% dos juízes chineses já tinham recebido alguma forma de treino legal (Economy, 2003: 101).

ao levantamento de restrições no acesso à informação, deste modo aumentando a liberdade de discussão de novas ideias, etc., etc.

Um segundo tipo de pressão, mais vincadamente política, em que os elementos de pressão externa tanto podem ser Estados como Organizações Internacionais, governamentais ou não-governamentais, é a pressão para a modernização do sistema político, para a democratização do regime, para a protecção dos direitos civis e políticos, incluindo a liberdade de expressão, a liberdade religiosa, etc. Esta pressão tanto pode operar na base de preocupações genuínas (embora essas preocupações dificilmente se manifestem espontaneamente, se as questões não forem trazidas para a agenda mediática e aí alimentadas), como ser motivada por diversas razões: por exemplo, fazer pressão sobre o regime chinês, para o manter estrategicamente na defensiva; ou, num modo mais benigno, porque se acredita genuinamente que os regimes democráticos são "naturalmente" pacíficos.

O desenvolvimento económico, por seu turno, produz transformações sociais e gera expectativas de desenvolvimento político em vastos segmentos da população. A par do cada vez maior escrutínio externo, a pressão para a mudança política também pode ter, portanto, origem interna. Por um lado, o desenvolvimento económico vai alargando a faixas progressivamente maiores da população os mecanismos de avaliação e as expectativas e os instrumentos de participação política. Apesar do estreito controlo que o Partido procura manter sobre a comunicação social, tem sido nos últimos anos enorme a proliferação de estações de rádio e de televisão, o crescimento do satélite e do cabo, a quantidade de jornais e de revistas, etc. Virtualmente não há uma casa que não tenha televisão, o número de linhas telefónicas fixas e móveis, de computadores pessoais e o acesso à internet, ao cinema e a espectáculos aumentam exponencialmente.

Por outro lado, o próprio Estado, se o partido para tal tiver suficiente abertura de espírito, entendendo que o caminho para ser mais forte passa por o país ter uma economia mais forte, pode também vir a entender que alguma abertura política é necessária para libertar forças na sociedade que permitam ao país produzir mais riqueza.

As pressões para a mudança política podem ter, portanto, origem externa ou interna, e podem estar mais ou menos directamente ligadas à necessidade de manter o ritmo do crescimento económico. Como é evidente, não há fronteiras nítidas nas respostas a estas pressões económicas, políticas e sociais, com origem externa ou com origem interna. Certo é que as respostas do regime chinês são condicionadas pelas diferentes pers-

Tiago Vasconcelos

pectivas que, mais ou menos corporizadas, informam a decisão política chinesa: maior ou menor auto-suficiência; utilização instrumental das técnicas ocidentais ou adopção como elementos centrais do Estado e da sociedade chinesa de uma larga variedade de instituições e ideias, originadas e apoiadas no Ocidente; o receio de caos social e fragmentação política, com frequência estreitamente associados com a agressão e a intervenção do exterior; a "mentalidade de vítima", fruto de um século de humilhação por potências imperialistas; uma arreigada noção de soberania; a desconfiança do estrangeiro; etc.

Acresce que, à medida que a economia e a sociedade se desenvolvem, a própria organização político-administrativa do Estado chinês[47] poderá ter de se adaptar para lidar com as assimetrias regionais (nalguns casos exacerbadas por tensões étnicas), alguns padrões de sub-regionalismo económico, etc. Até agora, a maior parte da literatura sobre este tópico dedica-se quase exclusivamente à operacionalização, através de regimes administrativos especiais, do princípio "um país, dois sistemas" em Hong Kong e Macau, bem como às eventuais insuficiências deste princípio para resolver a questão de Taiwan. Com o foco na natureza mais ou menos democrática ou mais ou menos autoritária do regime em Pequim, tem passado para segundo plano a discussão sobre os diversos modelos políticos que permitam uma melhor gestão das relações entre o centro e as províncias (as que existem actualmente, ou outras que resultem de um redesenhar das fronteiras administrativas internas), num colosso de 1300 milhões de pessoas, formando uma sociedade progressivamente mais desenvolvida.

IV.4.2. *Direitos Humanos: possibilidades de pressão externa sobre o sistema político e as respostas chinesas*

O relatório que a Freedom House apresentou em 2003 por ocasião da 59ª Sessão da Comissão de Direitos Humanos das Nações Unidas[48],

---

[47] Do ponto de vista administrativo a China divide-se em 22 províncias (ou 23, como considera Pequim, que também inclui Taiwan nesta contabilidade), 5 regiões autónomas (incluindo o Tibete, o Xinjiang e a Mongólia Interior), 4 municipalidades independentes (Pequim, Xangai, Tianjin e Chongqing) e duas regiões administrativas especiais (Hong Kong e Macau).

[48] *The World's Most Repressive Regimes 2003 – A Special Report to the 59th Session of the United Nations Commission on Human Rights, Geneva, 2003*, Freedom House, New

começando logo por afirmar que a China é um dos Estados mais autoritários no mundo, sistematiza e resume a situação na China dos direitos políticos e liberdades civis: os partidos da oposição são ilegais; a Comissão Permanente do Politburo do Comité Central do Partido Comunista Chinês, que inclui apenas 9 membros, é que toma praticamente todas as decisões políticas importantes e estabelece as políticas governamentais, apesar de nominalmente a Assembleia Popular Nacional ser o mais importante órgão do Estado; as eleições que existem a nível local para os comités de aldeia são geralmente dominadas pelos comités locais do partido comunista; o governo controla o aparelho judicial, cuja corrupção e ineficiência são endémicas; funcionários detêm, sem julgamento, centenas de milhares de chineses; nos campos de reeducação pelo trabalho, onde estão detidos cerca de 300 mil chineses, existem milhares de prisioneiros políticos; a China executa milhares de condenados à morte por ano, muitos deles depois de processos sumários, em casos de corrupção ou roubo; utiliza-se a tortura para extrair confissões; as condições nas prisões e nos campos de reeducação são degradantes; a liberdade de imprensa é fortemente restringida; o governo, embora promovendo a utilização da internet, que considera crítica para o desenvolvimento económico, regula o acesso, controla a utilização e restringe os conteúdos (normalmente as grandes empresas de informática e proprietárias de motores de busca, para não perderem o acesso ao mercado chinês, submetem-se às condições impostas pelas autoridades em Pequim); as forças de segurança reprimem violentamente os protestos de trabalhadores; a liberdade religiosa é restringida; algumas mulheres são forçadas a abortar ou são esterilizadas no quadro das políticas de planeamento familiar; as minorias étnicas são discriminadas; os sindicatos independentes são proibidos e os direitos dos trabalhadores não são respeitados; etc., etc.

York, 2003. Este *Special Report* constitui um excerto do *Freedom in the World 2003 – The Annual Survey of Political Rights & Civil Liberties*. A Freedom House é uma organização não governamental americana fundada em 1941 por Eleanor Roosevelt e outros americanos preocupados com as ameaças à paz e à democracia. O seu *Board of Trustees*, em que estão personalidades como Samuel P. Huntington (entretanto falecido), Anthony Lake ou Zbigniew Brzezinski, é composto por notáveis republicanos, democratas e independentes. O *Special Report* à 59ª Sessão da Comissão de Direitos Humanos das Nações Unidas refere numerosas fontes, tais como, entre outras, o Departamento de Estado americano, a Human Rights Watch baseada em Nova Iorque, ou a Amnistia Internacional.

Estas situações, não sendo inventadas, podem, no entanto, ser mais ou menos instrumentalizadas para manipular opiniões e promover pressões sobre o governo chinês, com vista a determinados objectivos. As situações descritas alimentam, assim, campanhas mediáticas que, por exemplo, condenam a exploração desenfreada da mão-de-obra barata na China ou a insuficiente protecção dos direitos das minorias étnicas. Por outro lado, outras campanhas podem promover a dinamização de forças centrífugas associadas a sub-regionalismos económicos e culturais; a separação de Taiwan, evidenciando a diferença entre o regime comunista chinês e o regime democrático de Taiwan; as aspirações democráticas da população de Hong Kong, etc. Estas campanhas podem visar a mobilização da opinião pública internacional, a opinião pública interna chinesa, ou ambas simultaneamente. Neste contexto, está fora de dúvida que a condenação dos abusos cometidos na China contra os direitos humanos sobe mais ou menos de tom *a la carte* e de acordo com a conjuntura.

Por outro lado, com algum fundamento histórico aliás, existe uma tendência para a liderança chinesa olhar para "forças estrangeiras hostis" por detrás da perturbação interna, e mesmo de alguma dissidência no seio do Partido, e uma suspeita de que os outros países têm motivações escondidas quando lidam com a China (Shambaugh, 2000: 221). Deste modo, as exigências externas para alterar o comportamento chinês internamente – tais como melhorar as condições de protecção dos direitos humanos ou dos direitos de propriedade intelectual – são normalmente vistas pelos líderes chineses como instrumentos de subversão, e não como propostas construtivas por si mesmas, agudizando as sensibilidades da China relativas a questões de soberania, que consideram da sua reserva exclusiva e não sujeitas, portanto, a interferências externas.

Quando se critica genuinamente – e seguramente haverá quem o faça, e seguramente fá-lo-á com razão a maior parte das vezes – a situação objectiva da China em matéria de protecção de direitos humanos, é óbvio que o objectivo genuíno é a melhoria dessas condições. Quando se critica a China com intenção estratégica, os objectivos podem ser mais variados: consolidar a separação de Taiwan; dar força ao centrifugismo tradicional da China meridional, exacerbado por sub-regionalismos económicos envolvendo a Grande China, através de uma democratização regional por osmose a partir de Hong Kong; promover a independência do Tibete ou do Xinjiang; ou, mais abrangentemente, promover uma fragmentação política

148 *A ascensão da China. Acomodação pacífica ou grande guerra?*

e territorial da China que, por antecipação, livrasse o mundo das piores consequências da ascensão da China.

Mesmo que não se pretenda ir tão longe (para além de toda a região da Ásia Oriental ser lançada num caos bastante mais difícil de gerir que a fragmentação do império soviético, a separação do Xinjiang seria eventualmente mais um quebra-cabeças na guerra global contra o terrorismo, e a separação do Tibete poderia significar a expansão da Índia, tudo isto com reflexos imprevisíveis na Ásia Central e, por extensão, no Médio Oriente, etc.), a pressão em matéria de direitos humanos tem, ainda assim, o indiscutível condão de causar dificuldades à desejada afirmação da China como uma potência moderna e responsável, prejudicando a sua liberdade de acção, e certamente obriga o regime de Pequim a corrigir comportamentos.

Entretanto, diversos factores permanentes e conjunturais favorecem a defesa da China. Desde logo, é verdade que, lentamente, até por imperativo da modernização da economia, os sistemas político-administrativo e legal da RPC vão evoluindo num sentido de uma maior protecção de direitos dos particulares e das empresas: a China assinou em Outubro de 1997 o Pacto Internacional das Nações Unidas sobre Direitos Económicos, Sociais e Culturais e, em Outubro de 1998, o Pacto sobre Direitos Civis e Políticos; em Março de 2004, no quadro da revisão constitucional aprovada pela Assembleia Popular Nacional da RPC, foi introduzida na Constituição a garantia do respeito e protecção dos direitos humanos; etc. Embora isto não deva ser confundido com a perspectiva de o partido comunista estar disponível para abrir mão do monopólio do poder, há uma certa noção de que a situação está a melhorar (e a ideia de que a situação, sendo má, está a melhorar, tem sobre a opinião pública um efeito quase sempre melhor do que a ideia de que, sendo boa, a situação está a piorar). Depois há uma série de técnicas, que não são propriamente argumentos, para atenuar a imagem de autoritarismo do regime. Por exemplo, procurar que a pluralidade de organizações económicas, sociais e culturais passe por uma espécie de pluralismo democrático; ou que a transição geracional da liderança se confunda com a alternância democrática.

Por outro lado, muitos países inquestionavelmente tidos como democráticos não estão sempre livres de críticas em matéria de protecção de direitos humanos. Pequim não é, assim, o único regime que não respeita os direitos humanos, nem é nesta matéria o que tem o pior registo. E como entre os regimes que têm piores registos do que o de Pequim estão alguns aliados do Ocidente, ou pelo menos dos Estados Unidos (como a Arábia

Saudita, por exemplo), a moralidade do argumento do Ocidente (mesmo admitindo que a moralidade só por si fosse suficiente, o que não é certo) não é inatacável, o que lhe retira força.

A questão da democracia e dos direitos humanos, sendo uma matéria altamente politizada, suscita, portanto, alguma ambiguidade. Se há da parte dos Estados Unidos, em relação à China, uma declaração mais apaziguadora ou compreensiva de um destacado membro da Administração, ou um intercâmbio militar sino-americano que induz a ideia de cooperação, logo há um membro do Congresso que é recebido em Taiwan e reafirma o compromisso americano de defender a ilha, uma notícia de que os Estados Unidos planeiam vender um qualquer sistema de armas a Taiwan, ou a apresentação na Comissão de Direitos Humanos[49] das Nações Unidas, em Genebra, de uma resolução contra a China.

Em meados de Março de 2005, por exemplo, os Estados Unidos prescindiram de apresentar uma resolução crítica da China na Comissão de Direitos Humanos das Nações Unidas, ao contrário do que acontecera em 2004 (estas resoluções, que tinham-se sucedido ininterruptamente desde 1989 até 2001, foram interrompidas em 2002 e em 2003 e retomadas em 2004). De acordo com uma fonte da missão norte-americana junto da ONU, os americanos estavam a trabalhar há vários anos com os chineses para tentar que Pequim adoptasse reformas em matérias de direitos humanos e, como em 2004 tinham sido registados alguns progressos, justificava-se a não apresentação da resolução em 2005. Pondo de lado as circunstâncias que, retomando a prática de 2002 e 2003, provocaram a alteração da posição americana em 2005 face ao que acontecera em 2004, o que interessa sublinhar é que houve logo um senador americano que criticou a Administração por não ter apresentado uma resolução condenatória da China[50], ao mesmo tempo que era publicado um relatório do Departamento de Estado americano que qualificava negativamente o progresso da China em matéria de direitos humanos.

No fundo, por um lado, além de ir mantendo uma certa pressão sobre Pequim, é por vezes necessário apaziguar lóbis internos anti-China, pró-

---

[49] Em 2006, esta "Comissão", muito desacreditada por diversas razões, foi substituída por um "Conselho dos Direitos Humanos" que pretende um certo paralelismo, pelo menos em termos de designação, com o Conselho de Segurança.

[50] "China: EUA deveriam apresentar resolução a condenar abusos – Senador republicano", *Lusa*, Genebra, 1Abr05.

150 *A ascensão da China. Acomodação pacífica ou grande guerra?*

Taiwan ou outros; mas, por outro lado, não interessa alienar a atitude construtiva que a China pode ter em questões como a Coreia do Norte ou o combate ao terrorismo na Ásia Central. Depois do 11 de Setembro a liderança chinesa apressou-se a lamentar o ocorrido; apoiou a resolução 1368 do Conselho de Segurança das Nações Unidas, que legitimou o ataque dos Estados Unidos ao Afeganistão; encorajou o Paquistão a trabalhar com os Estados Unidos e a apoiar a sua luta contra a al-Qaeda e o regime talibã; concordou em fazer reuniões regulares das unidades contra-terroristas chinesa e americana que lidam com a questão do financiamento do terrorismo e outras; concordou com o estabelecimento de um gabinete de ligação do FBI em Pequim e com a colocação de inspectores alfandegários americanos nos portos chineses para ajudar à inspecção das cargas que transitam entre estes e os portos americanos, etc. (Foot, 2004: 61)

Depois, muitas pessoas insuspeitas em matéria de intransigência com a falta de respeito pelos direitos humanos nos seus países, aceitam que, sendo indiscutível alguma ligação entre desenvolvimento económico e social, por um lado, e desenvolvimento político, por outro, não se pode ser demasiado ortodoxo nas exigências por um desenvolvimento político abrupto na China, na ausência de outras condições estruturais. Neste contexto é importante notar que a Declaração dos Direitos Humanos é universal, mas o Pacto Internacional das Nações Unidas para os Direitos Económicos, Sociais e Culturais é separado do seu congénere para os Direitos Civis e Políticos. Esta divisão facilita a argumentação de que, em casos de pobreza absoluta e relativa, seja legítimo dar prioridade ao desenvolvimento económico, até que se atinjam os limiares mínimos que permitam transferir a prioridade para o desenvolvimento político. Ou a argumentação de que umas culturas dão mais importância a uns direitos que a outros.

Quando a Amnistia Internacional renovou em Março de 2005 os seus pedidos a Pequim para que se "faça justiça" em relação aos acontecimentos de Tiananmen de Junho de 1989, um porta-voz do Ministério dos Negócios Estrangeiros chinês respondeu que "os factos têm comprovado que o desenvolvimento económico e em todos os sectores, o impulso das reformas e grau de abertura em relação ao exterior, nos últimos 16 anos, demonstram que a nossa decisão na altura foi acertada."[51]

---

[51] "China: Governo deve 'fazer justiça' sobre Tiananmen – Amnistia Internacional", *Lusa*, Pequim, 3Mar05.

A China também utiliza ostensivamente o argumento da relatividade cultural, ou seja, a especificidade dos valores chineses, ou, em determinadas circunstâncias, dos "valores asiáticos", manipulando em seu benefício o facto de outros países asiáticos ressentirem o colonialismo ocidental, designadamente acusando o Ocidente de manipular a questão dos Direitos do Homem para coarctar a sua liberdade de acção e o seu desenvolvimento económico. Este argumento combina-se com o argumento da pobreza, da falta de educação cívica e de maturidade política das populações, etc., e com o argumento de que uma democratização descontroladamente rápida conduziria ao caos e, quem sabe, dadas as forças centrífugas presentes nas periferias chinesas e as assimetrias regionais, designadamente entre o litoral e o interior, à fragmentação territorial da China.

Outra circunstância que favorece a China – que a protege da acção política que um adversário queira ter no seu interior – é a falta de vitalidade do movimento democrático interno, ou pelo menos a falta de disponibilidade dos intelectuais democratas para desafiarem o regime. Como vimos, apesar de Tiananmen, ou por causa de Tiananmen, e observando o que acontecera na União Soviética por via de uma abertura "descontrolada", muitos intelectuais democratas, mas acima de tudo nacionalistas, aceitaram que a estabilidade política era o primeiro valor a preservar, se a China se queria modernizar. Como observava a revista *Newsweek*, num artigo sobre a morte de Zhao Ziyang – o secretário-geral do partido deposto após os acontecimentos de Tiananmen –, uma boa parte dos sectores sociais que foram protagonistas dos acontecimentos de Tiananmen estão satisfeitos com um regime que lhes permite ter hoje um maior controlo sobre as suas vidas que em 1989. Por outro lado, as manifestações que irrompem hoje quase rotineiramente na China não são para exigir mais liberdades ou democracia, mas para reclamar contra o desemprego, as insuficiências dos sistemas de apoio social, etc.[52]

A tudo isto acresce que, mesmo que o diagnóstico da realidade existente na China seja semelhante, existem – por exemplo entre os Estados Unidos e a União Europeia, ou mesmo no interior dos Estados Unidos e da União Europeia – diferentes perspectivas relativamente ao modo mais ou menos duro ou mais ou menos dialogante de melhorar a situação, situação que foi visível durante anos nas votações das propostas de resoluções con-

---

[52] "China: The Streets Are Silent", *Newsweek*, January 31, 2005, p. 32.

152 *A ascensão da China. Acomodação pacífica ou grande guerra?*

denatórias da China na Comissão de Direitos Humanos das Nações Unidas, ou nas divergências relativas ao embargo ocidental à venda de armas à China. Primeiro, porque há quem acredite na teoria de que a liberalização económica conduz necessariamente à liberalização política e na teoria da "paz democrática", isto é, a teoria de que as democracias não se enfrentam entre si violentamente. Segundo porque, mesmo não acreditando na inevitabilidade dos desfechos preconizados pelas teorias, há quem não veja melhor alternativa a que, através do *engagement* da China, se trabalhe para que elas se possam tornar realidade.

Um "terreno" com estas características – em que, sem outros motivos graves, não há consequências verdadeiramente importantes – favorece a "estratégia de comunicação" que a China leva a cabo para reforçar a sua defesa na questão do regime, uma componente indispensável do seu esforço de afirmação como uma potência responsável do sistema internacional.

A "estratégia de comunicação" tem diversas facetas, que se apoiam mutuamente. Por exemplo, no campo da propaganda ou informação pública, o governo chinês tem publicado anualmente, desde 2003, um Livro Branco sobre direitos humanos. Na edição de 2005, o governo chinês lembrava a protecção que, desde 2004, a Constituição chinesa consagra às liberdades fundamentais, destacando os "enormes passos alcançados" na democracia chinesa. Em Junho de 2004 a China organizaria mesmo, juntamente com o Comité Internacional da Cruz Vermelha, um seminário sobre direito humanitário[53].

No âmbito do que poderemos designar por "manobra de relações públicas", a China consegue obter declarações compreensivas de dignitários ocidentais e de membros de delegações de Organizações Internacionais, governamentais ou não-governamentais, que visitam a China; beneficia do anúncio, feito por agências independentes, da progressiva melhoria de indicadores de desenvolvimento económico-social, e em menor escala, de desenvolvimento político, alcançando sectores muito significativos da opinião pública internacional; etc. Estas acções são complementadas com outras, que suavizam a imagem do regime: Pequim assumiria, em meados de Dezembro de 2004, o compromisso de aumentar o papel de doador do Programa Alimentar Mundial das Nações Unidas; depois de alguma competição, designadamente com Taiwan, em torno da dimensão absoluta e

---

[53] "China to host seminar on humanitarian law", *Jane's Defence Weekly*, 2Jun2004.

relativa da ajuda às vítimas do sismo e do maremoto de finais de 2004 na Ásia, a China apoiaria com um relativamente generoso pacote de auxílio; etc. Neste contexto, é demasiado evidente, para não precisar de ser explicada, a importância dos Jogos Olímpicos de 2008, em Pequim.

Por outro lado, aproveitando divisões na opinião pública ocidental, e na própria opinião pública norte-americana, e as denúncias de organizações não governamentais, como a Amnistia Internacional, que acusa os Estados Unidos de torturas e maus tratos a presos no Afeganistão, em Guantanamo ou Abu Ghraib, a China inclusivamente pode "levar o combate ao terreno do adversário", acusando os Estados Unidos de também violar os direitos humanos.

Finalmente, sem deste modo pretender esgotar o tema, podem destacar-se, no campo da contra-informação ou contra-propaganda, por exemplo, os acordos das autoridades chinesas com os proprietários dos motores de busca da Internet, como o Yahoo ou o Google, com a Microsoft ou com grandes impérios de comunicação social, para limitação dos conteúdos que do ponto de vista do governo possam perturbar a estabilidade política.

IV.4.3. *Estratégia cultural da China e projecção do poder político-cultural chinês*

Neste ponto interessa-nos começar por distinguir três aspectos: um, é a histórica projecção político-cultural chinesa na Ásia Oriental e as realizações filosóficas, políticas, económicas e estratégicas da civilização milenar chinesa; outro, é o aproveitamento do impacto que essas realizações deixaram na memória colectiva mundial, para alimentar um esboço de estratégia cultural do Estado chinês actual, apoiante de toda uma estratégia de comunicação que visa suavizar a imagem do regime e apoiar a expansão político-económica; finalmente, um outro aspecto, o mais difícil de discutir, é a eventual capacidade de, num futuro mais longínquo, uma cultura chinesa transformada ter capacidade para, por exemplo, acompanhando uma expansão política, económica e estratégica, impor uma língua franca mundial, que substitua o papel que o inglês tem actualmente nas comunicações globais, designadamente na informática, na electrónica, na investigação científica, no turismo, na aviação, na comunicação social, nos mercados de capitais globais, nas organizações internacionais, no *show business*, etc.

154   *A ascensão da China. Acomodação pacífica ou grande guerra?*

Em primeiro lugar, são indiscutíveis as realizações da cultura/civilização chinesa e a projecção da civilização chinesa na Ásia Oriental ao longo de séculos e milénios. Diversos Estados chineses tiveram capacidade de fazer enormes obras públicas económicas e estratégicas (a Grande Muralha, o Grande Canal, grandes diques, sistemas de rega, etc.), bem como de garantir a ordem no seu espaço de influência directa e nas suas periferias. Fizeram-no através de uma língua escrita comum, de um sistema de relações tributárias e do poder, atractividade e capacidade de assimilação, em relação aos não-Han, do seu modelo político. A China inventou a pólvora, a bússola, o papel, a seda, etc., etc. A China tem grandes filósofos, como Confúcio; grandes estrategas, como Sun Tzu. Mais recentemente, entre os séculos XIV e XVII, a dinastia Ming projectou um enorme brilho em toda a Ásia Oriental e, antes de se retrair, patrocinou uma epopeia oceânica, que esteve a um ponto de poder ter sido semelhante (ou ter tido consequências semelhantes, mas de sentido oposto) à que levou os países da frente marítima da extremidade ocidental da Eurásia à exploração dos quatro cantos do mundo.

Em segundo lugar, ultimamente tem-se assistido a uma atitude mais ofensiva da China para suavizar a imagem externa do regime, podendo observar-se um esboço de uma estratégia cultural, apoiante da estratégia económica, da estratégia de defesa na questão dos direitos humanos e, quem sabe, de desenvolvimento do *soft power* chinês no mundo, no contexto de uma série de acções que visam apresentar a China como uma potência responsável e portadora de uma cultura pacífica e sedutora.

No plano político-cultural há muitas coisas que a China pode fazer, e faz, para suavizar a imagem do regime, para transmitir a ideia de que a China tem uma mundividência própria (que eventualmente justifica certos comportamentos, ainda que mal vistos pelo Ocidente), que protege os direitos culturais das minorias, etc. Para dar apenas alguns exemplos, no final de 2004 a imprensa chinesa anunciou a reconstrução na região autónoma da Mongólia Interior do mausoléu de Gengis Khan; no princípio de 2005 foi anunciado em Pequim que a China estava a preparar a candidatura da medicina tradicional chinesa a património imaterial da UNESCO; vai-se espalhando no mundo a utilização da arte milenar chinesa do *feng shui*, que visa a harmonia na organização dos espaços, ou a divulgação do *tai chi*, uma ginástica para relaxar o corpo e o espírito; evocando as viagens marítimas no século XV de Zheng He (o famoso almirante que serviu os Ming), promove-se a ideia de que, de uma forma pacífica, os chineses já tinham dado "novos mundos ao mundo" antes mesmo das explorações marítimas dos portugueses e dos espanhóis; promovem-se manifestações culturais que manifestam abertura à arte e aos espectáculos ocidentais (Ano da China na França, Ano da França na China, etc.); no plano das artes visuais várias produtoras de cinema contam com significativos apoios estatais para penetrar no mercado estrangeiro; aumentam os fluxos de turismo de e para a China, etc.

Finalmente, inspirando-se no modelo de institutos como o British Council, o Instituto Goethe, o Instituto Cervantes ou o Instituto Camões, o governo chinês tem vindo a promover a imagem do célebre filósofo chinês Confúcio (551-479 a. C.) no mundo e criou, no final de 2004, o Instituto Confúcio. Tutelado pelo Ministério da Educação chinês, o Instituto Confúcio visa promover a língua e a cultura chinesas no mundo, por um lado para dar resposta à crescente procura do chinês como língua estrangeira (estima-se que pelo mundo fora, em cerca de 100 países, haja aproximadamente 40 milhões de pessoas a aprender chinês, e que este número ronde os 100 milhões já em 2010, designadamente com vista ao desenvolvimento de negócios na, ou com a, China) e, por outro, como reconhecimento de que a força de um país não são só os seus produtos, é também a difusão da sua língua e cultura. A rede do Instituto Confúcio foi inaugurada com a abertura de uma delegação na Coreia do Sul, o país que, à frente do Japão e dos Estados Unidos, envia para a China mais estudantes para aprenderem o idioma.

O esforço que a China faz para se apresentar como uma potência responsável também tem subjacente a necessidade de continuar a captar investimento e tecnologia do Ocidente. A propósito da cimeira União Europeia-Índia de Outubro de 2004, o alto-comissário da UE na Índia, referindo-se ao domínio da língua inglesa, à economia de mercado e ao sistema democrático, afirmava: "Partilhamos os mesmos valores e por isso encontramos aqui um ambiente muito favorável"[54]. De acordo com o dignitário europeu, o interesse das multinacionais europeias em deslocar serviços para a Índia tem a ver com a percepção de que "o processo de liberalização indiano é mais sustentável e estável que na China".

---

[54] "Índia e União Europeia estabelecem parceria estratégica", *Expresso Economia & Internacional*, 13Nov04, p. 27.

156   *A ascensão da China. Acomodação pacífica ou grande guerra?*

Neste contexto, pode vislumbrar-se um esbatimento progressivo de alguns preconceitos ou uma suavização de certos aspectos negativos, fruto da estratégia de comunicação do governo chinês, que inclui a estratégia cultural, cujos aspectos principais acabámos de tentar descrever. Porém, na questão do regime, a China está na defensiva. A China tem a sua cultura multimilenar, tem uma política de integração das minorias étnicas, tem os seus filósofos e a sua filosofia (Confúcio, etc.), religiões (taoismo) e influências religiosas (budismo, islamismo e mesmo influências cristãs, católicas e protestantes) e tem com certeza uma teoria geral da guerra e da estratégia (Sun Tzu, etc.). Mas, não tendo construído uma estrutura estatal moderna – ou tendo-a construído segundo um modelo comunista e leninista – só um mero acaso podia ter levado à edificação de estruturas semelhantes àquelas que no Ocidente resultaram de uma evolução completamente diferente, durante séculos, em contextos sociais, geográficos, etc. diversos, das noções de estado, nação, soberania, etc. Portanto, só um acaso ainda maior poderia ter levado à edificação, num processo independente ou mais ou menos espontâneo, das instituições próprias daquilo que é tido, no Ocidente, como um sistema político moderno: separação de poderes, eleições livres, primado da lei sobre a administração, direito como regulador dos litígios sociais, mecanismos de protecção dos direitos humanos (a própria definição de direitos humanos), etc. Só um acaso ainda muito maior, portanto, faria com que a China – que fruto da sua centralidade durante séculos na Ásia Oriental, num mundo "desglobalizado" até ao século XVI, até deverá ter desenvolvido uma teoria geral das relações tributárias, chamemos-lhe assim – tivesse desenvolvido de forma muito consistente, fruto de um prolongado cúmulo de reflexões individuais e institucionais, uma teoria geral das relações internacionais e do papel muito importante que nestas têm as relações interestaduais, principalmente as relações entre os grandes actores estatais.

A grande teoria das relações internacionais era a teoria leninista de que, para apaziguar as suas sociedades a nível interno, os países capitalistas aplicaram o seu modelo de exploração ao mundo por eles colonizado e, portanto, a luta contra o capitalismo deixara de ser apenas um conjunto de lutas no interior dos diversos países capitalistas, para passar a ser uma luta dos povos colonizados contra o imperialismo. A teoria leninista exerceu, depois da Primeira Guerra Mundial e da revolução russa, algum fascínio sobre os intelectuais chineses e terá contribuído para a atracção que sobre uma grande parte deles exerceu, por seu turno, o Partido Comunista Chinês, fundado em 1921, em Xangai, a grande metrópole capitalista do

Extremo-Oriente, controlada pelas potências ocidentais, onde não entrava a jurisdição do enfraquecido Estado chinês.

Como a China não tem para oferecer, nem sequer em termos teóricos, um conjunto de instituições alternativas para regular as relações internacionais; como, mesmo que o tivesse, falta-lhe a força para o impor e a capacidade de influência para seduzir um suficiente número de actores para a seguir; como o sistema existente lhe permite prosseguir o seu programa de fortalecimento do potencial estratégico, tirar da pobreza largas franjas de população, manter vivo o sonho da reunificação, manter o monopólio do poder do partido comunista, etc., a China faz o que é lógico: integra-se no sistema, arranja maneiras de dele tirar o melhor partido possível e, à medida que o seu peso no sistema aumenta, utiliza o seu poder para dar mais força aos seus argumentos, que visam moldar, em seu próprio benefício, as regras do sistema ou as situações que mais lhe desagradam. Para entrar no sistema, a China tem de se aclimatar a ele. Por outro lado, seria muito estranho que a acomodação de um actor do tamanho da China não "achinesasse", minimamente, o sistema.

Vistas a inegável importância histórica da civilização chinesa e as potencialidades e limitações da actual estratégia político-cultural do Estado chinês, a curto e médio prazo, importa finalmente discutir, numa perspectiva de tempo mais alargado, outro tipo de possibilidades e limitações à capacidade política externa que decorrem do factor político-cultural.

Naturalmente, a projecção cultural/civilizacional chinesa influenciou e foi influenciada pelos ciclos de fragmentação/contenção e unificação/expansão dos diversos impérios e dinastias chineses. A norte, a ocidente e a sudoeste, a expansão foi travada por grandes acidentes naturais (grandes desertos e estepes e grandes cadeias montanhosas) e por populações ocasionalmente hostis. Por isso, o nordeste e o sudoeste foram os eixos naturais da expansão. Mas uma expansão, em todo o caso, limitada. O Japão, isolado na sua posição insular, desenvolveu, desde muito cedo, a partir de uma matriz inicial semelhante à chinesa, a sua cultura própria. Uma cultura que, se é subsidiária da chinesa, também em diversos aspectos a ultrapassou (o Japão, por exemplo, acrescentou ao sistema de escrita chinesa dois alfabetos de sílabas, um para acomodar as diferenças entre a gramática chinesa e a gramática japonesa, outro para incorporar expressões estrangeiras, normalmente expressões ocidentais). O Vietname e a Coreia, já no contexto do enfraquecimento da dinastia Qing e da chegada dos ocidentais ao Extremo-Oriente, desenvolveram as suas línguas escritas próprias: o

158   *A ascensão da China. Acomodação pacífica ou grande guerra?*

Vietname, utilizando caracteres ocidentais, acrescentados de uma colecção de acentos, para acomodar as diferenças de tom, que fazem com que uma mesma palavra, dita num tom diferente, possa ter também um significado muito diferente; a Coreia, inventando o seu próprio alfabeto, com 24 caracteres, o que, aliás, faria disparar a literacia no país. E também já mencionámos que a existência de uma escrita comum, que o Estado chinês se tem esforçado por simplificar, não deve ofuscar a grande diversidade de dialectos falados que existe no interior da China. Uma diversidade que as autoridades também combatem através da promoção do *putonghua*, a língua oficial, muito próxima do mandarim que se fala na região de Pequim.

Neste contexto, pode alegar-se que, mesmo numa perspectiva de expansão económica e política da China, a dificuldade da língua falada e escrita chinesa, e os problemas da tradução (verificar-se-á, por exemplo, que muitos dos romances sobre a China, que circulam no Ocidente, são escritos por chineses aculturados no Ocidente, que foram educados e escrevem fluentemente em inglês e, em menor escala, em francês), deverão continuar a ser um obstáculo, ou pelo menos uma dificuldade, à projecção cultural da China e à sedução de um futuro modelo chinês (o actual não seduz, como vimos, mas isso é independente da língua). Tanto mais que o modelo tecnológico-civilizacional que favorece a emergência da China (e da Índia e de outros países), construído sobre códigos e línguas essencialmente ocidentais, tem uma marca genética ocidental forte.

Não quer dizer que, do ponto de vista do cálculo científico, a língua chinesa seja um óbice (basta pensar que os chineses inventaram o ábaco). Mas a língua é difícil de aprender e, portanto, constitui uma dificuldade adicional à projecção do poder cultural chinês e, consequentemente, à capacidade de atracção ou de sedução de um qualquer modelo chinês. Aliás, com a cautela com que devem ser feitas estas analogias, podemos verificar que a projecção económica e científica do Japão no mundo (a economia japonesa representa aproximadamente um décimo da economia mundial; o Japão contribuiu em 2002 com 26% das patentes internacionais, atrás apenas dos Estados Unidos, com 35%), não se reflectiu no que poderia ter sido uma equiparável tendência para a expansão da língua japonesa no mundo.

Em todo o caso, talvez em parte por via do modelo de desenvolvimento prosseguido pela China, que aposta muito na abertura ao investimento exterior, em parte porque o chinês, nas suas várias versões, é falado por um quinto da população mundial, já referenciámos o interesse cada vez maior pela aprendizagem do chinês, designadamente nos Estados Uni-

Tiago Vasconcelos

dos, na Alemanha, na França e no Reino Unido, numa escala que não teve precedente com o japonês. E, portanto, numa óptica de projecção de poder cultural, é possível que a China consiga ultrapassar os principais obstáculos colocados pela dificuldade da língua. Por outro lado, como referimos a abrir este trabalho, não se deve ignorar a poderosa atracção que as teorias maoístas exerceram sobre milhões e milhões de seres humanos, não apenas inspirando movimentos nacionalistas um pouco por todo o Terceiro Mundo, mas também seduzindo importantes círculos intelectuais e largos sectores da juventude europeia ocidental. E o obstáculo da língua já lá estava.

IV.4.4. *Estado e religião. Igreja, Taiwan, Macau e Hong Kong*

As religiões são toleradas na China sob estritas condições. Regulamentos governamentais especificam que nenhuma pessoa deve usar os lugares de culto para actividades que possam prejudicar a unidade nacional, a ordem social, a saúde dos cidadãos ou obstruir o sistema nacional de educação. As cinco religiões reconhecidas oficialmente na China são o taoismo, o budismo, o islamismo, o protestantismo e o catolicismo.

Na China existem várias formas de entender a prática religiosa. O culto de divindades familiares e dos antepassados constitui o núcleo central de muitos rituais, apesar de, desde a fundação da RPC em 1949, os festivais populares não terem feito parte do calendário oficial dos eventos nacionais. Na China a maioria dos crentes é taoista. O número de crentes taoistas é estimado em 250 milhões, mas é difícil ser-se rigoroso nesta matéria, porque os cultos taoistas estão muito radicados nos contextos populares, independentemente das pessoas se considerarem ou não a si próprias como taoistas. Aliás, os outros cultos misturam-se frequentemente com os cultos taoistas, sem que isso seja muito problemático para cada um individualmente. Há um número substancial de budistas (estimado em 68 milhões) e um número menor de muçulmanos (17 milhões) e de cristãos (estimados em 15 milhões de protestantes e 5 milhões de católicos[55]).

---

[55] Cinco milhões de católicos oficialmente reconhecidos como tal. Com efeito, na China coexistem duas Igrejas Católicas: uma "patriótica", leal às autoridades chinesas, com os tais cerca de 5 milhões de fiéis, que não reconhece a autoridade do Papa; outra clandestina (excepto em Hong Kong e Macau), que conta com um número indeterminado (cerca 10 milhões, segundo algumas fontes) de fiéis, que se revê no Pontífice de Roma.

160   *A ascensão da China. Acomodação pacífica ou grande guerra?*

O budismo tem vários ramos: o budismo tibetano ou lamaísmo, que existe no Tibete e noutras províncias da China, estendendo-se de sul para norte até à Mongólia; o budismo chinês, cuja mancha se estende principalmente na metade oriental do país, estando presente também nas Coreias, no Japão, em Taiwan e no Vietname; e o budismo theravada, cujos principais centros se situam na Tailândia, Laos, Cambodja, Birmânia e Sri Lanka, fazendo-se sentir, mas sem grande expressão, na província mais meridional da China, o Yunnan. Muitos dos muçulmanos estão baseados nas grandes regiões das minorias, no oeste, apesar de também haver comunidades muçulmanas nas cidades orientais, em particular nos locais que constituíam, no passado, a rota da seda.

Pequim restringe fortemente a liberdade de culto, colocando os grupos religiosos sob a supervisão de organismos estatais e reprimindo líderes religiosos e crentes anónimos que recusem esta autoridade. Para cada uma das cinco religiões reconhecidas oficialmente pelo governo, a respectiva "associação patriótica" nomeia os clérigos, controla os membros, as actividades, o financiamento, a distribuição e publicação de livros religiosos, etc. A extensão em que as congregações se têm de submeter a estes regulamentos varia de região para região. Se nalguns sítios a actividade religiosa se pode fazer praticamente sem entraves, noutras a repressão é grande.

No Xinjiang, em que os factores de dissociação étnico-religiosos são exacerbados por factores de identificação com populações de Estados vizinhos, numa região fronteiriça estrategicamente muito importante para a RPC, os funcionários governamentais restringem fortemente a construção de novas mesquitas, limitam a educação islâmica, controlam os líderes das mesquitas e das escolas corânicas, etc. No Tibete, a questão religiosa imbrica com outros factores políticos e estratégicos, que já discutimos.

Não obstante ser normalmente reconhecido que, designadamente por causa da sua visibilidade internacional, o principal problema político-religioso para os dirigentes chineses é a questão do Tibete, a questão católica é especialmente interessante, designadamente no contexto da China meridional e da questão de Taiwan. O Vaticano e a República Popular da China cortaram relações diplomáticas em 1951. O Vaticano estabeleceu desde então relações diplomáticas com Taiwan, que tem uma comunidade católica significativa, e é hoje o único Estado na Europa que reconhece formalmente Taipé. Com excepção das Igrejas Católicas de Macau e de Hong Kong, Pequim não consente que uma organização religiosa, baseada na China, obedeça formalmente a Roma. São frequentes, por isso, notícias de detenções arbitrárias de membros da igreja clandestina, que obedece ao Vaticano, ou de excomunhões de dignitários da igreja patriótica (não reconhecidos como tal pela Santa Sé), que obedece às autoridades chinesas.

Na equação deste problema por parte das autoridades chinesas não entrará somente o eventual temor que o regime pode ter de uma religião universalista e prosélita, e o reconhecimento de Taiwan por parte do Vaticano, mas o temor de cidadãos seus responderem a uma autoridade exterior à China e estarem sujeitos a uma dupla lealdade, por via da religião que professam. Se o Vaticano reconhecesse o governo da RPC, provavelmente toda a questão teria de ser de novo equacionada. Trata-se de uma questão muito complexa, em relação à qual é importante assinalar a função de Macau que, como se sabe, foi durante séculos a principal plataforma, e por vezes única, para a evangelização católica da China.

A inexistência de relações diplomáticas entre Pequim e o Vaticano fornece a Hong Kong e Macau a possibilidade de actuarem como plataformas para o relacionamento não oficial entre os dois Estados. Como observaram Hook e Neves (2002: 116 e 117), apesar de à primeira vista isto poder parecer um contra-senso, porquanto a Igreja representa um dos aspectos mais visíveis do "legado imperialista estrangeiro" e, por outro lado, a etnia chinesa da maior parte dos padres e das freiras constituir um exemplo, simbolicamente visível, de uma alternativa ideológica e institucional ao Partido Comunista Chinês (ainda que no âmbito do "segundo sistema"), a verdade é que as igrejas católica e anglicana em Hong Kong e Macau são um recurso importante na promoção de boas relações entre a China e a Europa. Podendo nós talvez acrescentar de boas relações com o resto do mundo ocidental. Ou, pelo menos, um barómetro dessas relações.

Tem sido referido, por exemplo, que uma das prioridades do Papa Bento XVI é o estabelecimento de relações diplomáticas com a China e, neste contexto, que as convicções católicas do segundo Chefe do Executivo de Hong Kong podem ajudar a impulsionar a aproximação entre o Vaticano e Pequim[56].

---

[56] As instituições religiosas têm uma participação muito alargada nos sistemas de apoio social, saúde e educação em Hong Kong (e em Macau), o que constitui um legado histórico do colonialismo britânico. As Igrejas Católica e Protestante administram entre si 49% das escolas secundárias de Hong Kong e um grande número de escolas primárias. A influência destas Igrejas na sociedade de Hong Kong, designadamente influência política,

162 *A ascensão da China. Acomodação pacífica ou grande guerra?*

Porém, é praticamente impossível saber como evoluirá esta questão. Escusado é sublinhar a importância simbólica que teria o estabelecimento de relações diplomáticas entre o Vaticano e Pequim, uma importância muitíssimo maior do que a simples reversão das relações diplomáticas entre Taipé e Pequim de qualquer outro dos cerca de 25 países que ainda mantêm relações com Taiwan.

IV.4.5. *Direitos humanos e democracia no contexto de Taiwan, Hong Kong e Macau*

A vitalidade e a visibilidade internacional do movimento democrático em Hong Kong (mais do que em Macau, por razões que agora não interessa desenvolver) têm colocado muitos problemas à China. O modo como a China lida com o movimento democrático em Hong Kong tem certamente uma componente que diz respeito em exclusivo às relações entre o centro, em Pequim, e a Região Administrativa Especial de Hong Kong, mas também tem uma componente de preocupação com as repercussões externas da actuação chinesa, designadamente pela conexão que se pode fazer entre os casos de Hong Kong, e em menor escala de Macau, e de Taiwan.

Todo este mecanismo de influências recíprocas envolve os tratados bilaterais entre a China, por um lado, e o Reino Unido e Portugal, por outro; a possibilidade de reacções institucionais pan-europeias à degradação da situação política nas duas regiões administrativas especiais de Hong Kong e Macau; a existência de largas dezenas de milhares de cidadãos etnicamente chineses com passaportes de Portugal e do Reino Unido com direito de asilo na União Europeia e beneficiários da protecção consular de países da União Europeia (embora a protecção consular, na China, dos residentes de Macau com nacionalidade chinesa e titulares de passaporte português, que nestes casos a China só reconhece como documento de viagem, constitua um caso especial que não discutiremos aqui); a *USA-Hong Kong Policy Act* aprovada pelo Congresso norte-americano em 1992, a par da também norte-americana *Taiwan Relations Act*; as comunidades católicas de Hong Kong e Macau no contexto das relações diplomáticas

---

é assim muito superior à que deixa subentender o número de fiéis registados (230 mil católicos e 260 mil protestantes).

que o Vaticano ainda mantém com Taiwan e da tradicionalmente grande influência das instituições educativas de carácter religioso nas duas regiões administrativas especiais; as consequências em Hong Kong da evolução da situação política em Taiwan, etc., etc.[57]

É preciso ter presente que o princípio "um país, dois sistemas", ao abrigo do qual se processou o retorno à China de Hong Kong em 1 de Julho de 1997 e de Macau em 20 de Dezembro de 1999, tinha essencialmente em vista a reunificação com Taiwan.

Por um lado, qualquer tensão política nas regiões administrativas especiais de Hong Kong e Macau, provocada pela pressão interna para a reforma política (mais ou menos exacerbada por factores externos), pode suscitar o aumento da pressão das opiniões públicas ocidentais sobre os respectivos governos, os quais se podem ver obrigados, contra o que o seu pragmatismo eventualmente aconselharia, a tomarem, mesmo que apenas no plano dos discursos, posições públicas embaraçosas para com a China, para já não falar no estreitamento da margem de manobra da China para reivindicar o fim do embargo à venda de armas. Essas posições públicas podem por seu turno escalar a tensão para patamares que nem Pequim nem as capitais ocidentais desejem, mas que resultem de dinâmicas políticas internas que podem ter dificuldade em controlar. Por outro lado, a ausência de reforma política em Macau e Hong Kong, ou um ritmo relativamente lento que percebidamente resulte da resistência de Pequim à abertura, reforça o argumento de Taiwan de que a reunificação "mataria" a sua democracia, promovendo indirectamente a causa da independência ou dificultando a causa da reunificação, o que provoca instabilidade nas relações entre os dois lados do Estreito de Taiwan.

Apesar da sua capacidade de defesa a nível internacional na questão da natureza do seu regime, Pequim preocupa-se evidentemente com este tópico. No contexto da questão de Taiwan, e das interacções neste âmbito com a situação política em Macau e Hong Kong, o problema é que a democracia em Taiwan possa produzir um irresistível sentimento de solidariedade entre as opiniões públicas ocidentais, ao qual os respectivos governos não possam ficar indiferentes.

---

[57] Para quem esteja interessado, toda esta teia é muito bem explicada por Brian Hook e Miguel Santos Neves (2002: 114 a 121).

164   *A ascensão da China. Acomodação pacífica ou grande guerra?*

Por outro lado, Hong Kong tem uma importância económica e financeira e outras condições estruturais que lhe dão o potencial de se transformar num pólo mais ou menos agregador de forças centrífugas, e portanto desestabilizadoras, na região. Por mais delirante que este cenário possa parecer, uma autonomia descontrolada de Hong Kong, com o potencial de "alastrar" às suas regiões periféricas, poderia constituir-se num factor de dissociação real que tornaria ainda mais longínquo o sonho de reunificação com Taiwan.

A deriva democrática de Hong Kong eventualmente não será o que mais assusta Pequim. O que a assusta é que essa deriva possa levar a um grau de auto-determinação que, no limite, provoque a fragmentação da China. (Neste contexto, importa recordar que a China sempre se opôs a que Hong Kong e Macau fossem consideradas colónias pelas Nações Unidas porque justamente essa qualidade daria aos dois territórios a capacidade de auto-determinarem o seu destino, ao abrigo das disposições contidas no artigo 73.º da Carta. Uma qualidade que, por exemplo, à excepção de Hong Kong, tiveram todas as outras antigas colónias britânicas.)

A secessão definitiva de Taiwan é uma questão suficientemente importante só por si, mas, a acrescentar-lhe significado, está o receio de Pequim de que Taiwan independente possa conduzir a exigências similares por parte de outras províncias como o Tibete, a província muçulmana de Xinjiang e a Mongólia Interior. A combinação do efeito que um tal conjunto de situações poderia ter com a "força centrífuga que está constantemente em jogo na cena política chinesa" (Wang, 1999: 162), num contexto em que outros países, como a Índia, que mantêm disputas territoriais com a China poderiam, por seu turno, aproveitar para avançar as suas posições, seria certamente o maior pesadelo possível para a liderança chinesa em Pequim.

IV.4.6. *A abertura do sistema político? Uma resposta arriscada às limitações das outras estratégias de legitimação. Reforma política: paradoxos e desafios. A vitalidade do Partido Comunista*

A par do nacionalismo e do desempenho económico, as reformas políticas podem ajudar o governo a desenvolver novas formas de legitimidade. Vimos que as exigências para o desenvolvimento social e político podem ter origem externa e interna e, na medida em que o subdesenvolvimento político pode ser um bloqueio para o desenvolvimento económico, o próprio regime percebe uma certa necessidade de abertura. O problema para o regime chinês é conseguir operar a mudança política de forma a preservar o actual monopólio do poder detido pelo Partido Comunista, sendo que uma questão fundamental para manter a estabilidade geral é o desenvolvimento da capacidade de melhor representar as preocupações populares no sistema político, num momento de crescente liberdade pessoal, disponibilidade de informação e tensão social (Lieberthal, 2002: 44).

Para esvaziar a tensão resultante dos problemas de desigualdades, injustiça, corrupção, pobreza, etc., que a China enfrenta, tem-se vindo a assistir progressivamente a uma certa abertura do regime, no sentido de que se podem criticar praticamente todos os aspectos do sistema político e social chinês, desde que não se ponha em causa o monopólio do poder do partido. Esta abertura também não pode ser confundida com uma democratização "tipo ocidente". Aliás, como já referimos, a tese oficial do Partido Comunista é que uma tal mudança, principalmente se fosse brusca, provavelmente lançaria a China num caos.

Num discurso proferido em 15 de Setembro de 2004, por ocasião do 50º aniversário da formação da Assembleia Popular Nacional, o número um do regime, Hu Jintao, defendeu o aumento da vigilância sobre as actividades do Partido Comunista Chinês; acusou governantes corruptos de estarem a arruinar a imagem do partido e do Estado; denunciou os "grandes males" que afectam o país e a imagem do Partido – os governantes chineses que falham no cumprimento do seu dever, o proteccionismo local e o abuso de poder; defendeu que o papel fiscalizador da Assembleia Popular Nacional deve ser ampliado, porque o "exercício do poder sem restrições ou supervisão está predestinado a resultar em abuso de poder e corrupção"; apelou aos legisladores chineses para produzirem leis que melhorem o funcionamento da "economia socialista de mercado" e a protecção dos direitos dos cidadãos; multiplicou as promessas de "maior democracia", etc. No entanto, Hu defenderia que o modelo de democracia ocidental não se adapta às características chinesas e que "a história indica que copiar indiscriminadamente os sistemas políticos ocidentais é um beco sem saída para a China"[58]. Diversos analistas e observadores concluiriam que a afirmação de Hu, de que Pequim jamais adoptará uma democracia do tipo ocidental,

---

[58] "China: copiar modelo ocidental democrático é 'beco sem saída'", *Lusa*, Pequim, 15Set2004.

166   *A ascensão da China. Acomodação pacífica ou grande guerra?*

uma vez que um sistema multipartidário conduziria o país a um beco sem saída, indica que a liderança chinesa não tenciona proceder no futuro a reformas políticas substanciais.

No entanto, como afirma Gilbert Rozman (2004: 233), se "a pressa em democratizar pode trazer a desordem, o atraso [em fazê-lo] pode levar ao colapso". Para já, tem-se observado alguma limitação de mandatos e o estabelecimento de idade limite para certos cargos dirigentes, o que permite alguma renovação. As tímidas reformas políticas vão no sentido do abandono progressivo de algumas das rígidas fundações próprias de um estado leninista, visto que o próprio aprofundamento das reformas económicas, vital para a modernização do país, na qual assenta uma das principais fontes de legitimidade do Partido Comunista, exige o desenvolvimento de um sistema político mais moderno.

O grande paradoxo é, pois, o de que uma das principais fontes de legitimidade do partido, a modernização do país, pode levar a pôr em causa o monopólio do poder do partido, devido à abertura política que a modernização exige. Consequentemente, o grande desafio para os dirigentes do Partido é o de conseguir manter o ritmo da reforma económica sem provocar uma erosão, pelo menos uma erosão abrupta, do monopólio do seu poder. Os líderes do Partido Comunista Chinês, tendo aparentemente chegado a um consenso de que a continuidade das reformas económicas é necessária para melhorar as condições de vida das populações e anular as exigências de reforma política, temem no entanto que a abertura demasiado rápida da economia – dando às pessoas mais liberdade na sua vida quotidiana – crie desordem social.

No entanto, contra a proposição de que o Partido pudesse estar obsoleto, ele dá mostras de alguma vitalidade e, para certos autores, como Brødsgaard (2004: 106), está mesmo mais forte, sendo a organização do Partido que mantém a China inteira. Cada vez menos, ser-se membro do Partido tem a ver com qualquer tipo de empenhamento ideológico e, cada vez mais, com o exercício puro e simples do poder e com a maior estrutura de oportunidades que se oferece a quem a ele pertence.

O Partido Comunista da China conta com 67 milhões de membros, cada vez mais educados. Os chamados "quadros", que se podem comparar àquilo que entre nós se designaria por Administração Pública, são cerca de 40 milhões. Não se pode confundir "quadros" com membros do partido, embora exista alguma margem de sobreposição, que vai aumentando à medida que se progride na cadeia de responsabilidade. Enquanto apenas cerca de 38,2% dos cerca de 40 milhões de quadros são membros do partido, essa percentagem sobe para 95,3% quando se consideram apenas os cerca de meio milhão de quadros dirigentes (ou *leading cadres*). Os quadros de topo – cerca de 2500 – são, por seu turno, virtualmente todos membros do Partido Comunista. Desta forma o Partido consegue manter o controlo da Administração Pública. Entretanto, hoje, a educação universitária é uma condição indispensável para progredir na carreira, sendo mais importantes as credenciais profissionais que as credenciais políticas (Brødsgaard, 2004: 112 e 113).

Apesar da persistência das facções pode dizer-se que, no processo de sucessão da liderança entre a 3ª e a 4ª geração de líderes, houve mais institucionalismo que nos anteriores. Diga-se que já no anterior processo de sucessão (de Deng Xiaoping para Jiang Zemin), no princípio dos anos 90, houvera menos faccionismo (Shambaugh, 2000:216). A sucessão em 2002/2003 foi preparada com muita antecedência e cuidado, culminando um processo, com cerca de vinte anos, de promoção de quadros mais jovens e mais bem-educados (a primeira geração que já não tem uma memória pessoal significativa da China antes de 1949 e que, em grande parte, tem a sorte de ter completado a sua educação pouco tempo antes da Revolução Cultural) para as posições de maior responsabilidade política. Por outro lado, a complexidade da situação internacional no pós-11 de Setembro também pode ter contribuído para a auto-contenção de potenciais clivagens internas em 2002 e 2003, sendo que, no entanto, essa complexidade não serviu de pretexto para adiar a transição da liderança do antecedente programada. O processo de sucessão em 2002 e 2003 decorreu assim ordeiramente ou, como menos candidamente se escreve no relatório especial que a *Freedom House* apresentou em 2003, em Genebra, à 59ª Sessão da Comissão de Direitos Humanos das Nações Unidas, o Estado chinês "geriu cuidadosamente a transição para projectar a imagem de uma transferência ordeira do poder", provavelmente para tranquilizar a comunidade internacional e para não exacerbar os enormes problemas que a China enfrenta.

Por outro lado, existe um esforço notório da liderança chinesa para não deixar que a nova elite emergente das reformas se sinta na necessidade de se fazer representar através de formas orgânicas ou inorgânicas que escapem ao controlo do Partido. É esse o sentido da formulação articulada em 2000 por Jiang Zemin do conceito das "três representações". No fundo, a sobrevivência futura do Partido exige que ele "represente" as novas eli-

168 A ascensão da China. Acomodação pacífica ou grande guerra?

tes do mundo dos negócios e a nova classe média de intelectuais, cientistas e técnicos, essenciais para a estratégia de modernização, cujo número aumentou com a política de reformas e de abertura ao exterior, para além do tradicional proletariado urbano e rural. Parece ter-se conseguido uma síntese entre dois termos perfeitamente antagónicos nos períodos de maior delírio do maoísmo – os *red* e os *expert* –, ou seja a ideologia e a mobilização das massas contra a mentalidade burguesa dos tecnocratas. De acordo com muitos autores, a maior parte da *inteligentsia* (mesmo os mais renitentes herdeiros do movimento democrático da década de 80) aceitou o novo contrato social. Mas o preço é a estabilidade, que, como vimos, significa que os intelectuais e os jornalistas têm toda a liberdade, desde que não desafiem a autoridade do partido.

De facto, ao mesmo tempo que o partido coopta as elites económicas e intelectuais, essenciais para a estratégia de modernização, repete-se, continua a ter o problema de circunscrever o descontentamento no campo provocado pelos despedimentos, etc., para impedir que este descontentamento se torne num movimento alargado ao país, que desafie a autoridade do partido. Como afirma Béja (2004: 3), o regime não abranda a pressão sobre o controlo social, impedindo o aparecimento de organizações autónomas que enquadrem os interesses das vítimas dos processos de reforma, a fim de evitar que o descontentamento se transforme em ameaça política. Especialmente preocupante é a possibilidade de um tal movimento se confederar com outras margens de descontentamento. Daí a preocupação com o movimento espiritual "Falun Gong", com a religião "descontrolada", etc.

Para Béja (2004: 15), uma das razões da virulência das autoridades contra a "Falun Gong" decorre do facto deste grupo propor uma explicação do mundo que contradiz claramente a ideologia oficial e de recordar, deste ponto de vista, os movimentos sectários que, ao longo da história, estiveram por vezes na origem do enfraquecimento ou da queda de dinastias (como a rebelião Taiping no século XIX). Se, para Béja, o Partido abandonou a ambição de controlar o espírito dos súbditos chineses, continua a desconfiar de actividades religiosas não oficiais e lança regularmente campanhas contra as igrejas clandestinas e as "seitas". Sobretudo, o Partido procura impedir o aparecimento de qualquer forma de organização autónoma a nível provincial ou nacional, o tipo de organização de que dispunha a "Falun Gong", quando começou, com algum êxito aparente até agora, a ser combatida pelo regime.

Com efeito, apesar da turbulência na sociedade, de acordo com o sinólogo americano Andrew Nathan, o nível de apoio ao regime comunista é bastante alto, o governo goza de um apoio popular forte e a situação social, embora com elementos de desordem, é basicamente estável[59].

IV.4.7. *Perspectivas de evolução do regime*

O modo como vai evoluir o regime chinês continuará a ser uma grande incógnita, sendo que sobre essa evolução se perfilam várias teorias. Uma das principais é a de que o regime poderá ter uma evolução semelhante à de regimes autoritários, ou de "nacionalismo desenvolvimentista", como os da Coreia do Sul e de Taiwan, que desde há cerca de 20 anos iniciaram processos de democratização que estão hoje razoavelmente consolidados. Este debate é importante porque, mesmo para quem não seja defensor da teoria de que a natureza de um regime determina o seu comportamento estratégico, certamente todos aceitam uma grande margem de influência. Existe, no entanto, uma grande margem de incerteza, o que é natural, porque não é possível estabelecer paralelos muito óbvios, dado que é praticamente impossível que um processo que envolve 1300 milhões de pessoas não venha a ter especificidades e ritmos próprios.

Para Béja (2004: 15 e 16), o actual regime chinês faz lembrar uma espécie de fascismo: uma espécie de corporativismo, em que o Estado exerce um monopólio sobre a representação das categorias sociais; o recurso constante aos tecnocratas, que juntamente com as classes médias emergentes e os empresários constituem cada vez mais a base social de apoio do regime (embora, no que é característico de um regime totalitário, nem mesmo esta base social tenha os seus direitos institucionalizados); a vontade de impedir os simples cidadãos de participar na vida política – vontade partilhada pelos intelectuais a quem preocupa que a participação política conduza à desordem por causa do "fraco nível cultural" da população; tudo isto sobre o pano de fundo do nacionalismo.

Para Swaine e Tellis (2000: 177), cujas observações se mantêm grandemente actuais, no futuro distante o Estado chinês tentará mais provavelmente reduzir as tensões entre o pluralismo emergente e a estrutura

---

[59] Entrevista ao *Público*, 9Jul2003, p. 16.

político-económica existente através de um conjunto de reformas políticas "intermédias", vagamente associadas com a noção chinesa de "neo-autoritarismo", mediante um processo de adaptação política gradual que pode estender-se por várias décadas, se não houver grandes perturbações – por exemplo uma pouco provável mas não impossível intervenção militar, no caso de um prolongado declínio económico ou de uma luta entre facções na liderança – e se se mantiverem taxas de crescimento económico razoavelmente altas.

Salvo quaisquer mudanças catastróficas, que escapem ao controlo chinês, o efeito das transformações domésticas será o de reforçar ainda mais profundamente uma política de pragmatismo – uma condição que se pode esperar manter-se, pelo menos até que esteja completa a aquisição do poder necessário para a China se tornar uma verdadeira grande potência. Nessa altura, podem aparecer novas elites, que procurem utilizar o poder de forma mais afirmativa, para avançar os seus interesses particulares, ou aquilo que eventualmente interpretem como o próprio interesse nacional. Tais elites poderiam obter influência, combinando o orgulho nacionalista nos êxitos económicos da China, as aspirações da China a tornar-se uma grande potência e alguns receios populares e de certas elites em relação à subversão estrangeira, para defender, por exemplo, uma estratégia de segurança do Estado mais autónoma e mais forte (Swaine e Tellis, 2000: 109). Mas, até que esse ponto seja alcançado, as recentes mudanças da liderança no país parecem reforçar a avaliação que Pequim faz da sua dependência do sistema internacional existente para a continuação do crescimento e da prosperidade da China.

Relativamente à possibilidade de o regime chinês experimentar uma evolução semelhante à dos nacionalismos desenvolvimentistas da Coreia do Sul e de Taiwan, em direcção a uma maior liberalização política, há muitos autores que consideram que é possível e provável, embora os prazos devam ser mais dilatados. Neste contexto, relativamente aos adeptos do *engagement*, que se impacientam com a lenta produção de resultados práticos da teoria de que a liberalização política sucede a abertura económica na China, Elizabeth Economy (2003: 108) lembra que a relativamente lenta produção de resultados não é tão ineficaz como isso: foi o *engagement* americano continuado durante décadas que trouxe à Coreia do Sul, a Taiwan ou à Tailândia o desenvolvimento económico e a liberalização política.

IV.5. O factor político-cultural – conclusões. Potencialidades e Vulnerabilidades

A China tem experimentado um enorme crescimento económico e possui muitas "ilhas" de modernidade económica, mas não só o crescimento cria novos problemas e exacerba problemas antigos (assimetrias de desenvolvimento entre o litoral e o interior, ampliadas por factores físicos e político-demográficos, como no Tibete e no Xinjiang; assimetrias entre a cidade e o campo; migrações internas, etc., etc.), como não permite resolver de um momento para o outro os grandes e complexos problemas económico-sociais, alguns deles básicos, que assolam a China.

A China continuará a ser, ainda durante algum tempo, um país relativamente pobre, em termos de rendimento per capita, e as assimetrias de desenvolvimento, o fosso entre ricos e pobres, os problemas sociais que descrevemos e o potencial de frustração decorrente de expectativas não satisfeitas irão continuar a desafiar as autoridades chinesas. Estes problemas podem ser explorados internamente por facções desafectas e não são completamente insusceptíveis de ser manipulados ou exacerbados do exterior, designadamente, mas não só, nos contextos distintos, mas interligados, de Taiwan, Hong Kong e Macau.

Manter o controlo e o gradualismo do processo de mudança não é fácil. O desempenho económico e o nacionalismo são as principais fontes de legitimidade do regime, mas estas fontes de legitimidade são muitas vezes contraditórias nos seus termos e sujeitas a constrangimentos internos e externos. O regime tem ensaiado uma abertura (se é que se lhe pode chamar assim) muito controlada, apenas naquilo que é indispensável para não comprometer o processo de modernização e internacionalização da economia, como é o caso da reforma do sistema legal. Basicamente, o núcleo da decisão estratégica continua a estar concentrado num conjunto relativamente pequeno de pessoas, formado pela comissão permanente da comissão política do comité central e pela comissão militar central do Partido Comunista Chinês. No entanto, contra muitas expectativas, o Partido Comunista (que apesar da estrutura leninista e da total promiscuidade com o Estado, de "comunista" já pouco mais tem que o nome) está mais forte e o regime é mais refinado e sofisticado, mas não abranda o controlo sobre as manifestações genuinamente autónomas da sociedade civil.

Correspondendo a um consenso básico entre as principais facções existentes no centro da decisão político-estratégica relativamente à prima-

172 *A ascensão da China. Acomodação pacífica ou grande guerra?*

zia do objectivo do crescimento económico (se a China se quer modernizar, resolver os seus problemas internos e projectar-se política e diplomaticamente), e com a lembrança do que aconteceu à União Soviética quando a sede do poder se desviou do Partido Comunista para outros centros de decisão, a transição entre a 3ª e a 4ª geração da liderança foi executada com um extremo cuidado, designadamente para garantir a transição sem sobressaltos do controlo político das forças armadas. E também sem necessidade de acções de afirmação inconsequentes, como houve no passado, por parte de facções de geometria variável, que hoje produziriam danos incalculáveis no programa de modernização. Com efeito, se é um facto que existem muitos sectores da economia mundial que ganham com a ascensão da China, também se identifica uma hiper-sensibilidade aos eventuais perigos dessa ascensão. Como se viu em 2005, por exemplo, na reacção da Câmara dos Representantes norte-americana à tentativa de compra da californiana Unocal por parte da chinesa CNOOC, ou na determinação norte-americana em persuadir os aliados europeus a não levantarem o embargo à venda de armas à China. Tudo isto obrigando a cautelas redobradas por parte de Pequim, que sabe o valor incalculável, no duplo sentido de ser enorme e ao mesmo tempo intangível, que têm a estabilidade e a previsibilidade para os investidores e outros operadores económicos externos.

Não é certo que a liderança chinesa considere que, para continuar a ser bem sucedida no seu programa de modernização, tenha de desenvolver um sistema que, a par da protecção de direitos de propriedade física e intelectual, proteja certas liberdades civis e políticas.

Permanece em aberto se a progressiva modernização económica contribuirá ou não, e em que medida, para o desenvolvimento político do país e se este desenvolvimento político, por seu turno, a ocorrer, contribuirá ou não, e em que medida, para o fortalecimento – ou, pelo contrário, para a desagregação – do Estado chinês.

A China tem procurado lutar para solidificar uma identidade nacional capaz de bloquear o alastramento da globalização à esfera política interna. Balançando entre diferentes fontes de legitimidade, gerindo as contradições que ocasionalmente surgem entre elas, fortalecendo o Estado-Partido, designadamente através da cooptação das novas elites saídas do processo de reformas, e deixando algum espaço, mas pouco, para a sociedade respirar, o regime em Pequim tem conseguido apesar de tudo manter a unidade e a integridade territorial do Estado chinês. Com efeito, se relativamente à estratégia económica das autoridades chinesas dissemos que se podia simplesmente resumir a manter a economia da China aberta ao exterior e a economia mundial aberta à economia chinesa, em relação à estratégia política interna o objectivo também é fácil de enunciar: manter a China territorialmente unida e a população relativamente tranquila e leal ao regime. Este objectivo, que parece simples e não conter nada de surpreendente em relação ao que é o objectivo de qualquer governo, em qualquer parte do mundo, coloca especiais desafios no caso chinês, como tentámos mostrar.

Os líderes chineses continuam a observar a situação interna como um problema estratégico distinto e muitos acreditarão genuinamente que a instabilidade doméstica pode convidar a intervenção externa e colocar ameaças à unidade nacional e ao desenvolvimento económico. Na perspectiva de Pequim, a agitação étnica e separatista no Xinjiang e no Tibete, a persistência da seita quase religiosa "Falun Gong", a obediência da Igreja Católica não oficial chinesa à Santa Sé, etc., são frequentemente apoiadas do exterior e colocam uma ameaça à sua autoridade. O regime, porém, com uma boa manobra de relações públicas, que é apoiada pelo "efeito de campo" positivo que tem o crescimento económico chinês para muitos sectores da economia mundial, e mais recentemente pelas necessidades da campanha americana contra o terrorismo, que leva os Estados Unidos a não exacerbar as insuficiências do regime chinês, tem-se defendido com algum êxito na questão das insuficiências em matéria de protecção dos direitos humanos.

Está fora de dúvida, porém, que a China apresenta vulnerabilidades políticas, económicas e sociais que podem ser exploradas do exterior. Mas é preciso ter capacidade para as explorar. Por outro lado, é preciso prever as reacções chinesas às estratégias que lhe possam ser dirigidas (ou que a China perceba como lhe estando sendo dirigidas). Finalmente é preciso prever os efeitos das estratégias, os custos e benefícios da adopção das diferentes modalidades de acção estratégica, para além dos objectivos imediatos. Por exemplo, uma tentativa de destruição preventiva da China (hoje apenas uma hipótese académica) poderia resultar numa China anulada. Mas uma pequena parte da força nuclear chinesa, invulnerável a um primeiro ataque, pode permitir à China uma retaliação produtora de danos inaceitáveis. Por outro lado, uma China fragmentada pode resultar em 3 ou 4 "Coreias do Norte".

A capacidade de resistência de Pequim à "maré de liberalização política" tem desafiado a teoria de que a liberalização económica promove a liberalização política e impede a obtenção de argumentos, favoráveis ou

174 *A ascensão da China. Acomodação pacífica ou grande guerra?*

desfavoráveis, à "teoria da paz pela democracia". Também a validade da teoria dos riscos inerentes à transição de um regime autoritário para um regime democrático não pode ser observada, porque a China não é nem está a "transitar" para uma democracia liberal.

Mas não são precisos os factores de instabilidade, próprios da transição para um regime democrático, para reconhecer que são possíveis alguns acidentes de percurso. Se o sistema político actual não conseguir dar resposta aos problemas sociais crescentes, o regime, numa tentativa de garantir a sua sobrevivência, pode procurar obter a coesão da população, em seu torno, agitando uma ameaça ou um inimigo externo, por exemplo Taiwan (este problema é diferente de uma resposta a uma declaração de independência de Taiwan que, provavelmente, deixaria o regime sem outra alternativa que não fosse a resposta militar, independentemente do enorme preço que teria de pagar por isso); ou, numa variante da hipótese anterior, uma eventual degradação social interna pode levar à emergência de um movimento, com mais ou menos apoios no interior do próprio regime, que, confederando as margens de descontentamento com base numa agenda ultra-nacionalista, consiga organizar-se e apoderar-se do poder, para prosseguir essa agenda.

Relativamente a uma "ordem demo-liberal global", que na verdade ordena relativamente pouco, a China é com certeza um factor de heterogeneidade, mas não é propriamente um perturbador, no sentido em que está na defensiva e não consegue oferecer qualquer alternativa, mesmo quando esboça um rudimento de estratégia cultural. Com efeito, a China está na defensiva na questão do regime. Não tem qualquer modelo político alternativo para oferecer ao mundo, nem sequer na maior parte daquilo que já foi, e pode voltar a ser, a sua "esfera de influência natural". Não perturba ofensivamente, portanto, o sistema internacional. Mas tem alguma capacidade para o fazer e encerra factores de heterogeneidade, em relação ao sistema, que a tornam num "perturbador potencial", e factores de instabilidade interna que podem torná-la num "pertubador real".

Por outro lado, a China tem algumas inegáveis potencialidades numa estratégia de projecção de poder cultural, designadamente fruto da sua cultura milenar. Acresce que, num contexto completamente diferente, é certo, não foi assim há tanto tempo que as teorias maoístas exerceram uma forte atracção em largas partes do que hoje se chama o "mundo em desenvolvimento", e mesmo em sectores da intelectualidade e da juventude europeia ocidental. Embora não se preveja uma revitalização dessas teorias, o ponto a reter é que a China foi recentemente produtora de ideias que penetraram uma boa parte do mundo. Já é mais difícil de prever como é que o factor "dificuldade da língua" pode constituir um obstáculo à projecção do poder cultural chinês e à "achinesação" de um sistema internacional e de uma civilização tecnológico-informacional que foram sendo edificados, e evoluíram a uma velocidade estonteante em anos recentes, basicamente com recurso a códigos de línguas, de valores, etc. ocidentais.

Em resumo, relativamente ao "factor político-cultural", podemos listar as seguintes potencialidades e vulnerabilidades:

Potencialidades

- A persistência histórica, ou a recorrência, da ideia de um estado chinês e de uma cultura chinesa singulares;
- A existência de um consenso básico entre as diversas facções da elite dirigente relativamente à primazia do objectivo de crescimento económico e ao controlo político das forças armadas;
- A capacidade que o regime tem de transmitir a ideia, a nível interno, e em menor escala a nível externo, de que não há uma alternativa viável nem ao modelo de desenvolvimento nem ao regime actual ("legitimidade negativa") e de que o regime está a evoluir num sentido semelhante ao da evolução dos regimes da Coreia do Sul, Singapura ou Taiwan (ou seja, a evoluir positivamente);
- A capacidade que o regime mostrou depois de Tiananmen para co-optar as elites desafectas do regime;
- A capacidade de aproveitamento da conjuntura internacional para, externamente, organizar a defesa na questão do regime;
- O aproveitamento da história e cultura milenares chinesas para esboçar uma estratégia cultural suavizadora da imagem do regime a nível externo;
- O aproveitamento político-cultural do efeito de campo (ganhos absolutos) da integração da China na economia mundial.

Vulnerabilidades

- A memória entre os chineses dos erros e insuficiências do partido comunista (que a corrupção entre os quadros, principalmente a nível provincial ou mais baixo, ajuda a não fazer esquecer);

- A imagem que o mundo ocidental tem do regime chinês: em síntese, autoritarismo, ausência de democracia, violação dos direitos humanos, etc., a que acresce a "vigilância" da comunidade internacional sobre Taiwan, Hong Kong e Macau (e de um modo diferente, e diferentes entre si, as questões do Tibete e do Xinjiang);
- A contradição entre o desenvolvimento económico e a relativa ausência de desenvolvimento político;
- A insuficiência das principais fontes de legitimidade do regime – o desenvolvimento económico e o nacionalismo – e o potencial de contradição entre elas;
- A possibilidade de uma deriva nacionalista/populista escapar à capacidade de controlo do regime.

CAPÍTULO V

O FACTOR MILITAR

V.1. Introdução

O crescimento do Exército Popular de Libertação (EPL) na resistência contra os japoneses e na guerrilha contra o governo nacionalista do Kuomintang, e o crescimento do Partido Comunista Chinês, são uma e a mesma coisa, sendo esta a razão pela qual ainda hoje o EPL é um órgão do Partido Comunista Chinês e não do Estado; embora no contexto chinês a distinção entre Partido e Estado não seja nada óbvia, como sabemos (os militares podem ser, e muitos são, militantes do Partido Comunista Chinês: a Comissão Militar Central é um órgão do Partido).

A doutrina convencional chinesa, tributária da guerra de resistência contra os japoneses e da estratégia maoísta durante a guerra civil, enfatizava a chamada "guerra popular", ou de guerrilhas em último caso, travada por uma numerosa força terrestre relativamente mal equipada, tecnologicamente desenhada para dissuadir ataques sobre o território chinês, saturando-o defensivamente pela quantidade, não para projectar a influência e a presença chinesas para além do *heartland* chinês (Swaine e Tellis, 2000: 78).

Por outro lado, sendo a União Soviética a principal ameaça terrestre, particularmente depois do cisma sino-soviético, a estratégia militar chinesa, ao invés de uma defesa avançada nas fronteiras, visava atrair o adversário para o interior profundo do território chinês, para tirar vantagem do conhecimento do terreno e poder flagelar as suas linhas de comunicações.

Para perseguir com sucesso uma estratégia de manobra e equilíbrio entre duas potências militarmente e economicamente superiores – a União Soviética e os Estados Unidos –, o Estado chinês precisou de combinar as suas capacidades diplomáticas com uma capacidade militar suficiente para dissuadir ataques directos das superpotências e para geralmente justificar a participação da China num triângulo estratégico de grandes potências, ainda que como um parceiro relativamente menor. Neste contexto, pelo final dos anos 60 a RPC também tinha adquirido uma pequena capacidade nuclear e, no princípio dos anos 80, uma força de mísseis balísticos de alcance intermédio e de longo alcance capaz de lançar uma retaliação credível contra um pequeno número de cidades soviéticas e de bases militares americanas próximas, nas Filipinas, na Coreia do Sul e no Japão.

Até ao princípio da década de 60, a relativa modernização das forças armadas da RPC foi conseguida à custa do fornecimento de armas soviéticas, geralmente obsoletas pelos próprios padrões soviéticos. Nos anos 60 e 70, a ênfase na auto-suficiência dispensou a aquisição de sistemas de armas e de tecnologias militares no estrangeiro. Por outro lado, o controlo político e doutrinário maoísta minou quaisquer esforços de profissionalizar e modernizar a organização militar.

A partir de meados dos anos 80 assistiu-se a um esforço para incorporar tecnologias militares estrangeiras modernas no EPL, procurando obter certos sub-componentes críticos ou participar na co-produção de sistemas completos, para adquirir *know-how* e tecnologia, para este efeito obtendo um apoio limitado do Ocidente, designadamente dos Estados Unidos, com quem a RPC estabelecera relações diplomáticas em 1979.

Os acontecimentos de Tiananmen em 1989, porém, levaram o Ocidente a impor um embargo à venda de armas à China. A questão dos direitos humanos (ampliada nesse ano pela atribuição do Nobel da Paz ao Dalai Lama), alguns comportamentos mais militarmente afirmativos na primeira metade da década de 90, em relação a Taiwan e no Mar da China Meridional, a insistência chinesa em prosseguir os testes nucleares até meados de 1996, o fornecimento directo e indirecto de armas e, ou, de tecnologia nuclear e de mísseis a países como a Coreia do Norte, o Paquistão, o Irão, o Sudão, o Zimbabué e outros – ou seja, grande parte daqueles países que hoje mais se opõem ao Ocidente –, insuflaram a retórica da "ameaça chinesa", lançando dúvidas sobre as capacidades e as intenções de Pequim. Fizeram-no a um tal ponto que, quase dez anos de "comportamento responsável" chinês, iniciado com a transição mais ou menos exemplar de Hong Kong e com a atitude chinesa na crise financeira asiática de 1997/98, continuado com a adesão à OMC e a atitude cooperativa pós-11 de Setembro, designadamente na crise nuclear norte-coreana, etc., não chegaram ainda para criar uma atmosfera, principalmente nos Estados Unidos, que favoreça o levantamento do embargo.

V.2. A necessidade de transformação das forças armadas chinesas e as tendências de modernização

V.2.1. Lições aprendidas e esforço de modernização

Durante as três primeiras décadas da sua existência, a República Popular da China esteve envolvida em diversos conflitos, nos quais empregou as suas capacidades militares: Guerra da Coreia (1950-53); as crises no estreito de Taiwan em 1954-55 e em 1958; a guerra com a Índia em 1962; os confrontos fronteiriços com a União Soviética em 1969; e a fugaz invasão do Vietname em 1979. Depois disso, ainda se referenciam as acções militares chinesas não muito resistidas nas ilhas Paracel em 1988, ou nas Spratly na primeira metade dos anos 90, bem como os "exercícios militares" de 1996, no Estreito de Taiwan.

Havendo uma certa opacidade quanto à eficiência e à operacionalidade das forças chinesas na actualidade, estes últimos acontecimentos, se demonstraram que o EPL podia perturbar os acontecimentos no Mar da China Meridional e utilizar mísseis para coagir Taiwan, quer perturbando linhas de comunicações vitais para o comércio da ilha com o exterior, quer levando a cabo uma campanha de bombardeamento estratégico com fins punitivos, também revelaram as limitações do EPL para projectar poder, mesmo a uma distância tão curta das suas bases continentais.

A guerra da Jugoslávia em 1999, por seu turno, pôs em evidência, tal como a Guerra do Golfo de 1990-91, como as forças armadas chinesas estavam pobremente equipadas e treinadas para se defenderem contra forças armadas modernas e combaterem as guerras do futuro (Shambaugh, 2000: 110).

Os chineses observaram como os americanos fizeram uma larga utilização de sensores e satélites baseados no espaço; guerra electrónica; mísseis de cruzeiro de longo alcance guiados por controlo remoto; bombas de micro-ondas para sabotar equipamentos electrónicos, radares de vigilância e de aquisição de objectivos, computadores e linhas de transmissão de dados; ataques aéreos lançados a partir de bases na América do Norte, com as aeronaves a serem reabastecidas em voo; bombas guiadas por satélite e munições de precisão guiadas por laser; etc. Por outro lado, não puderam deixar de observar o ritmo sustentadamente alucinante da campanha de bombardeamento estratégico.

180   *A ascensão da China. Acomodação pacífica ou grande guerra?*

Os chineses não puderam deixar de reflectir sobre as suas capacidades militares, designadamente o seu próprio potencial de coacção contra Taiwan. Tal como estava, o EPL, mesmo sem a intervenção de terceiras potências, jamais conseguiria conquistar militarmente a ilha. Algumas centenas de mísseis balísticos de curto alcance, armados com cargas convencionais, apontados contra a ilha podem intimidá-la, mas são insuficientes para conquistá-la.

Por outro lado, diversos problemas com potenciais desenvolvimentos militares preocupam a liderança chinesa: o fortalecimento dos laços de defesa entre o Japão e os Estados Unidos; as capacidades militares e as armas nucleares da Índia; a emergência de estados islâmicos instáveis na Ásia Central, com eventuais efeitos transbordantes para o Xinjiang (Romana, 2005: 212); as disputas territoriais nos mares da China num contexto de crescimento das capacidades aéreas e navais de diversos países do sudeste asiático; etc.

Neste contexto, a China tem aumentado as suas despesas de defesa e prossegue uma imparável caminhada de fortalecimento das suas capacidades militares, incluindo o domínio aeroespacial.

V.2.2. *Objectivos, prioridades e focos do esforço de modernização*

A China tem, portanto, procurado desenvolver uma série de capacidades militares para apoiar diversos objectivos: garantir a defesa da soberania e do território nacional chineses (leia-se dissuadir o impulso para a independência formal de Taiwan; "manter a chama" das reivindicações territoriais em vários azimutes; e reforçar a capacidade de lidar com focos de tensão interna e com a instabilidade étnica nas fronteiras) contra ameaças ou ataques de vários tipos de adversários potenciais (EUA, Japão, Rússia, Índia e países mais pequenos, como a Coreia do Sul e alguns países do sudeste asiático); contrariar ou neutralizar uma série de ameaças contra a sua periferia, especialmente nas áreas marítimas; melhorar as capacidades de vigilância, controlo e interdição do acesso a áreas oceânicas cada vez mais alargadas; e, talvez o mais importante, utilizar o poder militar em apoio de um conjunto variado de políticas regionais e globais, designadamente aumentando a capacidade de projectar poder à distância (Swaine e Tellis, 2000: 121).

Estes complexos objectivos podem ser resumidos, pelo menos a curto prazo, como um esforço para reduzir as vulnerabilidades existentes, ao mesmo tempo que aumenta a utilidade das suas forças militares. O esforço para reduzir as vulnerabilidades tem-se materializado em dois planos diferentes, ainda que relacionados. O primeiro plano consiste num esforço lento, mas determinado, de modernização nuclear.

A modernização nuclear da China processa-se a um ritmo lento e não se tem concentrado no aumento do tamanho do seu arsenal nuclear, mas sim na redução da sua vulnerabilidade a ataques por antecipação, através da melhoria da sobrevivência das forças estratégicas, do desenvolvimento de *basing modes* menos vulneráveis e, numa óptica que já é de aumento da capacidade ofensiva, de melhorias gerais na precisão, alcance, guiamento e controlo dos seus mísseis.

Outro plano de esforços, ao qual a China atribui prioridade, visa reduzir a relativa fraqueza das forças convencionais, porque a "guerra popular", que podia ser uma solução contra potências terrestres como a União Soviética, é pouco eficaz contra adversários potenciais como Taiwan, o Japão ou os Estados Unidos, principalmente em teatros de operações navais ou anfíbios e em que "guerras limitadas sob condições de alta tecnologia" (para usar a tradução da expressão chinesa[60]), que exigem recursos materiais e conceptuais de um tipo que a China não possui actualmente.

As contingências que envolvem Taiwan são o principal foco dos esforços de modernização convencional em anos recentes. Apesar dos sistemas de armas desenvolvidos ou adquiridos virem ao encontro de deficiências críticas na estrutura de forças básica da China, e terem sido quase de certeza adquiridas como parte do esforço global de modernização de Pequim, cada sistema tem uma relevância operacional particular no teatro de operações de Taiwan, designadamente aumentando os riscos corridos por forças de terceiros países, como os Estados Unidos ou o Japão.

Neste contexto, os relatórios anuais sobre o poder militar da China feitos pelo Pentágono descrevem o esforço chinês para adquirir novos sistemas de armas no estrangeiro, o esforço para aumentar a capacidade das suas forças aéreas de defender o espaço aéreo nacional e de interditar e atacar forças inimigas a cada vez maiores distâncias da costa, a melhoria das

---

[60] Na literatura anglo-saxónica sobre as capacidades militares da China, a expressão *local wars under high-tech conditions* evoluiu recentemente para *local wars under the conditions of informationalization*, para enfatizar ainda mais a importância dada pela China às tecnologias de comunicações e informação.

182   *A ascensão da China. Acomodação pacífica ou grande guerra?*

blindagens das viaturas de combate, a construção de submarinos, navios anfíbios e navios de combate de superfície mais modernos, a investigação e desenvolvimento de diversos sistemas como o reabastecimento em voo, guerra electrónica, o esforço para melhorar as capacidades de comando e controlo em operações conjuntas, etc.

O Departamento de Defesa norte-americano também tem identificado melhorias, ou intenções de melhorar (o que é diferente), nas capacidades militares em diversas áreas, designadamente já fruto da observação das operações americanas *Enduring Freedom* (no Afeganistão) e *Iraqi Freedom*. Este último, em particular, um conflito que, ao contrário do que tinha sugerido aos estrategos do EPL a campanha aérea da OTAN contra a Sérvia em 1999, mostrou que o poder aéreo só por si é insuficiente para alcançar resultados político-estratégicos duradouros e decisivos, o que tem implicações nos aspectos da estratégia militar chinesa relativa a Taiwan. Todas estas operações, como já víramos atrás, também permitem ao EPL continuar a observar o fosso tecnológico que separa as capacidades militares chinesas das ocidentais, particularmente das americanas.

No plano convencional, a modernização aérea e naval tem ofuscado todas as outras, porque as melhorias no poder aéreo são consideradas críticas para o êxito de quaisquer operações militares (dificilmente são concebíveis hoje em dia operações de envergadura que envolvam somente um ramo das forças armadas) e as capacidades navais são consideradas indispensáveis para a defesa das reclamações territoriais relativas a Taiwan e ao Mar da China Meridional, e para a defesa dos valiosos recursos económicos e sociais ao longo da costa.

Convém notar, porém, que as missões das forças armadas que envolvem a projecção da força afectam crescentemente a estratégia genética chinesa (Hu, 2005: 22-28), mas não autorizam descurar a defesa do território nacional. A principal prioridade da força aérea chinesa, por exemplo, ainda é a defesa aérea do território nacional (Coniglio, 2004: 14-21).

Com efeito, os actuais programas de modernização militar convencional da China são concebidos fundamentalmente para servir necessidades prementes, a curto e médio prazo. Os objectivos estratégicos mais alargados relacionados com as eventuais aspirações da China a vir a ser, no futuro distante, uma grande potência não determinam as actuais aquisições de armas chinesas e os programas de modernização de nenhum modo directo, imediato e linear, não fornecendo linhas de acção programáticas para as aquisições militares a curto prazo. Estas aquisições ainda são determinadas primariamente pelo foco do EPL em dissuadir ou derrotar ataques contra o território chinês, controlado efectivamente ou reclamado, continental e marítimo. Os conceitos estratégicos mais gerais servem sobretudo para garantir que as aquisições militares de curto prazo não são fundamentalmente inconsistentes com as possíveis aspirações chinesas de longo prazo, ou com os interesses de segurança que poderão decorrer do eventual aumento do poder nacional global da China (Swaine e Tellis, 2000: 128).

Por outro lado, a auto-suficiência continua a ser o objectivo a longo prazo das indústrias de defesa[61]; mas a maior parte dos observadores, incluindo o Departamento de Defesa dos Estados Unidos, considera que é improvável que a China, apesar do seu esforço para importar tecnologia e *know-how*, consiga concretizar os seus planos para, nos próximos 5 a 10 anos, ter armamentos com um nível de qualidade aproximado dos do mundo industrializado.

Quando descreve as capacidades militares chinesas, o Pentágono observa quase sempre que estão tecnologicamente atrás das ocidentais, apontando para prazos normalmente não inferiores a 5 a 10 anos, até que possam atingir níveis de sofisticação comparáveis. Outros autores consideram que o atraso militar chinês não é inferior a 10-15 anos (Romana, 2005: 211), o que, neste caso, significa que a China poderá ser, nos fins do primeiro quartel deste século, uma superpotência militar, se mantiver o ritmo de fortalecimento e conseguir recuperar toda ou parte do atraso.

Por outro lado, a doutrina chinesa para as operações conjuntas está pouco desenvolvida, as capacidades logísticas do EPL padecem de graves deficiências e constituem um importante obstáculo à capacidade de projectar forças (nos próximos 5 anos, pelo menos, os navios anfíbios são insuficientes para apoiar uma operação anfíbia de razoável dimensão), o esforço de modernização das forças aéreas, principalmente a grandes distâncias da

---

[61] A China tem programas de produção doméstica em todos os principais sectores militares-industriais e produz actualmente uma larga variedade de equipamentos militares, como mísseis, aviões de combate, bombardeiros, contra-torpedeiros, fragatas, submarinos, carros de combate e viaturas blindadas de transporte de pessoal. Porém, muitos programas dependem de fornecedores estrangeiros para certos componentes críticos, como é o caso de motores para os aviões de caça produzidos domesticamente. A China tem, no entanto, uma infra-estrutura industrial extensa e bem estabelecida de produção de mísseis balísticos (o que também ajuda a explicar a relativa facilidade com que tem prosseguido o seu programa espacial).

184 *A ascensão da China. Acomodação pacífica ou grande guerra?*

costa da China, está nos estádios iniciais (o treino dos pilotos fica muito aquém dos padrões ocidentais e a incipiente capacidade de reabastecimento em voo é pouco treinada), as capacidades de informação, vigilância e reconhecimento (*ISR, intelligence, surveillance and reconnaissance*) e de comando e controlo (*C4, Computers, Command, Control and Communications*) são fracas, as capacidades dos equipamentos de guerra electrónica são limitadas face aos padrões ocidentais, a China não tem helicópteros de ataque nem de transporte de cargas pesadas, etc.

O Departamento de Defesa dos Estados Unidos tem referenciado o avanço de diversas capacidades militares chinesas no espaço, incluindo reconhecimento (*imagery, electronic intelligence, signal intelligence*, etc.), comunicações, meteorologia, tecnologia de mini-satélites e expedições tripuladas, a par de esforços para investigar diversas formas de seguir e destruir os sistemas espaciais de adversários potenciais, sem ser através do lançamento para o espaço de um veículo ou de um míssil armado com uma arma nuclear, cujo rebentamento arrisca danificar os próprios sistemas chineses baseados no espaço. Neste contexto, a China fez em Janeiro de 2007 uma demonstração das suas capacidades anti-satélite, destruindo um dos seus próprios satélites que se tornara obsoleto.

Os planeadores militares chineses sabem perfeitamente que as operações de interdição exigem a conduta de operações de vigilância com recurso a equipamentos baseados no espaço, bem como a obtenção de outros benefícios resultantes do duplo uso da tecnologia espacial.

A tecnologia dos foguetões pode ser aproveitada para os mísseis; os sistemas de observação da superfície terrestre podem ser utilizados com fins militares; os sistemas de satélites de telecomunicações civis podem ser utilizados, com alguns requisitos específicos, para o comando e controlo de operações militares; a China poderá vir a desenvolver o seu próprio sistema GPS (*Global Positioning System*), que possivelmente será utilizado para fins civis ou militares; etc.

V.2.3. *A China na "corrida" ao espaço*

Em 15 de Outubro de 2003, um astronauta chinês deu 14 voltas à Terra a bordo da nave Shenzhou V, aterrando depois disso. Depois da ex-União Soviética e dos Estados Unidos, a China passou a ser o terceiro país a enviar uma missão tripulada para o espaço, um acontecimento que, relatadamente, foi vivido com grande emoção e orgulho pela liderança e pela população chinesa. A China lançou uma segunda missão espacial tripulada em 2005 (a Shenzhou VI) e planeia novas missões, designadamente missões de acoplagem, entre 2009 e 2012, com vista a preparar a construção de uma estação espacial permanente. A China também planeia enviar uma nave não tripulada à Lua entre 2010 e 2020 e até já se fala que a China possa utilizar a sua tecnologia espacial para levar turistas chineses para o espaço por volta de 2025. O entusiasmo leva mesmo os chineses a falarem na construção de uma estação espacial própria.

O programa espacial da RPC começou nos anos 50. O primeiro engenho espacial moderno construído pelos chineses foi lançado em 1960. O primeiro satélite chinês foi lançado em 1970 – embora, como afirmam Murray e Antonellis (2003: 646), "pouco mais tenha feito que transmitir o hino comunista da China". Por volta de 1985, a tecnologia chinesa de lançamento de engenhos espaciais tinha melhorado a um ponto que permitiu à China entrar no mercado comercial espacial e tinha desenvolvido algumas capacidades fiáveis de lançamento para o espaço e de recuperação de satélites. Por volta de 2000, a China tinha desenvolvido e lançado dúzias de satélites, com uma taxa de sucesso superior a 90%, tornando-se o quinto país ou organização no mundo (depois dos Estados Unidos, da Rússia, da Agência Espacial Europeia e do Japão) capaz de desenvolver e lançar independentemente satélites de telecomunicações geoestacionários e o terceiro país (depois dos Estados Unidos e da Rússia) a utilizar tecnologia de recuperação de satélites.

No futuro próximo, a RPC tenciona estabelecer uma constelação de sistemas de reconhecimento baseados no espaço, com capacidade de recolha de informação em tempo quase real, para apoio das suas forças armadas. No caso de um conflito que, por exemplo, envolva Taiwan, a RPC eventualmente poderia ter uma rede avançada de satélites no espaço para recolha de informação, aviso prévio, aquisição de alvos, etc. Os satélites chineses também poderiam auxiliar a detecção, seguimento e aquisição de objectivos militares americanos na Ásia Oriental e no Pacífico.

Embora a China não consiga, por enquanto, pôr em órbita uma nave espacial com um pré-aviso de apenas 24 horas, condição indispensável para uma capacidade ofensiva no espaço eficaz, os previsíveis avanços tecnológicos da China podem dar-lhe um rápido acesso ao espaço no futuro, bem como permitirem-lhe o desenvolvimento de armas anti-satélite baseadas em terra ou no espaço (Murray e Antonellis, 2003: 651).

186 *A ascensão da China. Acomodação pacífica ou grande guerra?*

É claro que os outros países não estão parados à espera que a China desenvolva as suas capacidades de utilização civil e militar do espaço. O programa espacial chinês ainda está bastante atrás (talvez uns bons 15 ou 20 anos atrás, embora seja difícil de quantificar este atraso) do congénere americano em termos de experiência, *know-how* e recursos.

Durante a próxima década, a RPC não será provavelmente capaz de competir com os Estados Unidos, em nenhuma área da tecnologia espacial (Martel e Yoshihara, 2003: 26). Porém, Pequim pode vir a ser capaz de utilizar, nos próximos 5-10 anos, algumas capacidades tecnológicas selectivas, que podem desafiar os interesses americanos no espaço. Com efeito, a China não precisa de atingir a paridade com os Estados Unidos para perturbar os interesses americanos no espaço.

V.3. As forças convencionais

V.3.1. *Forças terrestres*

As forças terrestres chinesas totalizam cerca de um milhão e 400 mil homens organizados em 18 grupos de exército.

FORÇAS TERRESTRES DO EPL

Pessoal (activo)	1,4 milhões
Pessoal (reserva)	0,8 milhões
Carros de Combate	7000
Peças de Artilharia	11000

Fonte: *FY06 Report to Congress on PRC Military Power*, US Department of Defense, p. 44

Fig. 31

Os 18 grupos de exército do EPL distribuem-se por 7 regiões militares. Em cada região militar existem 2 ou 3 grupos de exército.

AS 7 REGIÕES MILITARES CHINESAS

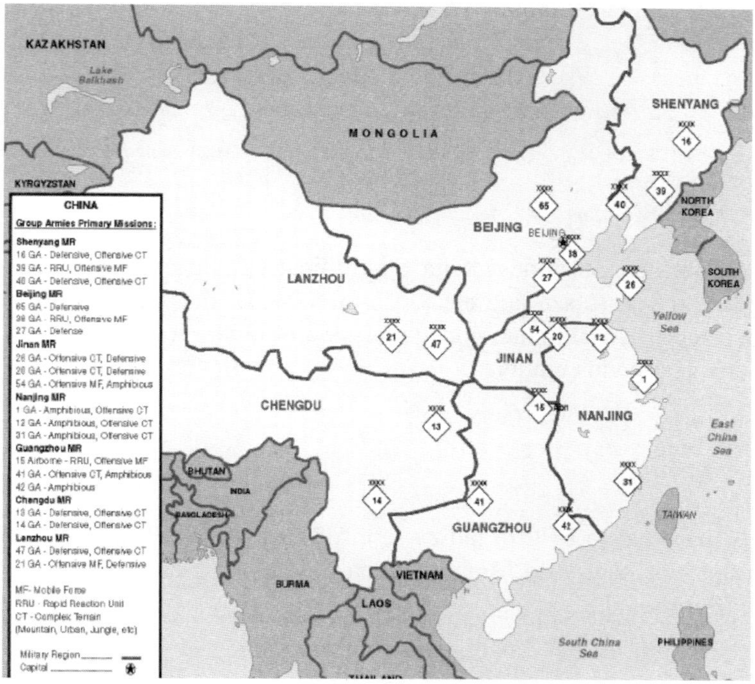

Fonte: *FY06 Report to Congress on PRC Military Power*, US Department of Defense, p. 45

Fig. 32

V.3.2. Forças Aéreas[62]

As forças aéreas do EPL possuem cerca de 2300 aviões de combate operacionais. Estes meios distribuem-se pelas 7 regiões militares, cada uma das quais tem um quartel-general da força aérea. A estes 7 quartéis-generais somam-se mais 3 quartéis-generais da aviação naval, um por cada uma das três esquadras da Marinha do EPL.

---

[62] Inclui a força aérea da Marinha do EPL.

188   *A ascensão da China. Acomodação pacífica ou grande guerra?*

FORÇAS AÉREAS DO EPL

Caças	1525
Bombardeiros	775
Transporte	450

Fonte: *FY06 Report to Congress on PRC Military Power*, US Department of Defense, p. 46

Fig. 33

À força aérea chinesa falta a significativa capacidade de reabastecimento em voo (claro que está a desenvolvê-la, mas ainda vai demorar algum tempo) e, assim, não pode proteger a esquadra fora do raio de acção dos aviões baseados em terra.

V.3.3. *Marinha*

A marinha do EPL organiza-se em 3 esquadras: a esquadra do Mar Amarelo, a esquadra do Mar da China Oriental e a esquadra do Mar da China Meridional.

FORÇAS NAVAIS DO EPL

Destroyers	25
Fragatas	45
Submarinos a diesel	50
Submarinos nucleares	5

Fonte: *FY06 Report to Congress on PRC Military Power*, US Department of Defense, p. 46

Fig. 34

No passado, a principal tarefa da marinha chinesa era estar preparada para barrar uma tentativa de invasão por mar.

Actualmente as tarefas atribuídas à marinha são diferentes e pretende-se que a sua área de operações se estenda progressivamente até às "cadeias de ilhas" que circundam a China. Mas esta intenção não corresponde propriamente a uma capacidade operacional de controlo ou de interdição do acesso já efectivamente existente, antes constituindo-se como um indicador de prioridades de aquisição de meios. Que decorre da consciência que os planeadores navais chineses têm de que, primeiro, o acesso da China às *blue waters* é estrategicamente bloqueável pelo cordão insular que se estende do Japão à Indonésia; segundo, a China não dispõe, e previsivelmente terá dificuldade em dispor, de bases no estrangeiro na Ásia Oriental banhada pelo Pacífico, onde não tem nenhum aliado.

LIMITES GEOGRÁFICOS DA 1ª E 2ª CADEIAS DE ILHAS

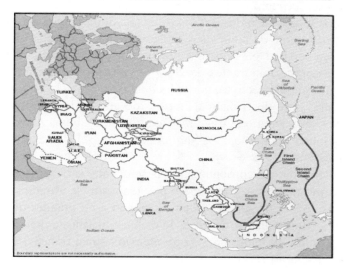

Fonte: *FY06 Report to Congress on PRC Military Power*, US Department of Defense, p. 15

Fig. 35

Com efeito, esta mudança no foco da estratégia naval, das *"brown waters"* para as *"blue waters"*, tem levado a uma redução das forças costeiras e a um esforço de construção e modernização naval sem precedentes. Convém notar porém que, apesar deste esforço, a esquadra chinesa apresenta uma grande diversidade de equipamentos (que tem a ver com as diferentes proveniências de componentes e sub-componentes, mesmo quando os navios são produzidos na China) e consequente falta de padronização, dificultando a interoperabilidade dos navios, o treino e o apoio logístico; que, comparativamente com a maior parte das marinhas vizinhas, a marinha chinesa dispõe de um reduzido número de navios modernos; e que, por

190   *A ascensão da China. Acomodação pacífica ou grande guerra?*

outro lado, pode dizer-se que, grosso modo, a maior parte dos navios chineses está 10 a 20 anos atrás dos padrões ocidentais (Annati, 2004: 66-75).

Não é provável que a China esteja em condições de ter um porta-aviões operacional a curto prazo e, muito menos, um grupo aeronaval completo à volta de um porta-aviões com capacidade para projectar poder naval em larga escala. Mesmo que o estivesse, a tecnologia desta primeira geração estaria bastante distante da sofisticação dos modernos porta-aviões americanos (Huxley et al, 1999: 67). A China tem certamente planos para construir o seu primeiro porta-aviões. Mas, para diversos especialistas da marinha dos Estados Unidos, tudo isso levará ainda muitos anos e exigirá um grande consumo de recursos (Chang et al, 2005). O relatório de 2006 do Departamento de Defesa estima que dificilmente a China poderá ter um porta-aviões operacional antes de 2020 ou, na melhor das hipóteses (ou pior, depende da perspectiva), por volta de 2015.

A maior parte dos principais navios de guerra do país tem falta de capacidades anti-aérea e anti-submarina, e apenas alguns possuem sistemas de combate modernos. Os submarinos a diesel das classes Romeo (construídos entre 1962 e 1987) e Ming (construídos entre 1971 e 2002) estão obsoletos ou não conseguem um desempenho satisfatório. Aliás, foi um submarino da classe Ming que reportadamente se afundou em 2003, perdendo-se toda a tripulação do navio, pondo a nu grandes deficiências da esquadra chinesa de submarinos. Já os 8 submarinos a diesel da classe Song (construídos na China com motor alemão e sonar francês), o primeiro dos quais entrou ao serviço em 1999 (começaram a ser construídos em 1991), são mais eficazes, sendo também os primeiros submarinos chineses com capacidade para, submersos, lançar mísseis anti-navio. Mas os submarinos a diesel da classe Kilo (4 em operação mais 8 encomendados à Rússia), com a sua baixa assinatura sonora, são a ponta de lança da força chinesa de submarinos convencionais e uma verdadeira ameaça para quaisquer navios que operem no seu raio de acção (a China está a tentar produzir a sua própria versão melhorada do Kilo russo – o Yuan).

Os 4 submarinos nucleares (classe Han) são muito barulhentos e militarmente pouco eficazes. Foi um submarino da classe Han que, em Novembro de 2004, fez uma incursão em águas territoriais japonesas, sendo imediatamente detectado e perseguido pelos japoneses. A China a seguir pediu desculpa pelo incidente, que em todo o caso sublinha a intensificação da actividade da marinha chinesa na região. No mês seguinte, Dezembro de 2004, o Japão publicou o seu *National Defense Program Guideline for Fis-*

cal Year 2005 and After, onde a China era designada como uma possível ameaça. Está a entrar ao serviço o primeiro de 5 ou 6 novos submarinos a propulsão nuclear de uma classe mais moderna, o chamado Type-093 (classe Shang), comparável aos submarinos a propulsão nuclear russos da classe Vitor III. Também se acredita que até 2010 possa estar operacional uma versão do Type-093 equipado com mísseis balísticos intercontinentais JL-2, o Type-094 (classe Jin) (Hu, 2005: 27).

Entretanto, a capacidade de transporte anfíbia da marinha é limitada, sendo o próprio Pentágono a reconhecer que, pelo menos nos próximos cinco anos, o EPL não tem navios suficientes para lançar um ataque anfíbio decisivo contra Taiwan. O equipamento da força aérea e da aviação naval é largamente obsoleto (dos 24 regimentos da aviação naval, a maior parte ainda está equipada com as versões chinesas do Mig-19 e do Mig-21) e incapaz de levar a cabo operações em larga escala e de fazer o patrulhamento marítimo.

A dependência da Rússia, por seu turno, também coloca alguns problemas políticos: primeiro, o facto de a Rússia ser também um dos principais fornecedores da marinha indiana; segundo o facto de os chefes militares russos, cientes da longa história de rivalidade estratégica e confrontação militar entre a China e a Rússia, não serem tão entusiastas quanto os responsáveis pelas indústrias de defesa russas relativamente à venda de armas à China.

V.4. Forças de mísseis e forças nucleares

MÍSSEIS

Tipo de míssil	Lançadores/mísseis	Alcance estimado (Km)
CSS-4 ICBM	20/20	8460
CSS-3 ICBM	10-14/20-24	5470
CSS-2 IRBM	6-10/14-18	2790
CSS-5 MRBM Mod ½	34-38/19-50	1770
JL-1 SLBM	10-14/10-14	1770
CSS-6 SRBM	70-80/275-315	600
CSS-7 SRBM	100-120/435-475	300
JL-2 SLBM	Em desenvolvimento	8000
DF-31 ICBM	Em desenvolvimento	7250
DF-31A ICBM	Em desenvolvimento	11270

Fonte: FY06 Report to Congress on PRC Military Power, US Department of Defense, p. 50

Fig. 36

FORÇA DE MÍSSEIS CONVENCIONAIS DE CURTO ALCANCE

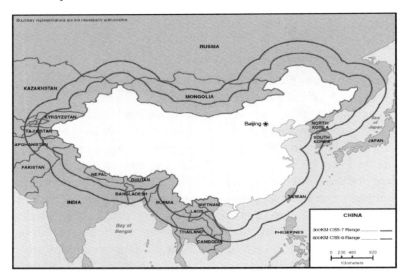

Fonte: *FY06 Report to Congress on PRC Military Power*, US Department of Defense, p. 11

Fig. 37

CSS é a abreviatura de *Chinese Surface-to-Surface missile*. O CSS-7 é um *Short Range Ballistic Missile*, SRBM, com um alcance de 300 quilómetros, que dá, portanto, para cobrir Taiwan. O CSS-7 pode ser lançado de plataformas móveis e pode ser equipado com todo o tipo de ogivas, incluindo nucleares.

O CSS-6 também pode ser lançado de plataformas móveis e, com um alcance de 600 quilómetros (que não permite atingir o Japão), ainda é um SRBM. Os CSS-6 e CSS-7 totalizam, em conjunto, uma força de 710 a 790 mísseis (número de lançadores entre 170 e 200).

O CSS-5 é um *Medium Range Ballistic Missile*, MRBM, que já cobre o Japão, as Filipinas, a Indochina, a Índia, a Ásia Central e uma parte da Rússia. Pode ser lançado a partir de plataformas móveis de rodas.

O CSS-3, de que a China terá 20 a 24, é um *Intercontinental Ballistic Missile*, ICBM, com combustível líquido e alcance até 5500 quilómetros (pode atingir o Alasca; cobre toda a Indonésia e pode atingir o norte da Austrália; cobre toda a Rússia, o Médio Oriente e a Europa Central).

MÍSSEIS BALÍSTICOS DE ALCANCE INTERMÉDIO E INTERCONTINENTAIS

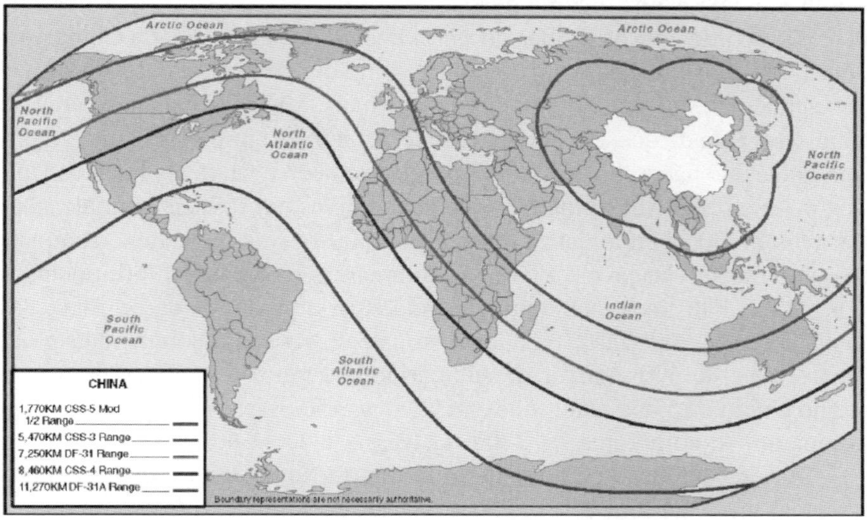

Fonte: *FY06 Report to Congress on PRC Military Power*, US Department of Defense, p. 27

Fig. 38

O CSS-4, dos quais a China possui 20, são ICBM, armazenados em silos, com combustível líquido e com cerca de 8500 quilómetros de alcance. Cobre a metade ocidental dos Estados Unidos, onde se situa grande parte das suas forças nucleares estratégicas.

O DF31 (DF é a abreviatura de *Dong Feng* ou "Vento do Oriente") tem um alcance de 7250 quilómetros podendo ser lançado de plataformas móveis. O DF31A é o míssil chinês de maior alcance, o único que pode atingir todo o território dos Estados Unidos. Estes mísseis são os primeiros com propulsor sólido.

O JL-1 (JL, *Ju Lang* ou "Grande Onda) é um *Submarine Launched Ballistic Missile*, SLBM, lançável a partir dos submarinos chineses da classe Xia (ou Type-092); o JL-2, com um alcance de 8000 quilómetros, deverá equipar o novo submarino nuclear chinês Type-094, como já referimos.

A China terá fabricado em 2004 cerca de 36 mísseis de cruzeiro DH-10 (DH, *Dong Hai* ou "Mar da China Oriental") com 1500 a 2000 quilómetros de alcance; o míssil de cruzeiro ar-superfície YJ-63 (YJ, *Yong Ji* ou "Ataque de Águia"), tem um alcance entre os 300 e os 500 quilómetros. De acordo com as tabelas do *Military Balance 2003-2004* a China possuía 260 ogivas nucleares operacionais a nível estratégico e 150 no nível subestratégico, ou seja possuía um pouco mais de 400 ogivas nucleares no total. Está fora de questão que se trata de um número impressionante. Mas a verdade é que não pode deixar de ser posto em perspectiva: os Estados Unidos possuem, a nível estratégico (ou seja, ogivas em mísseis com alcances de mais de 5000 quilómetros), cerca de 6000 ogivas nucleares, das quais mais de metade lançáveis a partir de submarino e cerca de 1700 montadas em mísseis balísticos intercontinentais; a Rússia possui cerca de 5400, das quais cerca de 3000 lançáveis por mísseis balísticos intercontinentais e um pouco mais de 600 a partir de submarino; a França tem 338 ogivas; e o Reino Unido, 185. No nível subestratégico, as 150 ogivas nucleares da China comparam-se com cerca de 3200 da Rússia e 1100 dos Estados Unidos.

A força nuclear chinesa permite-lhe atacar alvos valiosos (contracidades) mas está fora de questão uma estratégia nuclear de ataque contra os locais de lançamento de mísseis das superpotências nucleares (contraforças). Para suprimir as forças nucleares dos Estados Unidos e da Rússia, a China teria de possuir uma numerosa força de mísseis balísticos altamente precisos, de preferência "mirvados". Ora, sem melhoria da precisão e sem tecnologia MIRV[63], a força chinesa de mísseis balísticos intercontinentais é demasiado pequena para lançar um primeiro ataque supressivo contra a Rússia ou os Estados Unidos. Ou seja, qualquer primeiro ataque nuclear chinês seria um verdadeiro suicídio face à capacidade de retaliação das superpotências nucleares. Não admira, pois, que a doutrina nuclear chinesa afirme o princípio do *"no first use"*. Mas nestas questões, no que é válido para a China e para qualquer país, nunca se sabe. A doutrina pode sempre alterar-se 5 minutos antes do *"first use"*. É uma questão de cálculo de custos e benefícios. Ou pode ser uma reacção de desespero, em que deixa de fazer sentido efectuar este tipo de cálculo.

Se a capacidade para um primeiro ataque chinês é pequena, a capacidade para retaliar, se for vítima de um primeiro ataque supressivo, ainda

---

[63] A tecnologia MIRV (*Multiple, Independently Targetable, Reentry Vehicles*) permite que um míssil balístico transporte 2, 3 ou mais ogivas nucleares que, após a reentrada do míssil na atmosfera, se separam, podendo dirigir-se cada uma para o seu alvo específico.

será mais pequena. E pode mesmo tornar-se irrelevante (ou quase) se as superpotências nucleares, e principalmente os Estados Unidos, cujos santuários estão a um tempo de voo maior dos mísseis chineses baseados em terra do que os santuários russos, desenvolverem sistemas de defesa contra mísseis mais evoluídos.

A primeira prioridade americana, antes do 11 de Setembro, era o retorno à defesa anti-míssil. A defesa anti-míssil é um sistema de sistemas com uma arquitectura que exige uma base tecnológica e industrial extremamente sofisticada e recursos financeiros vultuosos. Sem estar a entrar em grandes detalhes, a defesa anti-míssil implica um sistema de comando, controlo e comunicações (que envolve uma complexa engenharia de sistemas e poderosos recursos informáticos ao nível do *hardware* e do *software*), um sistema de detecção, triagem e aviso (sensores, radares, etc.), e um sistema de intercepção dos mísseis e das cargas que deles se separam a partir de certa altura da trajectória. Qualquer destes sistemas contém subsistemas baseados em terra, no mar, no ar e no espaço. Os interceptores podem ser cinéticos, ou recorrer a raios laser, por exemplo. Existem ou estão em fase de desenvolvimento, nos Estados Unidos, subsistemas para intercepção na *boost phase*, ou seja, na fase inicial da trajectória do míssil (quando está mais carregado de combustível e é mais lento), na fase intermédia (que no caso de mísseis balísticos intercontinentais é uma trajectória exo-atmosférica), e na fase terminal do voo do míssil ou das cargas que dele se tenha separado.

Ao mesmo tempo, é evidente que por mais sofisticados que sejam os escudos anti-míssil, é impossível garantirem 100% de eficácia e, portanto, provavelmente bastaria uma ogiva nuclear chinesa atravessá-los para provocar danos inaceitáveis. Com a melhoria da sua força nuclear, designadamente com o desenvolvimento de alguns SLBMs, a China pretende melhorar a sobrevivência da sua capacidade de retaliação, para que ela efectivamente se constitua como um dissuasor credível, mas não tem levado a efeito uma, actualmente economicamente insustentável, tentativa de alcançar a paridade nuclear com os Estados Unidos ou com a Rússia.

Dito isto, é óbvio que a China, com as suas 4 ou 5 centenas de ogivas nucleares e com os seus mísseis (intercontinentais e outros, porque para atacar os vizinhos o alcance dos mísseis não tem a mesma relevância) pode fazer muitos estragos, principalmente se alguma irracionalidade ou provocação a levasse a reacções de desespero.

V.5. Despesas militares chinesas

A despesa chinesa com a defesa tem-se situado oficialmente entre 1% e 2% do PIB desde 1990 e a despesa com a defesa tem sido da ordem dos 10% do total das despesas do governo central. Isto tem permitido um consistente crescimento da despesa com a defesa que, no entanto, não diverge significativamente do crescimento da despesa do Estado chinês[64]. Em 2007, oficialmente as despesas militares terão rondado os 45 mil milhões de dólares.

No entanto, alguns analistas calculam que a verdadeira despesa chinesa com a defesa possa ser dupla, ou mesmo tripla, dos valores oficiais. Com efeito, o Departamento de Defesa americano, por exemplo, estima que em 2007 a despesa chinesa com a defesa se pode ter situado entre os 97 mil milhões e os 139 mil milhões de dólares[65]. Na verdade, as despesas militares chinesas são fonte de alguma controvérsia.

DESPESAS MILITARES CHINESAS ORÇAMENTADAS E ESTIMATIVAS DO US DoD

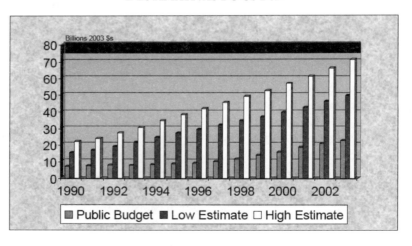

Fonte: *FY04 Report on PRC military power*, US Department of Defense, p. 27

Fig. 39

---

[64] *FY06 Report to Congress on PRC Military Power*, p. 7.
[65] *FY08 Report to Congress on PRC Military Power*, p. 32.

Também importa tentar projectar de que forma poderão evoluir os gastos com a defesa, a médio e longo prazo. O Pentágono, reconhecendo ser problemático fazer esta projecção, porque o total das despesas com a defesa não é definido e divulgado adequadamente, serviu-se em 2004 das projecções do crescimento da economia e daquilo que avalia como o intervalo em que se situará a despesa com a defesa, face ao PIB chinês e ao orçamento do Estado da RPC, para concluir que, por volta de 2025, a despesa do estado chinês com a defesa poderá ser, a preços de hoje, três a quatro vezes maior do que a actual.

PROJECÇÃO DAS DESPESAS MILITARES CHINESAS ATÉ 2025

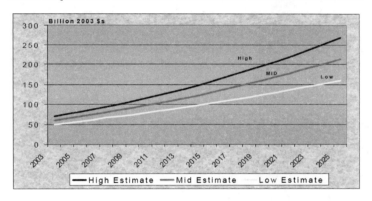

Fonte: *FY04 Report on PRC military power*, US Department of Defense, p. 28

Fig. 40

A verificar-se a estimativa mais elevada, em 2025 a RPC gastaria cerca de 250 mil milhões de dólares americanos com a defesa, o que é sem dúvida um valor impressionante. No entanto, é preciso pôr este valor em perspectiva. Com efeito, no ano fiscal norte-americano de 2005 o orçamento militar dos Estados Unidos foi de cerca de 420 mil milhões de dólares (não incluindo os créditos especiais de dezenas de milhões de dólares para as operações no Iraque e no Afeganistão). Se o orçamento-base americano de 2005 com a defesa – 420 mil milhões de dólares – não crescesse nos próximos 20 anos (um pressuposto que não é realista, porquanto logo no ano seguinte o orçamento da defesa cresceu 4,8%), ainda assim, em 2025, a despesa chinesa seria, de acordo com a estimativa mais elevada do Pentágono, apenas 60% (250/420) do orçamento-base americano. De acordo com a estimativa média, esta percentagem desce para 48% (200/420). Se se considerar a estimativa mais baixa, a percentagem desce ainda mais, para 36% (150/420).

COMPARAÇÃO DAS DESPESAS CHINESA E AMERICANA COM A DEFESA EM 2005

(Considerou-se que a dos EUA se mantém igual à de 2004 e que a da China varia de acordo com as estimativas do Pentágono)

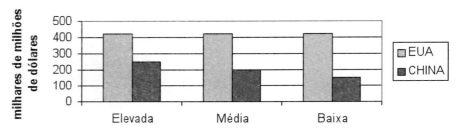

Fonte: *FY04 Report on PRC military power*, US Department of Defense

Fig. 41

Por outro lado, as avaliações do Pentágono de que as despesas militares chinesas são 2 ou 3 vezes maiores que os números oficiais do governo chinês, bem como as projecções lineares que apontam para que, cerca de 2025, as despesas militares chinesas anuais sejam de 250 ou 300 mil milhões de dólares, na pior das hipóteses, são muito contestados, designadamente nos próprios Estados Unidos, onde se acredita que algum exagero do Pentágono se destina a justificar o acréscimo do seu próprio orçamento.

Com efeito, um estudo da RAND Corporation de 2004, por exemplo, defendia que o Pentágono sobrestimara os gastos da China com a defesa. Enquanto em 2003, por exemplo, a China declarara 25 mil milhões e o Pentágono estimara 65 mil milhões, a RAND estimava valores entre os 31 mil milhões e os 38 mil milhões de dólares.

É possível, no entanto, que a par de questões de política interna e de eventuais interesses do complexo militar-industrial norte-americano, tenha estado à época por detrás dos números e das projecções apresentadas pelo Departamento de Defesa a vontade de exercer alguma pressão sobre a China, para esta ser mais transparente na matéria[66].

A verdade é que, por serem pouco verosímeis ou por outras razões, as projecções da evolução da despesa chinesa a 25 anos desapareceram a seguir a 2006, mantendo-se apenas uma alusão a elas, sem gráfico, nos relatórios publicados anualmente pelo Pentágono.

Por outro lado, a despesa que foi feita efectivamente (que, como vimos, é controversa) é um indicador importante, mas também é preciso ter uma noção da estrutura, isto é, o que se gasta em despesas com o pessoal, em reequipamento, em operação e manutenção e em investigação e desenvolvimento. No entanto, se a despesa total chinesa é difícil de precisar, a estrutura da despesa é-o ainda mais.

Sendo difícil de quantificar a estrutura da despesa com a defesa na RPC, a maior parte dos observadores (e mesmo o departamento de defesa norte-americano) apontam para que a maior parte do orçamento da defesa seja gasto em despesas com o pessoal: mesmo com o aumento significativo dos recursos para a defesa, exigências divergentes no seio do próprio orçamento da defesa limitam a extensão em que os fundos adicionais para as forças armadas podem ser aplicados na aquisição de sistemas de armas mais modernos. As despesas com o pessoal aumentam, em parte consequência do EPL ter de competir com o sector civil para atrair e reter pessoal qualificado, em parte por o EPL, desde 1998, ter de financiar assistência médica e pensões de reforma e de renovar instalações muito degradadas, e em parte porque o EPL constitui a guarda pretoriana do regime. Por outro lado, em anos recentes, uma boa parte do crescimento da despesa com a defesa orçamentada pelo governo central destina-se a substituir os lucros que o EPL obtinha com o seu "império" comercial, que começou a ser desmantelado, ou pelo menos a mudar de mãos, em 1998.

As reduções de efectivos[67] e as consequentes reorganização e redimensionamento das forças constituem passos em direcção a uma maior

---

[66] "Rumsfeld pretende clarificar 'sinais confusos' da China", *Diário de Notícias*, 20 de Outubro de 2005, p. 15.

[67] Em meados dos anos 80 o efectivo do EPL rondava 4 milhões e, na primeira fase, as reduções no efectivo foram consequência de uma maior distinção entre funções de segurança externa e de segurança interna, com muitos efectivos desmobilizados do EPL a serem transferidos para a Polícia Armada Popular, criada na altura.

profissionalização e modernização da estrutura de forças, mas custam dinheiro, a par de outras dificuldades de implementação (visões divergentes entre as chefias militares relativamente ao papel do EPL na sociedade e à extensão, profundidade e ritmo das reformas, incluindo a dimensão da força e as estruturas de comando e controlo, os problemas político-sociais gerados pela desmobilização, etc.), que também têm de ser geridas e vão atrasando o ritmo das reformas.

V.6. Capacidades absolutas e capacidades relativas

Outro aspecto que é importante ter em conta é que as capacidades chinesas não podem ser desligadas das despesas dos Estados Unidos e dos vizinhos da China, bem como das outras grandes potências mundiais.

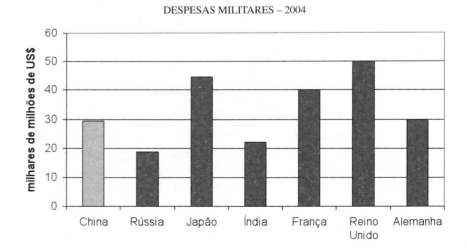

Fonte: *Military Balance 2005-2006*, IISS

Fig. 42

Os dados para elaborar o quadro acima (fig. 42) foram retirados da revista *Military Balance 2005-2006* correspondendo, no caso da China, à despesa declarada pelas autoridades chinesas em 2004. É óbvio que se, como acredita o Pentágono, a despesa chinesa com a defesa em 2007 tiver rondado os 100 ou 150 mil milhões de dólares em vez dos 45 mil milhões de dólares oficialmente anunciados, o *military balance* tenderá a alterar-se mais rapidamente a nível regional (fig. 43). Mas tal não implica necessariamente, mesmo a prazos mais dilatados, uma liberdade de acção irrestrita da China. Qualquer coligação de 2 ou 3 das outras potências regionais mais gastadoras, sobretudo se apoiada pelos Estados Unidos, equilibraria a China.

CHINA E OUTRAS POTÊNCIAS REGIONAIS (2007)

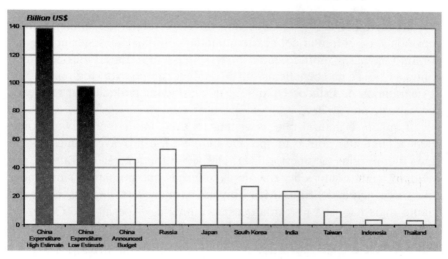

Fonte: *FY08 Report on PRC military power*, US Department of Defense, p. 33

Fig. 43

Nas fronteiras terrestres, os principais actores com que a China se pode defrontar são a Rússia e a Índia. Na periferia marítima, a China pode enfrentar quatro conjuntos distintos de actores – os estados do sudeste asiático, Taiwan, os Estados Unidos e o Japão (e talvez a Coreia do Sul). Mais remotamente, pode conceber-se também a inclusão da Índia no grupo dos actores com que a China se pode vir a confrontar na periferia marítima. Os quadros acima dão-nos uma ideia das possibilidades da China na sua orla marítima (para onde foca os seus esforços de modernização militar convencional), sobretudo se pensarmos que uma boa parte da sua despesa

202 *A ascensão da China. Acomodação pacífica ou grande guerra?*

com a defesa destina-se, seguramente, a suportar uma organização militar fixa, ao longo de um vasto território, e de mais de duas dezenas de milhares de quilómetros de fronteira terrestre. Também nos dá uma ideia da desvantagem em que ficará a China se o seu comportamento suscitar o desenvolvimento de coligações anti-chinesas, agrupando todos ou parte dos seus principais vizinhos.

Por outro lado, se o ambiente geral pacífico que tem procurado criar com a maior parte dos seus vizinhos continentais permite à RPC aliviar o esforço militar de controlo e vigilância das fronteiras terrestres, designadamente da fronteira russa, seguramente não a autoriza a desguarnecê-las completamente.

Relativamente aos Estados do sudeste asiático, a China já tem a capacidade de enfrentar com êxito qualquer combinação destes actores no domínio naval, assumindo que não se coligassem todos ao mesmo tempo contra a China e não beneficiassem de qualquer apoio extra-regional, como a Austrália ou os Estados Unidos. Esta capacidade poderá estar reforçada por volta do ano 2020.

Também é natural que as vantagens da China sobre Taiwan continuem a aumentar com o tempo. De momento, e provavelmente durante ainda alguns anos, a superioridade relativa da força aérea de Taiwan, por exemplo, pode conter eficazmente as ameaças que possam ser montadas pela força aérea do EPL. Mas Taiwan permanecerá em desvantagem, quanto mais não seja por uma questão numérica. Apesar de a China ser incapaz de invadir Taiwan com êxito através de um assalto anfíbio, ou de isolar completamente a ilha através de um bloqueio naval completo, pode coagir Taiwan, através da ameaça de mísseis convencionais, cada vez mais precisos, e de ataques aéreos combinados com um bloqueio aéreo e naval parcial, dirigido contra a navegação e o comércio de Taiwan. Claro que, para isso, é preciso que os Estados Unidos e as suas forças militares estejam completamente ausentes da equação.

A capacidade da China ameaçar porta-aviões americanos que operem a curtas distâncias da sua costa aumentará com o tempo. A modernização militar dará a Pequim a capacidade de aumentar significativamente o custo das operações militares dos Estados Unidos ao longo da periferia chinesa e, nessa medida, diminuir a liberdade de acção praticamente irrestrita de que os Estados Unidos gozam actualmente através da região da Ásia Oriental.

Quaisquer vantagens chinesas sobre o Japão provavelmente permanecerão mínimas, durante ainda muito tempo, na maior parte das capacidades de combate. Em caso de conflito, as forças de auto-defesa japonesas seriam capazes de eliminar todas as capacidades navais chinesas de superfície, no mar aberto, numa questão de dias, senão de horas. O Japão será, no entanto, vulnerável às capacidades chinesas de subsuperfície, assumindo que operem em número significativo, e a ataques com mísseis balísticos. Por outro lado, o Japão teria dificuldade, caso não pudesse beneficiar do apoio dos Estados Unidos, em expulsar uma força chinesa que ocupasse de surpresa alguma ou algumas das ilhas disputadas, por não ter as capacidades anfíbias, e eventualmente suficiente poder aéreo, que lhe permitissem forçar eficazmente a entrada num perímetro defendido, previamente ocupado. Em anos recentes, porém, o Japão tem vindo a desenvolver essas capacidades.

Relativamente à Índia talvez devamos desenvolver um pouco mais. Num artigo na *Military Technology*, Deba R. Mohanty (2004: 6) refere que nos 5 anos anteriores a 2004, a Índia adquirira armas no valor de 6 mil milhões de dólares, tendo sido um dos cinco maiores compradores de armas a nível mundial, uma posição que provavelmente manterá no futuro. A despesa com a defesa, na Índia, tem crescido a uma média de 5% a 10% por ano e, não obstante as despesas de funcionamento também crescerem, por causa da dimensão da estrutura permanente, a despesa de capital tem crescido a um ritmo maior, situando-se actualmente entre 40% a 50% da despesa total. Por outro lado, praticamente ¾ das necessidades indianas de armas são satisfeitas através de importações, sendo a Rússia um dos principais e mesmo nalguns casos o principal fornecedor, uma posição que manteve depois de, nos anos 60, a União Soviética ter começado a entrar no mercado indiano.

Numa entrevista concedida à *Jane's Defence Weekly*, de 3 de Novembro de 2004, pelo chefe do estado-maior da armada (CEMA) indiana, este prevê que, por volta de 2015-20, a marinha indiana tenha uma força de três porta-aviões, um em cada costa e um de reserva, para operações oceânicas (*blue water operations*) e visibilidade onde quer que os interesses nacionais o exijam[68]. O CEMA indiano também revelou uma série de aquisi-

---

[68] A Índia possui neste momento um único porta-aviões, que será substituído em 2012 por um novo, construído na Índia (incorporando tecnologia de diversas proveniências, incluindo da Europa Ocidental). Além disso está prevista a entrada ao serviço da marinha indiana em 2008-2009 de um porta-aviões comprado à Rússia. O porta-aviões "de reserva",

ções que a Marinha está em vias de fazer – seis submarinos franceses da classe Scorpène, a construir em Bombaim; aviões norte-americanos P-3C Orion modernizados, desde que os EUA dêem garantias de que mantêm o apoio durante o ciclo de vida do equipamento; etc. –, ao mesmo tempo que, notando que "a lógica exige que a Índia, como potência com armas nucleares que é, tem de adquirir um dissuasor, e a parte mais importante da tríade nuclear é baseada no mar", manteve alguma circunspecção em relação a notícias relatando um acordo com a Rússia para aquisição de dois submarinos de propulsão nuclear Tipo 971 da classe Akula.

A entrevista termina com o CEMA indiano a afirmar que a marinha indiana vigia cuidadosamente o fortalecimento naval da China e as actividades navais da China no Myanmar (Birmânia), onde a China está ajudar a modernizar as forças armadas e os portos, bem como o apoio técnico e financeiro da China no desenvolvimento do porto de Gwadar, na costa paquistanesa de Makran. Como afirma o CEMA indiano, uma presença naval chinesa em Gwadar daria a Pequim uma vantagem estratégica na região, rica em petróleo, do Golfo Pérsico. Mas, como ele próprio afirma: "Estamos a observar a marinha da China a entrar-nos por leste e por oeste, mas não há razão para alarme. Nós também estamos a aumentar as capacidades da nossa marinha e somos muito bem capazes de tomar conta de nós próprios."

Do referido julga-se de concluir que: primeiro, a Índia abastece-se na Rússia e, portanto, não é imediatamente evidente que, apenas pelo facto de a China comprar armas à Rússia, se possa partir imediatamente para a conclusão de que existe um eixo sino-russo muito firme e consistente; segundo, a Índia abastece-se de armas e ou de tecnologia militar nos Estados Unidos, na Europa Ocidental e em Israel; terceiro, os Estados Unidos, entre a China e a Índia, inclinam-se mais para o fortalecimento das boas relações com a Índia, que é uma democracia, e tendem a manter um certo grau de suspeição em relação à China; quarto, a Europa Ocidental não tem uma escolha tão clara em termos estratégicos entre a Índia e a China; quinto, a Europa Ocidental não sente à partida qualquer impedimento a encarar uma eventual competição com a Rússia ou Israel pelo mercado de armas chinês, do mesmo modo que encara a existente competição análoga

---

a que se refere a notícia da *JDW*, deve ser o que já existe, o qual, destinando-se a ser substituído, ainda poderá continuar em operação durante mais alguns anos.

pelo mercado indiano (daí, porventura, pelo menos em parte, as visões divergentes que por vezes afloram relativamente ao embargo à venda de armas letais à China).

V.7. Capacidades militares absolutas e relativas a médio e longo prazo

É evidente que se a China se tornar uma grande potência económica, tornar-se-á também uma grande potência militar, eventualmente uma superpotência militar, tendencialmente alterando, sucessivamente, os equilíbrios de forças regional e global. E também é óbvio que, mesmo antes de ser uma grande potência económico-militar, a China já tem capacidades militares para provocar grandes perturbações em praticamente todos os azimutes.

Mas é difícil antecipar, por outro lado, a 20 anos ou mais de distância, como estarão os equilíbrios militares a nível regional e global, aliás também dependentes de alinhamentos e alianças cuja existência (e consistência) é impossível prever a longo prazo. Se é verdade que a despesa militar da China cresce, os outros países não estão quietos.

Uma rápida vista de olhos pela imprensa, mesmo sem referir exemplos relativos aos Estados Unidos ou ao Japão, sugere isso mesmo: a Rússia, ainda antes dos atentados terroristas de Agosto de 2004 (queda quase simultânea de dois aviões comerciais e ataque perpetrado por separatistas inguches ou chechenos contra a escola de Beslan, na Ossétia do Norte), anunciou que o seu orçamento global da defesa iria crescer cerca de 20% de 2004 para 2005, correspondendo a cerca de 5% do PIB russo[69]; no Irão, no meio da polémica internacional suscitada pelo programa de enriquecimento de urânio, o guia supremo da revolução apela ao reforço das capacidades militares do país[70]; no Paquistão, o ministro das finanças anuncia que, depois de em 2004 a despesa efectiva com a defesa ter ultrapassado o que fora inicialmente orçamentado principalmente por causa do esforço militar contra a Al-Qaeda, em 2005 o orçamento da defesa deverá crescer

---

[69] "Putin investe forte na indústria militar", *Jornal de Notícias*, 18Jun04. Ver também *Jane's Defence Weekly*, 8 June 2005.

[70] "Irão: regime conservador exibe ambições bélicas", *Diário de Notícias*, 10 Jul04.

206   *A ascensão da China. Acomodação pacífica ou grande guerra?*

7%, para 3,4 mil milhões de dólares americanos[71]; o ministério da defesa nacional sul-coreano propõe um aumento de 13,4% no orçamento da defesa, para que ele se situe nos 18,5 mil milhões de dólares americanos, correspondendo a 2,9% do PIB sul-coreano (actualmente corresponde a 2,8%), propondo ainda que, face à retirada de tropas americanas da península, este valor deva crescer nos anos seguintes, para estabilizar nos cerca de 3%[72]; o governo de Taiwan aprova um orçamento de defesa suplementar para 15 anos no valor de 18 mil milhões de dólares (grosso modo o triplo da verba constante na "nossa" lei de programação militar para três sexénios), para comprar 8 submarinos convencionais, 12 aviões para guerra anti-submarina e seis baterias de mísseis Patriot com 338 mísseis, aquisições que são especificamente desenhadas para ir ao encontro da capacidade submarina crescente da China e para fazer face à ameaça colocada pelos mísseis balísticos chineses[73]; na Índia, o governo, na expectativa de um crescimento de 7% a 8% da economia, apresentou para 2005 um orçamento que contempla um aumento das despesas militares na ordem dos 18% (ou seja, um crescimento da despesa militar mais que duplo em relação ao crescimento esperado da economia), para cerca de 16,7 mil milhões de dólares americanos, programando aquisições de um porta-aviões russo, aviões de treino britânicos, radares israelitas e submarinos franceses[74], ao mesmo tempo que a Marinha visa alterar uma doutrina que enfatiza a protecção da orla costeira para uma estratégia de desenvolvimento de um "dissuasor nuclear mínimo credível capaz de garantir à Índia o domínio da região do oceano Índico"[75].

---

[71] "Pakistan raises defence spending", *JDW*, 23June04, p. 18.

[72] "South Korea proposes major increase to budget", *JDW*, 23June04.

[73] "Taiwan proposes US$18bn defence spending boost", *JDW*, 9June04, p. 6. A venda deste pacote de armamento americano foi aprovada em Abril de 2001 (praticamente ao mesmo tempo que se deu o incidente com o avião P3 americano, que colidiu com um caça chinês, tendo-se visto forçado a aterrar na ilha chinesa de Hainão, no Mar da China Meridional). No final de 2005 ainda era incerto se o parlamento de Taiwan (dominado pelo partido pró-reunificação Kuomintang) aprovaria a proposta da Administração, encabeçada pelo Presidente Chen Shuibian, do pró-independência Partido Progressista Democrático ("Taipei embroiled in defence budget row", *JDW*, 1 June 2005).

[74] "Índia: militares e pobres são a prioridade", *Diário de Notícias*, 9Jul04.

[75] "India outlines vision of future nuclear navy", *JDW*, 23June04, p. 30/31. "India budget shows 'modest' rise", *JDW*, 9 March 2005, p. 15.

Por outro lado, se a China procura modernizar as suas forças, os seus vizinhos fazem exactamente a mesma coisa. Dois artigos da revista *Military Technology* de Novembro de 2004[76] mostram que através da região, os complexos militares de países como a Austrália, o Japão, Singapura, Coreia do Sul, Taiwan e, claro, a China, procuram explorar a revolução nos assuntos militares da "Era da Informação", que preocupa os seus contrapartes americanos desde há mais de dez anos. Uma motivação adicional importante para países como o Japão, a Coreia do Sul, Taiwan, Singapura ou Austrália é a necessidade de manter um certo grau de interoperabilidade com forças americanas.

A *Military Technology* também observa que o entusiasmo voluntarista de alguns chefes do EPL pela chamada revolução nos assuntos militares (*RMA, Revolution in Military Affairs*) não tem sido suficiente para ultrapassar os constrangimentos da China – capacidade limitada de investigação e desenvolvimento, fracas indústrias de defesa, equipamento de defesa antiquado, interesse muito enraizado em vastos sectores do complexo militar em manter o *status quo*, isto é, opondo-se a reformas que impliquem redução de efectivos, etc. – que afectam a sua capacidade de alcançar uma superioridade decisiva sobre Taiwan ou de desafiar a superioridade militar dos Estados Unidos. A *Military Technology* observa igualmente a existência de uma corrida à construção naval através do continente asiático. Observando os casos da Índia, da Coreia do Sul, do Japão, de Taiwan e da China, a conceituada revista não conclui por nenhuma superioridade relativa da China resultante deste esforço. A conclusão mais interessante é a de que, descontando o caso do Japão, pela primeira vez em centenas de anos algumas Marinhas asiáticas vão estar equipadas com navios maiores e mais poderosos do que os seus congéneres que estão ao serviço das melhores Marinhas europeias (sendo certo que umas e outras ainda estão bastante atrás da *US Navy*) o que, para a *Military Technology*, mostra claramente que o foco da estratégia mundial se está a mudar para a orla oceânica Indo-Pacífica.

Sendo certo que um anúncio de uma intenção de despesa não é a mesma coisa que uma despesa realizada, que uma proposta de orçamento tornada pública por um ministro não significa que o Parlamento a aprove,

---

[76] "Asia's Evolution in Military Affairs", p. 28-30 e "The Asian DDG Race", p. 31-39, *Military Technology*, 11/2004.

208 *A ascensão da China. Acomodação pacífica ou grande guerra?*

que uma visão de um chefe militar pode esbarrar na realidade orçamental que lhe é imposta pelo poder político, etc., etc., todos estes exemplos e reflexões servem-nos para recordar que os vizinhos da China, alguns deles também em processos que encerram expectativas de crescimento acelerado, como a Índia, procuram continuamente fortalecer as suas capacidades militares.

Tudo considerado, portanto, se persistirem as actuais tendências, a modernização militar da China provavelmente precipitará algumas alterações significativas no equilíbrio de poder regional por volta de 2020. Isto não significa um poder ilimitado da China, o qual continuará a ser constrangido se os seus potenciais adversários regionais coordenarem a resposta ou se forem ajudados por uma potência exterior, como os Estados Unidos.

No fundo, tudo isto confirma o facto geopolítico de base que foi posto em evidência logo no estudo do Factor Físico: a China é um grande espaço, tem a massa crítica territorial e demográfica que lhe permite aspirar a ser uma superpotência em cerca de 25 anos. Mas, provavelmente, estará cercada por outras superpotências e grandes potências.

V.8. O factor militar – conclusões. Potencialidades e vulnerabilidades

Não obstante os números relativos a orçamentos e despesas nem sempre serem muito fiáveis, e a falta de transparência prestar-se a alguma especulação e a manipulações, a China está num processo gradual, relativamente lento mas imparável, de fortalecimento das suas capacidades militares.

A manter-se o ritmo de crescimento económico, e o concomitante ritmo de crescimento das despesas do Estado e da defesa, daqui a 15-20 anos a China poderá estar a gastar por ano com as forças armadas uma quantia comparável, mas ainda assim inferior, à dos Estados Unidos. De qualquer modo, mesmo que os Estados Unidos, em termos de despesa anual, consigam manter a extensão da vantagem, o que não é certo, a sua superioridade relativa tenderá a diminuir (por exemplo, se hoje os Estados Unidos gastarem 450 mil milhões de dólares e a China 50 mil milhões e, daqui a 15 anos, os Estados Unidos gastarem 600 mil milhões e a China 200 mil milhões, a extensão da vantagem manter-se-á inalterada – 400 mil milhões de dólares –, mas a superioridade relativa será de 3 para 1, e não de 9 para 1).

Por outro lado, o atraso tecnológico chinês, em relação aos Estados Unidos, situa-se mais ou menos na ordem dos 10 a 15 anos. Como assinalou You Ji (1999: xv), para estreitar o fosso que as separa dos Estados Unidos, ou do Japão, as forças armadas chinesas terão não só de evoluir muito, como terão de fazê-lo a um ritmo maior do que o das forças armadas mais modernas do mundo, para conseguir uma convergência real.

É evidente um esforço da liderança chinesa para organizar as forças armadas num modo que permita conduzir uma guerra "em condições de alta tecnologia", para empregar a expressão chinesa, mas também é opinião mais ou menos unânime dos observadores que são muitos os obstáculos, que ainda é preciso ultrapassar, não apenas em termos tecnológicos, mas também devido à própria resistência à mudança no interior das forças armadas chinesas.

Do ponto de vista da estratégia militar genética (ou seja, a estratégia de produção e aquisição de meios), a principal questão que se coloca não é tanto a da modernização das capacidades militares chinesas – uma tendência mais ou menos inexorável, se se mantiver o crescimento da economia chinesa –, mas a do ritmo a que essa modernização se está a fazer.

O esforço chinês de modernização militar tem sido razoavelmente equilibrado com o crescimento das capacidades económicas, por várias razões. Devido à crescente interdependência económica da China, o regime não parece querer, neste momento, ter de suportar os custos económicos e sociais de mobilizar a economia e militarizar a sociedade, para equilibrar seriamente a influência e o poder militar americanos, sendo mais ou menos claro, por exemplo, que os chineses não estão numa corrida para atingir a paridade nuclear com os Estados Unidos. Com efeito, a China tem mostrado capacidade de resistir às dinâmicas dos "dilemas de segurança", certamente calculando que ser arrastada por tais dinâmicas lhe é mais desfavorável que favorável.

A liderança chinesa reconhece que o esforço de modernização militar tem de ter a montante a construção de capacidades científicas, tecnológicas e económicas. Deste modo, os recursos devotados à modernização militar têm aumentado a um ritmo que não faça perigar o objectivo do desenvolvimento económico, nem alarmar indevidamente os Estados da periferia e as grandes potências, degradando o ambiente de segurança geralmente benigno de que a China beneficia hoje.

De facto, a modernização militar depende muito de o crescimento económico chinês poder ser sustentado durante um período razoavelmente

210   *A ascensão da China. Acomodação pacífica ou grande guerra?*

prolongado e ao longo do qual a situação internacional permaneça geralmente benigna do ponto de vista da China, pelo menos até esta garantir o PIB absoluto e relativo (por comparação com os seus pares), bem como o PIB per capita, "convertíveis em virtualmente todos os tipos de poder e influência" (Swaine e Tellis, 2000: 155).

Neste contexto, tem de se admitir que é basicamente uma questão de tempo antes que seja reduzida ou eliminada a maior parte dos obstáculos financeiros, técnicos, organizacionais e conceptuais com que se confronta o programa de modernização militar chinês, e que o ritmo de modernização da estrutura de forças da última década continuará nas próximas duas décadas, eventualmente até acelerando um pouco.

A China está a modernizar e a aumentar gradualmente o número dos seus ICBM, mas na perspectiva de ter uma capacidade de retaliação contra um primeiro ataque americano que lhe permita destruir uma ou duas cidades nos Estados Unidos. Face ao desenvolvimento das defesas americanas contra mísseis, esta pequena capacidade de retaliação chinesa poderá obrigar a um esforço suplementar da parte de Pequim, designadamente implementando tecnologia MIRV e construindo um maior número de mísseis para saturar o sistema de defesa americano.

No plano convencional, por volta de 2020, o EPL deverá ter significativas capacidades de negação da utilização a outros actores e de controlo militar de uma faixa de 400/500 quilómetros a partir da linha costeira da China. São prováveis também, por essa altura, significativas melhorias nas capacidades de guerra electrónica e de vigilância baseada no espaço; e ganhos moderados e progressivos na capacidade das forças aéreas, terrestres e marítimas conduzirem operações ofensivas conjuntas confinadas às redondezas das fronteiras terrestres (operações aeroterrestres) e marítimas (operações aeronavais, eventualmente combinadas com mísseis baseados em terra).

Uma boa parte do esforço de modernização convencional, por seu turno, tem-se focado nas contingências respeitantes a Taiwan e dirige-se à necessidade percebida de a China estar preparada para responder a algumas ameaças da parte dos Estados Unidos, designadamente visando aumentar o preço a pagar pelos norte-americanos em qualquer intervenção concebível no contexto de um conflito no estreito de Taiwan (Roy, 2003: 62; Johnston, 2003: 38).

Independentemente de outras considerações de ordem política, relacionadas com as consequências catalíticas, para o regime em Pequim, de uma secessão definitiva de Taiwan, apenas o valor geoestratégico da ilha justificaria que esta fosse o foco do esforço de modernização convencional das forças armadas chinesas. Com as saídas para as *blue waters* do Pacífico "geobloqueadas", um facto que nunca é demais sublinhar, e sem quaisquer possibilidades razoavelmente previsíveis de estabelecer bases no Pacífico Ocidental para além do "cordão sanitário" que vai do Japão à Indonésia, percebe-se a importância de Taiwan.

Mas, com Taiwan ou sem Taiwan, a China terá sempre alguma dificuldade em se abalançar, sem cuidar da retaguarda, para as *blue waters* do oceano mundial. É verdade que a China tem beneficiado nos últimos anos de um ambiente calmo nas suas fronteiras terrestres (também tem feito por isso), mas não as pode desguarnecer completamente. A Índia e a Rússia, por exemplo, a par de outros actores menores, são sempre ameaças potenciais a ter em conta. A instabilidade na fronteira islâmica é um perigo potencial, que com facilidade transborda para o Xinjiang, um dos principais *buffers* de protecção do *heartland* chinês e uma região rica em recursos estratégicos. E, mesmo sem contar com as fronteiras terrestres, o EPL, para chegar às *blue waters*, ainda tem de contar com o Japão, para não falar de pequenos países do sudeste asiático com economias desenvolvidas e aparelhos militares tecnologicamente mais sofisticados do que a China.

Ou seja, as preocupações com a segurança das fronteiras e com a defesa da integridade territorial serão, ainda durante bastante tempo, para a China, mesmo que esta consiga algum alargamento da sua esfera de influência ou zona de segurança, inibidoras da disponibilidade de recursos para as capacidades de projecção de poder a grandes distâncias.

Potencialidades

- Difícil acessibilidade, a acções militares convencionais, do interior profundo do território chinês;
- Capacidade de mobilizar cada vez mais recursos financeiros para a modernização das forças armadas, num contexto de crescimento sustentado da economia;
- Posse de um dissuasor nuclear que permite à China parte da cobertura ao abrigo da qual pode ir executando o programa de modernização, sem um esforço desmesurado ou economicamente insustentável de corrida aos armamentos.

Vulnerabilidades

- Atraso tecnológico;
- Elevado número de efectivos prejudica necessidade de investimento na modernização;
- Fracas capacidades expedicionárias e de projecção de poder convencional;
- Esforço de fortalecimento do poder naval sempre dependente da avaliação das capacidades militares dos vizinhos e das ameaças potenciais que circundam o território chinês.

CAPÍTULO VI

O ESTADO CHINÊS E O SEU AMBIENTE EXTERNO

VI.1. Introdução

Sendo a manutenção da integridade territorial e a capacidade de defesa contra qualquer invasão, a segurança das populações, a liberdade de acção, etc., objectivos de qualquer Estado, as questões listadas nos capítulos precedentes já permitem elencar diversas preocupações para os decisores chineses da política externa e de segurança.

Resulta evidente, por exemplo, a importância da estabilidade do abastecimento de petróleo importado e da segurança das linhas de comunicações marítimas, por onde fluem as importações e as exportações chinesas; a necessidade de manter boas relações com os países produtores de recursos que a China importa, com os países emissores de investimento directo portador de tecnologia e com os mercados onde a China coloca as suas exportações; a necessidade de conter as forças centrífugas das periferias, designadamente a separação definitiva de Taiwan; a necessidade de tranquilizar os vizinhos quanto ao sentido, ao ritmo e ao alcance da modernização militar; etc.

Também, com naturalidade, surgem alguns "nós" que compete à política externa chinesa desfazer: como manter simultaneamente boas relações com um país A (por exemplo, o Irão ou o Zimbabué), de quem a China importa recursos energéticos, e com um país B (por exemplo, os Estados Unidos) de onde a China importa capital ou onde a China coloca exportações, quando o país B aplica (e pretende que sejam aplicadas por todos os outros países) sanções económicas a A; como manter o fluxo de investimento, portador de tecnologia, quando os países emissores desse investimento temem que uma deriva nacionalista/militarista/populista na China a possa empurrar para políticas agressivas e expansionistas ou, numa perspectiva mais puramente económico-jurídica, quando os investidores temem que os seus investimentos não sejam legalmente protegidos; etc.

De alguns destes "nós" resulta, por seu turno, a necessidade de a China se apresentar internacionalmente como uma potência responsável, como um regime que tem capacidade para criar um ambiente jurídico adequado à internacionalização da sua economia, designadamente protegendo a propriedade intelectual e os investimentos estrangeiros; impedir derivas populistas ou nacionalistas e manter o controlo político das forças armadas; integrar-se em regimes internacionais cooperativos ou dispor-se a acomodar ou a adiar *sine die* a resolução de certas disputas territoriais; suavizar ou relativizar a imagem externa do regime, através de todo um argumentário, que vimos, e mesmo de um esboço de estratégia cultural; etc.

Alguns objectivos entrecruzam-se: por exemplo, a integração num regime cooperativo internacional, como a OMC, pode simultaneamente ter uma utilidade concreta em termos económicos e comerciais e transmitir uma imagem de responsabilidade perante o "sistema internacional"; a reunificação com Taiwan daria um enorme fôlego legitimador ao regime em Pequim e ao mesmo tempo uma vantagem geopolítica, quebrando o geobloqueamento da China em relação às *blue waters* do Pacífico (sendo que, descontado o efeito psicológico e o efeito de negar a ilha a eventuais adversários, esse geobloqueamento, ou a ausência dele, só é materialmente relevante se a China tiver uma marinha oceânica); na disputa com o Japão, sobre o direito à posse das ilhas Senkaku/Diaoyu, ou com os países do sudeste asiático, sobre o direito à posse das ilhas Paracel e das Spratly, imbricam nacionalismo e interesse económico, ligado à definição das zonas económicas exclusivas; etc.

A importância relativa dos objectivos também não é a mesma: a manutenção do ritmo do crescimento económico pode levar a China a suavizar as suas reivindicações territoriais no Mar da China Meridional (ou deixá-las a aguardar melhor oportunidade) mas não a transigir com a independência de Taiwan; o vago desejo de um mundo multipolar, que na verdade é mais um desabafo contra a proeminência dos Estados Unidos, não leva a China a defender o aumento da potência militar do Japão, ou a entrada deste país no "clube" dos membros permanentes do Conselho de Segurança das Nações Unidas, ou a desafiar directamente os Estados Unidos (pelo menos para já), quando depende da *US Navy* para a segurança das SLOCs (*Sea Lines of Communications*).

Claro que "melhor oportunidade" e "para já" nos remetem para outro patamar: o do tempo. Um patamar em que naturalmente são possíveis todas as especulações sobre intenções futuras. Por exemplo, um objectivo chinês de, para aumentar a sua liberdade de acção, degradar o poder relativo dos Estados Unidos no mundo, não a levará hoje a enveredar por estratégias operacionais directas, mas apenas indirectas (ou seja, a China não terá hoje a intenção de atacar militarmente quaisquer interesses dos Estados Unidos, mas vende caro qualquer apoio diplomático nas questões do Irão e da Coreia do Norte, para já não falar de, no passado, a China poder ter contribuído para que essas questões tenham hoje a relevância que têm). Mas, por outro lado, o mesmo objectivo de degradar o poder relativo dos Estados Unidos, adiado mais ou menos *sine die*, tem consequências genéticas e estruturais, através da prossecução de um plano de fortalecimento do potencial estratégico. Aqui o factor tempo coloca-se de novo, mas em termos de ritmo. Não o estando para já, como vimos no capítulo anterior, estará no futuro a China disposta a sacrificar o seu desenvolvimento económico-social a um aumento do ritmo da edificação de capacidades militares que lhe permita desafiar directamente os interesses geopolíticos dos Estados Unidos ou invadir e conquistar militarmente Taiwan? O que fará a China quando tiver, se tiver, capacidades militares para desafiar esses interesses?

Como os países não explicitam as suas verdadeiras intenções (e mesmo que o fizessem, a garantia de que elas não se pudessem alterar mais ou menos bruscamente no futuro continuaria a ser praticamente nula), é preciso acrescentar aos factores que vimos até aqui a observação do comportamento político-estratégico dos diversos actores agrupados por grandes regiões, incluindo o comportamento observado do Estado chinês, e mais algumas tendências e/ou possibilidades de evolução, nos planos diplomático e militar. Isto com a esperança de se compreenderem melhor os objectivos da estratégia chinesa, a hierarquia desses objectivos e os prazos em que se pretende que sejam alcançados, as evoluções mais prováveis e os riscos para a segurança internacional das evoluções possíveis.

VI.2. Um olhar da China para o mundo moderno

Com o advento da era moderna, a partir de meados do século XIX, emergiram vários factores novos, ou parcialmente novos, que afectaram o ambiente de segurança e as perspectivas do Estado chinês e dos seus líderes.

De facto, entre a primeira Guerra do Ópio (1842) e a implantação, em 1949, da República Popular da China, a China foi atacada e retalhada

216   *A ascensão da China. Acomodação pacífica ou grande guerra?*

e teve de lidar com grandes revoltas internas. Diversas potências ocidentais e o Japão ocuparam os mais importantes portos da China, deles afastando o controlo e a jurisdição do Estado chinês. Derrotada na guerra sinojaponesa, a China teve de ceder em 1895 a ilha de Taiwan ao Japão. Para esmagar a revolta Taiping (1851-1864), o Império precisou da ajuda de forças ocidentais. No rescaldo da rebelião Boxer (1900-1901), um exército multinacional entrou em Pequim, obrigando a imperatriz a fugir para Xian e o governo chinês a diversas concessões. Em poucos anos, depois da implantação da república, a China estava retalhada em domínios de vários "senhores da guerra". No princípio da década de 30 do século XX, os japoneses instalam um regime fantoche na Manchúria, antecipando a ulterior conquista de vastos territórios chineses nos alvores e durante a segunda guerra mundial. Tudo isto num quadro em que, mesmo antes da invasão japonesa, o governo do Kuomintang, desafiado nas áreas controladas pelo Partido Comunista e por forças centrífugas nas regiões ocidentais do Tibete e do Xinjiang, não conseguira estender o controlo governamental a todo o território.

Estes factores, entre outros episódios cuja listagem não esgotámos, alteraram a concepção e a aplicação das estratégias chinesas em importantes aspectos, de que destacamos alguns:

- Primeiro, o aparecimento de significativas ameaças provenientes de Estados-nação distantes e poderosos, a partir de meados do século XIX, significava que o Estado chinês já não se podia proteger dos ataques externos meramente controlando ou dominando, através de vários tipos de relações de suserania, aquelas áreas imediatamente adjacentes ao *heartland* (Swaine e Tellis, 2000: 72 e seguintes). Para garantir a ordem doméstica e estabelecer e manter o controlo sobre a sua periferia, o Estado chinês precisava, agora, de adquirir as sofisticadas práticas e capacidades organizacionais, materiais e conceptuais de um Estado-nação industrializado. Mais do que isso, para sobreviver, o Estado chinês precisaria de desenvolver essas capacidades em relação a Estados periféricos próximos e potências industriais mais distantes. Contudo, a aquisição destas capacidades tomaria um considerável período de tempo, dadas as capacidades superiores dos Estados industrializados ocidentais, a profundidade dos problemas internos chineses e o grau de transformação conceptual e organizacional exigido aos líderes políticos e militares chineses.

- Segundo, uma profundamente enraizada "mentalidade de vítima" entre a elite e a população emergiu, primeiro no período imperial, mas atingiu o seu ponto mais alto na era moderna, em resultado da humilhação e subjugação da China por Estados imperialistas estrangeiros. Esta memória recuada da humilhação é, em parte, genuína, devendo destacar-se, neste contexto, pela enorme importância que tem para o advento do nacionalismo chinês, o movimento de 4 de Maio de 1919. Este movimento traduziu o enorme ressentimento dos chineses, quando foram excluídos das conversações no fim da primeira guerra mundial, em cujo esforço logístico tinham participado em França, ao lado dos vencedores, ao mesmo tempo que viam ser transferidos para os japoneses, nos termos dessas negociações, os portos chineses do antecedente controlados pelos alemães. Por outro lado, a memória recuada da humilhação também é em parte alimentada para fins políticos internos e externos. Esta mentalidade de vítima acentuou o forte empenhamento na criação de um Estado-nação chinês poderoso e respeitado, capaz de corrigir agressões cometidas por Estados imperialistas mais fortes; na protecção da sociedade chinesa contra a "contaminação cultural" estrangeira e as ameaças à ordem e estabilidade domésticas; e na defesa da soberania do Estado chinês, dos interesses nacionais e do estatuto do regime numa arena internacional mais larga, dominada pelas grandes potências (Swaine e Tellis, 2000: 73).
- Terceiro, as superiores capacidades e qualidades organizacionais, materiais e ideológicas do moderno Estado-nação minaram fatalmente a atractividade passada da ordem político-cultural confucionista-legalista imperial, como um meio de estabelecer e manter, internamente, um regime chinês unificado e poderoso. Em seu lugar surgiu um nacionalismo chinês que procura incluir as minorias étnicas, baseado nas instituições totalitárias de um estado monolítico e leninista burocrático com uma forte componente militar, defensor da pureza da essência nacional e do carácter "único" do povo e da cultura chineses (Swaine e Tellis, 2000: 72). Na percepção de Mao Zedong, e para não estar a entrar em grandes detalhes, tal desiderato obter-se-ia, na ausência de qualquer classe média significativa e de um verdadeiro proletariado (com excepção de algumas, poucas, áreas costeiras do antecedente dominadas pelos ocidentais, não havia industrialização digna desse nome na China), aniquilando

os vestígios do capitalismo e controlando, ou obtendo o apoio, do mundo rural, onde se concentrava a esmagadora maioria dos chineses. O corpo doutrinário de Mao foi sendo forjado numa dura guerra revolucionária, numa guerra contra os japoneses e numa guerra civil (estas 3 guerras sucederam-se, praticamente ininterruptamente, durante mais de 20 anos; se incluirmos a Guerra da Coreia, este período de guerras sucessivas ainda se prolonga mais uns anos), e a sua influência abrangia todos os aspectos da sociedade. Nestes incluindo as doutrinas de defesa, bem como as sucessivas campanhas de mobilização de massas e de rectificação do comportamento (e, se possível, do pensamento) dos quadros, que produziram uma "lavagem ao cérebro" ideológica, cujos efeitos se fazem sentir até hoje, com expressão, por exemplo, no papel que Mao ainda tem, 30 anos depois da sua morte, na iconografia do regime. Por outro lado, externamente, o declínio da proeminência cultural chinesa, e o surgimento de um sistema internacional igualitário de modernos Estados-nação, forçou o Estado chinês a descartar a relação tributária hierárquica e culturalmente orientada da era imperial e adoptar muitos dos conceitos e práticas do sistema estatal europeu e a jogar nas relações de equilíbrio e distribuição de poder entre as principais potências (Swaine e Tellis, 2000: 73).

Foi há pouco mais de 150 anos, apenas, que o Ocidente forçou a abertura da China. Antes disso, a China ocupava o centro do seu próprio universo, no qual era inconcebível a cooperação com outros numa forma que não fosse hierárquica. Depois do chamado "século da humilhação" – grosso modo desde a primeira guerra do Ópio até à implantação em 1949 da RPC – a China ainda está num processo de estabelecer a sua identidade no mundo moderno, depois de várias tentativas falhadas de restauração da grandeza perdida. Depois de 1949 a China começou por escolher ser uma aliada da União Soviética e um membro do campo socialista; tentou ser um estado socialista auto-suficiente opondo-se ao mesmo tempo às duas superpotências; um estado socialista alinhado com os Estados Unidos contra a União Soviética; e um estado declaramente socialista "com características chinesas" que se integra na economia capitalista internacional (Yahuda, 2003: 13).

Para Yahuda, contudo, estas mudanças mascaram certas continuidades importantes, designadamente o projecto de a China alcançar a riqueza e o poder que habilite a China a retomar aquilo que a maior parte dos chineses olham como o papel histórico do país no cume do poder mundial. No mínimo tal exige atingir um estatuto de igualdade com qualquer outra das grandes potências.

VI.3. Lidando com as periferias – um giro do horizonte a partir de Pequim

VI.3.1. *Estabilidade, segurança das fronteiras, liberdade de acção e contra-contenção*

A estratégia de segurança chinesa na sua periferia visa garantir a segurança das fronteiras chinesas e dos territórios reclamados, manter o acesso a mercados e a recursos naturais e perseguir uma estratégia de "contra-contenção", estabelecendo uma presença e influência regionais que equilibrem e compitam com as dos Estados Unidos e, conforme os casos, também com a influência regional da Índia e do Japão[77]. Podemos acrescentar, também, que é uma preocupação de Pequim conter as forças centrífugas que operam no seu próprio território, principalmente no Xinjiang, no Tibete e, provavelmente, na China meridional, designadamente no contexto de Taiwan.

Para isso, a China procurou apaziguar todos os seus vizinhos terrestres depois do fim da Guerra-Fria, designadamente resolvendo questões fronteiriças (apenas com a Índia tal não foi ainda possível, mas chegou-se a uma certa acomodação). Na sequência da denúncia huntingtoniana da "conexão confucionista-islâmica" em *O Choque das Civilizações* (1996), também hoje é praticamente reconhecido por todos os analistas que a política chinesa de venda de armas, e designadamente de tecnologia nuclear ao Paquistão, teve, a par de motivações comerciais, considerações de ordem estratégica. Por um lado, para equilibrar a Índia; por outro, para sacudir a pressão norte-americana, depois de 1989 (Tiananmen e atribuição do Prémio Nobel da Paz ao Dalai Lama) e causar graves dificuldades à estratégia americana em regiões extremamente sensíveis, ao mesmo tempo minando

---

[77] *FY04 Report to Congress on PRC Military Power pursuant to the Fiscal Year 2000 National Defense Authorization Act)*, Department of Defense, Washington D.C., Maio de 2004, p. 14.

o esforço norte-americano no âmbito da contra-proliferação nuclear. Os efeitos dessa política, e das ligações então estabelecidas entre o Paquistão e a Coreia do Norte e entre estes e o Irão, ainda hoje se fazem sentir, reflectindo um sucesso espectacular da estratégia chinesa. Acredita-se, no entanto, que a necessidade de tranquilidade para se desenvolver, bem como a necessidade de tranquilizar o mundo para as consequências da sua modernização, têm levado a China a reverter as políticas proliferadoras, ou, pelo menos, a ser um pouco mais selectiva nas vendas de armas e nas transferências de tecnologia militar. Embora o regresso ao passado seja sempre uma opção.

Conforme já referimos, a China não tem possibilidades materiais de, a curto ou médio prazo, desenvolver uma marinha oceânica que proteja as SLOC que vão do Índico Ocidental até aos mares da China, por onde passam muitas das exportações chinesas e 80% do petróleo que a China importa. Não podendo desafiar a capacidade naval dos Estados Unidos e de outras potências, como a Índia, e não podendo substituir-se às marinhas da Indonésia, da Malásia e de Singapura que, mal ou bem, muitas vezes cooperando com a *US Navy*, garantem a segurança dos estreitos de Malaca, designadamente contra a pirataria e agora o terrorismo, a China é forçada a cooperar com os países que têm a maior responsabilidade na segurança das SLOC e dos pontos de passagem obrigatória para manter os estreitos abertos (Zweig et al, 2005: 35). Ou, pelo menos, a não hostilizar tais países a um ponto que estes se conluiam para lhe negar a liberdade de circulação. Ao mesmo tempo tem procurado estabelecer e manter boas relações, e apoiar a construção de infra-estruturas navais, em países como o Paquistão (o porto de Gwadar, onde os chineses têm algumas facilidades, situa-se a 400 quilómetros do Estreito de Ormuz), o Bangladesh e a Birmânia (Myanmar), por exemplo, onde pode encontrar pontos de apoio ao longo das SLOC com origem ou destino no Médio Oriente e criar alguns *buffers* em relação à Índia.

A par da necessidade de evitar o cerco e a interferência excessiva de potências exteriores como os Estados Unidos e de, na relação com o Paquistão, equilibrar a Índia, a China tem a preocupação de neutralizar a emergência de uma coligação anti-chinesa que agrupe os seus vizinhos (Gaspar, 2005: 6) e de garantir a estabilidade do ambiente estratégico, de modo a poder concentrar-se no programa de modernização.

O CONTEXTO REGIONAL DA CHINA

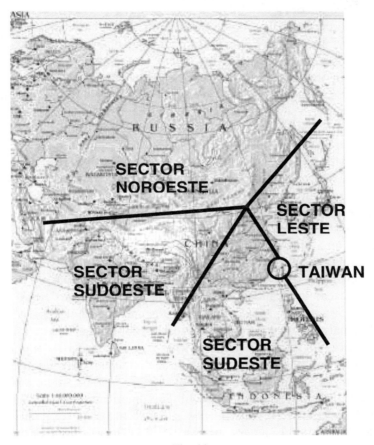

Fig. 44

VI.3.2. *O sector noroeste – Rússia, Islamismo e Ásia Central: a estepe como preocupação estratégica permanente da China. A Organização de Cooperação de Xangai. Aliança anti-americana sino-russa em formação?*

Tradicionalmente as grandes ameaças aos Estados estabelecidos no *heartland* chinês vinham do norte. No tempo da Guerra-Fria, a fronteira da China com a União Soviética era constituída por dois segmentos de exten-

222   *A ascensão da China. Acomodação pacífica ou grande guerra?*

são semelhante (cerca de 3500 quilómetros cada), entre os quais ficava, e fica, a fronteira com a República da Mongólia.

Na verdade, hoje a fronteira com a Mongólia até é mais extensa do que as fronteiras com a Rússia (a fronteira ocidental sino-russa ficou reduzida a cerca de 50 quilómetros). Apesar da sua grande extensão geográfica, a Mongólia, estépica e desértica, é habitada por apenas cerca de 2,8 milhões de habitantes. A Mongólia era um território controlado pela última dinastia imperial estabelecida em Pequim. Acabou por se tornar um estado satélite de Moscovo. No entanto, o governo comunista estabelecido em Pequim em 1949, no contexto das boas relações que inicialmente manteve com Moscovo, acabaria por reconhecer a Mongólia (e implicitamente reconhecer que o país estava na esfera de influência soviética). A Mongólia tem uma fronteira de aproximadamente 4700 quilómetros com a China e de 3500 quilómetros com a Rússia. Mas com um PIB cerca de 30 vezes inferior ao de Portugal e com despesas anuais com a defesa que correspondem a uma semana do orçamento do Exército português, a Mongólia é, em termos estratégicos, um quase vazio entre a China e a Rússia. O "ensanduichamento" da Mongólia entre a China e a Rússia, e o perigo de que tal situação geográfica a transforme de novo numa espécie de condomínio sino-russo, tem levado as autoridades mongóis a elevar o seu perfil internacional, designadamente participando com pequenos contingentes nas operações no Iraque. Os Estados Unidos, por seu turno, eventualmente irritando a Rússia e a China, não têm negligenciado dar alguma massa crítica à voz da Mongólia na cena internacional, como o comprovam a operação na Mongólia de conselheiros militares americanos e as visitas a Ulan Bator de altos dignitários americanos. Em Outubro de 2005, por exemplo, o Secretário da Defesa americano Rumsfeld visitou a Mongólia, alegadamente para agradecer o contributo deste país no combate ao terrorismo[78]. E no mês seguinte o próprio Presidente Bush faria em Ulan Bator uma escala de 4 horas, depois de sair de Pequim em direcção aos Estados Unidos.

A par do seu significado global, a desintegração da União Soviética, em 1991, constituiu um importante ponto de viragem para a China. Do ponto de vista da sua segurança nacional, significava que, pela primeira vez desde 1949, a China não tinha de se preparar para uma provável inva-

---

[78] "Ambições militares e espaciais da China preocupam Rumsfeld", *Público*, 19Out05, p. 26.

são do seu território, um perigo que lhe fora colocado sucessivamente pelas duas superpotências, ao longo dos 40 anos precedentes. O fim das hostilidades potenciais no interior da Ásia continental proporcionou à China uma maior liberdade de acção estratégica, na Ásia marítima, e permitiu-lhe também, deixando de estar confrontada com uma ameaça imediata de ataque, dar prioridade ao desenvolvimento da sua economia doméstica e à manutenção da estabilidade social (Yahuda, 2003: 5 a 12). Por outro lado, a desintegração da União Soviética fez com que a China tivesse de olhar com mais cuidado para o facto de o seu extremo noroeste passar a confinar com uma série de Estados com afinidades com o activismo islâmico uigur no Xinjiang.

Neste contexto, Pequim deu grande prioridade à segurança das fronteiras norte e noroeste, quando a União Soviética se desintegrou. Desde 1992 e ao longo dos anos 90, a China tem assinado acordos de demarcação de fronteiras com os estados vizinhos na Ásia Central, acordou com a Rússia a demarcação completa da longa fronteira comum entre os dois países, no quadro de um certo desanuviamento da tensão e de uma relativa desmilitarização das fronteiras terrestres comuns. Este esforço, que incluiu a assinatura de diversos acordos bilaterais e multilaterais com a Rússia, o Tajiquistão, o Cazaquistão e o Quirguistão, insere-se, aliás, na preocupação geral da China em baixar tensões bilaterais com todos os seus vizinhos. Com efeito, à China importa tranquilizar as pouco povoadas ex--repúblicas soviéticas da Ásia Central que, com mais ou menos razões para isso, temem que um *far west* chinês, infra-estruturado e colonizado com populações chinesas Han numerosas, industriosas e com uma mobilidade difícil de controlar, possa constituir uma espécie de base para a expansão chinesa para os seus territórios.

A norte, o que a China quer, pois, é a segurança das suas fronteiras terrestres e, mais recentemente, importar da Rússia armamento e recursos energéticos. A Rússia vende, mas temperando sempre os seus interesses comerciais com considerações de segurança. A Rússia e a China são hoje vizinhas com boas relações e partilham de pontos de vista comuns. Com efeito, nem a China nem a Rússia vêem com bons olhos o alargamento da OTAN até às fronteiras respectivas, ao mesmo tempo que as preocupa o fortalecimento da aliança entre os Estados Unidos e o Japão. Apesar de tudo, alguma desconfiança mútua histórica subsiste entre Pequim e Moscovo, e o subpovoado extremo oriente russo está demasiado à mercê de uma China em expansão económica, aconselhando à Rússia alguma reserva.

224 *A ascensão da China. Acomodação pacífica ou grande guerra?*

As cinco ex-repúblicas soviéticas da Ásia Central – Cazaquistão, Uzbequistão, Turquemenistão, Quirguistão e Tajiquistão – ocupam um vasto espaço encravado entre a Rússia a norte, a China a este, as montanhas do Irão e do Afeganistão a Sul e o mar Cáspio a oeste. O Cazaquistão é a maior destas ex-repúblicas, mas a sua população por unidade de superfície é semelhante à da Mongólia. Os cinco países têm em conjunto uma população de cerca de 50 milhões de habitantes, metade dos quais no Uzbequistão.

Da Ásia Central ex-soviética, a China pretende acesso a recursos naturais (até agora bastante dificultado) e que a intranquilidade dos "Balcãs Asiáticos" ou *"Global Balkans"* não transvase para o Xinjiang e não perturbe o abastecimento de recursos energéticos a partir de países como o Irão, a Arábia Saudita, etc. A seguir ao 11 de Setembro, a China teve uma atitude cooperativa e não se opôs ao compreensível activismo dos Estados Unidos na região, tendo sido recompensada com uma maior compreensão americana em relação à política chinesa de repressão do activismo islâmico uigur no Xinjiang. Como afirmam Brødsgaard e Christensen (2003: 41), a guerra contra o terrorismo propicia à China uma boa oportunidade para suprimir o movimento dissidente e separatista no Xinjiang, sem suscitar criticismo do estrangeiro. Por outro lado, a China poderá até ter pensado que um afundamento dos Estados Unidos num conflito insolúvel no Afeganistão enfraquecesse globalmente o poder americano, à imagem do que acontecera nesse teatro de operações com os soviéticos (Godement, 2003: 188).

Mas, a pouco e pouco, a actuação global e a presença de bases norte-americanas na região, que coexistem com algumas bases OTAN e mesmo com algumas bases russas[79] (fig. 46), bem como as operações no Afeganistão – um mosaico com influências persas, tajiques e outras etnias também existentes no Paquistão, como os pashtunes –, terão começado a tornar-se politicamente e economicamente mais "incomodativas" para a China (e para a Rússia).

Com efeito, diversas fontes têm referido a estratégia americana no Cáucaso e nos países a leste do mar Cáspio, como o Cazaquistão, o Uzbe-

---

[79] Em meados de 2005 as autoridades uzbeques ordenaram a retirada norte-americana da base de Karshi-Khanabad até ao final desse ano, já num contexto de uma também menor tolerância russa e chinesa à presença estratégica americana na região.

quistão e o Turquemenistão, como levada pela necessidade americana de recursos energéticos, é verdade, mas ao mesmo tempo uma maneira de, esgotando a oferta ou bloqueando geopoliticamente o acesso, negar à China, sem a desafiar directamente, a possibilidade de aceder a esses recursos. Neste contexto, diversos observadores têm defendido que as bases americanas no Afeganistão e na Ásia Central são um instrumento para os Estados Unidos terem um papel determinante em toda a região eurasiática. Para alguns, inclusivamente, a invasão americana do Afeganistão "visava estabelecer bases avançadas na confluência de três regiões essenciais: o Médio Oriente, a Ásia Central e a Ásia do Sul [por ser] uma zona rica em recursos energéticos e [estar] na confluência de três potências emergentes: China, Índia e Rússia" (Maitra, 2005; Engdahl, 2005). Para alguns destes observadores, o controlo geopolítico do Uzbequistão, Quirguistão e Cazaquistão permitiria controlar quaisquer potenciais traçados de *pipelines* entre a China e a Ásia Central, assim como o cerco da Rússia permite controlar as ligações entre este país e a Europa Ocidental, a China, a Índia e o Médio Oriente. Por outro lado, com a OTAN no Afeganistão, intensifica-se a influência da Turquia nas repúblicas turcófonas da Ásia Central (das cinco, só o Tajiquistão não é turcófono) e indirectamente no Xinjiang (ou Turquestão chinês).

ÁSIA CENTRAL

Fig. 45

226 *A ascensão da China. Acomodação pacífica ou grande guerra?*

BASES MILITARES NA ÁSIA CENTRAL

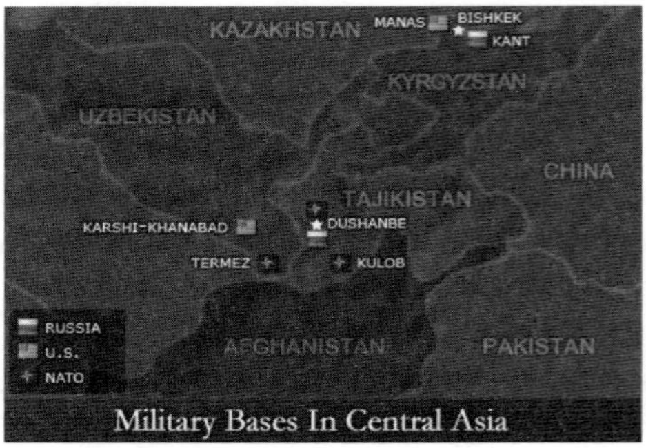

Fonte: *Radio Free Asia* (2005)

Fig. 46

Mais recentemente a China e a Rússia concertaram-se com os países da Organização de Cooperação de Xangai na oposição à agenda política (designadamente o apoio às "revoluções coloridas") e à presença militar americana na região. A China foi a principal patrocinadora da criação em 1996, em Xangai, deste mecanismo de diálogo sobre segurança contra o separatismo, o extremismo e o terrorismo (ou seja, contra o pan-islamismo), conhecido por "Shanghai five", que agrupava, além da China e da Rússia, três repúblicas da antiga União Soviética – o Quirguistão, o Cazaquistão e o Tajiquistão[80]. O Uzbequistão, que não faz fronteira com a China, juntou-se-lhes em 2000. Este mecanismo foi rebaptizado em 2001, tendo os presidentes dos seis países criado a Organização de Cooperação e Segurança (OCS) em meados de Maio desse ano.

A OCS tem duas agendas gémeas, centradas na segurança e na cooperação económica respectivamente. Através deste instrumento multilateral a China colabora com os Estados da Ásia Central para reprimir o extremismo religioso e lidar com outras ameaças à estabilidade regional, como o tráfico de drogas, armas e explosivos, resolver disputas fronteiriças, acordar reduções mútuas de tropas fronteiriças e trocar informação sobre movimentos

---

[80] Vale a pena sublinhar que foi a primeira vez que a República Popular da China, nos seus então 47 anos de história, assinou um acordo de segurança multilateral (Yahuda, 2003: 14).

de tropas e exercícios militares. Em 2000, o grupo "Shanghai five" emitiu a "Convenção de Xangai sobre o Combate ao Terrorismo, ao Separatismo e ao Extremismo".

Ocasionalmente, a OCS tem sido vista como uma organização anti-OTAN ou que visa contrariar o elevado perfil do protagonismo americano na região. A OCS não é, porém, uma coligação abertamente anti-americana (alguns dos seus membros até têm bases americanas ou da OTAN nos territórios respectivos, como vimos), embora, como vem sendo o caso ultimamente, aproximando a China e a Rússia, ajude a contrariar a crescente influência económica e estratégica americana na região.

De facto, a capacidade de Pequim e Moscovo promoverem alinhamentos *ad-hoc* anti-americanos ficou patente, por exemplo, na cimeira da OCS realizada em Astana, capital do Cazaquistão, no princípio de Julho de 2005. Sem que tal possa ser lido como uma aliança anti-americana permanente e estável, a verdade é que a declaração final da cimeira exigia que fosse fixada uma data para a retirada das forças militares americanas e internacionais instaladas na Ásia Central, desde o ataque contra o Afeganistão em Dezembro de 2001. O que levou o chefe da *Joint Chiefs of Staff* americana a reagir em Washington, dizendo que lhe parecia que havia dois grandes países (o general Myers referia-se à Rússia e à China) a tentar intimidar alguns pequenos países da região. Por outro lado, Myers declararia que os Estados Unidos não têm qualquer desígnio territorial na Ásia Central e que a Rússia e a China não se devem sentir ameaçadas pelos Estados Unidos, nem ver a presença militar americana na região como expansionista[81]. A dar um especial significado à cimeira de Astana, o Irão participou na reunião como observador, como aliás a Índia[82] e o Paquistão.

---

[81] "Russia and China Bullying Central Asia, U.S. Says: Pentagon Pressured to Pull Out of Uzbek, Kyrgyz Bases", *Washington Post*, 15 July 2005.

[82] É interessante notar como, apesar de alguns ressentimentos históricos e hostilidades mútuas, existem entre a Rússia, a Índia e a China suficientes interesses comuns para manterem o diálogo em diversos arranjos multilaterais de geometria variável, o mais recente dos quais é o chamado diálogo BRIC que, além daqueles três países, inclui ainda o Brasil. O que começou por ser um acrónimo utilizado pelo banco de investimentos Goldman Sachs para, em 2001, designar um conjunto de quatro prometedoras economias emergentes, hoje é cada vez mais um fórum de coordenação de certos aspectos das respectivas políticas externas, visando uma melhor acomodação dos interesses destes países numa ordem financeira mun-

Com efeito, ao Paquistão e à Índia não é indiferente o que se passa na Ásia Central. O Paquistão está primariamente interessado em ganhar profundidade estratégica através de influência política no Afeganistão, influência que se alimenta do pan-pashtunismo, por exemplo, e em negar ao Irão essa influência no Afeganistão e no Tajiquistão. Ao mesmo tempo, o Paquistão procura beneficiar da eventual construção de oleodutos que liguem a Ásia Central ao Oceano Índico (retirando importância ao trânsito através do Irão e aos portos iranianos), ou de um gasoduto que ligue o Irão à Índia. A Índia, por seu turno, vê mais favoravelmente a influência iraniana no Afeganistão e uma maior presença russa no antigo espaço soviético, para estreitar as possibilidades do Paquistão e, possivelmente, conter uma eventual influência chinesa na região.

TRAÇADOS POSSÍVEIS DE PIPELINES ENTRE ÁSIA CENTRAL E DO SUL

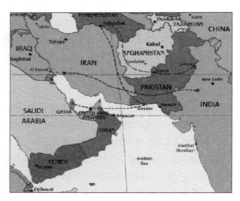

Fig. 47

No caso do programa nuclear do Irão, a China e a Rússia têm vendido cara a sua relativa cooperação com os Estados Unidos e o arranjo UE3 (Reino Unido, Alemanha e França). Um interesse estratégico em criar problemas aos Estados Unidos e a necessidade que tem do petróleo iraniano impelem a China a apoiar o Irão. A China, no entanto, do mesmo

---

dial que tem sido basicamente dominada pelo Ocidente e pelo Japão. Os BRIC reuniram-se pela primeira vez ao nível de chefes de estado e de governo em Junho de 2009, na Rússia.

modo que precisa do petróleo iraniano, precisa de estabilidade geral no sistema internacional, de se apresentar como uma potência responsável e da liberdade de circulação nas SLOC que, em última análise, é garantida pela marinha norte-americana e, portanto, procura gerir com uma certa prudência as tensões com os Estados Unidos. Mas, sempre que os Estados Unidos provocam desconforto à China, alimentando a desconfiança chinesa acerca das intenções americanas, a China faz ver a capacidade que tem de alimentar, de várias formas, uma turbulência que prejudica os interesses norte-americanos. Sendo que, neste caso, é importante notar que o Irão não está propriamente às ordens da China e da Rússia, e que a China e a Rússia, apesar da importância de ocasionais sinais de aproximação, não são propriamente aliadas.

Com efeito, apesar da "Declaração Conjunta sobre um mundo multipolar e a formação de uma nova ordem internacional", assinada pelos presidentes russo e chinês em 1997, e do anúncio simultâneo de uma parceria estratégica sino-russa para o século XXI, as relações entre os dois países melhoraram, mas ainda se caracterizam por profundas contradições e incertezas (Lo, 2004: 295). Os dois países assinaram em Julho de 2001 um Tratado de boa vizinhança, amizade e cooperação; ambos gostariam de substituir a primazia americana por um mundo mais multipolar; Pequim apoia o modo como Moscovo lida com a questão chechena e Moscovo apoia o esforço chinês para combater o separatismo no Xinjiang e apoia inequivocamente a política "uma China" em relação a Taiwan; os países chegaram a um entendimento tácito relativamente aos papéis que cada um desempenha na Ásia Central; o comércio bilateral tem vindo a aumentar (embora a base inicial fosse ínfima e, portanto, o comércio de qualquer um deles com os Estados Unidos, por exemplo, seja muito mais importante); os dois países participam juntos em diversas organizações multilaterais, a par de um aumento da frequência dos encontros bilaterais de alto nível; recentemente foi assinado um histórico acordo de delimitação da fronteira oriental sino-russa cujas negociações duravam há 40 anos[83]; etc.

---

[83] A par de pequenas disputas territoriais nas regiões fronteiriças, designadamente no rio Amur, a China cedeu cerca de 1,5 milhões de quilómetros quadrados (mais ou menos o tamanho da Mongólia) à Rússia através dos tratados desiguais de Aigun (1858) e Pequim (1860). É uma boa parte desse território que a China doravante deixa de reclamar com a assinatura do tratado.

230   *A ascensão da China. Acomodação pacífica ou grande guerra?*

Mas a verdade é que a China é uma ameaça potencial à segurança do Extremo-Oriente russo. Mesmo que a China não promova activamente irredentismos, no Extremo-Oriente russo só vivem 7 milhões de pessoas. E isto em territórios que, em grande parte, já foram chineses e são muito vulneráveis à influência de uma China em expansão económica. Por isso tem-se assinalado o paradoxo que é a Rússia apreciar um eventual apoio chinês para diminuir a primazia americana na Ásia Central ex-soviética, ao mesmo tempo que apreciaria o apoio dos Estados Unidos para refrear as ambições estratégicas da China no Extremo-Oriente (Lo, 2004: 303).

Estas contradições têm-se reflectido, por exemplo, no adiar da decisão russa relativa ao traçado do oleoduto que escoará o petróleo da Sibéria. No fundo, a escolha é entre fazer o traçado mais económico e mais directo – para o nordeste da China –, mas ficando dependente de um único cliente; ou fazer com que o traçado dê uma volta maior (obrigando a maior investimento), para o oleoduto desaguar num porto russo do mar do Japão, dando à Rússia a possibilidade de diversificar a sua carteira de clientes e, ao torná-los mais dependentes dos abastecimentos russos, obter deles cooperação para refrear a China.

Embora não se deva subestimar o significado da declaração da cimeira da Organização de Cooperação e Segurança de Julho de 2005 ou o facto de, em 2008, o recém-eleito presidente Medvedev ter incluído a China no seu primeiro périplo pelo estrangeiro (visitando-a logo a seguir ao Cazaquistão), é cedo para afirmar que, inequivocamente, existe uma sólida aliança anti-americana sino-russa. Com efeito, depois de algumas insistências norte-americanas não atendidas, no sentido de os EUA obterem o estatuto de observador na OCS, os EUA foram finalmente convidados para assistir a uma reunião da OCS sobre o Afeganistão, que se realizou na Rússia em Março de 2009. Ainda não é o estatuto de observador que os EUA pretendiam, mas já demonstra alguma abertura que é sem dúvida positiva.

Os Estados Unidos são demasiado importantes para a Rússia e para a China, para que Moscovo ou Pequim prejudiquem seriamente a sua relação bilateral com Washington. Neste contexto, Kissinger, por exemplo, desvaloriza a retórica das "parcerias estratégicas", designadamente a sino-russa, eventualmente dirigidas contra a hegemonia americana, visto que a menos que os Estados Unidos tivessem um comportamento susceptível de dar consequência estratégica a esta inconsequente retórica anti-americana, "nenhum dos países [China e Rússia] confiará a segurança [das suas fronteiras comuns] à boa vontade do outro, por maior que seja a sua irritação actual com uns Estados Unidos alegadamente hegemónicos" (2002: 108). Não obstante os países da região, em maior ou menor escala e com motivos e objectivos diferentes, permitirem-se ocasionalmente participar em "medidas concebidas para enfraquecer a alegada supremacia americana", no princípio do século XXI, no que "diz respeito às movimentações gerais de poder, todos eles se [continuam a abrigar] sob a protecção do equilíbrio global proporcionado pelos Estados Unidos" (Kissinger, 2002: 105).

Por outro lado, é óbvio que quanto mais distraídos andarem os Estados Unidos com os problemas dos *Global Balkans*, maior será a liberdade de acção da China, e até a utilidade da China para os Estados Unidos, noutros locais, como na Coreia.

VI.3.3. *O sector sudoeste – Ásia do Sul: Índia e Paquistão. Aliança indiano-americana anti-chinesa?*

Na actual conjuntura, da Ásia do Sul a China pretende principalmente a segurança das suas fronteiras terrestres, a contenção de forças centrífugas no noroeste e no sudoeste e a liberdade da circulação nas SLOC que ligam o Médio Oriente aos estreitos de Malaca. O que, enfim, não é pouco.

Da Ásia do Sul interessa começar por reter alguns dados estruturais: primeiro, a Índia, desde 1974, e o Paquistão, desde 1998, dois dos poucos países que não assinaram o Tratado de Não Proliferação Nuclear, são potências nucleares, sendo que o Paquistão se trata de um país multiétnico (uma das etnias, partilhada com o Afeganistão, ocupa os territórios onde se encontram alguns dos principais santuários da Al-Qaeda) e é o único país islâmico do mundo que possui armas nucleares (aliás, se o Paquistão é uma potência nuclear deve-o à China – a China usa o Paquistão para contrabalançar a Índia, num contexto em que a aproximação entre Pequim e Islamabad vem do tempo em que a Índia se aproximou da União Soviética na Guerra-Fria); segundo, depois de uns promissores primeiros anos de convívio, relativamente fraterno (independência da Índia, estabelecimento da República Popular da China, conferência de Bandung, etc.), entre a Índia e a China existe uma hostilidade sempre à mercê de ser explorada, assente, entre outros factores, na memória da guerra de 1962 e alimentada pelo apoio indiano ao Dalai Lama e pela disputa territorial de que já falámos no Capítulo I (fig. 49); terceiro, entre o Paquistão e a Índia (que tem uma enorme minoria muçulmana, sendo o país um mosaico étnico, linguístico e religioso mais diverso do que a União Europeia) a hostilidade é fundamental, no sentido mais estrito do termo, porquanto nasce com o próprio nascimento dos dois países, com a questão de Caxemira a constituir uma enorme ferida por sarar; quarto, a posição da Índia permite-lhe exercer o controlo, ou pelo menos a vigilância, das SLOC do Índico, ao mesmo tempo que o Paquistão permite a ligação entre o mar Arábico e o noroeste chinês (evitando a Índia) e a Birmânia permite a ligação entre o Índico oriental e o sudoeste chinês (evitando os estreitos de Malaca)[84].

Depois do fim da Guerra-Fria, assistiu-se a algum desanuviamento nas relações entre a Índia e a China: esta precisava, desde os anos 80, de tranquilidade em todos os azimutes para se dedicar ao programa de modernização; aquela já não tinha a União Soviética para equilibrar a China. Mas era um desanuviamento tenso: em 1998, nos sucessivos testes nucleares da Índia e do Paquistão, a China entrava simultaneamente como que alvo potencial (das armas indianas) e agente por procuração (das armas paquistanesas).

A ÁSIA DO SUL E O OCEANO ÍNDICO

Fig. 48

---

[84] Neste contexto, tem-se falado de uma estratégia chinesa visando o controlo da chamada "*string of pearls*", uma cadeia de facilidades portuárias na Birmânia, no Sri Lanka e no Paquistão.

Mas, depois, aconteceu o 11 de Setembro. Neste contexto, os esforços de Washington contra a proliferação de armas de destruição em massa à escala global, o apoio de que precisa da parte das autoridades do Paquistão para combater essa proliferação e para neutralizar os santuários da Al-Qaeda nas regiões fronteiriças entre o Paquistão e o Afeganistão, e o receio de que um governo islamita se possa instalar em Islamabad, levaram, com o beneplácito da China[85], que viu no 11 de Setembro uma oportunidade para consertar as suas semi-estragadas relações com os Estados Unidos, a uma aproximação entre Washington e a capital paquistanesa. A administração americana anunciaria mesmo que, devido ao apoio do presidente paquistanês Musharraf na luta contra o terrorismo, o país passava a ser considerado, a par de 12 outros países (Argentina, Austrália, Bahrein, Coreia do Sul, Egipto, Israel, Japão, Jordânia, Nova Zelândia, Filipinas, Tailândia e, desde 1 de Abril de 2004, também o Kuwait), como "um importante aliado não-OTAN", quando ainda há muito poucos anos o Paquistão apoiava – mais do que isso, incentivava – os talibãs afegãos, que têm a sua origem na luta contra a invasão soviética do Afeganistão.

Mas o Paquistão não trocou a China pelos Estados Unidos. Em Janeiro de 2006, por exemplo, o Paquistão começou a construir, com o apoio da China, o seu terceiro reactor nuclear. O primeiro-ministro paquistanês declararia, na ocasião, em Islamabad, que a cooperação entre a China e o Paquistão, no campo da energia nuclear para fins pacíficos, iria continuar no futuro. Alguns observadores notariam que a aproximação à China poderia ser uma reacção à oferta que os Estados Unidos fizeram de vender reactores nucleares à Índia.

De facto, neste contexto geral, os Estados Unidos também se têm aproximado da Índia. Com efeito, depois do embargo parcial imposto pelos Estados Unidos após os testes nucleares indianos de 1998, e da recusa indiana a um pedido norte-americano de envio de tropas para o Iraque na ausência de um mandato das Nações Unidas, a guerra contra o terrorismo tem levado os Estados Unidos a uma aproximação simultânea à Índia e ao Paquistão, ambos aliados úteis na luta contra o terrorismo.

---

[85] Depois do 11 de Setembro a China aconselhou o Paquistão a cooperar com os Estados Unidos, quer no combate aos talibãs, quer no desmantelamento da rede proliferadora de tecnologia nuclear do cientista paquistanês A. Q. Khan.

234 · *A ascensão da China. Acomodação pacífica ou grande guerra?*

DISPUTAS TERRITORIAIS ENTRE A CHINA E A ÍNDIA

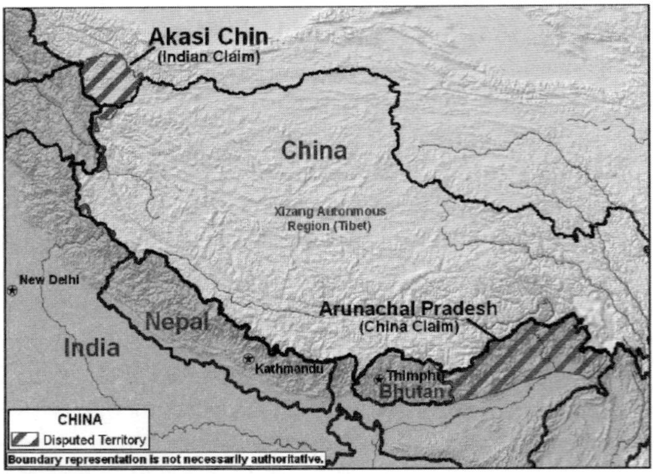

Fonte: *FY08 Report on PRC military power*, US Department of Defense

Fig. 49

Por outro lado, um conflito descontrolado entre a Índia e o Paquistão lançaria a região num caos, de desfecho imprevisível, cujo único elemento de previsibilidade provavelmente seria a intensificação do pesadelo da posse de uma arma nuclear por parte de um grupo terrorista algures. Esta aproximação americana tem possibilitado uma maior liberdade de acção à Índia – que também goza, em relação à China, da "vantagem comparativa" de ser considerada uma democracia pelo Ocidente, depois de, ao longo da maior parte da Guerra Fria, as suas relações com a União Soviética terem sido mais amistosas que com os Estados Unidos (Kissinger, 2002: 107) – para prosseguir o seu programa de fortalecimento do potencial estratégico e ao regime de Islamabad, desafiado internamente por sectores islamitas radicais, manter-se no poder. A aproximação americana tem também contribuído para uma diminuição da tensão entre Paquistão e Índia, como foi manifesto pelas conversações, encorajadas pelos Estados Unidos, que se seguiram aos incidentes fronteiriços de 2002. Mas uma pequena crise, como a que podia ter resultado da discussão em torno da atribuição de responsabilidades pelos atentados nos comboios suburbanos de Bombaim, ocorridos em Julho de 2006, de algum modo repetida em Novembro de

2008 quando um atentado destruiu um hotel na mesma cidade, tem sempre o potencial para fazer estalar uma nova guerra entre os dois países.

Entretanto, Pequim, que desconfia da intenção americana de utilizar a Índia para conter a China, também tem procurado melhorar as relações com a capital indiana para contrabalançar esta melhoria das relações entre Washington e Nova Deli. Tudo isto torna hoje mais difícil, à China, utilizar a relação com o Paquistão para equilibrar a Índia e mantê-la na defensiva. Até porque tem de ter cuidado, para que a sua "aliança" com o Paquistão não lance a Índia definitivamente para os braços dos Estados Unidos, numa frente anti-chinesa.

Com efeito, se a Índia contribui para o equilíbrio do poder na Ásia, em especial face à ascensão da China à proeminência geopolítica (Brzezinski, 1997: 205), para a China a grande questão estratégica, relativamente à Índia, é se uma acomodação/parceria é possível ou se, pelo contrário, ela se lhe vai opor no futuro, sozinha, porque eventualmente tem poder para isso, ou em coligação, designadamente com os Estados Unidos ou, mais improvavelmente, com a Rússia.

A Índia está a crescer economicamente em paralelo com o crescimento chinês e, apesar do ritmo de crescimento indiano ser um pouco mais lento, a Índia será sempre, mesmo sem alinhar com ninguém, um contrapeso a quaisquer aspirações expansionistas chinesas. De acordo com o estudo da Goldman Sachs que temos mencionado, e de outros posteriores cujas projecções se mantêm basicamente inalteradas, em 2025 a dimensão da economia da Índia deverá ser cerca de 40% da chinesa, mas em 2050 já deverá ser cerca de 60%.

E se a Washington interessa uma boa relação com Nova Deli, é errado pensar que esta relação se tenda a transformar, necessariamente, numa aliança anti-Pequim. Aliás, a aproximação da Índia à China, em 2005, até levou alguns autores a interrogarem-se, talvez um pouco exageradamente, se o que estava em curso não seria uma aliança sino-indiana para equilibrar o poder da América, como Joseph P. Nye (2005) e outros[86].

Se o desenvolvimento da China a transformou num importador líquido de petróleo em 1993, e se a segurança energética é hoje uma das principais preocupações de Pequim, a mesma coisa começa a acontecer à Índia, que

---

[86] "China-India Entente Shifts Global Balance", *YaleGlobal*, Washington, 15 April 2005.

236 *A ascensão da China. Acomodação pacífica ou grande guerra?*

tem uma população da mesma ordem de grandeza da China e também está economicamente a crescer a bom ritmo. A Índia é o 6º maior consumidor de energia do mundo. As reservas provadas de petróleo indianas são inferiores às da China e já hoje a dependência energética da Índia é maior do que a da China. Entre as origens de abastecimento energético da Índia estão a Rússia e o Irão. A Índia tem interesses em vários campos petrolíferos russos, desde o mar Cáspio até ao Extremo-Oriente. No Irão, por exemplo, tem uma participação de 30% no campo petrolífero de Yadaravan. Neste campo a China tem uma participação de 50% e o próprio Irão tem os restantes 20%.

A Índia coopera com o Irão para desenvolver a infra-estrutura portuária de Chahbahar, a partir da qual a Índia pode aceder aos recursos energéticos dos Estados encravados da Ásia Central, e através dela aos da Rússia, sem que estes tenham de atravessar o Afeganistão e o Paquistão. A Índia, certamente, não aposta os trunfos todos nos Estados Unidos, quando tem de garantir a segurança das linhas de transporte de petróleo e gás que, provenientes da Rússia e da Ásia Central, passem através do Irão, a partir de onde esses recursos podem seguir por navio para a Índia. À Índia não interessa pois que os Estados Unidos detenham o monopólio estratégico na região e, consequentemente, pode interessar-lhe que a Rússia mantenha uma certa influência estabilizadora na Ásia Central.

Apesar da grande rivalidade com o Paquistão, também não é completamente desinteressante para a Índia, nem para o Paquistão, a possibilidade de os recursos energéticos da Ásia Central ou do Irão lhe chegarem por terra através do Paquistão, se isso for mais barato e mais seguro que trazê-los por mar. Para mitigar a eventual chantagem que o Paquistão pudesse fazer sobre a Índia, "fechando-lhe a torneira" (uma chantagem que o Paquistão teria de pesar contra aquilo que pode ganhar em direitos de passagem), uma possibilidade seria fazer com que o destino final de tal(is) *pipeline*(s) fosse a província de Yunnan no sudoeste da China, depois de atravessar a Índia de oeste para leste e a Birmânia. Isso também interessaria à China, na medida em que não ficaria tão dependente da segurança das SLOCs que passam pelo estreito de Malaca.

Por muito improváveis que possam parecer estas considerações[87], elas devem estar presentes quando se discutem as alianças anti-China, em que a

---

[87] Para se confirmar que se trata de um cenário plausível, ver, por exemplo, Chietigj Bajpaee, "India, China locked in energy game", *Asia Times*, 17Mar2005, publicado com

Índia possa estar disposta a participar. Em Janeiro de 2006, foi anunciado que o Irão estava prestes a terminar negociações com a Índia e o Paquistão para a construção de um *pipeline* de 2700 quilómetros ligando os três países, que permitirá escoar o petróleo iraniano para sul e sudeste. A Índia anunciou que, se os três países chegassem a acordo em meados de 2006, o *pipeline* começaria a ser construído em 2007 e deveria estar operacional em 2011. Naturalmente que os Estados Unidos se opõem a este projecto e a todos os que possam contribuir para quebrar o isolamento de Teerão[88]. Mas a oposição americana poderá não ser bem sucedida neste caso. Com efeito, uma notícia em finais de Maio de 2006 dava conta que o Irão, o Paquistão e a Índia tinham decidido avançar com o projecto, que estivera bloqueado "devido a fortíssimas pressões dos EUA."[89]

É verdade que há uma aproximação da administração norte-americana à Índia, designadamente apoiando, não obstante a Índia não ser signatária do Tratado de Não Proliferação, o acesso de Nova Deli a tecnologia nuclear norte-americana para fins pacíficos[90]. E é verdade que, nesta aproximação, o "factor China" é um elemento importante. E também é verdade que os Estados Unidos preferem a Índia à China, por razões geopolíticas e de afinidade do regime (sendo que, como é evidente, a "afinidade do regime" pode ser invocada para dar mais substância ou simbolismo a alinhamentos geopoliticamente motivados).

---

a autorização da *Power and Interest News Report*; Sudha Ramachandran, "China's pearl in Pakistan's waters", *Asia Times*, 17Mar2005; Ziad Haider, "Oil Fuels Beijing's New Power Game", *YaleGlobal*, 11 March 2005; Pramit Mitra, "Indian Diplomacy Energized by Search for Oil", *YaleGlobal*, 14 March 2005.

[88] "Iran-Pakistan-India pipeline: US against deal", *Daily Times* (Paquistão), 06Jan2006.

[89] "Os 'seis grandes' discutem amanhã o modo de romper o impasse sobre o Irão", *Público*, 23Mai2006, p. 16.

[90] Este acordo seria muito criticado, dentro e fora dos Estados Unidos, por ser um sinal de enfraquecimento simbólico do regime de não proliferação nuclear, designadamente no contexto da questão iraniana. Mas a Administração acabaria por demonstrar razoavelmente bem que o acordo com a Índia fazia aumentar a cooperação deste país com a AIEA e fortalecia, de facto, aquele regime. E, em Dezembro de 2006, o Congresso norte-americano aprovou o acordo com uma larga maioria bipartidária. No entanto, do lado indiano também não tem sido fácil mobilizar os apoios políticos internos para que o acordo seja ratificado pelo parlamento.

238   *A ascensão da China. Acomodação pacífica ou grande guerra?*

Por outro lado, à Índia também interessará que o mundo se preocupe mais com a "ascensão da China" que com "a ascensão da Índia", uma ascensão que não tem o mesmo efeito de campo que tem a ascensão chinesa, designadamente nas fronteiras russas e nas fronteiras de segurança clássicas dos Estados Unidos e num dos seus principais aliados das últimas décadas – o Japão.

Como observava Stephen Cohen (2005) a propósito de uma visita a Washington do presidente indiano, não existe um largo consenso entre a elite política indiana sobre o que devem ser as relações com os Estados Unidos. A este respeito, existem na Índia diversas escolas de pensamento, todas elas com peso na sociedade e no aparelho de Estado. Por outro lado, os países asiáticos não querem ser vistos como peças de um desígnio americano.

Neste contexto se compreende a observação de Kissinger (2005), de que a Índia não vê qualquer inconsistência entre melhorar as relações com os Estados Unidos e, ao mesmo tempo, proclamar uma aproximação à China. Apesar da hostilidade latente entre a Índia e a China, e da melhoria das relações entre a Índia e os Estados Unidos, não se deve então concluir, repete-se, que a Índia alinhe imediata e incondicionalmente com os Estados Unidos para conter a China. A China também faz por isso, procurando melhorar as relações com a Índia, embora não se possa ignorar o potencial de hostilidade entre os dois países.

VI.3.4. *O sudeste asiático*

Do sudeste asiático a China quer recursos naturais e mercados[91], a segurança da circulação nos estreitos entre o Índico e o Pacífico, gerir as forças centrífugas na China meridional e, bastante contidamente na actual conjuntura, "manter viva a chama" da reclamação territorial sobre os arquipélagos Spratly e Paracel, por razões de soberania e por causa do interesse económico do Mar da China Meridional (recursos energéticos).

---

[91] Em 2004, os dez países da ASEAN, representando mais de 500 milhões de habitantes, foram o destino de 7% das exportações chinesas e a origem de 11% das importações chinesas. Ou seja, as relações comerciais da China com a totalidade da ASEAN correspondem grosso modo às relações comerciais da China com a Coreia do Sul.

Provavelmente a China gostaria de poder gozar de uma maior liberdade de acção na região, mas, depois de algum activismo militar no Mar da China Meridional em meados da década de 90, para já contém-se, evitando qualquer comportamento que suscite uma coligação anti-chinesa no sudeste asiático, à qual se poderiam juntar outras potências exteriores cujos interesses confluem na região, como por exemplo os Estados Unidos, o Japão ou a Índia. Com efeito, a segurança da circulação nos estreitos de Malaca e no Mar da China Meridional é um interesse vital, não apenas para a China, mas também para os Estados Unidos e para o Japão.

O SUDESTE ASIÁTICO E O MAR DA CHINA MERIDIONAL

Fig. 50

No sudeste asiático a China tem fronteiras terrestres com o Vietname, o Laos e a Birmânia. A Birmânia, que não bordeja o mar da China Meridional, tem mantido tradicionalmente boas relações com a China, oferecendo-

240   *A ascensão da China. Acomodação pacífica ou grande guerra?*

-lhe um acesso ao golfo de Bengala e ao flanco oriental da Índia, como vimos. Com o Vietname, cuja parte norte chegou mesmo a ser durante algum tempo, na era imperial, território chinês, a China tem uma longa história de hostilidade. Esta hostilidade foi particularmente vincada depois de 1975, quando, apesar do apoio material de que o Vietname do Norte beneficiara da China durante a guerra contra o Sul, o Vietname reunificado alinhou com a União Soviética e interveio activamente noutros pontos da península indochinesa. Aliás, a última vez que a China entrou em guerra contra um dos seus vizinhos terrestres foi justamente com o Vietname, em 1979, uma guerra motivada pela intervenção do Vietname no Cambodja, para derrubar o governo apoiado por Pequim. A operação, que se saldou por um fracasso do EPL, implicou a rotura das relações e o encerramento da fronteira entre os dois países durante cerca de 15 anos, até depois do fim da Guerra-Fria. As disputas territoriais no mar da China Meridional envolvem dois conjuntos de pequenas ilhas, ilhéus e rochedos: as 130 ilhas Paracel, mais ou menos equidistantes da costa do Vietname e da ilha chinesa de Hainão; e as 400 ilhas Spratly (a maior das ilhas Spratly tem 0,4 quilómetros quadrados). A China apoderou-se das ilhas Paracel em 1974, mas o Vietname reclama-as como suas. Relativamente às ilhas Spratly, que a China parcialmente ocupou em 1988, a China, o Vietname e Taiwan reclamam a totalidade ou quase totalidade do arquipélago e as Filipinas, a Malásia e o Brunei reivindicam apenas parte dele. Todos estes países ocupam pelo menos uma das ilhas. O último incidente grave ocorreu em Fevereiro de 1995, quando a China ocupou o Mischief Reef, reclamado pelas Filipinas.

    O sudeste asiático é uma região politicamente muito fragmentada, onde não há nenhuma grande potência "residente" (com a possível excepção da Indonésia, embora esse estatuto não seja considerado adequado por muitos analistas). A ASEAN (*Association of the South East Asian Nations*), estabelecida muito a pensar na segurança regional contra a ameaça de revolução comunista maoísta, que cruzou a região nos anos 60, não obstante a declaração fundadora da associação não fazer qualquer menção a um papel de segurança, foi estabelecida em Banguecoque, em Agosto de 1967, pela Tailândia, Malásia, Singapura, Indonésia e Filipinas. O Brunei juntou-se em 1984 e o Vietname em 1995. Entretanto juntaram-se-lhes o Cambodja, o Laos e a Birmânia[92].

---

[92] Timor-leste tem manifestado algum interesse em tornar-se membro da ASEAN, ou pelo menos aí obter o estatuto de observador.

Para os estados membros, a ASEAN fornece um fórum para diplomacia preventiva e construção de medidas de confiança. Depois do fim da Guerra-Fria, porém, e como iniciativa formal da ASEAN, foi criada uma nova estrutura com um papel de segurança claramente definido: o Fórum Regional da ASEAN (ou ARF, *ASEAN Regional Forum*). Este Fórum, cuja primeira sessão de trabalho ocorreu em Julho de 1994 em Banguecoque, visa contribuir para a segurança e estabilidade da região Ásia-Pacífico e inclui, além dos países da ASEAN, 10 parceiros de diálogo (Austrália, Canadá, China, Coreia do Sul, Estados Unidos, Índia, Japão, Nova Zelândia, Rússia e União Europeia), e a Papua-Nova Guiné, como observador.

RECLAMAÇÕES TERRITORIAIS EM TORNO DAS ILHAS SPRATLY

Fonte: *FY08 Report on PRC military power*, US Department of Defense

Fig. 51

Mas é muito difícil pensar que a ASEAN ou o ARF possam funcionar como uma organização de segurança colectiva, por causa dos interesses divergentes das grandes potências, dos interesses divergentes dos próprios países da ASEAN, e do modo contraditório como estes olham para a China, os Estados Unidos e o Japão.

Do tempo da Guerra-Fria, ficou em largas partes do sudeste asiático um lastro de algum receio da China (o receio da exportação para a região do modelo de revolução comunista maoísta, aliás, esteve presente no momento fundador da ASEAN), alimentado, também, por uma certa memória histórica das milenares relações tributárias de alguns Estados da região com o Império do Meio (neste contexto se explica a intensa rivalidade entre a China e o Vietname) e pela existência, na região, de fortes comunidades chinesas ultramarinas, manipuláveis em eventuais projectos irredentistas. Por outro lado, a percepção das oportunidades colocadas pelo crescimento económico da China é, para muitos países da região, eventualmente mais forte que a percepção de ameaça potencial que essa circunstância também coloca, o que leva a que ninguém queira aliar-se com ninguém, abertamente, contra a China. Acresce que, ocasionalmente, os países do sudeste asiático se podem aliar à China quando percepcionam o discurso ocidental dos direitos humanos como uma tentativa de lhes negar algumas vantagens comparativas e de interferência nos assuntos internos.

Por isso, se o sudeste asiático teme algum expansionismo chinês, também está longe de querer ser um protectorado americano, e menos ainda japonês. As memórias históricas são fortes, designadamente os imperialismos económico-militares ocidentais e japonês, a Guerra do Pacífico e os 30 anos de guerra na Indochina.

Por outro lado, muitos dos Estados da região são estados pós-coloniais recentes, pouco dispostos a abdicar dos seus atributos de soberania a favor de mecanismos colectivos, apresentam grandes diferenças de dimensão territorial e demográfica (comparem-se, por exemplo, a cidade-estado Singapura ou o Sultanato do Brunei com a Indonésia), os índices de desenvolvimento económico e humano são bastante díspares (compare-se Singapura com a Birmânia, o Laos ou o Cambodja, por exemplo), as suas populações pertencem a civilizações diferentes, os sistemas políticos são muito diferentes, para muitos países um inimigo externo ao lado ainda é o mais poderoso cimento aglutinador da identidade nacional em formação e, além disso, ainda existem muitas desconfianças históricas e querelas territoriais entre vizinhos.

No contexto da guerra contra o terrorismo, a região tem interesse acrescido para os Estados Unidos, visto aí encontrarem-se diversos países com maiorias ou minorias muçulmanas (Indonésia, Malásia, Brunei, Filipinas, Tailândia, etc.), com áreas de difícil acesso que podem constituir santuário para organizações terroristas. Os Estados Unidos reforçaram recentemente as relações de segurança e defesa com a Tailândia, Singapura e Filipinas (os três países projectaram tropas e ou pequenas unidades aéreas e navais no Iraque), melhorando as facilidades de acesso e de apoio logístico às forças americanas que transitem pela região. Esta melhoria de relações, aparentemente, terá sido mais motivada pelas necessidades da guerra contra o terrorismo do que pela vontade americana de cerrar o cerco à China na região do sudeste asiático. Mas o facto é que, quaisquer que tenham sido as motivações americanas, a China pode sentir que o cerco se cerra. Por outro lado, depois de os Estados Unidos terem normalizado as relações com o Vietname há dez anos, tem havido uma aproximação recente, que também é vista como que dirigida contra alguns efeitos indesejáveis da ascensão da China (se, por exemplo, os Estados Unidos tivessem uma base aeronaval no Vietname, seria mais difícil a China actuar impunemente no Mar da China Meridional). A tudo isto acresce que, ultimamente, o Japão tem participado, pela primeira vez, em exercícios militares combinados na região, exercícios que envolvem países do sudeste asiático e os Estados Unidos[93].

Neste contexto, a China, sem capacidade militar para controlar o Mar da China Meridional (mesmo sem contar com os Estados Unidos, ainda demorará algum tempo até que a China possa derrotar as, qualitativamente mais avançadas que as suas, forças aéreas e navais de Singapura, da Malásia ou da Indonésia, principalmente se combinadas), incapaz de garantir a segurança da circulação nos estreitos e menos ainda de desafiar a função da marinha norte-americana nesse âmbito, tem utilizado as relações económicas para aumentar o envolvimento e influência na região, tem acomodado as suas reivindicações territoriais e participa nos regimes cooperativos regionais, dos quais o mais importante é o Fórum Regional da ASEAN. A China, por exemplo, assinou em Outubro de 2003 o Tratado de Amizade e Cooperação da ASEAN, considerado o código básico para as relações pacíficas intra-regionais. A China e a ASEAN também concordaram numa Parceria Estratégica para a Paz e a Prosperidade, embora de acordo com o *Strategic Survey 04-05* do *International Institute for Strategic Studies* de Londres se trate de um documento generalista e pouco consequente. Estes regimes em que, com geometrias variáveis, praticamente todos os actores participam (os locais, a China, a Índia, a Rússia, os Estados Unidos, o Japão, a União Europeia, etc.) provavelmente não produzem uma grande

---

[93] Em Maio de 2005, as *Japan Self Defense Forces* participaram no exercício "*Cobra Gold 2005*", na Tailândia. Foi a primeira vez que as forças terrestres japonesas participaram num treino multinacional.

244 *A ascensão da China. Acomodação pacífica ou grande guerra?*

segurança colectiva, mas sempre vão gerindo hostilidades bilaterais recíprocas e prevenindo o aparecimento de agrupamentos mutuamente hostis de defesa colectiva.

No plano económico, a China também procura participar ou promover determinados regimes que minimamente institucionalizem algum regionalismo económico no sudeste asiático (zona de comércio livre China-ASEAN acordada em 2004 para começar a funcionar em 2010, mas provavelmente de forma incipiente[94]), na Ásia Oriental (ASEAN+3, em que os 3 são a China, o Japão e a Coreia do Sul) ou mesmo na região Ásia Pacífico (*Asia-Pacific Economic Cooperation*, APEC). Nalguns casos, fá-lo-á para não ser marginalizada, noutras com o intuito de excluir o Japão ou os Estados Unidos de um ou outro arranjo regional. Mas não tem tido grande êxito. Por exemplo, recentemente a Cimeira do Leste Asiático que, além dos 10 países da ASEAN, agrupa o Japão, a Coreia do Sul e a China (estes 13 a constituírem o chamado ASEAN+3), bem como a Índia, a Austrália e a Nova Zelândia, gerou alguma polémica entre os membros por causa dos interesses divergentes, designadamente quanto à participação dos Estados Unidos na Cimeira.

Enfim, não é fácil saber se o que move a China na promoção de algumas formas de regionalismo económico (como a ASEAN+3 ou a zona de comércio livre China-ASEAN ou a *East Asian Community*), desenvolvimentos completamente improváveis ainda há uma dúzia de anos atrás, são sobretudo interesses económicos genuínos; se uma forma de combater os seus próprios sub-regionalismos centrífugos; se o desejo de estabelecer uma esfera de influência; se a preocupação de fortalecer a opção futura de alargar à esfera económica o isolamento político-diplomático de Taiwan; se o desejo de, sabendo que é difícil excluir os Estados Unidos da região para já, equilibrar a influência dos Estados Unidos na região; se a vontade de impedir um protagonismo excessivo do Japão; se a vontade de tranquilizar os países da ASEAN com quem a China mantém disputas territoriais no Mar da China Meridional; se de tudo isto um pouco, etc.

---

[94] Desde logo porque, mesmo entre si próprios, os membros da ASEAN são reservados quanto a reduções da sua soberania a troco de um aprofundamento da integração económica. Neste contexto, os acordos de comércio livre da ASEAN com outros países – China em 2010, Índia em 2011 e Japão em 2012 – não têm tido grande consequência. Por outro lado, diversos membros da ASEAN têm pretendido estabelecer acordos comerciais bilaterais com estes 3 países, o que de certo modo esvazia de conteúdo as negociações multilaterais no seio da ASEAN.

Enfim, como diz Brzezinski (1997), o sudeste asiático é potencialmente demasiado rico, geograficamente demasiado disperso e simplesmente demasiado grande para ser facilmente submetido, mesmo por uma China poderosa. Mas, ao mesmo tempo, é demasiado fraco e politicamente demasiado fragmentado para, com a economia previsivelmente mais integrada com a China ou dela dependente, não se tornar, pelo menos, numa esfera de influência da China.

No entanto, não havendo uma ameaça percebidamente comum suficientemente forte (os países da região não percepcionam nem reagem todos, da mesma maneira, à ascensão da China), as nações do sudeste asiático pretendem que os Estados Unidos continuem ligados à região, mas não lhes interessa acharem-se numa posição em que tenham de optar entre a China, o Japão ou os Estados Unidos, nem um concerto em que ficassem sujeitos a um, em todo o caso improvável, directório China-Japão ou China-Japão-Estados Unidos.

VI.3.5. *Taiwan*

Já vimos a importância que a questão de Taiwan tem para a legitimidade interna das autoridades de Pequim. Curiosamente, a questão de Taiwan entrecruza-se, a vários níveis, com a questão da legitimidade do regime em Pequim. Num plano, porque o Partido Comunista perderia a sua legitimidade se abdicasse da perspectiva da reunificação (e provavelmente acelerar-se-iam as forças centrífugas noutras paragens da China como o Tibete e o Xinjiang). Noutro plano, porque o desenvolvimento político de Taiwan nos últimos 20 anos mostra que chineses, prosperidade e democracia não são incompatíveis. Finalmente, porque as relações económicas com Taiwan são muito importantes para a vitalidade do programa chinês de modernização económica: 40% do investimento directo acumulado de Taiwan, no estrangeiro, está na RPC (correspondendo a 7% do total de investimento directo estrangeiro acumulado na RPC), a maior parte dele investido em sectores de alta tecnologia; na RPC operam dezenas de milhares de empresas de Taiwan e residem mais de um milhão de taiwaneses, dos quais cerca de 600 mil na região de Xangai; existem muitas alianças entre empresários dos dois lados do estreito; aliás, muitas das empresas informáticas de Taiwan, deslocalizadas para a China, são subcontratadas das grandes empresas americanas

246   *A ascensão da China. Acomodação pacífica ou grande guerra?*

de informática, pelo que as relações económicas entre Taiwan e a RPC ultrapassam o quadro meramente bilateral.

Em relação a Taiwan, o que Pequim gostaria era de seduzir a ilha a reunificar-se pacificamente com o continente chinês, no quadro do princípio "um país, dois sistemas", ao abrigo do qual se processaram as transferências de Hong Kong e Macau. Sendo isso praticamente impossível, pelo menos para já, interessa-lhe manter o *status quo*, isto é, que Taiwan não declare a independência (Swaine, 2004: 40). Uma tal declaração deixaria o regime de Pequim sem saída, designadamente por motivos internos, entalado entre o nacionalismo populista e as alas mais duras do regime. Uma aventura militar em Taiwan provavelmente saldar-se-ia por uma derrota, com elevados custos políticos internos e externos, atrasando muitos anos o programa de modernização.

Pequim procura pôr o tempo a correr a seu favor, tentando isolar diplomaticamente Taiwan; seduzindo sectores políticos internos de Taiwan, designadamente através de visitas a Pequim de dirigentes partidários de Taiwan, num contexto em que entre a população de Taiwan é maioritário o sentimento de que o *status quo* é, apesar das suas ambiguidades, o melhor a que Taiwan pode aspirar, sem incorrer em enormes custos, que não compensariam as perdas daquilo que usufrui; utilizando o seu enorme mercado para impor a certos fornecedores (como fabricantes de armas europeus) que não abasteçam Taiwan; procurando contrariar os efeitos da proibição por parte de Taiwan, entretanto abolida, do estabelecimento das ligações directas (aéreas, comerciais e postais) entre os dois lados do Estreito, por exemplo promovendo a realização de voos *charters* directos no Ano Novo Lunar; dissuadindo militarmente Taiwan de declarar a independência e aumentando o custo da intervenção de terceiras potências num conflito sobre a ilha; promovendo a interdependência económica entre as duas margens do estreito; e tentando conquistar os corações e os espíritos da população de Taiwan, seduzindo-a para o grande projecto de engrandecimento de uma nação chinesa que não exclui os chineses de Taiwan (Jogos Olímpicos de Pequim 2008, programa espacial, etc.). Ou, como observou o Departamento de Defesa dos Estados Unidos, Pequim, por enquanto, ainda tem uma estratégia política para a reunificação com uma componente militar, não uma estratégia militar com uma componente política[95].

---

[95] *FY04 Report to Congress on PRC Military Power*, p. 46.

Ultimamente Pequim tem conseguido apaziguar a tensão potencial, sobretudo em comparação com as crises de 1995/1996 e 1999/2000. A crise anunciada de 2004 (ano de eleições presidenciais e legislativas em Taiwan) não chegou a acontecer, decerto em parte porque Washington, com problemas noutras paragens depois do 11 de Setembro, fez saber claramente a Taipé que não se empenharia na defesa militar de Taiwan, se um eventual ataque chinês resultasse de uma provocação de Taiwan.

Com efeito, quando em Janeiro de 2001 a administração republicana tomou posse em Washington, parecia determinada a endurecer a posição em relação à China e a considerá-la um adversário estratégico. Ainda em Abril de 2001, no mesmo mês do incidente com o avião P3 Orion americano que seria forçado a aterrar na ilha chinesa de Hainão, depois de uma ligeira colisão com um caça chinês, e uns meses antes do 11 de Setembro, o presidente americano declarara que faria tudo o que fosse preciso (*"whatever it takes"*) para ajudar Taiwan a defender-se, ao mesmo tempo que aprovava a venda a Taiwan de 8 submarinos a diesel, dois *destroyers* da classe K, e 12 aviões de patrulhamento marítimo P3 Orion[96]. Mas, em Dezembro de 2003, a braços com a insurreição no Iraque, as operações no Afeganistão e a crise nuclear norte-coreana sem fim à vista, o presidente americano, no decurso da visita aos Estados Unidos do primeiro-ministro chinês, afirmaria a oposição "a qualquer decisão unilateral tomada quer pela China, quer por Taiwan, para alterar o *status quo* (…) e os comentários e acções do líder de Taiwan indicam que ele pode estar pronto a tomar acções unilateralmente."

As advertências de dignitários norte-americanos a Taipé continuariam nos meses seguintes. No final de Março de 2004, reagindo a umas declarações pró-independentistas de Chen Shuibian, presidente recém-reeleito de Taiwan, um porta-voz do Departamento de Estado americano alertava Taipé que Washington se "opõe a qualquer passo unilateral para mudar o *status quo* do Estreito de Taiwan", recordando declarações anteriores de Chen em que este se comprometera a não declarar a independência. Em Abril de 2004, em Washington, o Secretário de Estado Adjunto para a Ásia Pacífico, ouvido pela Comissão de Negócios Estrangeiros da Câmara dos

---

[96] "Identity crisis", *JDW*, 30 June 2004.

248   *A ascensão da China. Acomodação pacífica ou grande guerra?*

Representantes, por ocasião do 25º aniversário da *Taiwan Relations Act*[97], afirmaria: "Estamos preocupados que os nossos esforços para dissuadir as práticas coercivas da China possam fracassar, caso Pequim se convença que Taiwan embarca numa marcha que leva à independência". O Secretário de Estado Adjunto acrescentou que "é preciso parar com os esforços de Taiwan nesse sentido" e que "a situação actual é um equilíbrio delicado que é do interesse de todos nós manter"[98]. E, em Novembro de 2004, dias depois da reeleição de George W. Bush, a agência noticiosa oficial de Pequim anunciava, sem que tivesse sido desmentida, que o presidente americano garantira em conversa telefónica ao seu homólogo chinês que o governo dos Estados Unidos não iria mudar a sua posição na questão de Taiwan, isto é, que Washington se oporia à independência de Taiwan[99].

Poucos dias depois, os resultados das eleições legislativas em Taiwan, realizadas a 11 de Dezembro de 2004, deram a vitória à coligação liderada pelo Kuomintang, partidária da manutenção do *status quo*, contrariando o plano independentista do Partido Democrático Progressista, o partido do presidente de Taiwan. Estes resultados sugeriam, como efectivamente se viria a verificar, alguma tranquilidade nos quatro anos seguintes. Se os resultados tivessem dado a vitória às correntes pró-independência, alguma instabilidade política no Estreito poderia mesmo ensombrar a realização dos Jogos Olímpicos de 2008, que a RPC, desde o início do processo de atribuição a Pequim desta responsabilidade, tratou como uma grande manobra de relações públicas do regime (alguns contratempos nesta manobra acabaram por ficar associados à questão do Tibete quando, na sequência da repressão de alguns motins em Lhasa, o percurso da tocha olímpica na Europa, nos Estados Unidos, na Austrália e no Japão, suscitou numerosas manifestações anti-chinesas; o ímpeto destes protestos, porém, ficaria muito atenuado face à onda de simpatia e apreço pela acção das autoridades chinesas que se seguiu ao terramoto de Sichuan).

---

[97] A *Taiwan Relations Act* foi aprovada pelo Congresso norte-americano em 1979, ao mesmo tempo que Washington cortava as relações diplomáticas com Taipé para as estabelecer com Pequim, fechando o ciclo iniciado 8 anos antes com as visitas de Kissinger e Nixon.

[98] "EUA/Taiwan: 'É preciso parar esforços de Taiwan para a independência' – EUA", *Lusa*, Washington, 22Abr2004.

[99] "China/EUA: Bush garante a Hu que política de Taiwan será mantida", *Lusa*, Pequim, 9Nov2004.

Os avisos americanos a Taiwan, porém, não querem dizer que os Estados Unidos apoiem a reunificação com Pequim, mas sim que, na actual conjuntura, os Estados Unidos fazem um enorme esforço para convencer Pequim relativamente à capacidade de Washington para dissuadir Taiwan de dar o passo fatal. Mas, ao mesmo tempo, os Estados Unidos dissuadem uma aventura militar da China, convencendo-a de que o emprego da força terá custos elevados, o que a China aliás sabe, mesmo que ninguém lho diga. Mesmo sem intervenção de terceiras potências, que no caso só poderiam ser os Estados Unidos e em determinadas circunstâncias o Japão, é muito duvidoso que a China tenha nos próximos anos capacidade para invadir Taiwan com êxito; e, mesmo que a tivesse, arriscava-se a ser arrastada para uma longa guerra subversiva na ilha, que lhe esgotaria recursos e fecharia as portas às trocas económicas vitais para o programa de desenvolvimento. Em meados de Janeiro de 2004, o chefe da *Joint Chiefs of Staff* americano, General Richard Myers, em declarações no decurso de uma visita a Pequim, afirmaria que os "EUA estão empenhados em ajudar Taiwan a manter a sua capacidade de resistência ao uso da força", se a China tentar deste modo a unificação com a ilha, e que "a nossa responsabilidade, de acordo com a *Taiwan Relations Act*, é apoiar a sua capacidade de defesa."[100]

Na verdade, não apenas por causa da *Taiwan Relations Act*, mas também pelo facto de Taiwan ser uma democracia e a China não, nenhuma administração americana teria margem de manobra, a nível interno, para ignorar qualquer tentativa chinesa de reunificação pela força. Por outro lado, a condescendência americana relativamente a qualquer tentativa chinesa de forçar a reunificação seria tão devastadora para a posição e para a credibilidade americanas no Extremo-Oriente que a América simplesmente não pode permanecer militarmente passiva, vendo Taiwan sem capacidade para se defender sozinha (Brzezinski, 1997: 189). Já uma reunificação pacífica, voluntariamente aceite pelos eleitores de Taiwan, seria diferente.

Por outro lado, vai persistindo o potencial para uma escalada de tensão. Em Março de 2005, em Pequim, a Assembleia Popular Nacional fez aprovar uma lei anti-secessão de Taiwan, "para conter as forças independentistas da ilha", nos termos da qual não era excluída a possibilidade de

---

[100] "China/EUA: Washington vai continuar a garantir defesa de Taiwan", *Lusa*, 15 de Janeiro de 2004.

250 *A ascensão da China. Acomodação pacífica ou grande guerra?*

usar a força para reaver a ilha, o que foi considerado pelo presidente de Taiwan como uma "intimidação militar", que poderá ser usada como um pretexto legal para invadir a ilha[101]. Para além de uma afirmação soberanista assinalando a transferência definitiva de poderes entre a 3ª e a 4ª geração de líderes chineses – diversos observadores assinalaram que a lei anti-secessão pode ter servido o propósito do presidente Hu Jintao afirmar as suas credenciais patrióticas, consolidar a sua base de apoio e apaziguar os sectores mais duros do regime e os *hardliners* do partido comunista –, ficou sem se perceber muito bem o que Pequim ganhou com a aprovação desta lei porque, na verdade, o dramatismo que propiciou este lance chinês serviu para os Estados Unidos fazerem valer os seus argumentos, junto da União Europeia, no sentido de que esta não levantasse o embargo à venda de armas à RPC, numa altura em que até já o Reino Unido tinha dado sinais de que era a favor do levantamento do embargo. Por outro lado, toda esta situação deu cobertura a que os Estados Unidos e o Japão fizessem uma declaração conjunta, considerando o problema de Taiwan como uma preocupação de segurança comum na região da Ásia-Pacífico[102], motivou uma manifestação de protesto em Taipé que mobilizou duas a três centenas de milhares de taiwaneses[103], deu azo a que se falasse dos mísseis que a China mantém apontados a Taiwan e alimentou leituras alarmistas sobre o crescimento das despesas militares chinesas.

Na verdade, o que se passa é que, mesmo que ninguém queira correr os riscos de alterar um *status quo* a que todos, mais ou menos, se acomodaram, ele ainda não pode considerar-se completamente estável, apesar de algumas prometedoras iniciativas recentes entre Pequim e Taipé, resultantes da estrondosa vitória do Kuomintang nas legislativas de final de 2007, e da vitória do candidato do mesmo partido nas presidenciais de 2008, derrotando o candidato mais pró-independência do Partido Democrático

---

[101] "China: Presidente apela a campanhas anti-independência Taiwan, discurso Ano Novo", *Lusa*, Pequim, 1Jan2005.

[102] "China: Declaração EUA-Japão sobre Taiwan 'irresponsável' – Pequim", *Lusa*, Pequim, 20Fev2005. Yong Xue, no *The New York Times* comentou que em mais de 40 anos de declarações americanas e japonesas sobre as preocupações de segurança dos dois países na Ásia Oriental, foi a primeira vez que o Japão não permaneceu silencioso acerca de Taiwan ("Is the Empire Striking Back?", 16Mar2005).

[103] "Taiwan responde em peso às ameaças de Pequim", *Diário de Notícias*, 27Mar2005, p. 15.

Progressista. Neste contexto, cabe perguntar até onde estariam os Estados Unidos dispostos a ir para impedir a reunificação, se se começasse a desenhar a possibilidade de esta se fazer pacificamente. De facto, Taiwan pode servir, numa perspectiva de contenção da China, simultaneamente dois propósitos, não completamente distintos um do outro: um político e um geoestratégico.

A posição geoestratégica de Taiwan, para além de fechar o "geobloqueamento" da China desde o norte do Japão até às Filipinas e à Indonésia, é muito importante como nó das linhas de comunicação marítimas no Pacífico Ocidental e como plataforma a partir da qual se podem afectar adversamente as linhas vitais de abastecimento do Japão e uma grande parte do Oceano Pacífico (noutra perspectiva, com a crescente dependência da segurança das SLOC e dos pontos de passagem obrigatória para a continuidade dos fluxos de matérias-primas e mercadorias, o estreito de Taiwan, por onde passam os petroleiros que abastecem a China, tem hoje para a China uma importância estratégica que transcende o plano político--simbólico da reunificação, ou quaisquer desígnios expansionistas nas *blue waters* do Pacífico). Muitos chineses, aliás, consideram que Taiwan ocupa uma posição geoestratégica crítica, cujo controlo permitiria à Marinha chinesa deslocar o seu perímetro marítimo defensivo e aumentar a capacidade de Pequim influenciar as SLOC regionais e globais. Acresce que Taiwan também é ou pode ser uma importantíssima plataforma para os Estados Unidos projectarem o seu poder militar para o interior do continente asiático, caso seja necessário, ou para conterem qualquer poder militar que se queira expandir para o Pacífico a partir de plataformas continentais. Como observa You Ji, os Estados Unidos apreciam o valor estratégico de Taiwan como um porta-aviões inafundável para a sua defesa avançada e para o acesso a pontos estratégicos no Extremo-Oriente (1999: 213).

Neste contexto, é razoável pensar que o retorno de Taiwan à *mainland China* daria a Pequim uma enorme vitória psicológica, a nível interno e a nível externo, que podia criar uma inércia ofensiva que a levasse a tentar resolver pela força as disputas territoriais que tem com diversos países da região, para já não falar da possibilidade de, com um acesso mais ou menos irrestrito às *blue waters* do Pacífico, adoptar políticas mais geralmente expansionistas ou perturbadoras do *status quo* à escala regional e mesmo global, se e quando tiver meios para isso.

A probabilidade destas consequências potenciais não será no entanto muito elevada para alguns autores norte-americanos. Com efeito, já depois

252   *A ascensão da China. Acomodação pacífica ou grande guerra?*

da crise de 1995/96 no Estreito de Taiwan, Brzezinski considerava que as consequências catalíticas de uma alteração do estatuto de Taiwan só teriam um largo alcance se, desafiando os Estados Unidos, a China utilizasse a força para conquistar a ilha, ameaçando deste modo a credibilidade política dos Estados Unidos no Extremo-Oriente (1997: 48)[104]. Um acontecimento ao qual, no entanto, atribuía baixa prioridade de ocorrência. No entanto, por outro lado, Brzezinski considerava que Taiwan pode ser, em determinadas circunstâncias, um "pivot geopolítico", podendo servir para conter a China geoestrategicamente, para negar à China uma vitória política de transcendente simbolismo a nível interno e, ou, para impedir que uma tal dinâmica de vitória projecte a China para outras ambições, mais ou menos latentes, de carácter territorial.

Talvez mais directo, Mearsheimer (2005) observa que, dada a importância estratégica de Taiwan para o controlo das SLOCs da Ásia Oriental e, como vimos, a contenção da China, é difícil imaginar os Estados Unidos, bem como o Japão, deixarem a China controlar a ilha; por outro lado, Taiwan pode vir a ser um importante parceiro numa coligação anti-China.

VI.3.6. *Nordeste asiático. A aliança entre o Japão e os Estados Unidos. A questão coreana e a defesa contra mísseis no contexto regional e de Taiwan*

Chegados ao nordeste asiático, completa-se o nosso giro do horizonte à volta da periferia da China.

Na região do nordeste asiático, identificam-se como actores regionais a Rússia, a China, o Japão, a Coreia do Norte, a Coreia do Sul e os Estados Unidos.

As principais disputas territoriais envolvem o Japão e a Rússia e o Japão e a China. As disputas da Rússia com o Japão centram-se sobre a posse das ilhas Curilhas, pelos japoneses chamadas Territórios do Norte, que os soviéticos ocuparam já muito perto do final da Segunda Guerra

---

[104] Robert Ross (2000: 198), por exemplo, também considera que não é um interesse vital dos Estados Unidos combater contra uma eventual reunificação, embora para ele essa questão nem sequer se coloque durante mais ou menos o período de uma geração.

Mundial, devendo notar-se que deve-se a este litígio não ter sido ainda assinado entre Tóquio e Moscovo um tratado de paz depois de 1945.

Entre a China e o Japão as disputas territoriais centram-se em torno das Diaoyu/Senkaku. No mar da China Oriental, trata-se de um conjunto de cinco pequenas ilhas e três rochedos, cerca de 200 quilómetros a nordeste de Taiwan e cerca de 400 quilómetros a sudoeste de Okinawa. A China reclama este arquipélago, que tem uma massa terrestre total de 7 quilómetros quadrados, com base em registos históricos que datam do princípio da dinastia Ming (1368-1644) e na Declaração do Cairo (1943), na Proclamação de Potsdam (1945) e no Tratado de São Francisco, de acordo com os quais o Japão deveria, no fim da segunda guerra mundial, devolver à China os territórios chineses que o Japão tinha anexado (aliás, esta mesma disposição aplicava-se a Taiwan). O Japão reclama que as Senkaku/Diaoyu são suas desde que passou a controlar Okinawa em 1879. No entanto a China contrapõe que o Japão só passou a controlar o arquipélago quando este lhe foi cedido juntamente com Taiwan, em 1895, no quadro do tratado de Shimonoseki que selou a derrota da China na guerra sino-japonesa. Entretanto os Estados Unidos, que tinham passado a controlar o arquipélago depois do fim da segunda guerra mundial, devolveram a sua administração ao Japão em 1972, na mesma altura em que também devolveram ao Japão a administração da ilha de Okinawa.

O NORDESTE ASIÁTICO

Fig. 52

Além de aspectos simbólicos e geoestratégicos, esta disputa também envolve aspectos económicos, porquanto a posse do arquipélago implica direitos sobre cerca de 25000 quilómetros quadrados da plataforma continental, onde se acredita que possa existir petróleo. Ambos os países, com problemas de garantir a segurança do abastecimento de petróleo e gás, reclamam como pertencente à sua zona económica exclusiva uma área no mar da China Oriental, que abrange as ilhas Diaoyu ou Senkaku, onde se acredita que existam depósitos de petróleo e gás natural. A partir de 1970 têm-se verificado alguns incidentes, sem consequências violentas graves até agora, apesar de tudo. Em 2005 esses acidentes envolveram mesmo a presença intrusiva de submarinos chineses em águas territoriais japonesas.

ZONAS ECONÓMICAS EXCLUSIVAS RECLAMADAS
PELA CHINA E PELO JAPÃO

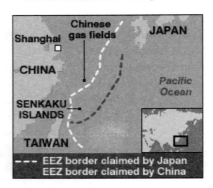

Fig. 53

Também existem disputas territoriais entre a China e a Rússia (praticamente resolvidas), entre o Japão e a Coreia do Sul (a ilha de Takeshima), e mesmo entre a China e as Coreias (neste caso respeitantes à definição de águas territoriais; tal como no sudeste asiático, diversos Estados estabelecidos na península da Coreia foram, em diversas épocas, tributários de algumas dinastias imperiais chinesas).

Depois da Guerra-Fria, a Rússia tem-se remetido, na Ásia Oriental, a uma postura geralmente defensiva. Neste contexto, continua a ser um actor nas questões estratégicas regionais – como a questão da península coreana – mas, designadamente no que concerne à relação com os Estados

Unidos, a Ásia Oriental deixou de ser para os russos um dos teatros onde se jogava uma Guerra-Fria que chegou a ter por palco o mundo inteiro. No Extremo-Oriente, a Rússia partilha com a China a apreensão relativa ao fortalecimento da aliança americano-japonesa. Mas, por outro lado, como já vimos, a Rússia vê com alguma apreensão o efeito que um eventual expansionismo económico chinês pode ter sobre o controlo do seu subpovoado Extremo-Oriente.

No nordeste asiático, há pelo menos dois conjuntos de memórias históricas em sobreposição: as da Guerra do Pacífico (Segunda Guerra Mundial); e as da Guerra-Fria, que na região começou com a, por sinal bem quente, Guerra da Coreia.

Da Guerra do Pacífico ficou um persistente lastro de hostilidade ao Japão que é comum desde a Coreia[105] e da China até ao sudeste asiático; ficou a mencionada disputa entre a Rússia e o Japão sobre as Curilhas; ficaram as únicas bombas atómicas que até hoje foram efectivamente empregues, pelos Estados Unidos, e que fizeram centenas de milhares de vítimas no Japão; a derrota do Japão transformou-o num "protectorado" dos Estados Unidos; e ficou uma península da Coreia dividida, o que aliás estaria na origem da guerra uns anos depois.

A Guerra da Coreia (1950-53) também teve várias consequências: se os Estados Unidos tivessem tido dúvidas, em 1949, sobre o reconhecimento do governo nacionalista em Taipé, em detrimento do governo estabelecido em Pequim, a Guerra da Coreia desfez essas dúvidas e a América garantiria a Taiwan que, para os devidos efeitos, a ilha fazia parte do "mundo livre"; outra consequência da Guerra da Coreia foi o estacionamento das forças americanas na Coreia do Sul, que continua até hoje.

É importante notar, porém, que nunca houve uma aliança entre os Estados Unidos, o Japão e a Coreia do Sul. Ao contrário da Europa Ocidental, em que a OTAN e as Comunidades Europeias acomodaram a metade ocidental da Alemanha derrotada nas instituições ocidentais e uniram razoavelmente o "mundo livre" contra a ameaça soviética, não se verificou

---

[105] O Japão pôs termo em 1908 à independência coreana, na sequência da vitória na guerra russo-japonesa de 1904-05, que no fundo visava determinar quem controlaria a península da Coreia. Em 1945, terminada a ocupação japonesa, a península foi dividida pelo paralelo 38, a norte do qual a União Soviética impôs um regime comunista que, em 1950, invadiria a Coreia do Sul, desencadeando a guerra da Coreia.

256   *A ascensão da China. Acomodação pacífica ou grande guerra?*

uma estrutura de segurança única, do "mundo livre", no nordeste asiático: formaram-se duas alianças bilaterais, dentro do contexto mais alargado do chamado "sistema de São Francisco", que tinham nos Estados Unidos um ponto em comum. Como afirma Kissinger (2002: 107), para os países da região, a segurança está no equilíbrio e na defesa que cada um faz do seu interesse nacional, não existindo qualquer intenção generalizada de promover estruturas de segurança colectiva. Nem mesmo as que pudessem ser baseadas em valores partilhados entre as democracias da região: Kissinger dirá mesmo, por exemplo, que "com mais receio do Japão democrático que da autocrática China, a Coreia do Sul nunca se disporá a participar em cruzadas com vista a alterar a estrutura interna de qualquer dos Estados asiáticos, e muito menos da China, que lhe é necessária para equilibrar as suas relações com a Coreia do Norte, o Japão e a Rússia."

Com o fim da Guerra-Fria, pareceria lógico questionar-se a presença continuada das forças norte-americanas na região. Com efeito, o Japão, com um orçamento de defesa dos maiores do mundo (mas sem armas nucleares, embora disponha de cerca de 50 reactores nucleares, de todo o *know how* para as fabricar e de substanciais reservas de plutónio), e produzindo mais de 10% de toda a riqueza produzida a nível mundial (ou seja, a segunda maior economia do mundo, logo a seguir à dos Estados Unidos), terá experimentado, no fim da Guerra-Fria, sentimentos ambivalentes em relação a aumentar decisivamente as suas capacidades de defesa autónoma. No entanto, o Japão não teria liberdade de acção para o fazer, nem a nível interno (onde, apesar dos sentimentos nacionalistas, ainda existe um forte sentimento pacifista, aliás com expressão constitucional, embora se possa alegar que se tratou de uma Constituição imposta pelos Estados Unidos), nem a nível externo (por causa da memória da Guerra do Pacífico). Naturalmente interessa ao Japão que, nos Estados Unidos e na Ásia Oriental, a "ameaça chinesa" seja mais temida que a "ameaça japonesa" (à China interessa naturalmente o contrário).

O triângulo de relações entre os Estados Unidos, o Japão e a China é consequentemente muito complexo. O crescimento da China depende das suas relações económicas com o Japão e os Estados Unidos e, portanto, não pode hostilizar nenhum deles até mais do que um certo ponto. Por outro lado, incapaz de meter uma "cunha" a separar os Estados Unidos do Japão, a China tem de evitar que o seu comportamento os junte ainda mais. À China também não interessa uma apesar de tudo praticamente impossível saída dos Estados Unidos da região, que provavelmente levaria o Japão à independência estratégica e a edificar uma capacidade nuclear (numa hipotética corrida sino-japonesa aos armamentos, na actual conjuntura, o Japão facilmente garantiria vantagem). Embora seja mais ou menos inevitável que o Japão venha a reclamar um nível considerável de liberdade de acção no domínio político (Kissinger, 2002: 114). Portanto, é provavelmente verdade que a aliança entre o Japão e os Estados Unidos contém eventuais aspirações nucleares do Japão. Diversos autores têm assinalado, neste contexto, a ambivalência da parte da China em relação à presença de forças americanas na região, não obstante a desconfiança de que o aprofundamento da aliança americano-japonesa é dirigido contra a "ascensão da China". Por outro lado, como observa por exemplo Brzezinski (2004: 116), não obstante haver sectores nacionalistas na sociedade japonesa que aspiram a um papel em termos estratégicos mais afirmativo do Japão na cena internacional, o fortalecimento das capacidades militares do Japão é principalmente consequência de um prudente desejo de o país não ficar completamente indefeso, perante uma inesperada retirada dos Estados Unidos.

Os Estados Unidos querem balançar o Japão contra a China, e genuinamente apreciarão a partilha de alguns fardos com o Japão depois do 11 de Setembro, mas sem que o Japão se "liberte" muito, visto que uma expansão japonesa à custa da China, tal como uma expansão chinesa à custa do Japão, destruiria o equilíbrio na região. A China gostava de ver diminuída a influência dos Estados Unidos na região, mas que essa diminuição fosse preenchida pela sua própria influência crescente e não por uma influência crescente do Japão, procurando limitar a liberdade de acção do Japão (designadamente soltando os demónios do sentimento anti-japonês em toda a Ásia Oriental, para não falar da utilização do nacionalismo anti-japonês a nível interno, embora com os limites que vimos). O Japão não quer ser "ensanduichado" entre os Estados Unidos e a China e alimenta e utiliza a "psicose" anti-China dos Estados Unidos para aumentar a sua liberdade de acção e receia, relativamente aos Estados Unidos, que estes privilegiem uma relação com a China, em seu detrimento.

O primeiro "reforço", pós-Guerra Fria, da aliança americano-japonesa foi em 1996, em resposta ao crescendo da retórica da "ameaça chinesa" e aos anseios japoneses de "libertação", designadamente depois da Guerra do Golfo (em que o Japão pagou, em dinheiro, parte do factura, mas não empregou qualquer tipo de forças). O segundo já foi a seguir

258   *A ascensão da China. Acomodação pacífica ou grande guerra?*

ao 11 de Setembro[106], mas, com a continuada ascensão da China, seguramente não foi motivado apenas pelo combate ao terrorismo. Se a China viu abrir-se-lhe, com o 11 de Setembro, uma janela de oportunidade, ou uma "pausa estratégica", para a prossecução relativamente incontida do seu programa de modernização durante dez ou quinze anos, o Japão não beneficiou menos. Ainda que relativamente contida no seio da sua aliança com os Estados Unidos, a sua liberdade de acção político-estratégica é maior do que alguma vez foi, desde o fim da Guerra do Pacífico. Sendo que, como é óbvio, o Japão só tem a ganhar se a sua crescente autonomia estratégica for vista como resultante mais dos pedidos da "comunidade internacional", que da sua própria iniciativa. E no triângulo de relações bilaterais Estados Unidos-Japão-China, a única aliança que existe, com as suas ambiguidades, é certo, é entre Tóquio e Washington.

É em todo este contexto geral que se tem de compreender o que está em jogo nas sucessivas crises nucleares e chantagens norte-coreanas depois do fim da Guerra-Fria. A primeira crise nuclear norte-coreana teve origem em 1989, quando as fotografias tiradas por um satélite comercial francês revelaram as instalações nucleares de Yongbon. Em 1991 as duas Coreias chegaram a assinar uma Declaração Conjunta sobre a desnuclearização. Mas em 1993, consolidada a perda do importante aliado que fora a União Soviética, a Coreia do Norte retirou-se do Tratado de Não-Proliferação Nuclear, NPT (dos 189 países signatários do NPT, a Coreia do Norte foi o único que até hoje se retirou do tratado), e declarou que recomeçava o programa de desenvolvimento de mísseis. Depois de longas negociações, foi assinado em 1994 um acordo-quadro, com base no qual, em troca da suspensão, verificada pela Agência Internacional de Energia Atómica (AIEA), do programa nuclear de Pyongyang – um programa que, a ter prosseguido sem interrupção poderia significar a Coreia do Norte ter 50 armas nucleares no final da década de 90 (O'Hanlon et al, 2003: 8) –, o Japão e a Coreia do Sul concordaram em construir para a Coreia do Norte dois reactores nucleares de água pesada, com capacidade para produzir electricidade (para o efeito criou-se um consórcio internacional: a *Korean Energy Development Organization*, KEDO) mas

---

[106] Em Agosto de 2003, o parlamento japonês aprovou o envio de um destacamento de engenharia militar para tarefas de reconstrução para o Iraque, o que já foi um avanço em relação à primeira Guerra do Golfo em 1990-91, para cujo esforço o Japão apenas contribuíra financeiramente.

incapazes de produzir plutónio para armas nucleares. Pelo mesmo acordo os Estados Unidos disponibilizaram-se a fornecer 500 mil toneladas de petróleo por ano até aos reactores estarem prontos.

No entanto, se os Estados Unidos conseguiram forçar o acordo, não conseguiram controlar, ao longo da segunda metade da década de 90, as exportações de armas e de tecnologia militar para a Coreia do Norte. Em 1998, a Coreia do Norte fez sobrevoar o Japão com um míssil balístico.

Embora pouco antes do 11 de Setembro de 2001 se sentisse uma atmosfera de um certo desanuviamento com a *Sunshine Policy*, do então presidente sul-coreano (muito sinteticamente, com a *Sunshine Policy* pretendia-se levar a Coreia do Norte a enveredar por uma abertura económica tipo "abertura ao exterior da China" para, com o tempo, se aproximar dos padrões económicos da Coreia do Sul), e com a visita da Secretária de Estado Albright a Pyongyang, depois da tensão que provocara em 1998 o lançamento do míssil balístico norte-coreano de longo alcance que sobrevoara o Japão, mantinham-se fundadas dúvidas se a "abertura" norte--coreana não era apenas mais um lance da sua estratégia de troca da "chamada 'tecnologia científica' pela chamada 'tecnologia de armamento'" (Kissinger, 2002: 121). E, portanto, a nova administração americana, que iniciou funções no princípio de 2001, estava inclinada a rever a política para a Coreia do Norte. Com efeito, já há algum tempo que se vinham acumulando indícios de que a Coreia do Norte não estava a respeitar o acordo--quadro de 1994. Por outro lado, os Estados Unidos viriam mais tarde a reclamar que dispunham de informação sólida que apontava para a existência de tentativas norte-coreanas de enriquecimento de urânio, mesmo antes do cientista nuclear paquistanês A. Q. Khan ter confessado que tinha fornecido à Coreia do Norte tecnologia de enriquecimento de urânio e do próprio governo paquistanês ter admitido publicamente que os seus cientistas tinham fornecido tal tecnologia a Pyongyang no final dos anos 90.

Já depois do 11 de Setembro, em Outubro de 2002, um dignitário norte-coreano admitiu em privado a um dignitário norte-americano, de visita a Pyongyang, que a Coreia do Norte estava a construir uma centrifugadora, que em breve poderia produzir suficiente urânio enriquecido para fabricar pelo menos duas bombas nucleares por ano[107].

---

[107] Alguns analistas acreditam que a Coreia do Norte estará a produzir qualquer coisa como 5 a 7 kg de plutónio por ano e que neste momento possua um stock de cerca de 50

260   *A ascensão da China. Acomodação pacífica ou grande guerra?*

Os Estados Unidos acusaram a Coreia do Norte de estar a violar as obrigações, a que se tinha comprometido no acordo de 1994, designadamente promovendo um programa clandestino de enriquecimento de urânio para produção de armas nucleares, e suspenderam em Novembro de 2002 o envio de petróleo que se fazia neste âmbito.

Alegando, por seu turno, que os Estados Unidos não estariam a cumprir as disposições dos acordos de 1994, em cujo quadro deveriam suprir parte das necessidades energéticas da Coreia do Norte, a resposta dos norte-coreanos foi a que se sabe. Em meados de Dezembro de 2002, a Coreia do Norte informa a AIEA da sua intenção de retirar os selos e as câmaras de vigilância das instalações congeladas pelo acordo de 1994, no final do mesmo mês expulsa os inspectores da AIEA e em Janeiro de 2003 informa o Conselho de Segurança das Nações Unidas de que se retira mais uma vez do NPT. No mês seguinte, a Coreia do Norte anunciou que estava a reiniciar as suas instalações nucleares, alegadamente para produzir electricidade.

Este comportamento violava as disposições do NPT e a AIEA encaminhou o assunto para o Conselho de Segurança das Nações Unidas, onde ficou claro que nem a China nem a Rússia estavam dispostas a condenar a Coreia do Norte. No final de Fevereiro de 2003 os americanos dizem ter detectado o início das actividades de reprocessamento de combustível nuclear em Yongbon e, no final de Abril, realizam-se em Pequim as conversações tripartidas entre os Estados Unidos, a Coreia do Norte e a China. Nessas conversações, de Abril de 2003, a Coreia do Norte afirma possuir armas nucleares e propõe-se abandonar o seu programa nuclear militar, em troca de ajuda económica, garantias de segurança, etc.

A rápida vitória militar, na primeira fase da campanha americana no Iraque, concluída no final de Abril de 2003, fez com que os Estados Unidos endurecessem o discurso contra Pyongyang, ameaçando utilizar a força, ao mesmo tempo que em Maio de 2003 o presidente norte-americano proclamou a *Proliferation Security Initiative*[108], uma iniciativa de carácter global

---

kg, que dá para produzir dez armas (Glenn Kessler, "North Korea rushes to finish reactor", Washington Post, 9Nov2005).

[108] A *"Proliferation Security Initiative"*, PSI, ou Iniciativa de Segurança contra a Proliferação, foi anunciada pelo presidente americano em Maio de 2003 na Polónia. Inicialmente uma parceria de 11 países, a ela aderiram entretanto mais de sessenta países

liderada pelos Estados Unidos, mas desenvolvida primariamente com a Coreia do Norte em mente, que visa impor um bloqueio à circulação de produtos com propósitos proliferadores.

Mas, obrigando os Estados Unidos a reajustar a sua política, todos os outros actores regionais opuseram-se fortemente à opção norte-americana de empregar a força. A Rússia, porque um ataque militar americano eventualmente provoca uma guerra que prejudica o interesse económico e estratégico russo em desenvolver infra-estruturas na região para exportar hidrocarbonetos para a China, para o Japão e outros países; a Coreia do Sul, porque não lhe agrada a perspectiva de sofrer elevadas perdas militares e civis face à previsível resposta norte-coreana a um ataque preventivo norte-americano, nem ter de pagar os custos da reunificação (nem lhe interessa ser invadida por uma massa de refugiados norte-coreanos); o Japão, porque se preocupa em poder ser alvo de um míssil norte-coreano armado com uma ogiva nuclear, particularmente antes de ter desenvolvido um "escudo" anti-míssil fiável; e a China, porque não quer perder o tampão norte-coreano entre si própria e as forças terrestres norte-americanas, em ter de lidar com uma enorme massa de refugiados norte-coreanos e em ver a ameaçada estabilidade da região poder perturbar o programa de crescimento económico. Em relação à China (e à Rússia), pode ainda alegar-se que se opõe aos Estados Unidos, no quadro de uma estratégia indirecta de lhe provocar dificuldades, sendo os interesses invocados na argumentação chinesa, ainda que verdadeiros, meramente apoiantes desse desígnio mais geral.

Enfim, em Agosto de 2003, um mês depois de os norte-coreanos afirmarem ter terminado o reprocessamento das 8000 barras de plutónio armazenadas em Yongbon, que tinham estado desde 1994 sob a vigilância dos inspectores da AIEA, fez-se uma nova ronda de conversações, desta vez a

---

(não confundir a *"Proliferation Security Initiative"* com a *"Global Partnership Against the Spread of Weapons and Materials of Mass Destruction"*, assinada em 2002 pelos países do G8, concebida mais a pensar nos efeitos proliferadores da desintegração da União Soviética e do relativo descontrolo de materiais, equipamentos, tecnologia, etc.). A PSI não tem qualquer estrutura formal de apoio. O espírito que anima a Declaração de Princípios da PSI é a resolução 1540 do CS/ONU, que exorta os estados membros a prevenirem o tráfico ilícito de armas de destruição em massa, visando designadamente combater, e em última análise banir, o comércio clandestino de componentes usadas para o desenvolvimento de armas NBQR.

262 *A ascensão da China. Acomodação pacífica ou grande guerra?*

seis: as duas Coreias, os Estados Unidos, a China, a Rússia e o Japão. Em meados de Julho a Rússia e a China tinham bloqueado uma tentativa de condenar a Coreia do Norte no Conselho de Segurança das Nações Unidas. Desde então, já houve várias rondas de negociações.

A Coreia do Norte tem procurado obter contrapartidas económicas e de segurança em troca de qualquer recuo no seu reactivado programa nuclear, enquanto os Estados Unidos, preocupados em que a Coreia do Norte, além de uma ameaça, se transforme num foco proliferador – quer através do fornecimento ilícito de materiais, quer provocando um "efeito de dominó" nuclear na Coreia do Sul e no Japão –, exigem um desmante-lamento completo, verificável pelos inspectores da AIEA e irreversível de todas as capacidades nucleares, como uma condição prévia à concessão de quaisquer benefícios económicos e políticos.

A posição da Rússia, do Japão, da Coreia do Sul e da China, tem sido, ao contrário da dos Estados Unidos, a de que as concessões de parte a parte se façam de forma mútua e progressiva.

A China, em particular, procura não perder a iniciativa na aproxima-ção política e económica à Coreia do Sul, até porque receia uma península coreana unida a alinhar com o eixo Tóquio-Washington contra si, apesar de saber que coreanos e japoneses não se apreciam muito.

Ao Japão também não interessará uma solução da questão coreana que passe pela reunificação. Primeiro, porque uma Coreia unificada seria um actor de peso no contexto regional que poderia, ainda por cima, vir a gravitar numa órbita chinesa. Além disso, como numa Coreia unificada seria mais ou menos inconcebível uma presença militar norte-americana, o Japão passaria a ser o único país da Ásia Oriental com uma forte pre-sença militar norte-americana, o que poderia não ser muito bem visto pela sua opinião pública e por todos os outros países da região. Por outro lado, num cenário de retirada norte-americana da Coreia seria muito difí-cil convencer o Japão a não se remilitarizar, visto que em tal cenário muito dificilmente o Japão ficaria refém apenas de garantias de protecção norte-americanas.

Num desenvolvimento previsível, em Outubro de 2006 a Coreia do Norte anunciou a intenção de realizar um teste nuclear e, passados alguns dias, realizou-o mesmo, suscitando as também previsíveis condenações verbais da Coreia do Sul, do Japão, dos Estados Unidos, e, de uma forma mais reservada, da Rússia e da China. O texto da resolução do Conselho de Segurança que condena o ensaio nuclear norte-coreano e impõe sanções ao regime de Pyongyang reflecte, naturalmente, estas ambiguidades. No final de 2006 começou a desenhar-se o regresso da Coreia do Norte à mesa das negociações. Desde então têm-se realizado diversas reuniões e outras diligências multilaterais e bilaterais, mas não é possível antecipar resultados permanentes ou duradouros.

É verdade que, na península coreana, pode interessar à China, numa perspectiva estratégica, manter um certo nível de tensão, na medida em que pode jogar a carta da sua influência junto da Coreia do Norte, como trunfo no relacionamento com os Estados Unidos e o Japão (Romana, 2002: 94), bem como sacudir o aperto norte-americano na Ásia Central (Ribeiro, 2004: 97).

Sendo importante para a China esta possibilidade de alargar a sua liberdade de acção estratégica, não são lineares, porém, os ganhos que podem advir para a China desta situação. De facto, uma Coreia do Norte com armas nucleares é um bom pretexto para que o Japão se veja compelido a entrar na corrida ao nuclear (Christensen, 2000: 155; Kissinger, 2002: 117) ou para os Estados Unidos (a quem também não interessará uma remilitarização do Japão a esse ponto) advogarem a instalação na região do sistema de defesa contra mísseis, sistema que não pode obviamente garantir a defesa contra o imenso arsenal nuclear estratégico russo, mas pode diminuir a relevância estratégica do dissuasor nuclear da China (Yahuda, 2002: 60).

Com efeito, se é verdade que, com os esforços concentrados no Médio Oriente, os Estados Unidos dependem mais da China na questão da península coreana e a questão coreana oferece à China uma oportunidade de cooperar com os Estados Unidos e mostrar uma atitude responsável – o que é do interesse da China –, os bons ofícios da China só serão úteis no caso da Coreia do Norte constituir uma ameaça percebida. Ora, se a Coreia do Norte é uma ameaça, existe uma justificação razoável para que os Estados Unidos, em cooperação com o Japão, promovam o desenvolvimento e instalação na região de sistemas de defesa anti-míssil, ou de ataque por IRBM ou por submarinos, o que não é no melhor interesse da China, visto que tal movimento pode neutralizar o seu dissuasor nuclear e o dissuasor convencional, com que apoia a sua estratégia, para impedir Taiwan de declarar a independência. E solidificar ainda mais a aliança entre os Estados Unidos e o Japão. Ou, ainda, ser um irresistível catalisador do alargamento do fosso tecnológico entre a China e os Estados Unidos ou, o que seria pior, de ser o cimento aglutinador de uma aliança anti-Coreia do Norte e anti-China

264 *A ascensão da China. Acomodação pacífica ou grande guerra?*

entre os Estados Unidos, o Japão, a Coreia do Sul e Taiwan[109], algo que nem a ameaça soviética conseguiu fazer.

VI.4. Para além das periferias

VI.4.1. *Mundo em desenvolvimento e mundo desenvolvido*

A presença política e diplomática chinesa, à escala global, não é um fenómeno recente. Mas é evidente que a ascensão económica da China está a provocar um aumento da interacção político-diplomática de Pequim com o resto do mundo.

Neste contexto, importa averiguar resumidamente, por grandes áreas geográficas, quais são, na actual conjuntura, os interesses da China para além da sua vizinhança próxima. Se incluirmos na vizinhança próxima da China a Rússia, o nordeste e o sudeste asiáticos, a Índia e o Grande Médio Oriente, fica-nos a faltar a África, a América Latina, a Europa, a Austrália e a América do Norte. Por comodidade, podemos dividir o contexto extra-regional da China em dois grandes grupos: o mundo desenvolvido (Europa, Austrália e América do Norte) e o mundo em desenvolvimento (África e América Latina).

Relativamente aos países africanos e latino-americanos, a política chinesa visa no plano económico a diversificação de mercados e a obtenção de matérias-primas; e, no plano político, arregimentar aliados contra a predominância americana e, nalguns casos, isolar económica e diplomaticamente, o mais possível, Taiwan. Com o apoio dos países em desenvolvimento, a China está lentamente a procurar colocar-se, internacionalmente, como a protectora dos interesses comuns deste grupo e como um agente de uma nova ordem económica internacional mais justa (Alves, 2005: 107). São exemplos deste esforço a formação do grupo G-20[110] durante a ronda

---

[109] "The Impact of Missile Defence in Asia – The Dilemmas of Transition", *Military Technology* 10/2004, p. 41 e seguintes.

[110] Não confundir este G-20 com o seu homónimo criado em 1999, que agrupa os ministros das finanças e os governadores dos bancos centrais das maiores economias desenvolvidas e das maiores economias emergentes do mundo; e que, reunindo a nível de cimeira no final de 2008 em Washington, e em Abril de 2009 em Londres, assumiu grande protagonismo na resposta à crise financeira de 2008/2009.

de conversações de Cancun da OMC; a criação em Março de 2005, em parceria com o Programa de Desenvolvimento das Nações Unidas, do *China Africa Business Council*; e a Cimeira Ásia-África ocorrida em Abril de 2005, para revitalizar o espírito e celebrar o 50º aniversário da Conferência de Bandung, cimeira na qual foi publicada uma declaração sobre a "Nova Parceria Estratégica Ásia-África".

Relativamente ao mundo desenvolvido, a política chinesa também visa diversificar mercados (muito mais importantes que os do mundo em desenvolvimento), obter matérias-primas (porventura em menor escala que no mundo em desenvolvimento, mas ainda assim um aspecto importante em relação a países como a Austrália e o Canadá), isolar Taiwan e, na medida do possível, mais do que tentar meter uma separadora "cunha" entre os aliados ocidentais, conseguir que a China não se transforme na aglutinadora ameaça de uma renovada aliança ocidental. Uma refocalização da aliança ocidental numa ameaça chinesa negaria à China o acesso à tecnologia avançada de que se abastece no Ocidente e que não tem, por enquanto, capacidade de desenvolver autonomamente.

VI.4.2. *A estratégia da China em África. A China e os países africanos de língua portuguesa*

Desde os anos 60, a China tem oferecido assistência a países africanos na agricultura, nas indústrias pesadas e no desenvolvimento de infra-estruturas (estradas, pontes, estádios, hospitais, etc.), tendo sido um importante apoio de vários Movimentos de Libertação, em especial na África Austral, nos planos ideológico, de formação de quadros e de material. Em anos recentes[111], depois de ter estado relativamente ausente nos anos 80,

---

[111] Em relação a Angola, a quem a China compra cerca de 25% da produção de petróleo, a China tem uma linha de crédito de 2 mil milhões de dólares para reconstruir rodovias, estradas e electrificar zonas à volta da capital. No Sudão a China tem 41% do consórcio nacional de petróleo como parte de um investimento total de cerca de 8 mil milhões de dólares. Na Líbia a China constrói um oleoduto e na Argélia participa em diversas *joint ventures*. Na Nigéria a China assinou recentemente um acordo para comprar crude à companhia pública. No Zimbabué a China é o maior investidor estrangeiro. No Quénia a China está a reconstruir a estrada Nairobi-Mombaça. No Ruanda custeia novas estradas e a reconstrução do estádio nacional e em Madagáscar constrói um centro de conferências.

266   *A ascensão da China. Acomodação pacífica ou grande guerra?*

uma China em rápido crescimento, com um apetite voraz por recursos e mercados, regressou ao continente africano: o comércio sino-africano cresceu rapidamente e muitos dirigentes africanos, olhando a China como um amigo que sofreu uma agressão imperialista semelhante pelas potências ocidentais, acolhem o investimento chinês. Havendo sete países africanos, entre os quais São Tomé e Príncipe, que mantêm relações diplomáticas com Taipé, o único pré-requisito do apoio chinês é o não reconhecimento de Taiwan (Alves, 2005: 100). No Zimbabué, por exemplo, depois de americanos e europeus se terem retirado do país por causa da reforma agrária e do registo negativo do país em matéria de defesa dos direitos humanos, a China participa no capital de empresas que exploram no país matérias-primas e obtém facilidades a troco de apoio político, fornecimentos de equipamento militar, etc. Aliás, os Estados Unidos queixam-se, por vezes, da China deste modo minar o esforço de isolamento e as sanções norte-americanas a certos "Estados-pária", sanções que visam promover a democracia ou conter ambições armamentistas (Zweig et al, 2005: 31 e seguintes).

A vontade chinesa de desenvolver uma relação cooperativa de longo prazo e mais estruturada entre a China e os países africanos levou à criação, em Outubro de 2000, do Fórum de Cooperação China-África. O Fórum reúne de três em três anos, alternadamente na China e em África, com o objectivo declarado de desenvolver uma nova ordem política e económica internacional e, baseados na igualdade e benefício mútuo, fortalecer a cooperação e o comércio entre a China e os países africanos. Na primeira reunião, realizada na China, estiveram presentes representantes de 45 países africanos, de um total de 53 (a segunda reunião realizou-se em 2003 em Adis Abeba e a terceira realizou-se novamente em Pequim, em Novembro de 2006; esta última teve uma grande visibilidade internacional, tendo sido batido o recorde de presenças de países africanos em cimeiras deste tipo). Apesar do rápido aumento dos fluxos bilaterais, a África ainda representa apenas uma percentagem muito pequena do volume total do comércio externo chinês, havendo portanto um grande potencial de crescimento. No final de 2004 operavam em África 715 empresas com capitais chineses. O investimento chinês em África também está a crescer (em 2003 o inves-

---

No Gabão a China tem uma participação no consórcio que extrai minério de ferro e está a construir 200 quilómetros de linha férrea, um porto de águas profundas e uma barragem. Na Serra Leoa está a ser construído um *resort* de luxo chinês, etc.

timento chinês em África terá representado cerca de 2,6% do total do investimento chinês no exterior), embora a maior parte do investimento chinês no exterior se faça na Ásia – cerca de metade actualmente e cerca de 60% no período 1979-2002 (Alves, 2005: 95 a 99).

Um caso particular da cooperação com África é a que, explorando o denominador comum que existe entre Macau e os países africanos de língua portuguesa, aproveita as potencialidades daquele antigo território sob administração portuguesa, hoje Região Administrativa Especial da RPC. Neste contexto, a China utiliza Macau como um instrumento (não o único e não necessariamente o mais importante) para a cooperação, o investimento e o comércio com os 4 países africanos de língua portuguesa (Angola, Moçambique, Guiné-Bissau e Cabo Verde), com os quais mantém relações diplomáticas e, eventualmente, como um instrumento de aproximação ao único dos 5 daqueles países com quem não mantém relações diplomáticas (São Tomé e Príncipe, que mantém relações diplomáticas com Taipé). Neste sentido, e também para dar a Macau uma, entre outras, função diferenciadora no contexto regional, que impeça ou dificulte a assimilação desta pequena região administrativa especial por Hong Kong ou por Zhuhai, a China estabeleceu em Macau, por indicação do Ministério do Comércio de Pequim, o secretariado permanente do Fórum para a Cooperação Económica e Comercial entre a China e os Países de Língua Portuguesa.

A reunião fundadora deste Fórum teve lugar em Macau em Outubro de 2003, tendo estado presentes delegações da China (chefiada pela vice-primeira-ministra Wu Yi), Portugal, Brasil, Timor-leste, Angola, Moçambique, Guiné-Bissau e Cabo Verde (São Tomé e Príncipe participou como observador). Macau integrava a delegação da China. A comissão organizadora do Fórum, que reúne de três em três anos, em Macau (a segunda reunião realizou-se em Setembro de 2006), é presidida, em conjunto, pelo ministro chinês do comércio e pelo chefe do executivo da Região Administrativa Especial de Macau.

Poucos dias depois da criação do Fórum para a Cooperação Económica e Comercial entre a China e os Países de Língua Portuguesa, foi celebrado um Acordo de Estreitamento das Relações Económicas e Comerciais entre o Continente Chinês e Macau. O Acordo, que entrou em vigor em 1 de Janeiro de 2004, visou a promoção faseada da isenção de direitos aduaneiros nos dois sentidos até 1 de Janeiro de 2006, ou seja, estreitar a interacção económica entre Macau e a China, facilitando a entrada de empresas, bens e serviços de Macau no Continente chinês e, como referiu

268   *A ascensão da China. Acomodação pacífica ou grande guerra?*

a vice-primeira-ministra chinesa na ocasião (Alves, 2005: 101), servir o propósito chinês de atrair capitais dos países de língua portuguesa e duplicar nos próximos cinco anos o volume do comércio entre estes países e a China.

Embora o Fórum se destine à cooperação da China com todos os países de língua portuguesa, na verdade o principal alvo da sua criação foi a cooperação económica com os países africanos de língua portuguesa (e também Timor-leste) que, apesar das suas economias destroçadas, possuem, em particular os maiores, vastos recursos naturais por explorar, desde a pesca, o turismo ou a agricultura, até aos recursos minerais, ao petróleo e ao gás natural (Alves, 2005: 104). Com a iniciativa deste Fórum a China não visou especialmente o Brasil (a China é o segundo maior parceiro comercial do Brasil e os dois países têm, de há muito, uma forte parceria) nem Portugal (cuja importância, para a China, reside mais no facto de Portugal ser um país da União Europeia e da OTAN, do que na de ser ou poder vir a ser um importante parceiro comercial). Embora não se deva subestimar a função útil, mas não indispensável, que Portugal pode ter como plataforma organizadora de investimentos de capitais chineses em África.

Em síntese, pode dizer-se que o interesse chinês em África é duplo: abastecimento de matérias-primas e apoio político global, neste caso com uma preocupação especial em limitar, ao máximo, a margem de manobra diplomática de Taiwan. Se a questão de Taiwan acaba por não contender muito com os interesses de outras potências, já o apetite por matérias-primas pode dar origem no futuro a disputas, designadamente com os Estados Unidos e alguns países europeus, por áreas de influência.

Relativamente a África, Kissinger (2002: 188) considerava que, antes do 11 de Setembro de 2001, eram poucos os interesses tradicionais americanos aí envolvidos no que se refere à segurança, embora constatasse que a pobreza, a incoerência das fronteiras (ou a inexistência de outra coerência que não seja a das esferas de influência das potências coloniais europeias, ou as conveniências das subdivisões administrativas, dentro da esfera de cada uma delas), as guerras civis, os genocídios, a corrupção, a debilidade das estruturas políticas, etc. transformam muitos países africanos em paraísos para grupos terroristas, lavagem de dinheiro e organizações criminosas.

Na actualidade, os Estados Unidos e a Europa têm um interesse de segurança muito concreto em África, para além dos riscos da disseminação da SIDA ou do controlo dos fluxos migratórios entre as margens do

Mediterrâneo. A pobreza de África, a expansão do islamismo radical em vastas regiões e a existência de largas partes do território africano onde não se faz sentir, ou apenas se faz sentir tenuemente, a autoridade do Estado, bem como a existência de Estados manifestamente hostis em relação ao Ocidente – como o Zimbabué, por exemplo – podem criar condições para a proliferação de santuários e campos de treino terroristas (sabe-se como bin Laden teve santuário no Sudão na primeira metade dos anos 90, antes de se ter deslocado para o Afeganistão), bem como de instalações fabris para a produção de armas químicas ou biológicas de destruição maciça. Esta preocupação não contende, à partida, com o desenvolvimento dos interesses chineses no continente. Mas, numa atmosfera de disputa por áreas de influência, pode ser um factor adicional de atrito.

VI.4.3. *América Latina*

Em relação à América Latina, no que respeita à China, e atento o diferente contexto, o interesse é também o da obtenção de matérias-primas e apoio político, designadamente na questão de Taiwan, que ainda consegue manter relações com alguns pequenos países da América Central. Em relação ao Brasil, o maior parceiro comercial da China na América Latina, também há interesse chinês em algumas transferências de tecnologia: a China importa do Brasil componentes de automóveis e aviões (o Brasil, com a Embraer, tem uma indústria aeronáutica significativa e exporta pequenos e médios aviões a jacto para todo o mundo, incluindo a América do Norte e a Europa); e à China certamente interessa a tecnologia aeronáutica e espacial[112] e o *know how* brasileiros no sector da energia nuclear.

A China utiliza as relações económicas com países da América Latina – em 2004, cerca de 40% do investimento directo chinês no estrangeiro foi para a região – para obter outras vantagens políticas. Numa viagem à região, nesse ano, o presidente chinês Hu Jintao persuadiu o Brasil e a

---

[112] Em Outubro de 2003 foi lançado um primeiro satélite sino-brasileiro, para transmissão de imagens, em cujo financiamento a China entrou com apenas 7%. Está previsto o lançamento em 2008 de um novo satélite sino-brasileiro, que será financiado em partes iguais pela China e pelo Brasil ("Governo estuda com China lançamento de novo satélite espacial", *Lusa*, São Paulo, 1Set2004).

270   *A ascensão da China. Acomodação pacífica ou grande guerra?*

Argentina a atribuírem à China o estatuto de "economia de mercado", o que pode beneficiar a China em acusações de *dumping* que lhe possam ser movidas por terceiros países ao abrigo do sistema de resolução de disputas da OMC (Zweig et al, 2005: 30).

Por outro lado, na América Latina há, em relação a África, alguns actores mais fortes, designadamente no que respeita ao potencial para preocupar geopoliticamente os Estados Unidos.

Acresce que no continente sul-americano existem alguns adversários radicais dos Estados Unidos, como Cuba, ou actualmente a Venezuela e a Bolívia, e o alinhamento da China com estes e outros países, consequência das relações comerciais entre eles, pode ser interpretado, em Washington, como uma provocação chinesa. Neste contexto, Mearsheimer, por exemplo, assinalava que "do ponto de vista chinês, o ideal seria dominar a Ásia e esperar que o Brasil, a Argentina ou o México se transformassem em grandes potências, obrigando os Estados Unidos a concentrarem-se na sua região. A grande vantagem que [os Estados Unidos] têm actualmente é que não há um único Estado, no hemisfério ocidental, capaz de ameaçar a sua sobrevivência e interesses de segurança. Por isso, são livres para patrulhar o mundo, causando distúrbios nas 'traseiras' dos outros. Já outros Estados, como a China, por exemplo, têm interesse em causar problemas aos Estados Unidos na sua própria região, para que estes se mantenham aí concentrados."[113]

Países como o México, a Venezuela e a Colômbia fornecem cerca de 40% das importações de petróleo dos EUA e podem facilmente substituir fornecedores instáveis do Médio Oriente. Neste caso concreto dos recursos energéticos, os interesses dos Estados Unidos podem também vir a chocar com os interesses chineses.

No "hemisfério ocidental", também se notam forças centrífugas semelhantes às que operam ou podem operar um relativo afastamento entre as duas margens do Atlântico Norte, para além da possibilidade de confluência anti-americana deste tipo de forças. Para Kissinger (2002: 88 e 89), "na ausência de uma política americana dinâmica e com visão de futuro, o Mercosul pode vir a transformar-se numa réplica das tendências da União Europeia, que definem a identidade política europeia em alterna-

---

[113] "Debate de Ideias: Brzezinski versus Mearsheimer", *Executive Digest* n.º 124, Fevereiro de 2005, p. 42.

tiva às orientações dos Estados Unidos, senão mesmo em oposição frontal a elas. Especialmente no Brasil, alguns dirigentes sentem-se atraídos pela perspectiva de uma América Latina politicamente unificada, capaz de se opor aos Estados Unidos e ao NAFTA". Por outro lado, na base do ressentimento comum anti-hegemonia americana, o autor detecta mesmo alguns apelos na América do Sul, por parte de certos sectores europeus, no sentido do reforço das relações "estrategicamente importantes" entre a União Europeia e o Mercosul, para "construir uma nova ordem multipolar capaz de limitar a natural hegemonia dos Estados Unidos".

VI.4.4. *Austrália e Canadá*

A Austrália, bem como o Canadá, são países desenvolvidos, cada um com as suas especificidades, e estão muito inseridos no mundo anglo-saxónico – o *anglo club*, ou no Ocidente, e ocupam grandes territórios, embora possuam populações relativamente pequenas (20 milhões de habitantes na Austrália e 33 milhões no Canadá). A Austrália combateu nas guerras da Coreia e do Vietname (e mais recentemente no Afeganistão e no Iraque) ao lado dos americanos e é uma potência regional com peso significativo no sudeste asiático e no Pacífico Sul. O Canadá é membro da OTAN, pertence ao G-7/8 e também combateu com ingleses e americanos nos grandes conflitos do século XX e tem tido uma presença militar muito importante no Afeganistão.

A importância geopolítica da Austrália tem vindo a aumentar em anos recentes, por diversas razões: por causa da função estabilizadora que pode ter no sudeste asiático, onde diversos factores de instabilidade se combinam com separatismos e fundamentalismo islâmico, para, tudo junto, proporcionar condições para o estabelecimento de santuários de organizações terroristas; por causa da sua posição central entre o Índico e o Pacífico, no contexto da evolução das relações bilaterais que constituem o triângulo Estados Unidos-China-Índia; e porque os Estados Unidos precisam de facilidades na Austrália para o dispositivo do sistema de defesa contra mísseis balísticos (aliás, já no tempo da Guerra-Fria, existiam, e continuam a existir, estações do sistema norte-americano de *early warning*, como a de Pine Gap, etc.). Sendo um sólido aliado dos Estados Unidos, alguns factores limitam a sua liberdade de acção: sendo vista como uma potência ocidental (e do *anglo club*), é com facilidade acusada de neo-colonialismo, quando

272 *A ascensão da China. Acomodação pacífica ou grande guerra?*

aumenta o seu activismo na região; com a sua economia mais ligada à economia chinesa (a China é o 3º maior parceiro comercial da Austrália e a tendência é para as relações comerciais aumentarem), não interessa muito a Camberra ser vista como parte de uma espécie de *coalition of the willing* com os Estados Unidos, o Japão (e a Coreia do Sul, ou até Taiwan), para vigiar ou controlar a "ascensão da China" (Bordonaro, 2006).

Em relação a estes dois países, que são importantes parceiros comerciais da China, e que ela vê como parte do mundo ocidental, a China tem interesse em manter um bom relacionamento, até porque em ambos existem comunidades chinesas ultramarinas relativamente numerosas. Por outro lado, a enorme extensão destes países torna-os grandes fornecedores, actuais e potenciais, de muitas matérias-primas de que a China carece para o seu desenvolvimento. A Austrália exporta para a China minério de ferro, gás de petróleo líquido, etc., e vai em breve começar a exportar para a China urânio[114], estando previsto que em breve o comércio da Austrália com a China ultrapasse o comércio da Austrália com os Estados Unidos. O comércio aumenta o "poder suave" da China na Austrália, provavelmente em detrimento dos Estados Unidos (Zweig et al, 2005: 30). Neste contexto, é importante sublinhar que, como observou Michael Yahuda[115], na esteira de Kissinger, a Austrália não alinhará imediata e cegamente com os Estados Unidos num eventual conflito sobre Taiwan. Com efeito, de acordo com uma sondagem recolhida na Primavera de 2005, 72% dos australianos concordaram com o seu ministro dos Negócios Estrangeiros, Alexander Downer, que dissera no ano anterior que "Washington não deve assumir automaticamente que a Austrália a ajude a defender Taiwan contra um ataque militar chinês" (Zweig et al, 2005: 30).

Quanto mais não seja por uma questão de proximidade dos mercados e de contextos regionais, a China terá para a Austrália, e vice-versa, uma importância potencial maior, em termos políticos, estratégicos e econó-

---

[114] A Austrália possui 40% das reservas conhecidas de urânio e a China precisa de quantidades significativas deste minério para as 40 ou 50 centrais nucleares que planeia construir nas próximas décadas. Note-se que a Austrália não vende urânio à Índia, até agora pelo menos (uma situação que tenderá a alterar-se como consequência do acordo nuclear entre os Estados Unidos e a Índia), visto que Camberra se recusa a fazê-lo a países que não sejam signatários do Tratado de Não Proliferação Nuclear.

[115] Intervenção no Seminário *Asia and Global Security*, ISCSP/Instituto do Oriente, 15Nov2005, apontamentos do autor.

micos, do que a que terá para o Canadá. No Canadá a China também tem procurado obter recursos naturais, incluindo petróleo, gás natural e mesmo no sector do urânio, eventualmente incomodando com estes movimentos os Estados Unidos e contribuindo para alguma tensão entre Washington e Otava (Zweig et al, 2005: 31).

VI.4.5. *Europa*

Quando pensamos nas relações entre a Europa e a China, a primeira pergunta que ocorre é de que Europa se está a falar. Estamos a falar da União Europeia bloco comercial, estamos a falar da união monetária, estamos a falar do espaço Schengen ou estamos a falar de actores europeus como o Reino Unido, a França e a Alemanha, que razoavelmente podem ser considerados, individualmente, como grandes potências do sistema internacional? E, mesmo quando estamos a falar da União Europeia, estamos a falar do que a União Europeia é, de facto, como actor do sistema internacional, ou dos diversos projectos e cenários acerca do que a União Europeia pode ser?

Instituídas pelo tratado de Maastricht, apenas a partir de 1992 surgiram as políticas externas comuns da União Europeia, no quadro da Política Externa e de Segurança Comum. Em 1995, a União Europeia definiu, pela primeira vez, uma política consistente para as relações com a China. O primeiro documento, de âmbito alargado, que trata das relações da Europa com a China, produzido por uma instituição da União Europeia, é uma Comunicação da Comissão, de 1995, intitulada "Uma Política de Longo Prazo para as Relações China-Europa"[116]. Nela, a União Europeia afirma os seus interesses em relação à China: segurança regional e global (contra-proliferação de armas nucleares ou outras armas de destruição maciça, controlo da venda de armas, etc.); outros assuntos globais (desenvolvimento sustentado, protecção do ambiente e dos recursos naturais, imigra-

---

[116] No ano anterior, em 1994, o Conselho Europeu de Essen tinha aprovado uma Comunicação da Comissão, intitulada *"Towards a New Asia Strategy"*, no âmbito do processo ASEM (*Asia Europe Meeting*), em cujo quadro se processa o diálogo da UE no plano multilateral com dez países asiáticos, entre os quais a China. Naturalmente que a política para com a China é coerente com a estratégia asiática da União.

274   *A ascensão da China. Acomodação pacífica ou grande guerra?*

ção ilegal, combate ao crime e ao tráfico de droga internacionais, etc.); estabilidade económica global (crescimento e abertura ao exterior da economia chinesa, participação da China na OMC e no seu sistema de regras e procedimentos, etc.); competitividade da Europa nos mercados mundiais.

No plano das relações políticas, a União Europeia afirma o seu empenho numa política de empenhamento ou relacionamento construtivo (*constructive engagement*) com a China. Ao mesmo tempo que reconhece a enorme importância da China, a UE tem, porém, consciência dos recursos limitados de que dispõe para uma estratégia de cooperação com um país tão grande.

Em Março de 1998 (ano da realização da primeira cimeira anual UE--China), a Comissão produz uma nova comunicação intitulada "Desenvolvimento de uma parceria global com a China"[117]. Nesta comunicação, a Comissão mantém válidos os fundamentos analíticos da comunicação de 1995. Neste contexto, a Comissão declara que a nova parceria UE – China terá, entre outras, as seguintes finalidades: aprofundar a integração da China na comunidade internacional, através do desenvolvimento do diálogo político; apoiar a transição da China para uma sociedade aberta, baseada no Estado de direito e no respeito pelos direitos humanos; aprofundar a integração da China na economia mundial, levando-a a participar mais activamente no sistema de comércio mundial e apoiando o processo de reforma económica e social em curso. É importante notar que, na questão dos direitos humanos e assuntos afins, a União Europeia considera que o diálogo e uma abordagem construtiva podem produzir melhores resultados. A parte maior e mais substancial da Comunicação de 1998, porém, é a que trata do aprofundamento da integração da China na economia mundial.

Em Maio de 2001, a Comissão produz a sua terceira Comunicação, em seis anos, sobre as relações UE-China, intitulada "*EU Strategy towards China: Implementation of the 1998 Communication and Future Steps for a more Effective EU Policy*". Na nova Comunicação, permanecem relativamente estáveis os tópicos do diálogo político com a China. No âmbito da integração cada vez maior da China na economia mundial, o texto da Comunicação estava dominado pela adesão da China à OMC, para a qual faltavam na altura cerca de 6 meses. Com efeito, para entrar na OMC,

---

[117] *Communication from the Commission "Building a Comprehensive Partnership with China"* (COM(1998) 181), 25.03.1998, Brussels.

a China teve de negociar arduamente os termos de entrada com a União Europeia, enquanto bloco comercial regional.

No dia 1 de Março de 2002, poucos meses depois do 11 de Setembro e da entrada da China na OMC, a Comissão Europeia aprovou o *Country Strategy Paper*, para a China, para o período 2002-2006, o qual inclui o Programa Indicativo Nacional 2002-2004. O documento estabelece a moldura da cooperação entre a União Europeia e a China para o período 2002-2006. A estratégia de cooperação delineada no documento visa apoiar a implementação dos grandes objectivos, já referidos, da UE em relação à China.

Em Setembro de 2003 a Comissão Europeia publica um *policy paper* para o Conselho e o Parlamento europeus intitulado *"A maturing partnership – shared interests and challenges in EU-China relations"*[118]. Este *paper* surge depois da publicação, em Junho de 2003, da Estratégia de Segurança Europeia, numa altura em que também o Euro estava completamente estabelecido, depois da entrada das novas moedas e notas em circulação e, do lado da China, depois da transição da liderança chinesa em Março de 2003. A UE, mantendo basicamente inalterados os objectivos gerais declarados nos anteriores documentos, reconhece que, particularmente depois da adesão à OMC e devido ao seu dinâmico crescimento, a China é um dos grandes actores da economia mundial e um dos principais parceiros estratégicos da UE, designadamente para promover o desenvolvimento sustentável, a paz e a estabilidade. Uma das questões em que a UE reconhece existir uma convergência de interesses é na importância que ambos os parceiros reconhecem ao papel das Nações Unidas. A UE declara que constituem para ela uma preocupação central o desenvolvimento e a estabilidade da China, onde a Europa tem grandes interesses económicos e comerciais[119]. A UE também espera que a China contribua para a estabilidade global, assumindo gradualmente mais responsabilidades no contexto bilateral e multilateral, em linha com o seu peso político e econó-

---

[118] COM (2003) 533 fin., Brussels, 10/09/03.

[119] O principal parceiro comercial da UE é os Estados Unidos: o comércio total da UE com os EUA (413 mil milhões de euros em 2002) é mais ou menos o dobro da soma do comércio da UE com a China e o Japão (com os Estados Unidos a balança comercial da UE é positiva, sendo negativa com a China e o Japão). Para a China, a UE é um parceiro comercial equiparável, em termos de ordem de grandeza, ao Japão e aos Estados Unidos. Os Estados Unidos são, no entanto, o mais importante destino das exportações chinesas.

276 *A ascensão da China. Acomodação pacífica ou grande guerra?*

mico crescente. A UE reconhece a importância da posição que a China ocupa para ajudar a reconciliar os interesses dos países desenvolvidos e em desenvolvimento e espera que a China possa utilizar a sua considerável influência na Ásia para promover a paz e a estabilidade na região, designadamente no campo da integração regional e na resolução de conflitos regionais pendentes.

Privilegiando o *constructive engagement*, a União Europeia não é completamente acrítica em relação ao sistema político chinês. Com efeito, as opiniões públicas e publicadas dos Estados-membros, com diferenças de Estado-membro para Estado-membro são, como observou Sandschneider (2002: 33 a 44), muito sensíveis à temática dos direitos humanos. Mas, como notou Möller (2002: 10 a 32), a questão dos direitos humanos compete com o forte desejo dos Estados e das empresas de entrar no mercado chinês e, em geral, o mercado é que ganha. Também Algieri (2002: 64 a 77) reparou como a repressão de Tiananmen de 1989 não perturbou, na realidade, as relações económicas entre a Europa e a China, mais uma vez, em parte, por causa das diferenças de pontos de vista entre os diversos membros da União Europeia relativamente às sanções económicas a aplicar à China. E Baker (2002: 45 a 63), que se debruçou com mais detalhe sobre as relações entre a Europa e a China em termos de direitos humanos, depois de notar que até aos acontecimentos de Tiananmen de 1989 o papel que a questão dos direitos humanos desempenhou naquelas relações foi mínimo (numa altura em que já era visível o desacordo entre os Estados-membros em relação a medidas a tomar naquele âmbito), observou, como aliás assinalámos já, que as propostas de resolução condenatórias da China, apresentadas na Comissão de Direitos Humanos das Nações Unidas, em Genebra, consistentemente falharam por influência europeia na década de 90. Sandschneider (2002: 33 a 44), observando como, nos casos em que existe tensão entre os interesses nacionais específicos dos Estados-membros e o caminho que possa estar a levar uma particular tentativa de definição dos interesses da União, os interesses nacionais tendem a prevalecer, salientou ainda que os Estados-membros da União tiram, por vezes, vantagem da existência dela, para ultrapassar certas questões difíceis na relação com a China. Acontece, por exemplo, no caso do embargo à venda de armas. Um particular Estado-membro, querendo manter as boas relações ou um bom negócio com a China, dirá aos dignitários chineses: "eu advogarei e tentarei fazer com que vença a nossa e vossa posição de pôr fim ao embargo no Conselho Europeu" ou, mais subtilmente, "eu não me oporei ao levantamento do embargo, se for essa a opinião do Conselho Europeu", etc. Em resumo, a União tinha claramente, e tem, uma política de apoio à integração da China no sistema internacional através de um empenhamento construtivo. Nenhum dos outros quatro grandes actores – os Estados Unidos, a Índia, o Japão ou a Rússia –, mesmo quando a relação com a China é descrita como uma parceria estratégica, tem uma política tão clara e transparente. O que é natural porque, ao contrário da União Europeia, qualquer dos outros actores é um Estado soberano que tem fronteiras físicas (ou apenas de segurança, no caso dos Estados Unidos) com a China. A União Europeia, sendo enorme, e cada vez maior, o fosso tecnológico-militar que a separa dos Estados Unidos[120], não só não tem qualquer fronteira com a China, como a sua política de segurança e defesa comum, em construção, ainda é muito incipiente. Portanto, a política comum da União Europeia para com a China é relativamente clara, mas estrategicamente é pouco consequente e não se substitui às estratégias dos próprios Estados da União, principalmente dos mais poderosos, como a Alemanha, a França e o Reino Unido, cujas políticas em relação à China têm especificidades próprias. Basta verificar, por exemplo, como os diferentes governos têm posições diferentes relativamente a encontros com o Dalai Lama. Em cada país, aliás, estas posições podem variar consoante o partido que está no poder ou, como no caso da Alemanha em 2007/2008, no interior de governos de coligação que tenham posições diferentes em relação a esta matéria.

Num documento elaborado pelo *EU Research Group*, constituído por académicos chineses do Instituto Chinês das Relações Internacionais Contemporâneas[121], vê-se bem que os chineses têm uma ideia bastante lúcida

---

[120] E maior ainda, apesar da OTAN e da evolução da Política Europeia de Segurança e Defesa (PESD), porque estando ainda bastante "nacionalizadas" as políticas de defesa dos Estados-membros da UE, há muitas duplicações e insuficientes economias de escala que, ao contrário do que acontece com o Estado federal norte-americano, degradam a eficiência do dinheiro que, em conjunto, os países da União gastam com a defesa. A cooperação estruturada permanente da Política Comum de Segurança e Defesa prevista no Tratado de Lisboa (cuja eventual entrada em vigor enfrenta as normais vicissitudes do processo de ratificação dos tratados europeus) visa justamente, entre outras coisas, aumentar o rendimento das despesas militares efectuadas pelos países que a ela aderirem.

[121] *Report on China's EU Policy*, China Institute of Contemporary International Relations, Vol. 11, No. 8, Beijing, July 2001.

278 A ascensão da China. Acomodação pacífica ou grande guerra?

do processo europeu nos últimos 50 anos, das diferentes perspectivas dos Estados-membros sobre a evolução do processo, do impacto político e económico global da UE, das consequências do mercado único, da união económica e monetária e do alargamento aos países do centro e leste europeus (neste caso provocando, em prejuízo da China, um desvio do comércio e investimento europeu para os novos estados membros), da diversidade de interesses dos diferentes países membros à escala global, etc. Neste documento, não oficial, reconhece-se o desenvolvimento da política da União para a China, a sua autonomia face à política dos Estados Unidos (designadamente na questão dos direitos humanos) e a importância das relações UE-China. No plano político admite-se um eventual interesse comum num mundo multipolar, no reforço do papel das Nações Unidas, etc., em ordem a contrariar o hegemonismo americano. Ao mesmo tempo, porém, reconhece-se que a evolução do processo europeu encerra algumas incertezas, as quais em grande parte, mas não só, decorrem da necessidade de absorver o impacto do alargamento, a par da debilidade estratégica da Europa em relação aos Estados Unidos. Neste contexto, por exemplo, Romana (2005: 315 e 316) refere um *China's EU Policy Paper* apresentado pela China em Outubro de 2003, no qual se verifica a preocupação da China com o impacto que o alargamento a países claramente pró-americanos pode ter na posição concertada da UE em relação ao princípio "uma China".

Em todo o caso, a China, para quem a estabilidade é um valor muito importante, reconhece uma maior estabilidade nas posições da UE do que nas dos Estados Unidos. As posições assumidas pela UE, por causa dos seus complexos mecanismos de decisão, ainda que por vezes minimalistas (porque não se pode ir além do máximo denominador comum entre os interesses dos vários Estados membros), são mais previsíveis do que as assumidas, por exemplo, pelos Estados Unidos. Na União Europeia qualquer posição requer um consenso bastante alargado e estável. Nos Estados Unidos as políticas externas são menos previsíveis, estando mais dependentes dos resultados de uma eleição presidencial ou das eleições para a Câmara dos Representantes e para o Senado.

Por outro lado, para a China (e para muitos países asiáticos) a UE, cujo mercado tem características semelhantes ao mercado norte-americano e é tão atraente como este, representa uma oportunidade para se tornar menos dependente dos mercados dos Estados Unidos (e do Japão). A Europa também oferece à China uma fonte alternativa de tecnologia avançada, investimento, *know-how* financeiro, etc.

VI.4.6. Estados Unidos

Ao longo deste trabalho já foi ficando clara a importância que tem para a China a sua relação com os Estados Unidos e os diversos tipos de interacção, quer no plano económico, quer no plano político-estratégico, designadamente nos diversos contextos regionais que circundam a China. Por outro lado, sem abdicar de estratégias indirectas para sacudir a pressão norte-americana, também terá ficado clara a importância que tem para a China a estabilidade política global, da qual os Estados Unidos são os principais garantes.

Na sequência do fim da Guerra-Fria, que deixou os Estados Unidos sem um inimigo claramente definido, uma série de acontecimentos, desde Tiananmen (1989) até meados da década de 90, foi dando fôlego à ideia da "ameaça chinesa": o forte ritmo do crescimento económico chinês nos anos 90 (principalmente quando comparado com a estagnação do Japão nessa década); a percepção de um esforço chinês de modernização militar, no contexto de um sentimento de pós-guerra e, portanto, de esperança de diminuição da importância do factor militar nas relações entre as grandes potências; a ponderação de que a diminuição da ameaça soviética ao seu território aumentava a liberdade de acção da China noutros azimutes; os testes nucleares no deserto chinês e o activismo militar chinês no mar da China Meridional, em meados dos anos 90; a crise dos mísseis de Taiwan em 1995-96; atropelos do regime chinês aos direitos humanos, uma percepção exacerbada pela lembrança de Tiananmen (acresce que, a dar maior visibilidade à fraca protecção dos direitos humanos na China, em 1989, poucos meses depois dos acontecimentos de Tiananmen, fora atribuído o Prémio Nobel da Paz ao Dalai Lama); a percepção de que a China estava a promover a proliferação horizontal de tecnologia nuclear (denunciada por Huntington e outros); a decisão do FMI de alterar em 1993 o método de cálculo do PIB, criando a percepção de uma alteração dramática, embora injustificada, da ordem económica internacional a favor da China; a dramatização política da fase final do processo de transição de Hong Kong, num contexto em que esta antiga colónia britânica era uma importante plataforma de produção e distribuição de informação no mundo anglo-saxónico; etc.

Em consequência, nos Estados Unidos, a segunda metade da última década do século XX assistiu a uma proliferação recorde de diagnósticos sobre as capacidades económicas e militares chinesas actuais e futuras,

280 *A ascensão da China. Acomodação pacífica ou grande guerra?*

os efeitos da "ascensão da China" para a paz e a estabilidade internacionais, as intenções actuais e futuras da China e as receitas para lidar com o fenómeno. Diferentes métodos de avaliação das capacidades actuais e de projecção de capacidades futuras; diferentes teorias sobre os efeitos da acomodação de potências em ascensão num sistema internacional, ele próprio em transição; diferentes interesses concretos no crescimento da China; diferentes visões sobre o papel dos Estados Unidos no mundo e sobre qual o futuro que devem os Estados Unidos prevenir ou promover; preconceitos e diferenças ideológicas; todos combinaram-se para influenciar o exercício de quem tinha de implementar políticas reais. As propostas basicamente variam entre o *containment* (contenção) militar e o *engagement*.

Em Fevereiro de 2005 a revista *Executive Digest*[122] reproduziu um diálogo, entre Zbigniew Brzezinski e John Mearsheimer, sobre o que se deveria esperar do comportamento estratégico da China em relação aos Estados Unidos no futuro.

Para Brzezinski, serão inevitáveis fricções com a ascensão da China, o crescimento da importância regional do país e o desenvolvimento de uma esfera de influência chinesa. O poderio norte-americano poderá recuar um pouco e uma crise económica do Japão tornará mais clara a proeminência regional da China. Brzezinski conclui, no entanto, que o conflito não é desejado nem inevitável, embora advirta que as tensões sociopolíticas internas, eventualmente combinadas com uma exploração das paixões nacionalistas, podem obrigar a rever o cenário de estabilidade que preconiza: uma declarada crença em que os Estados Unidos conseguirão evitar as consequências negativas, que por vezes acompanham a ascensão de uma potência, visto que a China está claramente a ser assimilada pelo sistema internacional e os seus líderes já perceberam que seria contraproducente tentarem afastar-se dos Estados Unidos, optando por uma difusão cautelosa da influência global chinesa.

Que o conflito não é desejado na conjuntura actual também Mearsheimer não discute. O que lhe parece é que será difícil evitá-lo no futuro. Recorda, por isso, alguns princípios básicos da teoria realista, que se aplicam ao comportamento das potências em ascensão e às reacções das potências cuja hegemonia é desafiada por essa ascensão: o objectivo último de

---

[122] "Debate de Ideias: Brzezinski versus Mearsheimer", *Executive Digest* n.º 124, Fevereiro de 2005, p. 38-42.

cada grande poder político é maximizar a sua quota de poder mundial e acabar por dominar o sistema; o sistema internacional é um sistema anárquico, em que os principais actores são os grandes Estados, que não respondem a qualquer autoridade superior; todas as grandes potências são dotadas de capacidades militares ofensivas, o que significa que se podem atacar umas às outras; nenhum Estado consegue prever com total certeza as intenções futuras dos outros Estados; a melhor forma de sobreviver neste sistema é conseguir ser o mais poderoso relativamente a potenciais rivais.

Dito isto, na impossibilidade prática de qualquer Estado alcançar a hegemonia mundial, com capacidade para projectar e manter o poder em todo o globo (já vimos que as acusações à hegemonia norte-americana actual são um pouco hiperbólicas e que o poder norte-americano tem limites), Mearsheimer advoga que os Estados que alcançam a hegemonia regional na sua região (como vem acontecendo com os Estados Unidos no "hemisfério ocidental") pretendem prevenir que outras áreas geográficas sejam dominadas por outras grandes potências.

Ora, repete-se, Mearsheimer não discute que o conflito não é desejado na conjuntura actual. O que acha é que as declarações feitas hoje devem ser excluídas da equação que visa responder à questão central, que é sobre quais as intenções que a liderança chinesa terá em 2025 ou 2030, quando tiver a capacidade militar para desafiar os Estados Unidos. Prevendo que a China tentará dominar a Ásia, da mesma forma que os Estados Unidos dominaram o hemisfério ocidental, a China tentará maximizar o diferencial de poder com os seus vizinhos, como o Japão e a Rússia, para garantir que a sua sobrevivência não é ameaçada por outro país asiático. Um poderio crescente chinês tentará expulsar da Ásia os Estados Unidos, da mesma forma que estes empurraram as grandes potências europeias para fora da América, a única forma da China recuperar Taiwan. Para Mearsheimer, a história mostra claramente qual será a reacção norte-americana, se a China tentar dominar o continente asiático. Determinados a manter a sua supremacia, os Estados Unidos tentarão conter a China e, em última análise, enfraquecê-la, ao ponto de não ser capaz de dominar a Ásia, tendo com a China a mesma postura que tiveram com a União Soviética durante a Guerra-Fria.

As posições de Brzezinski e Mearsheimer, que reflectem as duas opções básicas de resposta, não correspondem propriamente a diagnósticos diferentes da situação actual. Brzezinski simplesmente considera que é possível e desejável promover a ascensão pacífica da China (sem descurar

282   *A ascensão da China. Acomodação pacífica ou grande guerra?*

a possibilidade de que ela não venha a ser pacífica); Mearsheimer não acredita na ascensão pacífica, e tira logo daí as conclusões.

As duas posições, que não são exclusivas uma da outra, acabam por plasmar a política dos Estados Unidos em relação à China: atenção aos sinais do seu crescimento e planos de contingência para os riscos concebíveis que, em abstracto, acompanham a ascensão de uma potência. E, em última análise, para o *worst case scenario*. Como declarou o presidente norte-americano na *2006 National Security Strategy*, e o relatório anual de 2006 do Departamento de Defesa ao Congresso sobre o poder militar da China reiterou (p. 7), os Estados Unidos "*seeks to encourage China to make the right strategic choices, while we hedge against other possibilities*".

No mundo pós-Guerra-Fria, com a revolução das comunicações e a globalização económica, é improvável o regresso a blocos económicos regionais estanques e autárquicos. Portanto, qualquer modalidade de contenção integral ou quase integral contra a China é praticamente inexequível na actual conjuntura. Na Guerra-Fria, contenção incluía ausência de relações económicas e comerciais, de trocas de estudantes e de intelectuais, de turismo, etc. Teoricamente, havia, ou deveria haver, entre os dois blocos, uma fronteira quase impermeável, uma separação, uma barreira, uma "cortina de ferro". Ora a China pertence a todos os mais importantes regimes económicos, financeiros e comerciais globais; é o terceiro maior parceiro comercial dos Estados Unidos e o maior parceiro comercial da União Europeia; a União Europeia, os Estados Unidos e o Japão têm importantes investimentos na China, onde são os maiores investidores estrangeiros, etc., etc.

Por outro lado, apenas para fazer o exercício de "pensar o impensável", não é uma opção razoável impedir a ascensão da China através do seu aniquilamento militar preventivo. Tal opção, admitindo que seria possível (em termos materiais obviamente é sempre possível, visto existirem no mundo mais de 25000 ogivas nucleares, das quais apenas algumas centenas serão chinesas), sê-lo-ia apenas através do improvável concerto entre as duas superpotências nucleares: a Rússia e os Estados Unidos. Um concerto improvável por muitas razões, uma das quais porque mesmo um ataque nuclear de surpresa concertado não garantiria segurança absoluta contra uma retaliação nuclear chinesa, que evidentemente não aniquilaria qualquer dos atacantes, mas arriscava produzir danos politicamente inaceitáveis num ou noutro, ou em ambos. Por outro lado, entre muitas outras razões políticas e estratégicas, com mais seis potências nucleares efectivas (França, Reino Unido, Índia, Paquistão, Israel e Coreia do Norte), a principal aspirante do momento (Irão), com o potencial risco do efeito de dominó nuclear em diversos contextos regionais (Coreia do Sul e Japão, por um lado; Turquia, Egipto e Arábia Saudita, por outro) e mais uma série de potências nucleares latentes (em 2006, existem em actividade no mundo mais de 400 reactores nucleares distribuídos por mais de 30 países, embora nem todos os países que possuem reactores nucleares, destinados primariamente à produção de energia eléctrica, possuam imediatamente disponíveis a tecnologia ou os materiais necessários ao fabrico de armas nucleares), o resultado de um tal ataque lançaria o sistema internacional num caos de consequências completamente imprevisíveis.

Sem pretender esgotá-los, outros aspectos certamente informam e influenciam a decisão estratégica norte-americana no que respeita à política a adoptar em relação à China, a par de todos os que já referimos, atrás, a propósito do "efeito de campo" da integração da economia chinesa na economia mundial: a extensão da vantagem económica, tecnológica e militar dos Estados Unidos é grande, e, face aos prazos de concretização da ascensão da China, é difícil mobilizar eleitorados, com perspectivas mais imediatistas, para certas hipóteses a longo prazo, por mais bem informadas que elas sejam; a ascensão da China é concomitante com a ascensão de outras potências e, portanto, alguma forma de equilíbrio é possível; diversas teorias – interdependência económica, efeitos da liberalização económica sobre a liberalização política, paz democrática, paz nuclear, etc. – oferecem possibilidades de desfechos pacíficos; diversas teorias defendem que a implosão da China é provável; a China pode ser um estabilizador do sistema, à medida que for tendo cada vez mais interesse e influência nas suas regras de funcionamento; é difícil mobilizar o vasto leque de aliados necessário à contenção da China; etc.

Consequentemente, não há uma opção clara, nem uma rejeição clara, dos Estados Unidos, pelo *containment* ou pelo *engagement* da China. Pelo contrário, a política dos Estados Unidos em relação à China inclui elementos de ambas as opções, cuja graduação tem oscilado em função da própria evolução da conjuntura. A política chinesa dos Estados Unidos inclui, assim, elementos de cooperação e de pressão, procurando estreitar a liberdade de acção chinesa, a par de elementos de vigilância e prevenção.

A cooperação, que teve os seus altos e baixos mas jamais foi completamente descontinuada desde 1971 – designadamente resistindo à crise de Tiananmen (1989) e à crise dos mísseis na vizinhança de Taiwan

284   *A ascensão da China. Acomodação pacífica ou grande guerra?*

(1995/1996) – , traduz-se hoje no convite dos Estados Unidos à China "para trabalhar com os Estados Unidos na moldagem do futuro sistema internacional"[123], na mensagem de que "os Estados Unidos acolhem uma China confiante, pacífica e próspera"[124], procurando levar a China a comportar-se como um dos *stakeholders* do sistema internacional, a aceitar as responsabilidades bem como os benefícios do sistema global nas esferas da economia, da energia, da não-proliferação nuclear, do terrorismo e da segurança regional e global, bem como a encorajar a abertura do regime.

A par da cooperação, surge a pressão. Alguns elementos de pressão não estão direccionados em exclusivo para a China, inserindo-se numa política asiática mais geral dos Estados Unidos, como a manutenção de uma forte presença militar na Ásia (que vai para além do estacionamento permanente de forças consideráveis no Japão e na Coreia do Sul), desde o Golfo Pérsico e da Ásia Central até ao nordeste asiático, com as subtilezas que vimos no caso do equilíbrio triangular Estados Unidos-China-Japão.

Já a protecção garantida pelos Estados Unidos contra eventuais ataques chineses a Taiwan ao abrigo da *Taiwan Relations Act, Public Law 96-8, (1979)*, e o reforço da aliança norte-americana com o Japão são mais claramente percebidos, ainda que não abertamente declarados como tal pelos Estados Unidos (ao contrário do que acontecia com a OTAN em relação à União Soviética), como uma forma de pressão directa sobre a China.

O reforço da cooperação multilateral de defesa entre Estados Unidos, Japão, Austrália e Coreia do Sul é uma forma de pressão mais subtil sobre a China (embora Austrália e Coreia do Sul não estejam muito na disposição de serem empurrados contra a China pelo Estados Unidos e pelo Japão,

---

[123] Robert Zoellick, numa entrevista ao *Inquirer* em 6 de Dezembro de 2005. Zoellick foi o Subsecretário de Estado norte-americano desde o início de 2005 até meados de Junho de 2006 (depois de ter sido o Secretário do Comércio no primeiro mandato da Administração de George W. Bush), altura em que apresentou a sua demissão, tendo assumido pouco tempo depois a presidência do Banco Mundial. Nas notícias que saíram sobre a sua demissão, porém, não houve o mínimo indício de que ela se pudesse ter devido a eventuais discordâncias relativas à política chinesa da administração norte-americana.

[124] A frase consta na *National Security Strategy* de 2002: "*We welcome the emergence of a strong, peaceful and prosperous China.*" Colin L. Powell, o então secretário de Estado americano, estendendo uma mão à China, recordá-la-ia num artigo publicado no número de Janeiro/Fevereiro de 2004 da *Foreign Affairs*.

como vimos). O mesmo se pode dizer da aproximação norte-americana à Índia; mas, mais uma vez, apesar de a Índia desconfiar da China, está longe se ser um peão dos Estados Unidos; do mesmo modo que na Guerra-Fria a Índia não se dispôs a ser um peão da União Soviética (Lampton, 2006). Ou do activismo norte-americano no sudeste asiático, onde tem acordadas facilidades logísticas com diversos países e onde se tem aproximado do antigo inimigo Vietname, o que obriga a China a conter os seus sonhos em relação ao Mar da China Meridional.

Outras formas de pressão sobre a China incluem a manutenção do embargo à venda de armas imposto depois dos acontecimentos de Tiananmen (e a pressão sobre a União Europeia para que também o mantenha), a recusa da concessão à China do estatuto de economia de mercado, o enfraquecimento da posição chinesa na questão do Tibete e a denúncia da situação dos direitos humanos no interior da China. Alguns destes elementos de pressão são permanentes e outros são utilizados *à la carte*, quando é preciso acentuar a pressão sobre a China, ou quando muda a administração norte-americana. O exacerbar da denúncia da situação de direitos humanos na China, por exemplo, também pode visar as opiniões públicas europeias em dado momento, para estas estreitarem a margem de manobra de governos que possam estar a ponderar o levantamento do embargo à venda de armas.

Olhando agora do ponto de vista da China, os Estados Unidos eram, no princípio do século, a maior preocupação de segurança para os chefes militares e analistas do EPL e para a liderança chinesa de um modo geral (Shambaugh, 2000: 114), preocupados com o domínio americano dos sistemas comercial e financeiro internacionais, a "cruzada ideológica" pela democracia, o fortalecimento de alianças na periferia chinesa, etc., tudo num contexto de alargamento da OTAN, da percepção de um enorme e crescente fosso tecnológico-militar entre os Estados Unidos e a China, bem como de um apregoado retorno a uma estratégia de defesa anti-míssil, e que era entendida, pela China, como lhe sendo dirigida. Neste contexto, Shambaugh (2000: 117) afirma mesmo que, nas percepções chinesas, tende a fazer vencimento a tese de que os Estados Unidos têm um projecto de dominação global e que, com discursos e comportamentos mais ou menos matizados, estavam a aplicar à China uma estratégia de contenção.

Uma das grandes consequências do 11 de Setembro de 2001 foi a alteração da agenda estratégica dos Estados Unidos, designadamente no que respeita à prioridade que estava a ser dada à defesa anti-míssil. Depois

286   *A ascensão da China. Acomodação pacífica ou grande guerra?*

disso houve alguma distensão, mas a desconfiança chinesa persistiu, designadamente quando viu os Estados Unidos denunciarem, em Junho de 2002, o tratado ABM, abrindo de novo caminho ao desenvolvimento do escudo anti-míssil. Os chineses tenderam a ver estes desenvolvimentos não como dirigidos contra a ameaça dos "Estados pária" (mesmo que fosse só isso, já tirava à China alguma possibilidade de se fazer valer de eventuais manobras de pressão indirecta sobre os Estados Unidos ou, no evento de uma crise como a da Coreia do Norte, do seu valor de intermediária), mas sim como uma forma de neutralizar o seu reduzido dissuasor nuclear, de neutralizar o dissuasor convencional apontado a Taiwan e de ver uma aliança militar anti-China na cooperação dos Estados Unidos com o Japão e com Taiwan no desenvolvimento da capacidade anti-míssil (Ward, 2003: 42). Por outro lado, a China viu a *US National Security Strategy 2002* proclamar o direito norte-americano à guerra preventiva e a intenção de impedir qualquer poder no mundo de ultrapassar, ou mesmo igualar, o poder dos Estados Unidos (Lampton, 2003: 44 e 45); observa a linguagem musculada dos relatórios anuais do Pentágono ao Congresso sobre o poder militar da China, etc.

Mas, ao mesmo tempo que a China tem a noção clara de que os Estados Unidos são a principal potência com capacidade para fazer fracassar o seu crescimento económico, e ainda que interessada em contrariar a hegemonia americana, sabe que qualquer conflito grave com os Estados Unidos teria consequências devastadoras para o seu programa de fortalecimento do potencial estratégico. Por isso vai-se acomodando, optando por modos indirectos de resistência ao poder americano.

A China procurará ser útil para a estabilidade do sistema e daí retirar dividendos e, indirectamente, que os Estados Unidos tenham mais coisas com que se preocupar que com a ascensão da China. E irá procurando manter a credibilidade do seu dissuasor para o que der e vier. Por quanto tempo esta situação se arrastará é que é mais difícil prever. E prever o que acontecerá depois, é mais difícil ainda.

Como afirmava o colunista da revista *Newsweek*, Fareed Zakaria (2005: 9): "Uma guerra mundial é altamente improvável. Dissuasão nuclear, interdependência económica e globalização militam contra essa possibilidade. Mas por trás desta calma, existirá uma guerra mole (*soft war*), uma competição surda por poder e influência em todo o globo. A América e a China serão amigas um dia, rivais no outro, cooperativas numas áreas, competitivas noutras."

VI.4.7. *O triângulo de relações China, Europa, Estados Unidos*

Havendo com certeza um interesse geral europeu na estabilidade da Ásia Oriental, que permita a continuada interacção política e económica, nenhum país da Europa tem na região, independentemente da capacidade para os fazer valer, interesses de segurança comparáveis aos dos Estados Unidos[125], para quem a cadeia de arquipélagos que bordeja a Ásia Oriental constitui, tradicionalmente, como que uma primeira fronteira da sua própria segurança.

Mesmo que existissem importantes interesses de segurança comuns europeus na Ásia Oriental, provavelmente a União Europeia privilegiaria, em relação à China, o *constructive engagement*, baseada na sua própria experiência recente de 50 anos de paz, alcançada pela interdependência económica. Neste contexto, a perspectiva da União Europeia tende a aproximar-se da dos que, nos Estados Unidos, defendem também o *engagement* da China, porque acreditam no efeito pacificador da interdependência económica e no efeito positivo que o desenvolvimento económico pode ter na democratização do sistema político. Este último aspecto é particularmente importante para os que acreditam que países democráticos não se guerrearão entre si.

As relações triangulares entre a Europa, os Estados Unidos e a China contêm, assim, uma dimensão ligada à "tectónica" dos grandes poderes no mundo. Alguns sectores europeus consideram que a primazia norte-americana deve ser contrariada. Nuns casos porque invejam o poder americano, noutros porque genuinamente acreditam que a ordem global é mais estável e segura num mundo multipolar, noutros porque acreditam que uma "Europa superpotência" pode substituir os Estados Unidos como principal potência mundial, seja num cenário de rotura dos laços transatlânticos, seja invertendo a polaridade do mundo ocidental. Alguns europeus e norte-americanos, por outro lado, consideram que a ascensão da China,

---

[125] Podendo alegar-se que, até à transferência de Hong Kong em Julho de 1997, o Reino Unido teria algum interesse de segurança na região, embora fossem limitadas as capacidades britânicas de intervenção militar na região a título individual. Por outro lado, convém notar que a dramatização política da fase final do período de administração britânica de Hong Kong não teve claramente a consequência de impedir que a grande opção política da União Europeia em relação à China fosse declaradamente o *constructive engagement*.

288   *A ascensão da China. Acomodação pacífica ou grande guerra?*

no contexto de outras grandes alterações em curso na política internacional, só pode ser equilibrada pela unidade do antigo bloco ocidental. Finalmente, alguns sectores norte-americanos consideram que a predominância do poder americano deve ser mantida (designadamente contrariando a formação/ascensão de potências como a União Europeia e a China, ou balançando-as umas contra as outras) porque é o melhor para a segurança dos Estados Unidos e do mundo.

Neste contexto, com importantes interesses económicos na China e sem grandes interesses de segurança na Ásia Oriental, entraria a Europa numa aliança ocidental anti-chinesa, se para isso fosse "convocada" pelos Estados Unidos? E como aceitar tal convocatória num contexto em que, para além dos comportamentos chineses que visassem impedir uma tal aliança, o cimento aglutinador do bloco ocidental não é propriamente o mais firme de todos os tempos – como observou Kissinger (2002: 28), o elemento unificador da Aliança Atlântica e a comunidade de valores ou de destinos que a expressão "Ocidente" encerrava na Guerra-Fria entraram numa crise qualitativamente nova com a desintegração da União Soviética – e certos Estados ou correntes de opinião europeus, ainda por cima, se ressentem do chamado unilateralismo americano, e até vêem com bons olhos uma ascensão da China, que ajude a contrabalançar o poder dos Estados Unidos?

Com efeito, depois da unanimidade que, em 2001, suscitara a invasão do Afeganistão, as forças centrífugas que operam a divisão do mundo ocidental emergiram a propósito da invasão do Iraque, em 2003 – uma invasão que acrescentou, ao dicionário da "crise do Ocidente", a dicotomia "nova Europa/velha Europa" e a proposição de que "os Estados Unidos são de Marte, enquanto a Europa é de Vénus". Claro que é discutível que a maior parte dos membros da União Europeia se reveja no discurso da multipolaridade, percebidamente dirigida contra a hegemonia americana. Mas a verdade é que, mais ocasionalmente uns (como a Alemanha), mais persistentemente outros (como a França), a alguns dos mais importantes Estados-membros da União Europeia não desagradaria um mundo em que o poder americano pudesse ser equilibrado e, nesse contexto, não é nada de excluir que possam ver ou desejar na emergência da China um eventual contrapeso ao poder dos Estados Unidos no mundo.

Estas contradições e ambiguidades têm sido geridas porque a tectónica dos poderes mundiais passa por um momento, que pode ser mais ou menos prolongado, de alguma fluidez, que não obriga a alinhamentos claros. Mas em situações de crise grave, a Europa, principalmente se quiser ser um actor político-estratégico, pode ser colocada perante escolhas difíceis.

Por exemplo, no caso do projecto *Galileo*[126] e de outros afins que envolvem o desenvolvimento de tecnologias sofisticadas, a China pode dar à indústria europeia uma escala importante. Mas os Estados Unidos também são um importante mercado para a União Europeia, designadamente para a indústria de defesa europeia, ao mesmo tempo que transferem para a União Europeia muita tecnologia militar, que a Europa teria dificuldade em desenvolver de forma independente. Isto permite aos Estados Unidos pressionar a Europa para que não levante o embargo à China: em Fevereiro de 2005, por exemplo, o Congresso norte-americano condenou a intenção da UE de levantar o embargo, preconizando mesmo a restrição às transferências de tecnologia militar americana para países europeus que levantassem o embargo (Carriço, 2005: 857 e 858). Uma das razões alegadas pelo Congresso era a de os Estados Unidos poderem, a ser levantado o embargo pelos países europeus, ter de se confrontar no teatro de operações de Taiwan com equipamentos tecnologicamente sofisticados fornecidos por países ocidentais.

No fundo, a escolha dramática com que a Europa poderá ter de se confrontar no evento de uma crise grave entre os Estados Unidos e a China, é ter de optar entre uma e outro, porque numa "guerra" não se pode estar dos dois lados ao mesmo tempo. Continuaria a Europa a ser um dos pilares da Aliança Atlântica, ou assistir-se-ia ao aparecimento de um eixo Bruxelas--Pequim (sucedâneo do eixo Berlim-Tóquio, promovido por Hitler)? Não se está a advogar que uma crise sino-americana é inevitável, mais tarde ou mais cedo; e menos ainda se está a advogar que tal crise é desejável, porque desejável é que essa crise não ocorra e que a Europa (fazendo por isso) não seja confrontada com uma escolha difícil. Mas, se ocorrer, a Europa tem de estar preparada para decidir de que lado está.

Uma coisa, bastante razoável, é a União Europeia, ou os principais países europeus, não alinharem cegamente com os Estados Unidos, na estratégia a adoptar em relação à China. Outra, completamente diferente, é

---

[126] O Galileo (*Galileo Joint Undertaking*), um projecto da Comissão Europeia e da Agência Espacial Europeia, visa estabelecer um sistema de posicionamento global, GPS, com uma rede de cerca de 30 satélites.

adoptar uma posição frontal de oposição àquela estratégia. Se, mais atrás, observámos que nem a China, nem a Rússia, têm condições para desafiar abertamente os Estados Unidos, a Europa Ocidental – um exercício que tem algo de suicida, ou de pensar o impensável – ainda tem menos. No plano económico, cultural ou político, uma rotura das relações transatlânticas no futuro previsível é algo que, pura e simplesmente, não é, responsavelmente, pensável.

Num improvável cenário desses, aliás, é discutível quem perderia mais, se os Estados Unidos, se a Europa. Mas inclinamo-nos a pensar que seria a Europa. De facto, olhando para o panorama mundial, não se vislumbram, no plano estratégico, grandes soluções para a estabilidade e a ordem mundiais que não passem pela coordenação das políticas do Ocidente, não transformando divergências ocasionais em clivagens inconciliáveis. A menos que houvesse interesse em que, em vez de alargar a geografia das nossas "ilhas kantianas", reproduzindo noutras latitudes o espaço euro-atlântico de paz, elas fossem invadidas pelo "mundo hobbesiano". A menos que houvesse interesse no suicídio da civilização ocidental tal como existe hoje. Como é que se estabilizaria o leste europeu? Como é que se conteria o semi-caos "hobbesiano" em África e no Médio Oriente? Quanto tempo levaria tal caos a extravasar para o interior da Europa? Quanto tempo demoraria até que partidos populistas na Europa começassem a pugnar pelo regresso dos totalitarismos?

A visão do caos, que resultaria da fractura transatlântica, obviamente não dispensa o exercício, para que vêm chamando a atenção muitos autores, de uma definição de objectivos comuns para enfrentar os desafios do século XXI, sem a qual não haverá a unidade de pensamento e de acção de que o Ocidente deu mostras durante a Guerra-Fria, nem um debate consistente e acções correctivas em relação aos aspectos que geram divergência.

A parceria euro-americana para a gestão da crise no Médio Oriente e na Ásia Central existe, como se pode ver na coordenação que, embora difícil, vai existindo entre a Europa e os Estados Unidos na questão do programa nuclear iraniano, na questão israelo-palestiniana ou no *state building* e no combate aos talibãs no Afeganistão. Não quer dizer que o ressentimento entre os Estados Unidos e certos países – e, ou, correntes de opinião – na Europa se tenha dissipado. Mas, com soldados europeus e americanos a morrer lado a lado no Afeganistão, já não é tão fácil sustentar que a América é de Marte e a Europa é de Vénus, como fez Robert Kagan em 2003.

Neste contexto, a pergunta subsequente, no âmbito deste trabalho, é se o "factor China" deve catalisar ou não a unidade do Ocidente. Funcionarão os *Global Balkans* como o catalisador de uma parceria euro-atlântica com expressão global para gerir a ascensão da China? Comentando as perspectivas da grande coligação alemã, que finalmente viabilizou o governo de Angela Merkel, Kissinger (2005) defendeu que "o desafio-chave perante as nações atlânticas é o de desenvolver um sentido de destino comum na era da *jihad*, da ascensão da Ásia e do surgimento de problemas universais como a pobreza, as pandemias e a energia, entre muitos outros."

Para Ash (2005), a grande equação estratégica daqui a 20 anos vai ser o jogo diplomático triangular entre a China, a Europa e os Estados Unidos. Para este autor, se há trinta anos Henry Kissinger jogara a cartada chinesa contra a União Soviética, hoje a China estava a jogar a cartada europeia contra os Estados Unidos. Observando interesses europeus, como o combate às alterações climáticas ou o estabelecimento do Tribunal Penal Internacional, em que, do seu ponto de vista, a administração americana está errada, a resposta da União Europeia não devia ser o alinhamento irracional contra os Estados Unidos. Mas, por sua própria iniciativa, a Europa devia discutir entre si, e com os Estados Unidos, as condições do seu empenhamento construtivo com a China.

Para um crítico da *realpolitik* como Ash, mesmo que seja muito grande o apetite chinês pelas exportações europeias, a Europa devia empenhar-se em mostrar a Pequim que não aceita a resolução da questão de Taiwan por meios não pacíficos, ao mesmo tempo exigindo uma melhoria gradual do respeito do governo chinês pelos direitos humanos.

Mais uma vez, porém, a grande questão que fica, e que é de impossível resposta, é se os Estados Unidos e a Europa acabarão ou não por combinar uma abordagem comum à questão da ascensão da China. Só o facto desta pergunta não ter, na actualidade, uma resposta fácil nem rápida, mostra como a China tem conseguido evitar a formação da grande coligação que seria necessária para garantir uma efectiva contenção do crescimento do seu potencial estratégico.

VI.5. O Estado chinês e o seu ambiente externo – Conclusões

A China está rodeada por três grandes potências: o Japão no nordeste; a Rússia no norte e noroeste; e a Índia no sudoeste. Nas relações com a

292   *A ascensão da China. Acomodação pacífica ou grande guerra?*

Índia e a Rússia, a par da agenda normal das relações entre grandes potências vizinhas, é permanente a preocupação com a gestão das forças centrífugas no Tibete e no Xinjiang. Nas relações com o Japão, imbricam as principais questões do nordeste asiático: a Coreia e Taiwan. Em todos os azimutes, a presença estratégica norte-americana é uma constante.

Relativamente ao padrão das diversas relações bilaterais possíveis entre a China, o Japão, a Rússia e a Índia, pode dizer-se que não há alianças consistentes nem animosidades muito consequentes, não havendo uma inequívoca convergência de interesses entre a China e qualquer um dos seus grandes vizinhos. Não há margem, portanto, para o estabelecimento de alianças estáveis.

Das dez relações bilaterais existentes entre as cinco grandes potências da região (já incluídos, portanto, os Estados Unidos), a relação entre o Japão e os Estados Unidos é a que é mais estrategicamente consequente, mas, mesmo essa, com algumas ambiguidades, como vimos. As outras grandes potências do sistema internacional estão na extremidade ocidental da Eurásia: entretêm-se demasiado umas com as outras para que sejam um actor estratégico nas grandes relações de poder da Ásia. Não quer dizer que não contem nada, ou que estejam completamente ausentes. Mas, estrategicamente, o seu peso ali é relativamente pequeno.

No que respeita à principal potência do sistema internacional, os Estados Unidos, uma série de políticas, relações e questões podem ser utilizadas mais ou menos *à la carte* na relação com a China: Tibete e defesa dos direitos humanos; Taiwan e defesa da democracia; aumento ou diminuição da intensidade e do foco anti-chinês das relações com a Índia e o Japão; etc. Sendo que não é linear a facilidade com que os Estados Unidos consigam mobilizar alianças contra a China.

A China utilizou mais ou menos encobertamente a proliferação horizontal para distrair os Estados Unidos e não só. No que respeita ao Paquistão, está sempre presente a relação com a Índia. No que respeita à Coreia, imbrica toda uma outra série de questões.

No entanto, da observação das relações da China com a sua periferia pode concluir-se que a China é hoje mais cautelosa em explorar de forma indirecta os factores de heterogeneidade do sistema internacional para perturbar uma ordem que, apesar de tudo, garante o funcionamento de um sistema que lhe permite ir prosseguindo o seu programa de fortalecimento do potencial estratégico. A modernização e o crescimento económicos são a prioridade. E demasiada instabilidade no sistema perturbaria essa estratégia. Por outro lado, qualquer "conexão sino-islâmica", que desse razão à tese de Huntington (1996), no pós-11 de Setembro, provavelmente provocaria uma irresistível resposta norte-americana. Se o comportamento da China dá razão aos pressupostos da teoria realista, convém lembrar, pelo menos, um deles: o de que os Estados são actores racionais que avaliam os custos e os benefícios das suas acções. A China depende demasiado do exterior: precisa de recursos (que vai buscar cada vez mais longe: à Austrália, a África, à América Latina, ao Canadá, etc.); precisa de mercados; e, sem ter capacidades próprias para minimamente o garantir, precisa que as SLOCs, por onde fluem as suas importações e as suas exportações, permaneçam seguras.

Observa-se que os países asiáticos não reconhecem (como aliás nunca reconheceram) a existência de uma ameaça comum e têm percepções de segurança muito diferentes (o Paquistão e a Índia estão obcecados um com o outro; alguns países do sudeste asiático preocupam-se mais com o Vietname que com a China; outros preocupam-se mais com a "renacionalização" da política de segurança e defesa do Japão do que com a ascensão da China; etc.). Kissinger (2002: 106), aliás, rejeitando o argumento de que a política americana para a Ásia deva ser concebida em analogia com a que foi seguida na Guerra-Fria, "com a China a substituir a União Soviética como ameaça organizadora", alega que "pura e simplesmente na Ásia não existem condições políticas e estratégicas que permitam desenhar uma linha divisória e reunir todos os países de um dos lados – a menos que haja uma super-provocação chinesa".

Nenhum país asiático está em posição de ameaçar simultaneamente todos os seus vizinhos, como esteve a União Soviética até ao último dia da Guerra-Fria. A Índia, o Japão, a China ou a Rússia são suficientemente fortes para resistir individualmente aos ataques de qualquer das nações vizinhas, e certamente mais ainda se se aliarem a outros Estados asiáticos ameaçados. Além disso, nem a Coreia do Sul ou o Vietname, por exemplo, seriam presas fáceis para um potencial agressor. O desafio geopolítico das mais importantes nações asiáticas, incluindo a China, não é tanto como conquistar os vizinhos, mas como evitar que esses vizinhos se aliem contra si.

Consequentemente, relativamente aos grandes actores com quem interage na periferia – Estados Unidos, Rússia, Índia e Japão –, mais do que buscar alianças com qualquer um deles, e sem prejuízo de alguns alinhamentos de ocasião, a China procura impedir que se formem novas,

294 *A ascensão da China. Acomodação pacífica ou grande guerra?*

ou solidifiquem antigas alianças, que possam ser dirigidas contra si. No segundo caso, nem sempre com muito êxito, como se vê em relação à aliança Estados Unidos-Japão.

É discutível que da observação das relações da China com a sua periferia se possa concluir que estão claramente em confronto dois projectos: um projecto norte-americano, de um mundo unipolar, com uma "Ilha Mundial" multipolar; e um projecto chinês de uma hegemonia regional, num mundo multipolar, mas em que os seus vizinhos e rivais – ou pelo menos o Japão – não sejam pólos.

A observação dos padrões de relação na periferia chinesa mostra como os Estados Unidos estão presentes em todos os contextos circundantes da China e interferem em todos os equilíbrios regionais. Os Estados Unidos declaradamente (basta ler a *National Security Strategy 2002*) querem ser a primeira potência mundial e manter ou alargar o fosso para eventuais rivais. Para isso, precisam de manter a hegemonia no "hemisfério ocidental", ou, pelo menos, impedir uma hostilidade dos seus dois vizinhos terrestres que distraísse demasiadamente a sua força (este último um cenário improvável, em todo o caso), e de garantir o pluralismo da "Ilha Mundial". Neste último caso, interessará aos Estados Unidos que o poder político aí não esteja tão fragmentado que disso resulte um caos altamente prejudicial aos Estados Unidos; mas, ao mesmo tempo, que o poder político não se distribua por tão poucos pólos que torne concebível um concerto que deixe os Estados Unidos isolados na sua posição insular. Para não falar do pluralismo da "nossa" península europeia na extremidade ocidental da Eurásia, ou do Médio Oriente, a verdade é que os Estados Unidos não precisam de fazer muito para que entre a Rússia, a China, o Japão e a Índia, apesar de algumas aproximações ocasionais, as desconfianças recíprocas os impeçam de se lançar nos braços uns dos outros.

Um projecto chinês de uma hegemonia regional, num mundo multipolar, não é, pelo menos para já, muito visível. Primeiro porque é discutível que a China esteja interessada num mundo multipolar: o discurso da multipolaridade, fazendo coro com outros actores, é sobretudo dirigido contra a primazia dos Estados Unidos. A China deverá estar pouco interessada em que o Japão e a Índia sejam pólos de um tal mundo. Relativamente a uma hegemonia regional chinesa, ela tenderá sempre a ser um pouco limitada: o Japão e a Índia não se deixariam abraçar facilmente numa esfera de influência chinesa; e mesmo o sudeste asiático tem alguma capacidade de resistência, designadamente mobilizando em seu benefício alguns *offshore balancers*. Por outro lado, antes de estender a sua "autoridade" para lá das fronteiras físicas do território sobre o qual exerce a sua jurisdição, Pequim não pode ignorar a "força centrífuga que está constantemente em jogo na cena política chinesa" (Wang, 1999:162). Nem deixar de mobilizar recursos para a combater.

No espaço extra-periférico da China, o mundo em desenvolvimento abrange basicamente a África e a América Latina. Deste mundo em desenvolvimento o que a China quer são recursos naturais, designadamente hidrocarbonetos, alguma diversificação de mercados, capacidade de isolar diplomaticamente Taiwan e conquistar influência política global. A China não quererá desafiar ostensivamente ninguém (excepto Taiwan), e muito menos os Estados Unidos, em África e na América Latina. Mas o aumento da influência da China nestas paragens, apesar da acomodação não ser impossível, encerra certamente algum potencial de conflito.

Em África, os Estados Unidos (como a Europa, aliás) também procuram matérias-primas e influência política global, principalmente no sentido de garantir a ordem do sistema internacional.

A influência islâmica em África é grande e há muitos espaços onde não chega a autoridade de Estados que de Estados pouco mais têm que o nome, os chamados "Estados falhados". Por outro lado, existem países com Estados pouco fiáveis, como o Zimbabué, e países como o Sudão ou a Somália, politicamente muito fragmentados, que estão nas margens da principal área de turbulência global. Antes de se instalar no Afeganistão, foi no Sudão que Osama bin Laden teve o seu exílio africano. Portanto, África pode fornecer canais para encaminhamento de armas, santuários para actividades terroristas, incluindo bases de treino e locais para instalações fabris de armas químicas e biológicas de destruição maciça.

Para além de, eventualmente, a China disputar aos Estados Unidos a obtenção de matérias-primas em África, a China pode minar, com a sua política comercial e de investimentos, o efeito de sanções económicas que possam estar a ser aplicadas pelo Ocidente a determinados países com a finalidade de restabelecer a ordem no sistema. E, mesmo que não seja a primeira intenção chinesa perturbar o sistema através de uma estratégia indirecta africana, esse comportamento pode suscitar a hostilidade dos Estados Unidos.

Na América Latina ainda é mais improvável que a China queira desafiar ostensivamente os Estados Unidos no seu hemisfério, no seu *backyard*. Mas também aí a política comercial e de investimentos da China pode colocá-la em rota de colisão com os interesses dos Estados Unidos. Na América Latina não se coloca como em África o problema dos "Estados falhados" e do fundamentalismo islâmico, etc., mas, para já não falar em Cuba, países produtores de matérias-primas como a Venezuela e a Bolívia, por exemplo, começam a desafiar muito vocalmente os Estados Unidos, ao mesmo tempo que a China começa a ser um mercado importante para as suas exportações. Esta conjugação de factores encerra portanto algum potencial de conflito entre Pequim e Washington: a dependência de matérias-primas nessas paragens pode arrastar a China para dinâmicas de conflito.

Acresce que compras chinesas mais perto dos Estados Unidos (como, por exemplo, hidrocarbonetos no Canadá) ou mesmo nos Estados Unidos (como foi a tentativa falhada de compra da californiana Unocal no Verão de 2005) são muito pouco "politicamente correctas" por enquanto, com um elevado potencial de excitação da opinião pública norte-americana. A Austrália está mais longe e, portanto, a venda de matérias-primas à China é melhor aceite.

Da Europa e dos Estados Unidos o que a China quer é mercados abertos às suas exportações, transferências de *know-how* e tecnologia (através de *joint ventures* instaladas na China ou, mais recentemente, comprando indústrias na Europa e nos Estados Unidos) e reconhecimento – em chinês dir-se-ia "face" – do seu *status*, como grande potência responsável. Neste contexto, a relutância dos Estados Unidos e de muitos países europeus (em parte pressionados pelos Estados Unidos) em levantarem o embargo à venda de armas à China, imposto desde os acontecimentos de 1989 em Tiananmen, ou em reconhecerem à China o estatuto de "economia de mercado", é bastante irritante para a China.

É discutível, porém, noutra perspectiva, que a China, não obstante a sua preocupação com o *status*, aspire para já a pertencer ao G-8. Para além de, possivelmente, a sedutora pertença a tal concerto lhe retirar alguma margem de manobra na relação com o "norte desenvolvido" (a "amizade" também constrange), provavelmente passaria a ser vista no mundo em desenvolvimento como mais um membro do "clube dos ricos", o que enfraqueceria a sua posição nesse mundo em desenvolvimento. Neste âmbito talvez interessasse mais à China desempenhar um papel de "ponte".

Não se pode dizer da França, da Alemanha e do Reino Unido que as desconfianças históricas produzam entre esses países europeus o mesmo grau de hostilidade latente que existe entre a China e a Rússia, a Índia ou o Japão (com graus diferentes consoante as relações bilaterais consideradas). Mas as forças centrífugas na extremidade ocidental da Eurásia são consideráveis, apesar do factor "União Europeia", cujo aprofundamento é mais difícil quando é grande o ritmo do alargamento. Por outro lado, o concomitante alargamento da OTAN aos países do centro e do leste europeu (por muito que gostem da relativamente próspera Europa ocidental, os países do centro e do leste europeus sabem que ela não tem a mesma capacidade que os Estados Unidos têm para os proteger da Rússia) dificulta, mas não impede, como se viu na crise transatlântica que sucedeu a invasão do Iraque em 2003, a ocasional aproximação da Rússia com a Alemanha, a França ou a Itália, com prejuízo da ligação destes países com os Estados Unidos. Por outro lado ainda, o cimento da Aliança Atlântica está mais fraco face à dificuldade em definir uma ameaça comum, depois do fim da Guerra-Fria, tornando mais fácil a operação de forças centrífugas na OTAN.

Apesar de políticas chinesas algo divergentes entre as duas margens do Atlântico, e do "factor China" ser cada vez mais importante, a China não tem capacidade para interpor uma "cunha" entre a Europa e os Estados Unidos ou para balançar a Europa contra os Estados Unidos. A China, provavelmente, procurará não ser o cimento aglutinador de uma renovada coligação do Atlântico Norte, ou de uma improvável coligação anti-China de Vancouver a Vladivostoque.

Por outro lado, o mercado chinês, e de um modo geral as relações económicas da China com a União Europeia, a opção da política chinesa da União Europeia pelo *constructive engagement*, etc., tornam difícil aos Estados Unidos mobilizar esforços contra a China, como se viu, por exemplo, na dificuldade dos Estados Unidos em, a partir de determinado momento na década de 90, mobilizarem votos europeus contra a China na Comissão de Direitos Humanos das Nações Unidas, nos projectos de resolução condenatórios do regime de Pequim, nos anos que se seguiram a Tiananmen (hoje, principalmente depois do 11 de Setembro, já nem sequer os Estados Unidos patrocinam muito convicta e persistentemente tais resoluções).

Se a China pode dar alguma escala às indústrias de defesa europeia – ou em alguns projectos, cuja tecnologia pode ter um duplo uso, como é o caso do sistema de navegação por satélite *Galileo* –, estas indústrias são demasiado dependentes do mercado americano e de transferências de tecnologia americanas (essenciais para a interoperabilidade com os sistemas autóctones norte-americanos dos sistemas que a Europa queira vender nos Estados Unidos). Apesar de tudo, em 2004 e 2005, a União Europeia (Reino Unido incluído) esteve prestes a levantar o embargo à venda de armas à China. Mas, *in extremis*, um "ultimato" norte-americano, à mistura com a aprovação de uma lei anti-secessão de Taiwan pela Assembleia Popular Nacional em Pequim, que suscitou um clamor geral de reprovação, goraram essa perspectiva.

Em síntese, para além das suas periferias identificam-se alguns comportamentos chineses que podem contribuir para a heterogeneidade do sistema e uma capacidade de influência crescente chinesa. Esta capacidade da China não é, de modo algum, despicienda, mas, pelo menos por enquanto, é apesar de tudo limitada para, só por si, alterar significativamente todos os principais padrões de relação do sistema. É claro que o crescimento da China está a aumentar a sua capacidade, que pode ser utilizada de forma "perturbadora/desestabilizadora" ou "homogeneizadora/estabilizadora".

A redistribuição do poder no sistema, por via do aumento do poder relativo da China – no plano em que este poder é controlado pelos Estados, porque é grande a quantidade de poder difuso –, pode produzir resultados diferentes, consoante a evolução dos muitos factores em jogo, um dos quais a própria estratégia da China. Com efeito, a vontade chinesa de utilizar o seu cada vez maior poder "perturbador" potencial, eventualmente em coligação com actores capazes de mobilizar quantidades significativas do poder difuso existente no sistema, pode ser temperada pelo desejo chinês de integrar o "concerto", que garanta a "ordem" num sistema internacional de que, como dizem alguns autores, se está a tornar uma *stakeholder*.

Se todos os outros actores dominantes estarão dispostos a deixar a China aumentar a sua participação, e a sua posição relativa, no "capital" do sistema (com mais ou menos medo de que a China lhe faça um *takeover* hostil) é o que está para se ver. No actor "União Europeia" (que não é uma soma, mas um máximo denominador comum), com a sua relativa inconsequência estratégica, e na maior parte dos países europeus mais relevantes, tem prevalecido a opção pelo *constructive engagement*.

Nos Estados Unidos, com altos e baixos e com *nuances*, o *constructive engagement* também parece que tem prevalecido. Mas não dispensa a sua dose de *containment*.

CAPÍTULO VII

CENÁRIOS ESTRATÉGICOS

VII.1. Objectivos e longevidade da estratégia da República Popular da China

A China não é uma potência satisfeita com a actual situação internacional. A China não pode ser uma potência satisfeita porque, entre outros factores, contém 20% da população mundial, mas representa apenas cerca de 6% da economia mundial; e porque, sendo um dos cinco membros permanentes do Conselho de Segurança das Nações Unidas, o seu PIB per capita, mesmo em paridade do poder de compra, é o 132° entre 229 países, de acordo com o CIA World Factbook (Junho de 2009).

Ao mesmo tempo, a China experimenta uma distribuição de poder no mundo que lhe é desfavorável; está rodeada de vizinhos poderosos (Japão, Rússia e Índia) e outros menos poderosos (como o Vietname e as duas Coreias), mas ainda assim com capacidades suficientes para, sozinhos ou em coligação, resistirem a tentativas expansionistas chinesas; tem problemas políticos, económicos e sociais internos extremamente complexos; depende para o seu crescimento de factores que não controla, como por exemplo a segurança das SLOCs, etc. Ou seja, como diriam os estrategos chineses, com uma "configuração estratégica do poder" que não lhe é favorável, à China, para fortalecer o seu potencial estratégico, não resta de momento outra alternativa que não seja aquilo que alguns autores, como Swaine e Tellis (2000: xi), em tempos designaram por *"calculative" strategy*, uma estratégia total defensiva com as seguintes características, a maior parte das quais, aliás, foram ficando evidenciadas ao longo do trabalho:

- Uma abordagem não ideológica, ligada ao crescimento económico orientado pelo mercado e à manutenção de relações políticas internacionais normais com todos os Estados, especialmente com as grandes potências;

300   *A ascensão da China. Acomodação pacífica ou grande guerra?*

- Uma contenção deliberada no uso da força, quer em relação à periferia, quer em relação a outras potências mais distantes, combinada com esforços para fortalecer o aparelho militar chinês e alcançar rapidamente a modernidade em sectores essenciais (armas nucleares, mísseis e tecnologia espacial);
- Um maior envolvimento na política regional e global e em diversos *fora* multilaterais, procurando, através dessas interacções, obter ganhos, designadamente promovendo a imagem de potência responsável do sistema internacional e estancando receios sobre a sua emergência como potência mundial[127].

Como já tinham observado Swaine e Tellis, em 2000 (112) – uma observação que se mantém essencialmente actual –, apesar de determinada a impedir certas perdas críticas a todo o custo (como Taiwan), a estratégia da RPC é caracterizada por um pragmatismo concebido para melhorar rapidamente as suas condições sociais domésticas, aumentar a legitimidade do seu regime, aumentar as suas capacidades tecnológicas e económicas e, deste modo, em última análise, aumentar o seu poder militar e melhorar a sua posição e influência na ordem política internacional.

Nesta estratégia, que não tem sido dispensada de alguns acertos de pormenor, designadamente fruto das lições aprendidas pela liderança chinesa com alguns erros cometidos ao longo dos anos 90, que alimentaram a retórica da "ameaça chinesa" (o resultado das lições aprendidas com o Salto em Frente e a Revolução Cultural foi a política de reforma e abertura de Deng), o objectivo primário da China tem sido o do desenvolvimento progressivo de uma economia de classe mundial. Esperando que isso lhe permita o aumento progressivo do seu potencial estratégico, designada-

---

[127] Depois de, nos anos 70 e 80, a China sempre se ter recusado a contribuir com recursos humanos ou financeiros para missões de paz da ONU, finalmente começou a participar nestas missões em 1992, no Camboja. Actualmente (2008), pela primeira vez um oficial general chinês comanda uma operação de paz das Nações Unidas, no Sara Ocidental. Por outro lado, até meados dos anos 90, a China absteve-se ou rejeitou propostas de resolução no Conselho de Segurança das Nações Unidas que permitiriam o uso da força no âmbito do Capítulo VII da Carta da ONU, uma forma clara de assinalar que se opunha à erosão da soberania e independência do Estado. Nos últimos anos, porém, alterou este posicionamento.

mente do potencial militar. Mas sem que o aumento das despesas militares se faça à custa dos objectivos de desenvolvimento económico e social.

E sem que os comportamentos chineses – um aspecto em que a China se tem mostrado cada vez mais sofisticada – intranquilizem os agentes indispensáveis ao sucesso do modelo de desenvolvimento que tem vindo a ser seguido (entre os quais e à cabeça os Estados Unidos) e que, muito sinteticamente, já descrevemos como o objectivo de manter a economia da China aberta ao exterior.

Ao reconhecimento que Pequim faz de que não tem alternativa à estratégia de desenvolvimento prosseguida segue-se que, face à realidade existente e às perspectivas de evolução, essa estratégia terá de ser lenta e prolongada. Para a maior parte dos autores, a estratégia prosseguida, se não for submetida a factores de perturbação externos ou internos, continuará até que a China tenha ultrapassado de uma forma fundamental as suas fraquezas, o que não se vislumbra que possa ocorrer antes de 10 ou 15 anos, no mínimo. Para Brzezinski (1997: 164), por exemplo, "mesmo por volta do ano 2020, é bastante improvável, mesmo nas melhores circunstâncias, que a China se possa tornar verdadeiramente competitiva nas dimensões chave do poder global."

Admitir estes prazos e admitir que, com a excepção de uma deterioração extremamente grave das relações sino-americanas, os Estados Unidos não têm outra escolha razoável que não seja a de acomodar o crescimento da influência chinesa nos assuntos internacionais, não quer dizer que se ignore que, embora não datado, o objectivo último da China é provavelmente a liderança global. A China não estará satisfeita enquanto as outras grandes potências e os países vizinhos não tiverem suficiente atenção às preferências chinesas para se refrearem de prosseguir qualquer política que desagrade a Pequim (Roy, 2003: 127).

Na verdade, não se pode considerar a circunspecção chinesa como indicadora de que não tem aspirações a alterar em seu próprio benefício o *status quo*. Em vez disso, o que essa circunspecção reflecte é um cálculo de custos e benefícios, dados o actual ambiente internacional e a força relativa da China. Assim, para alguns o objectivo último da China não é o de meramente tornar-se no segundo Estado mais poderoso na Ásia Oriental, mas sim o de substituir a hegemonia regional dos Estados Unidos, e o de alcançar a paridade com os Estados Unidos em termos globais (Roy, 2003: 73).

Em resumo, a China quer ser uma superpotência, de preferência a mais forte do sistema internacional.

302   *A ascensão da China. Acomodação pacífica ou grande guerra?*

VII.2. Os 4 cenários principais: probabilidade e perigosidade

VII.2.1. *Cenário 1 – Implosão*

Este cenário é, de algum modo, a expressão da teoria de um "*coming collapse of China*".

A implosão do actual regime pode resultar da sua incapacidade para gerir as forças centrífugas – umas tradicionais, outras que necessariamente existem num espaço em que vivem 1300 milhões de pessoas –, forças essas que são exacerbadas pelo próprio modelo de desenvolvimento económico, como as que decorrem das expectativas crescentes das populações. Com efeito, não há precedente histórico, com as estruturas federais e confederais conhecidas, do que é manter a integridade de um Estado que tem de administrar o que poderá vir a ser um enorme efectivo de centenas de milhões de cidadãos politicamente exigentes.

Este cenário poderia resultar, então, da incapacidade do actual sistema político dar resposta (ou da excessiva lentidão em dá-la) aos enormes problemas económico-sociais existentes, da contradição entre as fontes de legitimidade do regime, da insegurança provocada pela migração do campo para a cidade, de tumultos exacerbados pela percepção das assimetrias de rendimento entre pobres e ricos, das assimetrias de desenvolvimento regional entre o litoral e o interior ou entre o norte e o sul (que podem pressionar o centro de duas maneiras diferentes: as províncias mais pobres pugnando por maiores benefícios; as mais ricas revoltando-se contra as políticas redistributivas do centro), etc., que lançassem a China em graves dificuldades. Uma causa, ou um catalisador, da implosão/mudança do regime pode ser a atracção exercida pelo modelo político ocidental.

Em conjugação com as assimetrias de desenvolvimento regional entre o litoral e o interior, a irregular distribuição da população, as regiões habitadas por minorias étnicas e a definição geográfica das facções, a implosão do regime poderá resultar ou não na fragmentação territorial do actual Estado chinês em 4 ou 5 unidades políticas (principalmente se entre as principais causas da implosão do regime tiverem estado as forças centrífugas exercidas sobre o centro pelas periferias): o Tibete, o Xinjiang, uma China meridional mais virada para o sudeste asiático e Taiwan e, talvez, uma China setentrional mais integrada com o nordeste asiático.

Este cenário pode ser potenciado por acções externas, designadamente todas as que possam estrangular o crescimento económico em que se baseia uma boa parte da legitimidade do regime e as que dêem visibilidade às insuficiências do regime e ao défice de participação política. Apesar da fragmentação anular os riscos associados à ascensão, outros se seguiriam provavelmente, designadamente um aumento da proliferação nuclear horizontal, se da fragmentação da China resultassem 2 ou 3 Estados nucleares, um ou mais dos quais poderia aumentar a lista dos "Estados-pária" do sistema internacional.

Trata-se de um cenário pouco provável, porque, apesar de tudo, o regime chinês tem mostrado boa capacidade de gestão a nível interno e, na verdade, não há indícios de haver algum actor, ou conjunto de actores, com interesse em promover um caos político no espaço controlado pelo Estado chinês, num momento em que a turbulência no mundo desafia a capacidade de gestão das principais potências do *global system*. Em todo o caso, a tornar-se realidade, um tal cenário seria um factor de perturbação do sistema, a exigir provavelmente planos de contingência para conter os seus piores efeitos, mas não exigiria o tipo de resposta estratégica necessária para fazer face à perspectiva de uma alteração fundamental, a favor da China, da distribuição do poder no interior do sistema internacional.

VII.2.2. Cenário 2 – Estagnação

Este cenário resultaria de um abaixamento significativo das taxas de crescimento económico, em que a situação actual de poder relativo da China no sistema se transformava na sua "velocidade de cruzeiro". Este cenário pode resultar de uma vitória dos "ortodoxos" no seio do regime, os quais, para garantir a sobrevivência da actual "super-estrutura política" voluntariamente abrandariam ou reverteriam as alterações profundas entretanto efectuadas na "infra-estrutura económica". Este abrandamento mais ou menos voluntário poderia combinar-se em maior ou menor grau com algum fechamento da China ao exterior – fruto, por exemplo, de uma reedição de acontecimentos "tipo-Revolução Cultural" –, com uma estagnação económica global ou com uma pouco provável "desglobalização" geral, incluindo o regresso a regionalismos económicos relativamente autárquicos. Em segundo lugar, este cenário pode resultar da acção de outras potências – um concerto para isolar economicamente a China (menos provável), ou uma retaliação americana, com diversas graduações possíveis, a um comportamento provocatório chinês (mais provável).

Aqui colocam-se duas hipóteses principais, não exclusivas uma da outra: ou o isolamento/estagnação resultava da própria iniciativa chinesa ou de uma sequência de eventos não controlados pelas potências "gestoras" do sistema; ou resultava (ou era percebido como resultando) de uma estratégia aplicada contra a China por outros actores.

Na primeira hipótese, é possível que o regime tivesse alguma capacidade para, com mais ou menos dificuldades, gerir em baixa as expectativas da população e para manter a ordem interna, sem necessariamente resvalar para políticas agressivas no exterior.

Na segunda hipótese, é praticamente impossível que a China não reagisse, ou logo através da elite no poder, ou de quem a substituísse alcançando o poder com base no descontentamento popular e numa agenda nacionalista. Esta segunda hipótese pode também ser uma degeneração da primeira, caso o regime tenha de "ir à procura" de um inimigo externo, para conseguir unir a frente interna.

Naturalmente que a segunda hipótese, introduzindo um forte elemento de imprevisibilidade no processo de decisão de uma potência nuclear, é mais perigosa para a estabilidade do sistema internacional que a primeira; sendo igualmente possível que um extremar de campos a nível interno, nesta segunda hipótese, resvalasse para o cenário da implosão, com os riscos inerentes vistos acima.

Este cenário, com as suas variantes, é mais provável que o da implosão/fragmentação. Mas ainda assim, pouco provável, devido ao grau de integração da economia chinesa na economia mundial e à enorme teia de interesses à escala global que é servida pelo crescimento absoluto da China. Em todo o caso, a tornarem-se efectivos os riscos associados a este cenário, estaríamos mais uma vez perante um factor de perturbação do sistema, a exigir provavelmente, portanto, tal como no cenário anterior, planos de contingência para conter os piores efeitos. Mas, tal como no cenário 1, não se exigiria o tipo de resposta estratégica necessária para fazer face à perspectiva de uma alteração fundamental da distribuição do poder, a favor da China, no interior do sistema internacional. O próprio cenário poderia ser o resultado, como vimos, de uma resposta preventiva à possibilidade de ascensão da China.

VII.2.3. Cenário 3 – Ascensão progressiva dentro da ordem (acomodação recíproca)

Este cenário, ainda que seja de admitir um progressivo abrandamento das taxas de crescimento das últimas duas décadas, corresponde basicamente ao prolongamento sustentado da estratégia que vem sendo prosseguida pelo Estado chinês. As outras grandes potências vão acomodando esta estratégia, não sem alguns ocasionais "irritantes" de parte a parte, desde que Pequim mantenha um discurso tranquilizador e evite comportamentos agressivos, algo em que se reconhece à China algum êxito nos últimos cerca de 10 anos. Por outro lado, Pequim tem demonstrado ser suficientemente cuidadosa para não deixar qualquer competição político-estratégica fazer abortar o processo.

Esta situação, podendo continuar a sê-lo durante 20 ou mais anos, vai sendo servida pelas outras potências, designadamente pelos Estados Unidos, porque, primeiro, é realmente a alternativa menos perigosa; segundo, sem que isso possa ser garantido, se acredita em alguns efeitos pacificadores da interdependência económica e da densificação das práticas formais e informais nos regimes internacionais cooperativos "moles" (turismo, aviação civil, saúde, etc.); terceiro, mais uma vez sem garantia, se acredita que a modernização económica pode produzir alguma liberalização política e que esta pode ter um efeito apaziguador de eventuais comportamentos agressivos (embora não se devam ignorar os riscos de uma deriva populista/nacionalista numa eventual transição para a democracia); quarto, e ainda que mais uma vez sem garantias, se acredita nos efeitos pacificadores do chamado "paradoxo da era nuclear" (o aumento das capacidades nucleares é inevitavelmente acompanhado pelo correspondente declínio da vontade de as usar); quinto, os ganhos absolutos chineses permitem ao regime ir mantendo a sua legitimidade e uma relativa paz social, e ir gerindo as diversas dependências do exterior, ao mesmo tempo que os ganhos relativos chineses não estão a produzir uma redistribuição muito acelerada do poder no sistema internacional.

Neste cenário, mais benigno, num contexto de integração pacífica da China numa ordem mundial em transição, a expansão chinesa pode fazer-se de duas maneiras, não exclusivas uma da outra: uma expansão demográfico-cultural, em que o mundo vai integrando alguma *chineseness* na cultura organizacional das instituições políticas globais e se vai acomodando a um aumento de comunidades chinesas ultramarinas, pacíficas

306   *A ascensão da China. Acomodação pacífica ou grande guerra?*

e respeitadoras da ordem nos locais de destino; uma expansão económica suave, em que a China se vai tornando economicamente mais forte, "achinesando" em conformidade os regimes de regulação económico-financeiros globais, mas competindo e conquistando mercados de acordo com as regras internacionais.

Do ponto de vista da análise estratégica é esperável que, mesmo pacífica, a expansão chinesa se traduza numa crescente influência da China, designadamente nos seus vizinhos próximos. Qualquer poder tem as suas zonas de segurança, ainda que nem sempre oficialmente declaradas e reconhecidas, e a expansão chinesa tenderá, consequentemente, a alargar as zonas de segurança do Estado chinês, ou seja, faixas de segurança ou zonas-tampão onde dificilmente o Estado chinês admitirá grandes interferências de outras grandes potências ou superpotências (zonas reservadas), ou onde quererá ver acomodados os seus interesses de segurança (zonas de confluência). Naturalmente que um cenário de acomodação pacífica da expansão chinesa implica o reconhecimento tácito das zonas de segurança chinesas, por parte das outras grandes potências, as quais se absterão de interferir nas zonas de influência reservada da China e acomodarão os interesses de segurança chineses em zonas de confluência de outros interesses de segurança.

Nem a expansão demográfico-cultural, nem uma expansão económica suave, colocam problemas estratégicos específicos, porque podem ser geridas no quadro institucional que regula o sistema internacional. Aliás, neste cenário, a China tornar-se-ia um dos principais gestores/estabilizadores do sistema, ou, como tem sido referido por diversos autores, um dos *stakeholders* do sistema internacional. Ou seja, a China tornar-se-ia um dos principais interessados na preservação da ordem existente no sistema que resultasse de uma redistribuição pacífica do poder entre os principais actores.

Não se estaria, consequentemente, perante um desafio estratégico fundamental. A redistribuição do poder no sistema internacional – fosse no sentido de um sistema multipolar, com China, Estados Unidos, Rússia, Japão, Índia, União Europeia; fosse no sentido de um sistema bipolar China/Estados Unidos; fosse, mais improvavelmente, no sentido de um sistema unipolar, que pressuporia, a par da estagnação da Rússia e da Índia, a decadência ou implosão dos Estados Unidos e do Japão e o fracasso do processo de integração europeu –, ocorreria de forma gradual e pacífica.

Não havendo necessariamente uma relação de causa e efeito entre distribuição do poder no sistema daqui a 20/30 anos e acomodação pacífica da ascensão da China à condição de superpotência, ou vice-versa, existe alguma correlação entre a ascensão pacífica da China e a emergência de um mundo multipolar.

Com efeito, as potências em ascensão (China, Índia, Rússia...) serão induzidas a não terem comportamentos que concorram para a implosão do seu próprio processo de ascensão, bem como a terem, apesar das rivalidades entre elas, um interesse comum, entre elas próprias e com as potências estabelecidas, em prevenir o colapso do sistema vigente, que serve as suas necessidades de crescimento. Tenderão também a manter uma relativa independência das suas políticas externas, evitando ser arrastadas, por procuração ou não, para espirais de conflitos, que perturbem os seus respectivos processos de ascensão; e evitarão situações que catalisem a formação de coligações opositoras. Tenderão também para um certo grau de coordenação das suas políticas externas com terceiros actores, se sentirem que as potências estabelecidas, ou uma potência rival em ascensão, estão a tentar minar a sua ascensão.

Em síntese, o cenário de acomodação pacífica de uma China em ascensão, num sistema internacional que tende para a multipolaridade, afigura-se como o mais provável neste momento, porque as condições gerais que favorecem a ascensão da China são as mesmas condições que estão a favorecer a emergência económica da Índia e da Rússia, o paulatino avanço do processo de integração da União Europeia, a manutenção da potência económica do Japão e a manutenção da condição de superpotência dos Estados Unidos.

Por outro lado, a evolução do sistema no sentido da multipolaridade, correlacionada com o cenário da acomodação pacífica da ascensão chinesa, também configura uma situação menos perigosa para a estabilidade do sistema internacional, prevenindo a bipolarização que normalmente inclui corrida aos armamentos e competição por aliados, antecedendo grandes conflitos (embora se possa atingir, como aconteceu na Guerra-Fria, com um desfecho pacífico, um patamar de bipolaridade estável). Como num sistema multipolar é maior o número de interacções primárias, o cruzamento de interesses convergentes e divergentes, a dificuldade de quaisquer tentativas hegemónicas, a busca do compromisso em vez da radicalização, etc., propiciam uma maior estabilidade. Não quer dizer que o sistema multipolar não tenha os seus riscos, porque, "no caso de ocorrência de uma crise grave, esta pode mais facilmente degenerar num conflito violento de mais difícil controlo" (Cabral Couto, 1988: 60). Em todo o caso, num sistema

308   *A ascensão da China. Acomodação pacífica ou grande guerra?*

multipolar em que os 5 ou 6 principais pólos do sistema provavelmente são também superpotências nucleares, a estabilidade característica dos sistemas multipolares clássicos pode ser reforçada, por se tornar extremamente improvável que qualquer das grandes potências tome a iniciativa de um ataque nuclear. Aliás, para os mais optimistas, um sistema multipolar que funcionasse bem podia levar até a um concerto das principais potências para conter ou mesmo reverter a proliferação horizontal e vertical de armas nucleares.

Um mundo multipolar favorece a acomodação geral. Não havendo alianças sólidas entre superpotências, todas estarão interessadas em gerir o equilíbrio, respeitando mutuamente as respectivas zonas de segurança, ou seja, abstendo-se da interferência nas zonas reservadas e procurando a acomodação dos interesses nas zonas de confluência.

Neste contexto, alguns autores têm-se referido a limites possíveis do que seria uma aceitável zona de segurança reservada de uma China superpotência. Já depois da crise de 1995/96 no Estreito de Taiwan, Brzezinski (1997: 48) considerava que as consequências catalíticas de uma alteração do estatuto de Taiwan só teriam um largo alcance se, desafiando os Estados Unidos, a China utilizasse a força para conquistar a ilha, ameaçando deste modo a credibilidade política dos Estados Unidos no Extremo-Oriente. Assim, de algum modo o autor sugeria que, do ponto de vista geoestratégico, os Estados Unidos teriam alguma capacidade de acomodar a integração de Taiwan numa faixa de segurança reservada chinesa, abdicando os Estados Unidos de um baluarte da cadeia "geobloqueadora" das saídas chinesas para as *blue waters* do Pacífico, e das possibilidades que essa cadeia oferece numa estratégia de contenção. Ou seja, de um ponto de vista geoestratégico, não seria um interesse vital impedir a progressiva aproximação entre as duas margens do Estreito.

Outros consideram que não é um interesse vital dos Estados Unidos combater contra uma eventual reunificação, embora não seja provável que, apesar de alguma distensão recente entre as margens do Estreito, esta se possa concretizar a curto ou médio prazo. Porque Taiwan é uma ilha que ocupa uma posição charneira entre os teatros marítimo e continental da Ásia oriental, Washington pode usar as suas superiores capacidades marítimas para a defender contra as forças da China baseadas em terra. A proximidade entre Taiwan e o continente chinês permite a Pequim, por seu turno, usar a sua superioridade militar para dissuadir Taiwan de atacar o continente (uma possibilidade improvável, em todo o caso, a menos que um quadro de grande turbulência na China potenciasse dinâmicas de fragmentação territorial e política) ou declarar formalmente a independência. Por isso, Ross (2000: 198 e seguintes) defende que o impasse no estreito de Taiwan é formado pela mútua dissuasão convencional: a China dissuade Taiwan com o seu poder terrestre e os Estados Unidos dissuadem a China com o seu poder marítimo.

Por outro lado, já perspectivando um futuro possível a um prazo mais longo, Ross considera que nem a cooperação Estados Unidos-Taiwan, nem a interdição de Taiwan à presença militar chinesa, são um interesse vital americano, quer do ponto de vista do equilíbrio da balança de poderes regional, quer da segurança da navegação. Se Pequim dominasse Taiwan, os Estados Unidos ainda poderiam utilizar as suas bases no Japão e na ilha de Guam, e o acesso a facilidades de trânsito e instalações navais no sudeste asiático, para dominar as águas costeiras chinesas e manter a contenção marítima. Na pior das hipóteses, se a China ocupasse Taiwan, a diferença seria apenas um avanço de 200 quilómetros da capacidade de projecção de poder marítimo chinês em relação à costa meridional chinesa. Em tempo de guerra, isso apenas obrigaria os Estados Unidos e os seus aliados a deslocar as suas rotas de navegação 200 quilómetros para leste. Dito tudo isto, e tendo presente que a China continuará a ter quase de certeza grandes e permanentes preocupações com a segurança das suas fronteiras terrestres, Ross considera que é possível manter um equilíbrio na região entre uma esfera de influência marítima americana e uma esfera de influência continental chinesa, um equilíbrio que é favorecido pela geografia do nordeste asiático. Aliás, o autor, lembrando as guerras do Vietname e da Coreia, e a "cartada chinesa" de Nixon e Kissinger, defende mesmo que a esfera de influência continental chinesa é uma característica bem estabelecida desde a Guerra-Fria, com a qual desde há muito os Estados Unidos se habituaram a viver.

Por outro lado, em relação ao sudeste asiático, Brzezinski (1997: 166) considera, como vimos, que sendo o sudeste asiático potencialmente demasiado rico, geograficamente demasiado disperso e simplesmente demasiado grande para ser facilmente submetido, mesmo por uma China poderosa, é, ao mesmo tempo, demasiado fraco e politicamente demasiado fragmentado para, com a economia previsivelmente mais integrada com a China ou dela dependente, não se tornar numa esfera de influência da China.

310   *A ascensão da China. Acomodação pacífica ou grande guerra?*

A influência chinesa à escala global tornar-se-á progressivamente maior, fruto da integração da economia chinesa na economia mundial, e a influência chinesa irradiará com naturalidade em todas as direcções. Uma zona de segurança chinesa tenderá também a alargar-se em todas as direcções. Taiwan e o sudeste asiático tenderão, pelas razões expostas, a tornarem-se em zonas de segurança chinesas mais reservadas, um "direito" que as outras grandes potências e superpotências poderão reconhecer mais ou menos tacitamente, num cenário de acomodação pacífica da expansão chinesa. Noutros cenários, a influência chinesa pode obviamente ser resistida nestas regiões por poderes locais e por outros grandes poderes que confluem na região.

Por outro lado, o sudeste asiático é, a par de Taiwan, a zona de expansão de influência chinesa mais natural, porque não "residem" aí grandes potências, e porque aí reside uma significativa diáspora chinesa ultramarina, com grande poder económico e capacidade de influenciar resultados eleitorais nos respectivos países, que tenderá a sentir-se mais seduzida pelo dínamo chinês, principalmente se isso significar boas oportunidades de negócio.

Relativamente protegida pelos Himalaias na direcção sudoeste, e obrigada a acomodar-se a um equilíbrio estratégico razoavelmente amadurecido a norte e nordeste, outra grande preocupação de segurança chinesa tenderá a localizar-se na sua fronteira ocidental, que confina com os "Balcãs Asiáticos". De certo modo, pode dizer-se que o Xinjiang e o Tibete já constituem como que uma faixa de segurança do *heartland* tradicional chinês. Mas sendo províncias onde existem poderosas forças centrífugas, Pequim estará sempre preocupada com o que se passa para lá das fronteiras ocidentais da RPC, tanto mais que aí começa a zona de maior turbulência global. Num cenário de retracção das grandes potências que operam na região – entre as quais os Estados Unidos e a Rússia – seguramente uma China em expansão tenderia a preencher qualquer vazio provocado. Ou, não se verificando aquela retracção, a forçar alguma espécie de acomodação aos seus interesses de segurança.

VII.2.4. *Cenário 4 – Desafio chinês à ordem internacional como consequência da ascensão*

Um desafio individual chinês a uma ordem multipolar, estabelecida ou em formação, seria um suicídio, na medida em que certamente suscitaria uma reacção sistémica, precipitando uma grande coligação para derrotar a China. Exceptuando portanto uma reacção de desespero, mas aí provavelmente já estaríamos no caso de uma ascensão falhada, o desafio chinês à ordem internacional só é razoavelmente pensável no contexto da evolução para um sistema bipolar (ou, a prazos mais dilatados, num sistema bipolar estabelecido, com a finalidade de impor uma ordem unipolar chinesa), pressupondo portanto a estagnação de algumas potências em ascensão e a decadência de todas menos uma das potências estabelecidas.

O cenário de desafio chinês à ordem, que pode suceder ao cenário de ascensão pacífica mais tarde ou mais cedo, pode resultar de uma inversão estratégica relativamente brusca da China, ao nível das intenções declaradas ou dos comportamentos, daqui a 25 ou 30 anos, quando a "configuração do poder" no mundo, que entretanto se terá alterado lentamente, for nitidamente mais favorável à China. Mas pode ocorrer antes, tendo como pano de fundo, por exemplo, uma corrida aos armamentos com os Estados Unidos. Ou surgir como um objectivo de oportunidade da estratégia chinesa, no caso de uma crise grave ou decadência acentuada dos Estados Unidos.

Porque este cenário, ou conjunto de cenários, com as suas variantes possíveis, é porventura o que mais justifica a análise estratégica da "ascensão da China" – porque, no contexto de um dilema de segurança, pode, a partir de dado momento, envolver uma corrida tecnológica-militar mais sofisticada ainda que a corrida aos armamentos da Guerra-Fria, e porque pode, no limite, evoluir para uma guerra nuclear ilimitada, com a extensão dos teatros de operações ao espaço sideral –, vale a pena ver quais as dinâmicas que mais provavelmente o podem produzir.

Já vimos que a China não é propriamente uma recém-chegada à cena internacional. Mas, mesmo pondo de lado o desejo de restaurar a grandeza perdida ou resgatar o "século de humilhação", não há dúvida que a geografia e a importância dos interesses que a China tem de proteger se estão a alterar. Internamente, porque o modelo de desenvolvimento tem vindo a concentrar nas regiões costeiras os recursos mais valiosos da sua base tecnológica e industrial. Externamente, porque, como vimos, a manutenção da economia mundial aberta à economia chinesa, e vice-versa, é vital para a continuidade do modelo de desenvolvimento económico chinês.

Neste contexto, é natural que a China pretenda, ao longo das SLOCs, desde as origens de abastecimento até aos portos chineses, alguma capacidade autónoma de proteger o fluxo de recursos, designadamente o petróleo, que importa do exterior. O mesmo se pode dizer das exportações chinesas, desde a origem até aos portos de destino. A China não verá com bons olhos a sua relativa impotência actual para impedir os Estados Unidos, caso estes o quisessem, de barrar os acessos de e para os portos de Xangai, Hong Kong e outros. Portanto, é natural a pretensão chinesa de não só aumentar a capacidade autónoma de produzir segurança nas suas águas territoriais, na sua zona económica exclusiva e nos principais acessos marítimos internacionais na vizinhança chinesa, como também de aumentar tal capacidade nas águas internacionais, por onde passam cargueiros e petroleiros, chineses ou estrangeiros de e para a China, ou em regiões críticas como são os pontos de passagem obrigatória (*choke points*), etc. O mesmo raciocínio se pode fazer, em terra, para a protecção de oleodutos e gasodutos provenientes da Ásia Central, que transportem petróleo e gás para o mercado chinês, por exemplo.

Por outro lado, a China tem adquirido recursos (participações em poços de petróleo, florestas, minas, pedreiras, etc.) e investido em fábricas e infra-estruturas em África, na América Latina, no Médio Oriente, etc. Começa, portanto, a ter um interesse em proteger esses investimentos e em contribuir para que os poderes aí instalados sejam favoráveis, ou pelo menos não hostilizem, os interesses chineses. Activismos de rivais potenciais em áreas de interesse chinês por recursos podem tender a ser vistos como uma tentativa de negação do acesso a esses recursos e gerar diversas respostas. A China não está propriamente preocupada em proteger militarmente os investimentos que faça numa fábrica de automóveis num país da Europa Ocidental. Mas com o alargamento da geografia dos interesses e a crescente importância destes, o que seria estranho era não haver quase obrigatoriamente consequências na manobra diplomático-militar da China. Tanto mais que o enriquecimento da China lhe permite ir tendo cada vez mais recursos para essa manobra.

Noutra perspectiva, pode alegar-se que a expansão económica chinesa, em algumas regiões do mundo, como a América Latina, por exemplo, é a ponta de lança de uma estratégia mais abrangente, de minar indirectamente a influência norte-americana, designadamente, para continuar com o exemplo da América Latina, no "hemisfério ocidental". No contexto da complexidade da definição das intenções de uma unidade política, a favor dessa visão podem militar duas circunstâncias: a primeira, a de que o alargamento dos interesses económicos produz alterações político-diplomáticas e, independentemente de ser essa a intenção chinesa original, poderemos realmente vir a identificar, no futuro, uma intenção chinesa de minar, directa ou indirectamente, a influência americana em regiões em que esta é predominante; segundo, seja porque se considera que já existe a intenção chinesa de minar a influência americana num projecto de desafio à ordem vigente, seja porque se considera que o padrão de expansão económica torna inevitável que tal intenção venha a existir, a alegada intenção pode começar a influenciar, por antecipação, as respostas dos Estados Unidos, mesmo numa fase ainda "benigna" da expansão económica chinesa.

Se a expansão dos interesses chineses é um factor influenciador da modernização das forças armadas chinesas – mesmo que esta não fosse, só por si, uma das componentes do seu programa de fortalecimento do potencial estratégico –, resulta quase natural que, mais dia, menos dia, a China comece a ter interesse em possuir algumas facilidades logísticas ou mesmo algumas bases militares num ou noutro país africano ou da América latina, do mesmo modo que tem procurado facilidades semelhantes no Paquistão, no Sri Lanka ou na Birmânia. Com recursos militares mais sofisticados, maior capacidade de projectar poder militar convencional à distância, bases, etc., poderá mesmo acontecer que a China se sinta tentada a experimentar uma expansão económico-militar que, no limite, a poderá levar, inclusivamente, a tentativas de controlo de territórios *overseas*, ricos em recursos (para não falar de usar essas capacidades para recuperar Taiwan e, ou, impor a sua soberania no Mar da China Meridional). Com efeito, porque não haveria a China de ter o comportamento que desde sempre tem sido característico das grandes potências? Naturalmente a expansão pode levar a China ao choque com outras potências que não estejam dispostas ao condomínio nas suas zonas de influência ou zonas de segurança reservadas, o que é tanto mais provável quanto há muito poucas áreas na Terra que não estão apropriadas pelo controlo ou influência das grandes potências.

Por outro lado, será praticamente impossível à China sustentar uma expansão económico-militar se não tiver capacidade para garantir a segurança dos seus próprios santuários, o que lhe vai requerer o estabelecimento de uma zona de segurança, ou pelo menos uma zona livre de ameaças directas muito significativas, relativamente exclusiva (uma quase inevitabilidade que, aliás, se aplica em qualquer cenário de expansão, mesmo no cenário da acomodação pacífica que discutimos acima). Embora provavelmente a China não o possa garantir nos mesmos termos dos Estados Unidos. Enquanto estes beneficiam de uma posição insular, a China está, pelo contrário, rodeada de, pelo menos, três grandes potências. Muitos auto-

314 *A ascensão da China. Acomodação pacífica ou grande guerra?*

res, por exemplo, alegam que os Estados Unidos só puderam partir para a expansão global porque não têm ameaças significativas nas suas fronteiras terrestres, nem no "hemisfério ocidental". Fazendo uma analogia com um eventual expansionismo chinês, defendem que a anexação de Taiwan, por exemplo, é um passo fundamental para o estabelecimento de uma zona de segurança ou de uma hegemonia regional, que se tenderá a estender ao sudeste asiático (aqui podendo beneficiar de alguns irredentismos apoiados na diáspora chinesa ultramarina ou da ideia de "Grande China"), bem como a única forma de a China poder romper o geobloqueamento dos três mares que a banham e aceder às *blue waters* do oceano mundial. Vimos também, no cenário anterior, como para alguns esta zona de influência chinesa é relativamente aceitável.

Também começamos a perceber um esboço de duas posições diferentes: ou seja, num cenário pacífico de ascensão da China, uma zona de segurança chinesa, mais ou menos reservada ou exclusiva, tornar-se-á naturalmente aceitável; num cenário perigoso de ascensão da China, a primeira linha de resistência deve ser naquilo que são as mais imediatas áreas de expansão das zonas de influência chinesa.

Enfim, o desafio chinês à ordem internacional como consequência da ascensão é menos provável que a acomodação pacífica da ascensão da China, porque, como já dissemos, as condições gerais que favorecem a ascensão da China, favorecem a ascensão ou fortalecimento da tenaz de grandes potências ou superpotências que cercam a China, num contexto de evolução para um sistema multipolar. Essa tenaz é o grande dissuasor do desafio chinês à ordem.

No entanto, o cenário do desafio de uma China superpotência à ordem é o mais perigoso para a estabilidade e sobrevivência do sistema vigente.

VII.3. A "tectónica" dos grandes poderes mundiais face aos cenários de ascensão da China

De tudo quanto ficou exposto resulta que, nos próximos cerca de 20/25 anos, ou há ascensão da China à condição de superpotência (o mais provável), ou essa ascensão não chega a acontecer.

Se houver ascensão da China, segue-se que essa ascensão se dá no contexto da evolução para um sistema internacional multipolar (mais provável), ou no contexto de uma evolução para um sistema bipolar.

Se a ascensão da China for concomitante com o quadro multipolar (Estados Unidos, Rússia, Índia, talvez Japão, Brasil e União Europeia), é improvável o desafio chinês à ordem internacional. As próprias condições que propiciam a evolução para o quadro multipolar, favorecem a redistribuição pacífica do poder no interior do sistema internacional. E, uma vez estabelecido, o sistema multipolar oferece condições de estabilidade durante um período de tempo mais ou menos prolongado (não há sistemas eternos). Envolvida por uma tenaz de superpotências, a China sentir-se-á desencorajada a desafiar a ordem que entretanto se estabelecer ou, dito de outra maneira, a China sentir-se-á persuadida a concertar-se com as outras potências para garantir a ordem. O sistema multipolar terá os seus riscos, mas o maior e mais imediato deles não é necessariamente o desafio chinês à ordem que nele vigorar.

Se a ascensão da China for concomitante com o estabelecimento de um quadro bipolar China/Estados Unidos, é mais provável o desafio chinês à ordem que vigora no sistema, porque a bipolarização acentua "o antagonismo, em consequência da obsessão e constante receio relativamente ao 'outro', desenvolvendo uma atmosfera de constante pressão" (Cabral Couto, 1988: 58).

Um sistema bipolar não é obrigatoriamente mais perigoso que um sistema multipolar. Para Cabral Couto, "um sistema multipolar será, potencialmente, menos tenso e com menos crises graves; mas no caso de ocorrência de uma crise grave, esta pode mais facilmente degenerar num conflito violento de mais difícil controlo." Um sistema bipolar, por seu turno, tem mais capacidade de "absorver perturbações menores que, noutros sistemas, poderiam originar um conflito generalizado". Por outro lado, para o autor, "embora um conflito violento entre as duas superpotências seja pouco provável, a verificar-se afectará toda a humanidade (já que todos os actores secundários terão obrigatoriamente de alinhar com um dos pólos)."

Se o sistema se tornar bipolar China/Estados Unidos, a primeira linha de actores secundários será formada, provavelmente, pela Rússia, pela Índia, pelo Japão e pela União Europeia. A ascensão da China num cenário de bipolarização do sistema internacional provavelmente pressuporia um certo apagamento do Japão, ou uma certa convergência prévia, que nas condições actuais ainda não se vislumbra, entre Pequim e Tóquio. Neste contexto, Estados Unidos e União Europeia, mesmo juntos, teriam dificuldade em equilibrar a China.

Consequentemente, neste cenário de bipolarização, para os Estados Unidos neutralizarem a China, teria de haver, a par da unidade do Ocidente (o que nem sempre será um pressuposto válido), um qualquer tipo de entendimento com a Rússia e a Índia.

Os Estados Unidos e a Europa ocidental coligados poderiam não sair vitoriosos, se, pelo contrário, houvesse um entendimento entre a China, a Índia e a Rússia. Este entendimento é, em todo o caso, difícil, devido às rivalidades e desconfianças mútuas entre a China e a Rússia e entre a China e a Índia.

No caso de uma crise grave ou decadência dos Estados Unidos (que, apesar do seu enorme poder, também tem os seus problemas internos, recursos limitados para o exercício do controlo de todas as situações de turbulência no mundo, uma forte corrente de opinião que tende para o isolacionismo, etc., o que pode abrir caminho para a estagnação), um sistema bipolar China/Estados Unidos poderia evoluir para uma hegemonia chinesa, caindo-se num sistema unipolar.

Por outro lado, num cenário de evolução para uma hegemonia chinesa, aliar-se-ia a Índia à Rússia para conter a China? Se, por um lado, se pode intuir que uma aliança indiano-russo seria menos sólida que a Aliança Atlântica, visto que porventura não existe, entre a Rússia e a Índia, a afinidade cultural e civilizacional que existe entre os Estados Unidos e a Europa, a verdade é que existem antecedentes, por razões semelhantes, de um forte entendimento entre a Rússia (União Soviética) e a Índia. Uma aliança sino-indiana será mais difícil, porque os níveis de hostilidade recíproca entre a China e a Índia são grandes. Mas, do mesmo modo que a história regista numerosos exemplos, uma pressentida ameaça comum pode naturalmente levar a uma dissipação das hostilidades recíprocas. Ou um projecto comum pode levar à formação de alianças que à partida se afigurariam pouco prováveis (seria o caso, por exemplo, de alianças "Bruxelas"-Moscovo ou "Bruxelas"-Pequim que, em circunstâncias completamente diferentes, evocassem alguns dos "Eixos" das décadas de 30 e 40 do século XX).

É claro que, num cenário de decadência dos Estados Unidos (e de relativo apagamento do Japão), se os principais pólos de poder estivessem sedeados em Nova Deli, Moscovo e Pequim, uma Europa muito fragmentada, ou pouco integrada, tornar-se-ia uma periferia em relação aos grandes centros do poder mundial.

Na continuação deste limitado exercício de especulação (e é para isso que os cenários servem, já que a realidade raramente corresponderá exactamente a qualquer dos cenários concebíveis), a primeira coisa que se deve ter presente é que, em Estratégia, como provavelmente em grande parte das actividades humanas, é impossível planear para todas as possibilidades. Por isso, o que se faz é preparar um plano principal, para a possibilidade que é mais provável, e planos de contingência, para outras possibilidades que, revestindo-se de perigo, não tenham sido contempladas no plano principal.

Na medida em que existe uma forte correlação entre o desafio chinês à ordem internacional e a evolução para um sistema bipolar China/Estados Unidos, é muito vivo nos Estados Unidos o debate em torno das respostas estratégicas a dar à ascensão da China. No fundo, mesmo quando o diagnóstico sobre a situação actual é o mesmo, as divergências surgem quanto ao que é o futuro mais provável, ou quanto ao que deve ser feito para promover um futuro desejável. Assim, uma tese advoga que se deve promover a probabilidade de ocorrência da ascensão pacífica da China, no contexto de uma provável evolução para um sistema com características mais multipolares, mas em que os Estados Unidos ainda deterão alguma primazia; mas deve ser acautelada a possibilidade da ascensão da China configurar um desafio à ordem. A outra tese considera à partida que, independentemente das intenções chinesas declaradas, o mais provável é que uma China em ascensão mais tarde ou mais cedo desafiará a ordem internacional e quererá substituir a primazia dos Estados Unidos. Na verdade, apesar de ambas as teses atribuírem probabilidades diferentes aos dois cenários principais, ambas consideram os dois cenários possíveis. Portanto, a "ameaça chinesa" está sempre presente, seja nos planos principais (quando tende a prevalecer a argumentação da segunda tese), seja nos planos de contingência (quando tende a prevalecer a argumentação da primeira). Consequentemente, a política real dos Estados Unidos para com a China só por acaso não seria um pouco matizada e ambígua, como vimos.

Relativamente à União Europeia, decorre do exposto que o cenário que mais favorece o avanço do processo europeu é uma ascensão pacífica da China, no contexto de uma evolução progressiva para um sistema multipolar, um cenário em que a Europa não será, provavelmente, confrontada com escolhas dramáticas. Mas os riscos que encerra o processo de transição; as diversas possibilidades de evolução, que contêm enormes perigos para a estabilidade política mundial; a superpotência demográfica da China e da Índia, que antecipa, caso os seus processos de ascensão se concretizem, um enorme poder relativo destes dois países no sistema internacional por volta de 2050, e já com alguma expressão em 2025; etc., sugerem que, em qualquer cenário, o processo europeu não se desenvolva num contexto de rotura da unidade ocidental. Com efeito, nenhum cenário que implique a rotura dos laços transatlânticos será bom para o processo europeu e para a sobrevivência da civilização ocidental.

CAPÍTULO VIII

CONCLUSÕES

Num sistema internacional denso, complexo, mundializado, em que praticamente nenhuma das grandes potências está plenamente satisfeita com a distribuição do poder no mundo; num sistema internacional em que, ao mesmo tempo, nenhuma dessas grandes potências pretende pôr em causa, até às últimas consequências, os mecanismos de regulação do sistema, designadamente os mecanismos de regulação da globalização da economia de mercado; num sistema em que a heterogeneidade, o heteromorfismo e as hostilidades recíprocas são acentuados pelas diferenças entre diversas "ordens" culturais ou civilizacionais, que permeiam as fronteiras dos Estados; num sistema em que existem muitos territórios em que a autoridade do Estado é apenas nominal, facilitando o estabelecimento de santuários para actividades que vão do narcotráfico ao terrorismo, passando pela eventual produção de armas químicas e biológicas; num tal sistema internacional, dizíamos, a China está a caminho de poder vir a ser uma superpotência em todos os domínios do poder – económico, tecnológico, cultural e militar.

Se a China será uma superpotência ou não – e quando –, se será a única, uma de duas, ou uma entre quatro ou cinco, depende naturalmente de muitos factores. A China tem, decerto, a massa crítica territorial, demográfica e de recursos naturais para se poder tornar uma superpotência. A China tem um território da ordem de grandeza do dos Estados Unidos, é o país mais populoso do mundo e possui vastos recursos naturais.

Mas é desde logo na sua geografia que começamos a identificar algumas vulnerabilidades do Estado chinês: o "geobloqueamento" das saídas para o Pacífico Ocidental; as dificuldades de comunicação entre o litoral e o interior profundo, desértico ou semi-desértico, e muito montanhoso; e o "cerco" geopolítico por uma tenaz de grandes potências (Rússia, Índia e Japão), no contexto de uma enorme variedade de fronteiras físicas e políticas, que obriga à dispersão de recursos políticos, diplomáticos e militares.

A China tem um grande efectivo populacional, relativamente homogéneo do ponto de vista étnico, e tem uma diáspora ultramarina com grande capacidade de influência no Sudeste Asiático, embora não imediatamente mobilizável para os objectivos do Estado chinês. No entanto, a população chinesa concentra-se numa parte relativamente limitada do território. E as grandes extensões subpovoadas da metade ocidental do país, muito importantes porque abrigam valiosos recursos naturais e constituem uma primeira zona de segurança em relação àquilo que é o tradicional *heartland* chinês, são o principal território das minorias étnicas, ou pelo menos daquelas que têm tradições centrífugas mais fortes.

Com a principal excepção do petróleo, de cujas importações a China passou a ser dependente desde há pouco mais de dez anos, a China experimenta um razoável grau de auto-suficiência na maior parte dos recursos naturais estratégicos, incluindo um elevado grau de auto-suficiência alimentar. No entanto, o ordenamento e a infra-estruturação do território são deficientes e insuficientes para contrariar as forças centrífugas nas periferias, o que obriga a considerar recursos, eventualmente desproporcionados, para fortalecer a coesão territorial e melhorar os indicadores de desenvolvimento económico e social nessas zonas mais desfavorecidas.

A economia chinesa, cada vez mais integrada na economia internacional, está a crescer a bom ritmo, várias projecções admitindo que, *in dollar terms*, a economia chinesa poderá corresponder em 2025 a aproximadamente metade da economia norte-americana, podendo mesmo ultrapassá-la algures em meados do século XXI. Por outro lado, apesar de haver um pouco por todo o mundo sectores perdedores, o saldo absoluto da integração da economia chinesa na economia mundial é positivo para esta última. A China tem um grande e apetecível mercado para as grandes corporações transnacionais e uma grande capacidade de captação de investimento directo estrangeiro portador de *know how* e de tecnologia. Mas a China, por enquanto, ainda depende da tecnologia estrangeira para a progressiva modernização da economia, do mesmo modo que depende dos mercados das grandes economias industrializadas para colocar as suas exportações, e do abastecimento de petróleo para alimentar a economia. Sendo que a China não possui capacidades militares para proteger as linhas de comunicações marítimas por onde flui o seu comércio externo.

Por outro lado, se é verdade que a China cresce, outras economias emergentes, como a Índia e a Rússia, também crescem, à medida que se integram cada vez mais no sistema global de produção. E as economias mais industrializadas do mundo não empobrecem propriamente de um dia para o outro.

O rendimento per capita chinês é muito baixo e manter-se-á relativamente baixo ainda durante algumas décadas. A par das dificuldades inerentes à sustentabilidade do ritmo de desenvolvimento, a China experimenta e experimentará no futuro grandes problemas políticos e sociais que resultam dos processos, concorrentes e interdependentes, da modernização do sistema económico-financeiro, da industrialização e da urbanização: assimetrias de desenvolvimento entre o litoral e o interior, que exacerbam forças centrífugas históricas; desemprego; desestruturação das redes tradicionais de apoio e segurança familiar e social; desigualdades crescentes entre ricos e pobres; migrações internas; graves problemas ambientais; corrupção, etc.

A par dos enormes problemas económico-sociais que o Estado chinês tem de gerir, o sistema político tem de dar resposta às expectativas crescentes de uma classe média em rápido desenvolvimento e, neste contexto, o regime tem que resolver algumas contradições e problemas adicionais, que resultam da diferença de ritmo entre a abertura económica e a liberalização política.

Mesmo sem os complexos problemas sociais inerentes à transformação da economia, o Estado chinês é permanentemente confrontado com o problema de administrar 1300 milhões de seres humanos, 1/5 da população mundial, num imenso território, tradicionalmente atreito a forças centrífugas. Porém, a estrutura de valores que, apesar de tudo, apoiada numa poderosa máquina de propaganda, garantiu desde a fundação da República Popular da China a unidade do Estado (ou do Estado-Partido), foi-se degradando com a perda de popularidade do maoísmo. O nacionalismo (com um foco anti-japonês) surgiu em anos recentes como "ideologia de substituição" e a legitimidade do regime cada vez mais depende, também, da capacidade de manter a economia em contínuo crescimento, de apresentar grandes obras públicas e outras realizações, e de não deixar morrer o sonho da reunificação com Taiwan.

A China é um dos Estados mais autoritários do mundo, com o núcleo da decisão político-estratégica concentrado num conjunto muito pequeno de pessoas que, desempenhando os mais altos cargos do Estado, integram a Comissão Permanente da Comissão Política do Comité Central, bem como a Comissão Militar Central, do Partido Comunista Chinês. Apesar da rigidez e monolitismo do regime, este tem mostrado capacidade para cooptar e manter a relativa lealdade de uma importante base social de apoio, que

322   *A ascensão da China. Acomodação pacífica ou grande guerra?*

inclui os intelectuais (o que não foi fácil, depois de Tiananmen) e, por enquanto, uma crescente classe média, e de conseguir um consenso básico entre as facções da elite dirigente relativamente à primazia do objectivo do crescimento económico e ao controlo político das forças armadas.

O modelo político não será muito sedutor, mas o receio de caos e de fragmentação (com o exemplo ainda muito vivo da implosão soviética) tem prevalecido sobre eventuais anseios de modernização política, a nível interno. A nível externo, designadamente nas sociedades ocidentais, de cujos mercados e investimentos a China depende para o seu programa de modernização, o modelo chinês actual não só não seduz, como, pelo contrário, é fortemente susceptível à reprovação das opiniões públicas, principalmente entre os círculos mais preocupados com a fraca protecção que o Estado chinês concede aos direitos civis e políticos. A China, porém, no quadro de uma estratégia de comunicação mais vasta, que é servida pelo efeito de campo positivo à escala global que o crescimento económico chinês propicia, encetou um esboço de estratégia cultural que tenderá a amenizar a imagem do regime no exterior. Numa perspectiva de mais longo prazo, é difícil fazer prognósticos sobre a capacidade de projecção do poder cultural chinês: a dificuldade da língua chinesa pode ser um obstáculo, mas não necessariamente intransponível.

A China é uma potência nuclear desde os anos 60 do século XX e é, portanto, uma potência militar. Mas as suas forças armadas ainda estão, em muitos aspectos, bastante atrasadas. A China está, por isso, a fazer um grande esforço de modernização militar. O poder militar da China cresce a bom ritmo, com o Estado a aumentar anualmente as despesas com a defesa. A continuar o ritmo de crescimento da economia e o concomitante crescimento das despesas militares, a China poderá ser, dentro de aproximadamente 15 a 20 anos, uma superpotência militar, com toda a panóplia de forças convencionais, nucleares e de mísseis, em Terra e no Espaço.

No entanto, para não falar nos Estados Unidos, os países vizinhos da China – grandes potências como a Rússia, a Índia e o Japão, e potências mais pequenas como Taiwan, Coreia do Sul ou Singapura – não descuram o esforço com a Defesa, de algum modo equilibrando a capacidade militar da China. Por outro lado, a menos que o regime quisesse suportar os custos económicos e sociais de mobilizar a economia e militarizar a sociedade para uma desenfreada corrida aos armamentos – que manifestamente não quer, até porque isso intranquilizaria os vizinhos da China e degradaria o ambiente de segurança geralmente benigno envolvente –, ainda levará algumas décadas até que a China possa ter despesas militares anuais comparáveis às dos Estados Unidos. Acresce que, na maior parte das capacidades, o avanço tecnológico dos Estados Unidos em relação à China é de 10 a 15 anos, ou mais. E a China ainda não tem uma base tecnológica e industrial desenvolvida que lhe permita edificar e operar uma estrutura de forças moderna, de forma relativamente auto-suficiente.

Com o desenvolvimento do sistema de defesa anti-míssil norte-americano, o actual dissuasor nuclear chinês poderá ser relativamente neutralizado – quer no evento de um improvável primeiro ataque nuclear de surpresa chinês; quer, principalmente, numa eventual retaliação chinesa depois de a China ser alvo de um ataque nuclear contra-forças.

Numa óptica de projecção de poder militar convencional, a China terá sempre dificuldade em mobilizar recursos sem com isso desguarnecer as suas fronteiras terrestres, porquanto não beneficia de uma posição insular, como a dos Estados Unidos, por exemplo. Acresce que, como já referimos, as saídas para o Pacífico Ocidental estão "bloqueadas". E, provavelmente, para a China partir decisivamente para uma política de projecção de poder à escala global, dificilmente o poderia fazer sem o estabelecimento de uma zona de segurança que abrangesse, pelo menos, a chamada "primeira cadeia de ilhas". Ora, com a possível excepção de Taiwan, mas não antes do espaço de tempo de mais ou menos uma geração, é mais fácil à China obter facilidades de trânsito e de instalação de bases militares na Birmânia, no Paquistão ou, amanhã, num ou noutro país de África e da América Latina, do que num Pacífico Ocidental que já está apropriado pelo poder militar dos Estados Unidos.

Com efeito, a tenaz de grandes potências em terra e o "geobloqueamento" das saídas para o mar, que configuram um "cerco" geopolítico, bem como a preocupação com a gestão das forças centrífugas nas periferias chinesas, que incluem uma preocupante fronteira com o mundo islâmico, são o grande travão da expansão e da projecção do poder do Estado chinês muito para além do território sobre o qual exerce a sua jurisdição.

Tendo-se sentido contida pelos Estados Unidos na década de 90, a China optou por uma estratégia indirecta que, na prática, pelo menos até ser fortemente denunciada, minou os esforços de contra-proliferação de armas de destruição maciça e de tecnologias de meios de lançamento, esforços que estavam fundamentalmente a ser patrocinados pela superpotência sobrante da Guerra-Fria. Conquistada uma certa margem de manobra, designadamente após o 11 de Setembro, a China conseguiu como que uma pausa estratégica de 10 ou 15 anos para prosseguir o seu programa de fortalecimento do poder nacional.

O reverso desta política, porém, que a China entretanto terá abandonado, tem sido o pretexto que os Estados Unidos hoje têm para prosseguir o programa de defesa anti-míssil, e para fortalecerem a aliança com o Japão, dando-lhe um foco anti-chinês. Tudo em ordem a declaradamente se protegerem de eventuais ataques de "Estados-pária", como a Coreia do Norte ou o Irão, mas que também aumentam a protecção dos santuários americanos contra um ataque chinês, principalmente se tal ataque for uma resposta chinesa, certamente muito enfraquecida, a um ataque contra-forças de surpresa executado pelos Estados Unidos. Acresce que a intervenção americana no Afeganistão para derrubar o regime talibã e desmantelar os santuários da Al-Qaeda, traduz-se, também, numa presença militar norte-americana junto à fronteira ocidental da China. Por outro lado, no contexto da "Guerra contra o Terrorismo", os Estados Unidos estão a tentar controlar o Paquistão, substituindo a China.

A China tem, naturalmente, os seus trunfos: a tenaz geopolítica não tem necessariamente de se tornar numa aliança anti-China. Alguns dos vizinhos da China têm com ela interesses comuns, o menos importante dos quais não é certamente o de mitigar a primazia dos Estados Unidos no sistema internacional. A própria configuração da distribuição do poder no sistema internacional, a par de outras características que vimos, dificulta o aparecimento de alianças muito sólidas entre grandes potências. E tende mesmo a enfraquecer aquelas – como a que se organiza em torno do Atlântico Norte – cuja solidez deveria ser, para muitos analistas e observadores, um dos mais inabaláveis pilares da ordem no sistema.

Assim, para prosseguir o seu programa de modernização, se a China não tem uma liberdade de acção irrestrita, tem a liberdade de acção suficiente. Uma liberdade de acção pela qual também luta, designadamente promovendo uma inteligente estratégia de aproximação, tranquilização, diversificação de relações económicas e comerciais, apaziguamento, etc. dos agentes que se podem opor ou dificultar o seu crescimento. Mesmo que isso implique, por exemplo, alguma auto-contenção relativamente a certas disputas territoriais, uma matéria perfeitamente "sacralizada" ainda há pouco mais de meia dúzia de anos atrás.

E, portanto, se são pertinentes os cenários que antevêem uma implosão ou uma estagnação da China, não são menos pertinentes os cenários de ascensão da China à condição de superpotência. É esse, aliás, na formulação de Swaine e Tellis (2000: 155), o grande objectivo político-estratégico da China: atingir aqueles níveis relativamente elevados de PIB que são convertíveis em virtualmente todos os tipos de poder e influência.

Dois cenários principais podem conceber-se caso a ascensão da China à condição de superpotência se concretize: ou a ordem internacional vigente, "achinesando-se" um pouco, acomoda progressiva e pacificamente a ascensão de uma China que, em cada momento, não está interessada em desafiá-la; ou uma China em ascensão será tentada a desafiar a ordem que vigora no sistema internacional.

Não há uma relação de causa e efeito entre a distribuição do poder no sistema internacional que resultar da ascensão da China, e a acomodação pacífica dessa ascensão. No entanto, existe uma forte correlação entre a ascensão pacífica da China e a emergência de um sistema internacional multipolar, porque as condições que favorecem a ascensão da China são as mesmas condições que estão a favorecer a recuperação económica da Rússia e a emergência da Índia, o avanço do processo europeu e a manutenção da potência económica do Japão e dos Estados Unidos.

Este é o cenário mais provável e, embora não isento de riscos, é o menos perigoso para a estabilidade do sistema, porque um mundo multipolar tende a favorecer a acomodação geral. Por outro lado, na medida em que é o cenário menos perigoso, também é o mais desejável.

Mas, estrategicamente, a hipótese mais perigosa é a de uma ascensão chinesa desafiadora. Um desafio chinês à ordem será mais provável no contexto da evolução para um sistema internacional bipolar China/Estados Unidos, no qual a União Europeia poderia encontrar-se na primeira linha dos actores secundários, a par da Rússia, da Índia e, talvez, do Japão.

Como num cenário de agudização do conflito num sistema bipolar, os actores secundários terão de alinhar com um dos pólos, a União Europeia poderá, em última análise, encontrar-se perante uma escolha dramática: ou alinhar com a China, no que seria uma espécie de reedição do eixo Berlim-Tóquio, na versão Bruxelas-Pequim; ou alinhar com os Estados Unidos, mantendo a unidade do mundo ocidental. Sendo que, provavelmente, o Ocidente não teria força para derrotar uma coligação da China com a Índia e a Rússia, admitindo que Pequim tivesse tido capacidade para atrair Moscovo e Nova Deli, simultaneamente, para o seu campo.

Mesmo não sendo este cenário das escolhas dramáticas, à partida, o mais provável, não se vislumbra qualquer cenário de ascensão da China em que a afirmação da Europa em oposição aos Estados Unidos contribua para promover um futuro desejável, para a própria Europa e para a segurança internacional.

Também não é obrigatório que o Ocidente se tenha de opor – e que tenha de o fazer desde já – à ascensão da China. Certamente deve fazer-se tudo o que for possível para promover a acomodação pacífica da ascensão da China. Os cenários servem-nos para elencar possibilidades razoavelmente pertinentes e para especular sobre interacções e desenvolvimentos possíveis. Só por mero acaso a realidade corresponderá em absoluto a qualquer dos cenários.

Para garantir o funcionamento continuado do sistema internacional, provavelmente reformando progressivamente alguns dos seus regimes reguladores, para ir acomodando novas realidades (de que a ascensão da China é um facto marcante, mas não o único), é preciso moldar o melhor possível a ascensão da China. Uma tal ascensão bem moldada, que limite alguns desenvolvimentos menos desejáveis, pode até, para os mais optimistas, aumentar a estabilidade de um sistema tão susceptível, actualmente, à perturbação por poderes que perigosamente escapam ao controlo dos Estados.

No entanto, face à dimensão do fenómeno, não parece possível moldar a ascensão da China sem uma qualquer espécie de concerto entre as principais áreas de poder mundiais, um concerto que provavelmente exige a conciliação de interesses divergentes, em relação à China e a outros assuntos regionais e globais, entre os outros diversos actores principais e para cuja coordenação é difícil pensar noutro actor que não seja os Estados Unidos, dada a sua condição de superpotência única, e portanto as suas especiais responsabilidades, no sistema internacional.

Para que a China se torne um actor confiante e confiável do sistema internacional, tem que se lhe ir garantindo estatuto (os chineses diriam "face") e possibilidades de desenvolvimento, para que a China não se sinta acossada e não seja levada a ter reacções, directas ou indirectas, de desespero. Sendo certo que, no que é válido para a China e para qualquer outro actor, em política internacional as garantias são sempre precárias, por causa do conhecido mecanismo da possibilidade de variação instantânea das intenções, uma variação que encontra sempre alguma legitimação em sofismas ideológicos ambíguos, invocáveis de acordo com as circunstâncias da conjuntura.

Não podendo afirmar-se que a China está completamente integrada na ordem existente como um dos *stakeholders* do sistema, a verdade é que é cada vez maior o valor do que está em jogo para a China. Há como que uma osmose: a China vai-se integrando e o sistema vai-se "achinesando" um pouco. Se, mais tarde, a China vai com o seu comportamento dar razão aos adeptos da teoria de que o desafio do *challenger* ao *hegemon* tem um elevado potencial de gerar uma grande guerra, é impossível prever. Mas ninguém acredita na inevitabilidade de um tal desfecho, ao ponto de impor por antecipação uma contenção muito estranguladoramente desesperada para uma China cujas taxas de crescimento do PIB anual nos últimos 25 anos (mais ou menos 9% ao ano em média) são notáveis, mas que ainda assim não produziram uma radical redistribuição do poder existente no mundo.

Se a China procura genuinamente ser uma potência responsável ou apenas transmitir a imagem de o ser, camuflando intenções futuras, é impossível saber. Se as intenções chinesas no futuro corresponderão ou não àquilo que podem ser hoje as intenções mais ou menos camufladas quanto ao futuro, também é impossível adivinhar.

As teorias sobre as intenções futuras chinesas variam. Desde a fatalidade, mais ou menos comprovável historicamente, de que uma potência em ascensão inevitavelmente procurará, pela violência efectiva ou pela ameaça do emprego da violência, desafiar ou moldar em seu próprio benefício a ordem existente. Até, noutro extremo, à possibilidade de que o desenvolvimento económico e o eventual desenvolvimento social e político que o desenvolvimento económico exige ou propicia (tanto mais que assenta numa estratégia de abertura ao exterior), faça a China integrar-se na chamada comunidade da "paz democrática", facilitando a acomodação pacífica desta potência em ascensão no sistema internacional. Sendo que, relativamente à fatalidade das piores consequências da entrada em cena de uma nova potência, mesmo que esta não tivesse admitido historicamente excepções, haja sempre quem possa advogar a possibilidade de que a China venha a ser uma (ou mais uma) excepção à regra; e que, relativamente à possibilidade de a acomodação da China no sistema se fazer pacificamente, haja sempre quem possa advogar que o facto de a "paz democrática" ter aparentemente funcionado nas últimas décadas não significa que, como uma fatalidade, continue a funcionar no futuro.

A China cresce, mas tem muitos problemas internos para resolver, está na defensiva na questão do regime, o seu desenvolvimento depende das ligações com o exterior (e da protecção das SLOCs que permitem essas ligações) e está rodeada pela Rússia, pela Índia e pelo Japão (num contexto

328   *A ascensão da China. Acomodação pacífica ou grande guerra?*

em que uma das mais sólidas de todas as alianças bilaterais que existem entre grandes potências é a que existe entre os Estados Unidos e o Japão).

Com a provável excepção de uma declaração de independência de Taiwan, à qual o regime não poderia deixar de reagir sob pena de perder a sua legitimidade, a China irá prosseguindo o seu paulatino plano de fortalecimento do potencial estratégico. É difícil chegar a uma conclusão acerca do momento em que a China terá aquele nível de PIB que lhe garante todas as formas de poder e de influência. Ou quando conseguirá a transformação estrutural completa da sua economia, desenvolvendo uma grande força de trabalho industrial qualificada, apta a produzir autonomamente o leque de instrumentos civis e militares que sustentam uma trajectória política independente, bem como um sector de serviços eficaz que produza as complexas capacidades exigidas por uma sociedade industrial e umas forças armadas modernas.

E, portanto, não ignorando os riscos que em abstracto acompanham a ascensão das potências, nem a capacidade de "perturbação" do sistema que a China já detém neste momento, ou a possibilidade de uma luta pelo poder a nível interno precipitar comportamentos externos agressivos – seria um erro e uma imprudência fazê-lo, e não ter para isso preparados planos de contingência, designadamente num contexto de transição sistémica global –, a verdade é que não se pode afirmar que, em relação à ordem que vigora no sistema internacional, a "ascensão da China" configura uma ameaça iminente.

No entanto, independentemente do que são actualmente, ou do que possam vir a ser futuramente, as intenções chinesas – mais próximas da acomodação aos existentes mecanismos de regulação da ordem no sistema; ou mais próximas do desafio, mais ou menos violento, a esses mecanismos e a essa ordem – subsiste o grande problema que é, para a segurança e a estabilidade mundiais, o próprio processo de ascensão de uma grande potência, ou mais do que uma, como parece ser actualmente o caso, no sistema internacional. Mesmo num sistema em equilíbrio, quase sempre relativamente precário, a interacção das grandes "placas tectónicas" do poder mundial pode ser causa de perturbação que escape ao controlo dos mecanismos de regulação do sistema. Ora, é o próprio equilíbrio que fica ameaçado quando há uma grande reconfiguração da "tectónica" do poder mundial. As novas potências tendem a afirmar zonas de segurança próprias, a forçar a liberdade do acesso a novas áreas de interesse e de influência, etc.

A China está num processo dinâmico de expansão. Apesar de não contestar agressivamente as "regras do sistema", começa a ter interesses cada vez mais alargados e sente-se com direito a fazer os negócios de que precisa para alimentar o seu modelo de desenvolvimento. Por exemplo, a entrada da China (e da Índia) na competição por recursos, designadamente recursos energéticos, proporciona aos países produtores uma diversificação das suas carteiras de clientes. Em determinadas áreas do globo, alguns países do antecedente muito dependentes dos Estados Unidos, por exemplo, começam a sê-lo menos. O problema não é, portanto, apenas o da China ter ou não a vontade de desafiar a ordem que vigora no sistema. O problema é que está em curso uma mudança de polaridade no sistema, e, porventura, uma alteração, do Atlântico para o Pacífico, do "centro de gravidade" do sistema, num momento em que, por um lado, o sistema ainda não absorveu completamente os efeitos da ruína da ordem que vigorou durante algumas décadas até ao fim da Guerra-Fria e, por outro, em que a superpotência sobrante não tem capacidade para, sozinha, garantir a paz e a estabilidade política mundiais.

Num processo que é dinâmico por natureza, as outras potências, algumas delas também em processos de expansão, poderão acomodar-se, mas também poderão resistir, ao aumento da influência chinesa regional e global, do mesmo modo que poderão respeitar ou não aquilo que a China vier a pretender que sejam as suas zonas de influência reservada ou zonas de segurança. Os choques são, consequentemente, praticamente inevitáveis. As consequências desses choques é que poderão ser mais ou menos graves.

Frequentemente, no passado, um novo equilíbrio, associado à entrada ou saída de cena de um, ou mais do que um, grande actor do sistema, só tem sido obtido depois de uma grande guerra, cujas causas próximas ou afastadas estão normalmente ligadas à luta por influência. E, portanto, a grande questão que se coloca na actualidade é a da capacidade dos decisores mundiais gerirem a mudança em curso sem provocar uma grande guerra, para a qual o mundo pode ser arrastado em consequência das enormes tensões associadas à reconfiguração dos grandes equilíbrios de poder mundiais. Com os meios de destruição existentes no planeta, uma grande guerra, à escala do globo, praticamente pode transformar-se num suicídio da Humanidade.

Dois factores, pelo menos, permitem alimentar algum optimismo: primeiro, parecer mais provável a tendência de evolução para um sistema internacional multipolar; segundo, talvez paradoxalmente, o facto nuclear.

Como vimos, num sistema multipolar é maior o número de interacções primárias e, portanto, o cruzamento de interesses convergentes e divergentes, a dificuldade de quaisquer tentativas hegemónicas e a busca do compromisso em vez da radicalização propiciam uma maior estabilidade. Um mundo multipolar tende a favorecer a acomodação geral. Não quer dizer que o sistema multipolar não contenha riscos – em relação a um sistema bipolar, por exemplo, é mais provável que uma crise degenere num conflito violento. Mas, por outro lado, ao contrário de um sistema bipolar, é menos provável o conflito generalizado. Enfim o desejável é que, se o sistema internacional vier a ser multipolar, como parece mais provável, o equilíbrio ou a balança de poderes funcione bem, impedindo a agudização das hostilidades recíprocas no centro do sistema ao ponto de se chegar aos extremos de uma grande guerra mundial; se, num futuro e com um figurino por enquanto difíceis de antever, o sistema se tornasse bipolar, que se atingisse um patamar de bipolaridade estável sem ser à custa de uma grande guerra entre as grandes potências.

Sem ignorar os perigos resultantes de erros de cálculo, incompreensões ou mal-entendidos, ou do risco de uma arma de destruição maciça cair na posse de um grupo terrorista, o facto nuclear, por seu turno, introduz um elemento de moderação ou de razoabilidade nos decisores estratégicos. Como vimos, o aumento das capacidades nucleares parece induzir alguma prudência nos decisores políticos dos Estados que as possuem, mesmo quando ponderam apenas acções militares clássicas ou convencionais, por causa do risco de escalada do conflito para o patamar nuclear.

Com efeito, os factores listados, entre outros, permitem acalentar a esperança de que, acomodando pacificamente a ascensão da China no sistema internacional, as grandes potências se continuem a concertar para garantir o funcionamento de mecanismos de segurança colectiva que, mesmo imperfeitos, preservem a Humanidade das consequências de um grande conflito mundial.

BIBLIOGRAFIA

AAVV, L'état du monde 2000, La Découverte, Paris, 1999.

AAVV, L'état du monde 2003, La Découverte, Paris, 2002.

AAVV, L'état du monde 2006, La Découverte, Paris, 2005.

AAVV, Macau – O Segundo Terço da Transição, Governo de Macau, Imprensa Oficial de Macau, 1996.

AAVV, Ramses 2003 e Ramses 2004.

AAVV, Strategic Survey 04-05, International Institute for Strategic Studies, Oxford University Press, London, 2005.

AAVV, The China Quarterly number 169, Special Issue: China and Europe since 1978: A European Perspective, School of Oriental and African Studies, University of London, Cambridge University Press, March 2002.

AAVV, The Military Balance 2003/2004, The International Institute for Srategic Studies, Oxford University Press, London, October 2003.

AAVV, The Military Balance 2005/2006, The International Institute for Srategic Studies, Oxford University Press, London, October 2005.

ABRAMOWITZ, Morton and BOSWORTH, Stephen, *Adjusting to the New Asia*, Foreign Affairs, July/August 2003.

ABREU, Francisco, Estratégia – O Grande Debate: Sun Tzu e Clausewitz, Esfera do Caos Editores, Lisboa, Reedição de 2006.

ABREU, Mário Gomes de, *O Papel de Macau como Plataforma de Cooperação entre a União Europeia e a China*, in Forum Macau – A Presença Portuguesa no Pacífico, organizado por Narana Coissoró, ISCSP, Lisboa, 1999.

AHMAD, Ehtisham, LI Keping, RICHARDSON, Thomas and SINGH, Raju, *Recentralization in China?*, Working Paper WP/02/168, International Monetary Fund, October 2003.

ALGIERI, Franco, *EU Economic Relations with China: an Institucionalist Perspective* in The China Quarterly, n° 169, School of Oriental and African Studies, University of London, Cambridge University Press, March 2002, pp. 64-77.

ALMEIDA, Políbio F. A. Valente de, Do Poder do Pequeno Estado-Enquadramento Geopolítico da Hierarquia das Potências, Instituto Superior de Ciências Sociais e Políticas, Lisboa, 1990.

332   *A ascensão da China. Acomodação pacífica ou grande guerra?*

– Ensaios de Geopolítica, Instituto Superior de Ciências Sociais e Políticas e Instituto de Investigação Científica Tropical, Lisboa, 1994.

ALVES, Ana Cristina, *Geographical Boundaries and Geopolitical Coherence of the Pearl River Delta* in Macau in the Pearl River Delta, ISCSP, Instituto do Oriente, 2000.

– *The Growing Relevance of Africa in Chinese Foreign Policy: The Case of Portuguese Speaking Countries*, Daxiyangguo, 2005, n. º 7, p. 93-108, Instituto do Oriente, ISCSP.

AMARO, Ana Maria, Macau: O Final de um Ciclo de Esperança, ISCSP, Lisboa, 1997.

– Das Cabanas de Palha às Torres de Betão – Assim Nasceu Macau, ISCSP, Colecção Estudos e Documentos, Lisboa, 1998.

– O Mundo Chinês – Um Longo Diálogo entre Culturas, I e II Volumes, ISCSP, Lisboa, 1998.

ANDERSON, Jennifer, *The Limits of Sino-Russian Strategic Partnership*, Adelphi Paper 315, International Institute for Strategic Studies, Londres, Dezembro de 1997.

ANDREWS-SPEED, Philip, XUANLI, Liao and DANNREUTHER, Roland, *The Strategic Implications of China's Energy Needs*, Adelphi Paper 346, International Institute for Strategic Studies, Londres, Julho de 2002.

ANNATI, Massimo, *"China's PLA Navy – The (R)evolution"*, Naval Forces, 6/2004, p. 66-75.

ANTÓNIO, Nelson e ROSA, Álvaro A., *Macau and the Pearl River Delta: the steps to the global economy* in Macau and its Neighbours in Transition, Faculty of Social Sciences and Humanities, University of Macau, 1997.

ARVANITIS, Rigas, MIÈGE, Pierre et ZHAO Wei, *Regards sur l' émergence d'une économie de marché, Dossier "Chine: um nouveau géant économique?"*, Problèmes économiques, 3 mars 2004.

ASH, Timothy Garton, *"Chasing the dragon: It should not have taken US pressure to keep Europe from selling arms to China"*, The Guardian, March 24, 2005.

BAKER, Philip, *Human Rights, Europe and the People's Republic of China*, The China Quarterly number 169, School of Oriental and African Studies, University of London, Cambridge University Press, March 2002, pp. 45-63.

BARFIELD, Thomas J., The Perilous Frontier: Nomadic Empires and China, 221 BC to AD 1757, Blackwell, Cambridge MA and Oxford UK, 1994.

BAYLIS, John, BOOTH, Ken, GARNETT, John e WILLIAMS, Phil, Contemporary Strategy: Theories and Policies, Croom Helm London, 1975.

BEAUFRE, André, Introdução à Estratégia, Edições Sílabo, Lisboa, 2004.

BÉJA, Jean-Philippe, *Quel Régime pour la Chine aprés 25 Ans de Réformes?*, Estudos Sobre a China VII, ISCSP, Lisboa, 2004.

BENEWICK, Robert & DONALD, Stephanie, The State of China Atlas, Penguin Reference, 1999.

BERGÈRE, Marie-Claire, La Chine de 1949 a Nos Jours, Armand Colin, Paris, 2000.

BERLIE, J. A. (ed.), Macao 2000, Oxford University Press, Hong Kong, 1999.

BERNIER, Justin, *China's Strategic Proxies*, Orbis, A Journal of World Affairs, Fall 2003, 629-643, Pergamon.

BERNSTEIN, Richard and MUNRO, Ross H., The Coming Conflict with China, Alfred A. Knopf, New York, 1997.

– *The Coming Conflict with China*, Foreign Affairs, March/April 1997.

BESSA, António Marques, *A Política Externa da China – Uma Perspectiva Geopolítica*, Estudos Sobre a China I, ISCSP, pp. 161-187, 1998.

BESSHO, Koro, *Identities and Security in East Asia*, Adelphi Paper 325, International Institute for Strategic Studies, Londres, Março de 1999.

BORDONARO, Federico, *"Asia's Dawning Multipolar System Increases Australia's Geopolitical Importance"*, Power and Interest News Report, 14 June 2006, www.pinr.com.

BRØDSGAARD, Kjeld Erik, *The Role of the Communist Party in China's Leadership Transition*, Daxiyangguo, 2004, n. ° 5, p. 105-130, Instituto do Oriente, ISCSP.

BRØDSGAARD, Kjeld Erik e CHRISTENSEN, Nis Hoyrup, *Sino-US relations after September 11: background and prospects*, Daxiyangguo, 2003, n. ° 4, p. 27-45, Instituto do Oriente, ISCSP.

BROWN, Deborah, *The Roman Catholic Church and Hong Kong's Long March Toward Democracy*, Orbis, A Journal of World Affairs, Volume 48, Number 2, Spring 2004, 263-274, Pergamon.

BRZEZINSKI, Zbigniew, The Grand Chessboard: American Primacy and its Geostrategic Imperatives, BasicBooks (A Division of HarperCollins Publishers), New York, 1997.

– The Choice: Global Domination or Global Leadership, Basic Books, New York, 2004.

BURSTEIN, Daniel and KEIJZER, Arne de, Big Dragon: China's Future: What it Means for Business, the Economy, and the Global Order, A Touchstone Book, Simon & Schuster, New York, 1999.

BUZAN, Barry, An Introduction to Strategic Studies – Military Technology & International Relations, MacMillan in association with the International Institute for Strategic Studies, London, 1994.

334   *A ascensão da China. Acomodação pacífica ou grande guerra?*

CABESTAN, Jean-Pierre, *Crisis Management in the Taiwan Strait*, Daxiyangguo, 2003, n.º 3, p. 67-80, Instituto do Oriente, ISCSP.

CAEIRO, António, Pela China Dentro, Publicações Dom Quixote, Lisboa, 2004.

CARRIÇO, Manuel A. G., *A China e as Ilhas Spratly: Contributos para a Desmistificação do Modus Operandi de Pequim*, Revista Militar, n.º 4 – Abril 2001, pp. 317-346, Lisboa.

– *O Incidente com o EP – 3E: "Ou Quando a Águia e o Dragão Chocam"*, Revista Militar, n.º 6/7 – Junho/Julho 2001, pp. 543-563, Lisboa.

– *As Consequências Geopolíticas para Pequim dos Atentados de 11 de Setembro: Uma Análise Regional*, Nação e Defesa, Outono-Inverno 2002, n.º 103 – 2.ª Série, pp. 181-209, Instituto de Defesa Nacional, Lisboa.

– *A Evolução da Estratégia de Defesa Naval Chinesa e o Processo de Modernização em Curso: A Questão do Porta-Aviões*, Revista Militar, n.º 12 – Dezembro 2002, pp. 983-1023, Lisboa.

– *Tentando Aferir a Dimensão do Orçamento de Defesa Chinês*, Revista Militar, n.º 4 – Abril 2003, pp. 359-388, Lisboa.

– *"Lendo Folhas de Chá Chinês" – Uma incursão analítica sobre o orçamento de defesa da República Popular da China e as actividades comerciais do Exército Popular de Libertação em prol do mesmo*, Estratégia, Volume XIV, Instituto Português da Conjuntura Estratégica, ISCSP e outros, Lisboa, 2003.

– *As Actividades Comerciais do Exército Popular de Libertação: "Oxigénio Orçamental" vs Base de Corrupção?*, Revista Militar, n.º 5 – Maio 2003, pp. 479-513, Lisboa.

– *A Doutrina Operacional do Exército Popular de Libertação para o Século XXI*, Nação e Defesa, Primavera 2004, n.º 107 – 2.ª Série, pp 173-199, Instituto de Defesa Nacional, Lisboa.

– *A Visita a Portugal do General Ge Zhenfeng: Subsídios para uma primeira análise*, Revista Militar, n.º 10 – Outubro 2004, pp. 959-980, Lisboa.

– *Dissuasão no Estreito de Taiwan*, Nação e Defesa, Primavera 2005, n.º 110 – 2.ª Série, pp 129-166, Instituto de Defesa Nacional, Lisboa.

– *O Embargo de Armas à China: Motivações e Vulnerabilidades*, Revista Militar, n.º 8/9 – Setembro 2005, pp. 853-865, Lisboa.

– *A Formação Militar Profissional no Exército Popular de Libertação: Uma Análise Evolutiva*, Revista Militar, n.º 11 – Novembro 2005, pp. 1271-1298, Lisboa.

– De Cima da Grande Muralha: Política e Estratégia de Defesa Territorial da República Popular da China, 1949-2010, Prefácio, Lisboa, 2006.

CASTANHEIRA, José Pedro, Os 58 Dias que Abalaram Macau, Publicações Dom Quixote, Lisboa e Livros do Oriente, Macau, 1999.

– Macau: os Últimos Cem Dias do Império, Publicações Dom Quixote e Livros do Oriente, Lisboa e Macau, 2000.

CASTELLANOS, Ana Gonzalo, *Presente e Futuro das Relações entre a União Europeia e Macau*, in Forum Macau – A Presença Portuguesa no Pacífico, organizado por Narana Coissoró, ISCSP, Lisboa, 1999.

CERQUEIRA, Fernando Maia e BLANCO, Carlos, Macau Um Legado, Círculo de Leitores, 1999.

CHA, Victor D., *Focus on the Future, Not the North*, The Washington Quarterly, Winter 2002-03, pp. 91-107, The Center for Strategic and International Studies and the Massachussets Institute of Technology.

CHALIAND, Gérard e RAGEAU, Jean-Pierre, Atlas Stratégique, Géopolitique des Rapports de Forces dans le Monde, L'aprés-Guerre Froide, Editions Complexe, 1994.

CHALIAND, Gérard, Anthologie Mondiale de la Stratégie, Des Origines au Nucléaire, Robert Laffont, Paris, 1990.

CHAN Chi-hou (National Taiwan Normal University, Taipei, Taiwan), A Multicultural Case of Macau : the thesis of "maximization of difference" in a globalized world, paper presented to *Religion and Culture, An International Symposium – Macau, 28-29 November 2002*, Macau Ricci Institute.

CHANG, Yihong e KOCH, Andrew, "*Is China building a carrier?*", Jane's Defence Weekly, 17August 2005.

CHENG, Kevin C., *Economic Implications of China's Demographics in the 21st Century*, IMF Working Paper 03/29, International Monetary Fund, 2003.

CHI-CHEN CHIANG, Johnny, *Taiwan's Economy and the Role of the State in the Age of Globalization*, Daxiyangguo, 2003, n. º 3, p. 43-66, Instituto do Oriente, ISCSP.

CHRISTENSEN, Thomas J., *China, the US-Japan Alliance, and the Security Dilemma in East Asia* , The Rise of China, (editado por Michael Brown E. et al), The MIT Press, Massachussetts Institute of Technology, 2000.

– *The Contemporary Security Dilemma: Deterring a Taiwan Conflict*, The Washington Quarterly, Autumn 2002, Vol. 25, Number 4, The Center for Strategic and International Studies and the Massachussets Institute of Technology.

CLARK, Cal, *The China-Taiwan Relationship: Growing Cross-Strait Economic Integration*, Orbis, A Journal of World Affairs, Volume 46, Number 4, Fall 2002, Pergamon.

COHEN, Stephen P., "*India: America's New Ally?*", The Brookings Institution, July 18, 2005.

COISSORÓ, Narana Sinai, *The Pearl River Delta* in Macau in the Pearl River Delta, ISCSP, Instituto do Oriente, 2000.

CONIGLIO, Sergio, *"China's Aviation – A Military and Industrial Perspective"*, Military Technology, 11/2004, p. 14-21.

COUTINHO, Paulo, *Da Vida dos Directores* in Macau (revista do Gabinete de Comunicação Social do Governo de Macau), II Série, n.º 74, Junho de 1998, Livros do Oriente, Lda., Macau, 1998.

COUTO, Abel Cabral, Elementos de Estratégia, Apontamentos para um Curso – Volumes I, Instituto de Altos Estudos Militares, Lisboa, 1988.

– Elementos de Estratégia, Apontamentos para um Curso – Volumes II, Instituto de Altos Estudos Militares, Lisboa, 1989.

CRAEN, Liesbeth Van de, *Faut-il réévaluer le yuan?*, Dossier *"Chine: um nouveau géant économique?"*, Problèmes économiques, 3 mars 2004.

CUNHA, Luís, *O Mar da China Meridional – Nacionalismo e Regionalismo*, Separata de Estudos Políticos e Sociais, Volume XXIII, n.ºs 1-4, ISCSP, 2001.

DAYAL-GULATI, Anuradha and HUSAIN, Aasim M., *Centripetal Forces in China's Economic Takeoff*, International Monetary Fund Staff Papers, Vol. 49, No. 3, pp. 364-394, 2002.

DEFARGES, Philippe Moreau, Introdução à Geopolítica, Gradiva 2003 (a edição original em língua francesa é de 1994).

DEUTCH, John, *A Nuclear Posture for Today*, Foreign Affairs, Volume 84, No 1, January/February 2005 (www.foreignaffairs.org).

DIAS, Carlos M. Mendes, Geopolítica: Teorização Clássica e Ensinamentos, Prefácio, 2005.

DIBB, Paul, *Towards a New Balance of Power in Asia*, Adelphi Paper 295, International Institute for Strategic Studies, Londres, Maio de 1995.

DOBBS-HIGGINSON, M. S., Asia Pacific: Its Role in the New World Disorder, Mandarin, Australia, 1996.

DOWNS, Erica Strecker e Saunders, Phillip C., *Legitimacy and the Limits of Nationalism: China and the Diaoyu Islands* in The Rise of China, (editado por Michael Brown E. et al), The MIT Press, Massachussetts Institute of Technology, 2000.

DREYER, June Teufel, *The Limits to China's Growth*, Orbis, A Journal of World Affairs, Volume 48, Number 2, Spring 2004, 233-246, Pergamon.

DUBY, Georges, Grand Atlas Historique, Larousse, Paris, 1999.

DUFOUR, Jean-François, Géopolitique de la Chine, Editions Complexe, Bruxelles, 1999.

DUPONT, Alan, *The Environment and Security in Pacific Asia*, Adelphi Paper 319, International Institute for Strategic Studies, Londres, Junho de 1998.

ECONOMY, Elizabeth, *Don't Break the Engagement*, Foreign Affairs, Volume 83, No 3, May/June 2004, pp. 96-109.

ENGDAHL, F. William, *"Revolution, Geopolitics and Pipelines"*, Global Economy, 30June2005, (www.ipri.pt).

FERGUSON, Niall, *Sinking Globalization*, Foreign Affairs, Volume 84, No 2, March/ April 2005 (www.foreignaffairs.org).

FERNANDES, António Horta e ABREU, Francisco, Pensar a Estratégia – do político-militar ao empresarial, Edições Sílabo, Lisboa, 2004.

FERNANDES, Moisés Silva, *Portuguese Behavior towards the political transition and the regional integration of Macau in the Pearl River Region* in Macau and its Neighbours in Transition, Faculty of Social Sciences and Humanities, University of Macau, 1997.

– *Enquadramento das Relações Luso-Chinesas entre 1949 e 1966* in Administração: Revista de Administração Pública de Macau n.º 40, Macau, 1998.

– *Macau nas Relações Sino-Portuguesas, 1949-1979* in Administração: Revista de Administração Pública de Macau, Volume XII, n.º 46, pp. 989-1002, Macau, 1999.

– *Portugal, Macau e a China – Confluência de Interesses* in História, ano 22, n.º 21 (Janeiro), pp 56-67, Lisboa, 2000.

– Sinopse de Macau nas Relações Luso-Chinesas, 1945-1995: Cronologia e Documentos, Fundação Oriente, Lisboa, 2000.

– *A Iniciativa Gorada de Franco Nogueira para o Estabelecimento de Relações Diplomáticas entre Portugal e a China Continental em 1964* in Daxiyangguo: Revista Portuguesa de Estudos Asiáticos, *Volume I, n.º 1*, Instituto do Oriente/ ISCSP, Lisboa, 2002.

– *Macau no Dissídio Sino-Soviético, 1960-1974* in Estudos sobre a China IV, *Volume I*, ISCSP, Lisboa, 2002.

– *A Cooptação Política da Elite Chinesa de Macau por Portugal e a China Continental, 1949-1999* in Estudos sobre a China IV, *Volume II*, ISCSP, Lisboa, 2002.

FEWSMITH, Joseph, *On China's New Leadership: A One-Year Assessment*, Orbis, A Journal of World Affairs, Volume 48, Number 2, Spring 2004, 205-215, Pergamon.

FREEDMAN, Amy and GRAY, Robert, *Missile Defense and Northeast Asia*, Orbis, A Journal of World Affairs, Volume 48, Number 2, Spring 2004, Pergamon.

FOK, K. C., *Macau´s role in modern Chinese history: themes and perspectives* in Macau and its Neighbours in Transition, Faculty of Social Sciences and Humanities, University of Macau, 1997.

338   *A ascensão da China. Acomodação pacífica ou grande guerra?*

FOOT, Rosemary, *Human Rights and Counter-terrorism in America's Asia Policy*, Adelphi Paper 363, Oxford University Press and International Institute for Strategic Studies, February 2004.

FRANCK, Raymond Y. and MELESE, François, *A Game Theory View of Military Conflict in the Taiwan Strait* in Defense & Security Analysis Vol. 19, No 4, December 2003, p. 327-348.

FUKUYAMA, Francis, O Fim da História e o Último Homem, Gradiva, Lisboa, 1992.
– A Construção de Estados – Governação e Ordem Mundial no Século XXI, Gradiva, 2006.

GABINETE DO SECRETÁRIO-ADJUNTO PARA A JUSTIÇA, Direito e Justiça em Macau, Editora Livros do Oriente, Macau, 1999.

GADDIS, John Lewis, *Grand Strategy in the Second Term*, Foreign Affairs, Volume 84, No 1, January/February 2005 (www.foreignaffairs.org).

GASPAR, Carlos, *Dois Ocidentes*, Relações Internacionais, Nº 3, Setembro de 2004, IPRI, Lisboa.
– *China and the United States since September 11*, Comunicação apresentada no Seminário "A China e a Europa", Fundação Oriente, 15 de Junho de 2005 (www.ipri.pt)

GERNET, Jacques, O Mundo Chinês: Uma Civilização e Uma História, volume I, Edições Cosmos, Lisboa e Rio de Janeiro, 1974.

GILBOY, George J., *The Myth Behind China's Miracle*, Foreign Affairs, Volume 83, No 4, July/August 2004 (www.foreignaffairs.org).

GODEMENT, François, *La Chine: enjeux institutionnels de l'intégration globale*, RAMSES 2003, IFRI, 2003.

GOLDSTEIN, Avery, *Great Expectations: Interpreting China's Arrival* in The Rise of China, (editado por Michael Brown E. et al), The MIT Press, Massachussetts Institute of Technology, 2000.

GOMES, Gonçalo Santa Clara, *O papel dos Estados Unidos na nova ordem internacional*, Relações Internacionais, Nº 3, Setembro de 2004, IPRI, Lisboa.

GORDON, Bernard K., *A High-Risk Trade Policy*, Foreign Affairs, Volume 82, No 4, July/August 2003, p. 105-118.

GRAFF, David A. & HIGHAM, Robin, A Military History of China, Westview Press, Oxford and Boulder, Colorado, 2002.

GUEDES, João e MACHADO, José Silveira, Duas Instituições Macaenses: Associação Promotora da Instrução dos Macaenses e Escola Comercial "Pedro Nolasco", APIM, Macau, 1998.

HALE, David and HALE, Lyric Hughes, *China Takes Off*, Foreign Affairs, Volume 82, No 6, November/December 2003, p. 36-53.

HARADA, Chikahito, *Russia and North-east Asia*, Adelphi Paper 310, International Institute for Strategic Studies, Londres, Julho de 1997.

HARRISON, Selig S., *Did North Korea Cheat?*, Foreign Affairs, Volume 84, No 1, January/February 2005 (www.foreignaffairs.org).

HASS, Richard N., *Regime Change and its Limits*, Foreign Affairs, Volume 84, No 4, July/August 2005 (www.foreignaffairs.org).

HE Fangchuan, *China and the Security of East Asia*, Daxiyangguo, 2004, n. º 5, p. 19-25, Instituto do Oriente, ISCSP.

HELLER, Eric Nathaniel, *The Prospects for Power Projections of the People's Republic of China* in Defense & Security Analysis Vol. 19, No 4, December 2003, p. 349-368.

HESPANHA, António Manuel et al, Feelings of justice in the Chinese community of Macao, An enquiry, Instituto de Ciências Sociais da Universidade de Lisboa, Lisboa, 2003.

HILGEMANN, Werner & KINDER, Hermann, Atlas Historique: De l'apparition de l'homme sur la Terre à l'ère atomique, Perrin, Paris, 1995.

HIRABAYASHI, Hiroshi, *Point de vue du Japon sur la securité en Asie*, Défense Nationale, 2004.

HOCHRAICH, Diana, *Les entreprises et les banques face au défi de l'ouverture, Dossier "Chine: um nouveau géant économique?"*, Problèmes économiques, 3 mars 2004.

HOGE Jr., James F., *A Global Power Shift in the Making*, Foreign Affairs, Volume 83, No 4, July/August 2004 (www.foreignaffairs.org).

HONG-KYOO Park, *Korean peninsula and East Asian Regional Security*, Daxiyangguo, 2004, n. º 5, p. 27-45, Instituto do Oriente, ISCSP.

HOOK, Brian e NEVES, Miguel Santos, *The Role of Hong Kong and Macau in China's Relations with Europe*, The China Quarterly number 169, School of Oriental and African Studies, University of London, Cambridge University Press, March 2002, pp. 114-121.

HU, Timothy, *"China Country Briefing"*, Jane's Defence Weekly, 13 April 2005, p. 22-28.

HUGHES, Neil C., *A Trade War with China?*, Foreign Affairs, Volume 84, No 4, July/August 2005 (www.foreignaffairs.org).

HUNTINGTON, Samuel P., O Choque das Civilizações e a Mudança na Ordem Mundial, Gradiva, 2001.

– *Culture, Power, and War: What Roles for Turkey in the new Global Politics*, Today's Zaman, 24 de Maio de 2005, Istambul.

340   *A ascensão da China. Acomodação pacífica ou grande guerra?*

HUXLEY, Tim and WILLETT, Susan, *Arming East Asia*, Adelphi Paper 329, International Institute for Strategic Studies, Londres, Julho de 1999.

IANCHOVICHINA, Elena and MARTIN, William, *Economic Impacts of China's Accession to the World Trade Organization*, Policy Research Working Paper 3053, The World Bank, Washington, D.C., May 2003.

I-CHUNG Lai, *Taiwan's Perception of Regional Security – The Search for Taiwan's Strategic Identity*, Daxiyangguo, 2004, n. ° 5, p. 39-93, Instituto do Oriente, ISCSP.

IEONG Wan Chong, *Regional trends of the economic cooperation between Macau and Zhuhai* in Macau and its Neighbours in Transition, Faculty of Social Sciences and Humanities, University of Macau, 1997.

JOHNSTON, Alastair Iain, *Is China a Status Quo Power?*, International Security, Vol. 27, No 4 (Spring 2003), pp. 5-56, Harvard University, MIT Press.

KAO CHEN WANG, *The Role of the US in Regional Stability*, Daxiyangguo, 2004, n.° 5, p. 55-71, Instituto do Oriente, ISCSP.

KENNEDY, Paul, Desafios para o Século XXI, Volume I, Publicações Europa-América, Colecção Estudos e Documentos, n.° 275, 1993.

KINOSHITA, Toshihiko, *Globalization and Japanese Economy*, Daxiyangguo: Revista Portuguesa de Estudos Asiáticos, n. ° 6, p. 53-69, Instituto do Oriente, ISCSP, 2004.

KISSINGER, Henry, Diplomacia, Gradiva, 1996.
    – Does America Need a Foreign Policy? Toward a Diplomacy for the 21st Century, The Free Press (an imprint of Simon & Schuster UK Ltd), London, 2002.
    – *"Conflict is not an option"*, International Herald Tribune, June 9, 2005.
    – *"Will Germany's Coalition Work?"*, Washington Post, 22nd November 2005.

KOSTER, Karel, *The Offensive Use of Ballistic Missile Shields – Political-Strategic Issues Related to Missile Defence*, Military Technology, 10/2004, Outubro de 2004.

KURLANTZICK, Joshua, *The Unsettled West*, Foreign Affairs, Volume 83, No 4, July/August 2004 (www.foreignaffairs.org).

LAMAS, Rosmarie Wank Nolasco, History of Macau – A Student's Manual, Institute of Tourism Education, Macau, 1998.

LAMPTON, David M., *The Stealth Normalization of U.S.-China Relations*, The National Interest, Fall 2003.

LARDY, Nicholas R., Integrating China into the Global Economy, Brookings Institution Press, Washington D.C, 2002.

LEE, Bernice, *The Security Implications of the New Taiwan*, Adelphi Paper 331, International Institute for Strategic Studies, Londres, Outubro de 1999.

LEE, Tahirib, *Democracy and Federalism in Greater China*, Orbis, A Journal of World Affairs, Volume 48, Number 2, Spring 2004, 275-283, Pergamon.

LEIFER, Michael, *The ASEAN Regional Forum*, Adelphi Paper 302, International Institute for Strategic Studies, Londres, Julho de 1996.

LEVEY, David H. and BROWN, Stuart S., *The Overstrecht Myth*, Foreign Affairs, Volume 84, No 2, March/April 2005 (www.foreignaffairs.org).

LEWIS, John Wilson e XUE Litai, *China's Search for a Modern Air Force* in The Rise of China, (editado por Michael Brown E. et al), The MIT Press, Massachussetts Institute of Technology, 2000.

LI, Bin, *Absolute Gains, Relative Gains, and the US Security Policy on China* in Defense & Security Analysis Vol. 19, No 4, December 2003, p. 309-318.

LIEBERTHAL, Kenneth, Governing China: From Revolution through Reform, W. W. Norton&Company, New York and London, 1995.

– *The Challenges of Reform in China*, Daxiyangguo, 2002, n.º 2, p. 37-45, Instituto do Oriente, ISCSP.

– *Preventing a War Over Taiwan*, Foreign Affairs, Volume 84, No 2, March/April 2005 (www.foreignaffairs.org).

LIMA, Fernando, Macau: As Duas Transições, Fundação Macau, Volumes 1 e 2, Macau, 1999.

LIMA, Fernando e Torres, Eduardo Cintra, Macau entre Dois Mundos, Editorial Inquérito e Fundação Jorge Álvares, Lisboa, 2004.

LISLE, Jacques de, *The China-Taiwan Relationship: Law´s Spectral Answers to the Cross-Strait Sovereignty Question*, Orbis, A Journal of World Affairs, Volume 46, Number 4, Fall 2002, Pergamon.

– *Democratization in Greater China*, Orbis, A Journal of World Affairs, Volume 48, Number 2, Spring 2004, Pergamon.

LO, Shiu-hing, Political Development in Macau, The Chinese University Press, Hong Kong, 1995.

LO, Bobo, *The long sunset of strategic partnership: Russias's evolving China policy*, International Affairs 80, 2 (2004) 295-309.

MAGALHÃES, José Calvet de, Macau e a China no Após Guerra, Colecção Memória do Oriente, n.º 1, Instituto Português do Oriente, 1992.

MAHBUBANI, Kishore, *Understanding China*, Foreign Affairs, Volume 84, No 5, September/October 2005, pp. 49-60.

MAITRA, Ramtanu, *"Afeganistão: Lançadas as bases do cerco ao Irão"*, Asia Times (Courrier Internacional), Edição Portuguesa, p. 22, 19Mai2005.

MALIK, Mohan, *"China's Growing Involvement in Latin America"*, Power and Interest News Report, 12June2006, www.pinr.com).

342   *A ascensão da China. Acomodação pacífica ou grande guerra?*

MARTEL, William C. and YOSHIHARA, Toshi, *Averting a Sino-U.S. Space Race*, The Washington Quarterly, Autumn 2003, pp. 19-35, The Center for Strategic and International Studies and the Massachussets Institute of Technology.

MATTHEWS, Eugene A., *Japan's New Nationalism*, Foreign Affairs, Volume 82, No 6, November/December 2003, p. 74-90.

MATTOO, Aaditya, *China's Accession to the World Trade Organization: The Services Dimension*, Policy Research Working Paper 2932, The World Bank, Washington, D.C., December 2002.

McGREW, Anthony e BROOK, Christopher, Asia-Pacific in the New World Order, Routledge, Londres e Nova Iorque, 1998.

MEARSHEIMER, John, "The *rise of China will not be peaceful at all*", The Australian, 18Nov05.

MEDEIROS, Evan S. and FRAVEL, M. Taylor, *China's New Diplomacy*, Foreign Affairs, Volume 82, No 6, November/December 2003.

MENDES, Carmen Amado, *Relações Económicas Europa-China*, Estudos sobre a China III, ISCSP, Lisboa, 1999.

MENDES, Nuno Canas, Segurança e Desenvolvimento Económico na Região Ásia-Pacífico, ISCSP, Lisboa, 1997.

MENON, Rajan, *The New Great Game in Central Asia*, Survival, vol. 45, no. 2, Summer 2003, pp. 187-204, International Institute for Strategic Studies, London.

MILES, James A. R., The Legacy of Tiananmen: China in Disarray, University of Michigan Press, 1996.

MOHANTY, Deba R., *"Arming the Forces: Trends in India's Acquisitions (Letter from New Delhi)"*, Military Technology, 10/2004, p. 6.

MÖLLER, Kay, *China's Relations with Europe: Less than Strategic*, Daxiyangguo, 2003, n.º 3, p. 19-27, Instituto do Oriente, ISCSP.

– *Diplomatic Relations and Mutual Strategic Perceptions: China and the European Union*, The China Quarterly number 169, School of Oriental and African Studies, University of London, Cambridge University Press, March 2002, pp 10-32.

MORBEY, Jorge, *Responder pelo Futuro* in Macau (revista do GCS), II Série, n.º 83, Março de 1999, Livros do Oriente, Lda., Macau, 1999.

MOREIRA, Adriano, Teoria das Relações Internacionais, Livraria Almedina, Coimbra, 1996.

MORRISON, Wayne M., *"China and the World Trade Organization"*, Congressional Research Service, Congresso dos Estados Unidos, Fevereiro de 2003.

MURRAY, William S. and ANTONELLIS, Robert, *China's Space Program: The Dragon Eyes the Moon (and US)*, Orbis, Fall 2003, pp. 645-652.

NATHAN, James A. e TIEN, Charles, *The "China Threat", National Missile Defense and American Public Opinion*, Defense & Security Analysis Vol. 19, No 1, pp. 35-54, Carfax Publishing, 2003.

NYE Jr, Joseph S., Compreender os Conflitos Internacionais: Uma Introdução à Teoria e à História, Gradiva, 2002 (original de 2000).

– O Paradoxo do Poder Americano, Gradiva, 2005 (original de 2002).

– *"Um eixo Índia-China?"*, Diário de Notícias, 23Abr2005, p. 30.

O'HANLON, Michael and MOCHIZUKI, Mike, *Toward a Grand Bargain with North Korea*, The Washington Quarterly, Autumn 2003, pp. 7-18, The Center for Strategic and International Studies and the Massachussets Institute of Technology.

OVERHOLT, William H., China: A Próxima Superpotência, Difusão Cultural, Lisboa, 1993.

PALMORE, Julian, *US Ballistic Missile Defense and China* in Defense & Security Analysis Vol. 19, No 4, December 2003, p. 369-376.

PATTEN, Chris, East and West, Macmillan, London, 1998.

PENTTILÄ, Risto E. J., *The Role of the G8 in International Peace and Security*, Adelphi Paper 355, International Institute for Strategic Studies, Londres, Maio de 2003.

PEREIRA, Francisco Gonçalves, Portugal, a China e a "Questão de Macau", Livros do Oriente, Instituto Português do Oriente, Macau, 1995.

PEREIRA, Júlio, República Popular da China: significado político e impacto económico da revisão constitucional de 15 de Março de 1999, Comunicação apresentada em 22 de Abril de 1999, no I Congresso Portugal-China, organizado pela Universidade de Trás-os-Montes e Alto Douro.

PEREZ, Ana Basto, *Macau: Passado, Presente e Futuro* in Estudos sobre a China III, ISCSP, Lisboa, 2001.

PETERSON, Andrew, *Dangerous Games across the Taiwan Strait*, The Washington Quarterly, Spring 2004, p. 23-41, The Center for Strategic and International Studies and the Massachussets Institute of Technology.

PINA-CABRAL, João de, Between China and Europe: person, culture and emotion in Macao, London School of Economics Monographs on Social Anthropology, Volume 74, Continuum, Londres e Nova Iorque, 2002.

PINA-CABRAL, João de e LOURENÇO, Nelson, Em Terra de Tufões, Dinâmicas da Etnicidade Macaense, Instituto Cultural de Macau, Colecção Documentos e Ensaios, n.º 6, Macau, 1993.

PINKERTON James P., *Superpower Showdown*, The American Conservative, November 7, 2005 Issue.

344 *A ascensão da China. Acomodação pacífica ou grande guerra?*

PINKSTON, Daniel A. and SAUNDERS, Phillip C., *Seeing North Korea Clearly*, Survival, vol. 45, no. 3, Autumn 2003, pp. 79-102, The International Institute for Strategic Studies.

PINTO, Maria do Céu, *A dimensão da Al-Qaida no sudeste asiático*, Relações Internacionais, N° 3, Setembro de 2004, IPRI, Lisboa.

PITEIRA, Carlos Manuel, Mudanças Sócio-Culturais em Macau (A questão étnica do Macaense), ISCSP, Lisboa, 1999.

– *A Questão em Aberto* in Macau (revista do GCS), II Série, n.° 92, Dezembro de 1999, Livros do Oriente, Lda., Macau, 1999.

– *A "Comunidade Macaense" face à Transição do Território de Macau para a República Popular da China* in Estudos sobre a China II, ISCSP, Lisboa, 2000.

– *Contornos Antropológicos numa Organização Pluri e Multi-Étnica no Contexto de Macau* in Estudos sobre a China III, ISCSP, Lisboa, 2001.

– *Macau e a "Comunidade Macaense" Um Ano após a Transição do Território para a República Popular da China* in Estudos sobre a China IV, *Volume I*, ISCSP, Lisboa, 2002.

POLLACK, Jonathan D., *China and the United States Post-9/11*, Orbis, A Journal of World Affairs, Fall 2003, 617-627, Pergamon.

POWELL, Colin L., *A Strategy of Partnerships*, Foreign Affairs, January/February 2004.

RETHINARAJ, T. S. Gopi, *China's Energy and Regional Security Perspectives* in Defense & Security Analysis Vol. 19, No 4, December 2003, p. 377-388.

RIBEIRO, José M. Félix, *O mundo pós-11 de Setembro: Um breve apontamento*, Relações Internacionais, N° 3, Setembro de 2004, IPRI, Lisboa.

RIGGER, Shelley, *Taiwan's Best-Case Democratization*, Orbis, A Journal of World Affairs, Volume 48, Number 2, Spring 2004, Pergamon.

ROCHA, Rui, *A Administração Pública de Macau (parte II): A Máquina Administrativa na Nova Ordem Democrática* in Macau (revista do GCS), II Série, n.° 50, Junho de 1996, Livros do Oriente, Lda., Macau, 1996.

ROCHE, Jean-Jacques, Théories des relations internationals, Montchrestien, Paris, 1997.

ROMANA, Heitor, *As Reformas Económicas na R.P. China: Implicações Sócio-culturais e Políticas* in Estudos sobre a China III, ISCSP, Lisboa, 1999.

– *A RPC na Cena Internacional: o Contexto da Ásia-Pacífico*, Daxiyangguo, 2002, vol. I, n.° 1, p. 79-107, Instituto do Oriente, ISCSP.

– *The Potential of Macau within the Context of Globalization*, in Macau in the Pearl River Delta, ISCSP, 2000.

- *República Popular da China: Cultura Estratégica e Política de Segurança*, Daxiyangguo, 2005, n.º 7, p. 3-18, Instituto do Oriente, ISCSP.
- República Popular da China – A Sede do Poder Estratégico (Mecanismos do Processo de Decisão), Edições Almedina, SA, Coimbra, 2005.

ROSS, Robert S., *Beijing as a Conservative Power*, Foreign Affairs, March/April 1997.
- *The Geography of Peace: East Asia in the Twenty-first Century* in The Rise of China, (editado por Michael Brown E. et al), The MIT Press, Massachussetts Institute of Technology, 2000.
- *China's Place in the World and U.S. Policy toward China*, Daxiyangguo, 2002, n.º 2, p. 11-27, Instituto do Oriente, ISCSP.

ROY, Denny, *Rising China and U.S. Interests: Inevitable vs. Contingent Hazards*, Orbis, A Journal of World Affairs, Vol. 47, No 1, Winter 2003, pp. 125-137.
- *China's Reaction to American Predominance*, Survival, vol. 45, no. 3, Autumn 2003, pp. 57-74, International Institute for Strategic Studies, London.

ROZMAN, Gilbert, *The Northeast Asian Regionalism Context*, Orbis, A Journal of World Affairs, Volume 48, Number 2, Spring 2004, 217-231, Pergamon.

SANDSCHNEIDER, Eberhard, *China's Diplomatic Relations with the States of Europe*, The China Quarterly number 169, School of Oriental and African Studies, University of London, Cambridge University Press, March 2002, pp. 33-44.

SANTOS, General Loureiro dos, Convulsões, Ano III da «Guerra» ao Terrorismo – Reflexões sobre Estratégia V, Publicações Europa-América, Mem Martins, 2006.
- O Império debaixo de Fogo, Ofensiva contra a Ordem Internacional Unipolar – Reflexões sobre Estratégia IV, Publicações Europa-América, Mem Martins, 2004.

SASAE, Kenichiro, *Rethinking Japan-US Relations*, Adelphi Paper 292, The International Institute for Strategic Studies, London, December 1994.

SCHELL, Orville, *China's Hidden Democratic Legacy*, Foreign Affairs, Volume 83, No 4, July/August 2004 (www.foreignaffairs.org).

SEGAL, Gerald, *China Changes Shape: Regionalism and Foreign Policy*, Adelphi Paper 287, The International Institute for Strategic Studies, London, March 1994.
- *Does China Matter?*, Foreign Affairs, September/October 1999.
- *East Asia and the "Constrainment" of China* in The Rise of China, (editado por Michael Brown E. et al), The MIT Press, Massachussetts Institute of Technology, 2000.

346   *A ascensão da China. Acomodação pacífica ou grande guerra?*

SELF, Benjamin, *China and Japan: A Façade of Friendship*, The Washington Quarterly, Winter 2002-03, p. 77-88, The Center for Strategic and International Studies and the Massachussets Institute of Technology.

SENGUPTA, Suraj, *Is China the Next Superpower* in Defense & Security Analysis Vol. 19, No 4, December 2003, p. 389-404.

SHAMBAUGH, David, *China's Military Views the World* in The Rise of China, (editado por Michael Brown E. et al), The MIT Press, Massachussetts Institute of Technology, 2000.

– *Containment or Engagement of China? Calculating Beijing's Responses* in The Rise of China, (editado por Michael Brown E. et al), The MIT Press, Massachussetts Institute of Technology, 2000.

SHAOHUA, Chen and RAVALLION, Martin, *Household Welfare Impacts of China's Accession to the World Trade Organization*, Policy Research Working Paper 3040, The World Bank, Washington, D.C., May 2003.

SHEN, Dingli, *China's Evaluation of the Adjustment to US Security Policy since September 11, 2001* in Defense & Security Analysis Vol. 19, No 4, December 2003, p. 319-326.

– *Can Alliances Combat Contemporary Threats?*, The Washington Quarterly, Spring 2004, p. 165-179, The Center for Strategic and International Studies and the Massachussets Institute of Technology.

SILVA, Beatriz Basto da, Cronologia da História de Macau, Direcção dos Serviços de Educação e Juventude, Macau, 1997 e 1998.

SILVA, Renelde Justo Bernardo da, A Identidade Macaense, Instituto Internacional de Macau, Macau, 2001.

SILVEIRA, André, *As Zonas Económicas Especiais, as Regiões Administrativas Especiais e Taiwan no Seio da Grande China* in Administração n.º 52, vol. XIV, 2001-2.º, 699-737, Direcção dos Serviços de Administração e Função Pública de Macau.

– *As Zonas Económicas Especiais da República Popular da China* in Administração n.º 53, vol. XIV, 2001-3.º, 1147-1183, Direcção dos Serviços de Administração e Função Pública de Macau.

SOARES, Mário, Discurso proferido na inauguração oficial das novas instalações da Missão de Macau em Lisboa, Lisboa, 22 de Maio de 1990, Arquivo Mário Soares, 404.004.

SPENCE, Jonathan D., The Search for Modern China, W. W. Norton & Company, New York, London, 1999.

STAR, S. Frederick, *A Partnership for Central Asia*, Foreign Affairs, Volume 84, No 4, July/August 2005 (www.foreignaffairs.org).

STORY, Jonathan, *La Chine sur la voie des réformes: métamorphose économique ou suicide politique*, Politique Etrangère, 2/2003, p. 351-365.

STUART, Douglas T. and TOW, William T., *A US Strategy for the Asia-Pacific*, Adelphi Paper 299, International Institute for Strategic Studies, Londres, Dezembro de 1995.

SUTTER, Robert, *China and Japan: Trouble Ahead?*, The Washington Quarterly, Autumn 2002, p. 37-49, The Center for Strategic and International Studies and the Massachussets Institute of Technology.

– *Why Does China Matter?*, The Washington Quarterly, Winter 2003-04, pp. 75-89, The Center for Strategic and International Studies and the Massachussets Institute of Technology.

SWAINE, Michael D., *Trouble in Taiwan*, Foreign Affairs, Volume 83, No 2, March/April 2004, p. 39-49.

SWAINE, Michael D. & TELLIS, Ashley J., Interpreting China's Grand Strategy: Past, Present and Future, Rand, 2000.

TAUBE, Markus, *The Development of Economic Relations between China and the various States of Europe since 1978*, Daxiyangguo: Revista Portuguesa de Estudos Asiáticos, Volume I, n. º 1, Instituto do Oriente, ISCSP, 2002.

– *Economic Relations between the PRC and the States of Europe* in The China Quarterly, nº 169, Londres, Março de 2002.

TOMÉ, Luís Leitão, A Segurança e a Estabilidade na Ásia Oriental, Colecção Milénio Hoje, Volume n.º 3, Instituto Internacional de Macau, 2001.

– *Novo Recorte Geopolítico Mundial: uma ordem uni-multipolar, uma grande guerra e o jogo de "contenções múltiplas"* in Nação e Defesa, Outono-Inverno 2003, n.º 106 – 2ª série, pp 77-119, Instituto da Defesa Nacional, Lisboa.

TSENG, Wanda e ZEBREGS, Harm, *Foreign Direct Investment in China: Some Lessons for Other Countries*, International Monetary Policy Discussion Paper, 2002.

VALENCIA, Mark J., *China and the South China Sea Disputes*, Adelphi Paper 298, International Institute for Strategic Studies, Londres, Outubro de 1995.

VASCONCELOS, Tiago, *As relações Macau-União Europeia*, Daxiyangguo: Revista Portuguesa de Estudos Asiáticos, n. º 3, p. 81-104, Instituto do Oriente, ISCSP, 2003.

– *O interesse Português na RAEM face à Estratégia da RPC*, Estudos sobre a China VIII, ISCSP, Lisboa, 2005.

VIANA, Vítor Rodrigues, Segurança Colectiva. A ONU e as Operações de Apoio à Paz, Edições Cosmos e Instituto de Defesa Nacional, Lisboa, 2002.

VIEIRA, Vasco Rocha, Um Futuro para Macau, Governo de Macau, Dezembro de 1999.

WACHMAN, Alan M., *The China-Taiwan Relationship: A Cold War of Words*, Orbis, A Journal of World Affairs, Volume 46, Number 4, Fall 2002, Pergamon.

WALDRON, Arthur, *How Would Democracy Change China?*, Orbis, A Journal of World Affairs, Volume 48, Number 2, Spring 2004, 247-261, Pergamon.

WALTZ, Kenneth N., Teoria das Relações Internacionais, Gradiva, 2002 (original de 1979).

WANG, James C. F., Contemporary Chinese Politics: An Introduction, Prentice Hall, New Jersey, 1999.

WANG Jisi, *China's Search for Stability With America*, Foreign Affairs, Volume 84, No 5, September/October 2005, pp. 39-48.

WANG Yuan-kang, *Taiwan's Democratization and Cross-Strait Security*, Orbis, A Journal of World Affairs, Volume 48, Number 2, Spring 2004, Pergamon.

WARD, Adam, *China and America: Trouble Ahead?*, Survival, vol. 45, no. 3, Autumn 2003, pp. 35-56, International Institute for Strategic Studies, London.

WEISBRODE, Kenneth, *Central Asia: Prize or Quicksand? Contending Views of Instability in Karabakh, Ferghana and Afghanistan*, Adelphi Paper 338, International Institute for Strategic Studies, Londres, Maio de 2001.

WENG, Byron S. J., *"One Country, Two Systems" from a Taiwan Perspective*, Orbis, A Journal of World Affairs, Volume 46, Number 4, Fall 2002, Pergamon.

WILSON, Dominic and PURUSHOTHAMAN, Roopa, *Dreaming with BRICs: The Path to 2050*, Global Economic Papers n°: 99, The Goldman Sachs Group, Inc., 1st October 2003.

WU Zhiliang, Segredos da Sobrevivência – História Política de Macau, Associação de Educação de Adultos de Macau, Macau, 1999.

XIA, Yeliang, *China's Institutional Change and Economic Development*, Daxiyangguo: Revista Portuguesa de Estudos Asiáticos, n. ° 6, p. 3-51, Instituto do Oriente, ISCSP, 2004.

YAHUDA, Michael, *The Degree of China's Integration into International Society*, Daxiyangguo, 2002, vol. I, n.° 1, p. 51-62, Instituto do Oriente, ISCSP.

– *China's attempts to woo Asia*, Daxiyangguo, 2003, n.° 3, p. 3-17, Instituto do Oriente, ISCSP.

– *European and American Approaches to Security in Asia: Different Beds, Same Dreams*, Daxiyangguo, 2004, n.° 5, p. 3-17, Instituto do Oriente, ISCSP.

YEE, Herbert, From Colony to Autonomous Region, Palgrave, New York, 2001.

YIN Bao-Yun, *The Role and Development of Democratic Elites in the PRC*, Daxiyangguo, 2002, vol. I, n.° 1, p. 63-77, Instituto do Oriente, ISCSP.

YOU, Ji, The Armed Forces of China, Allen&Unwin Pty Ltd, St Leonards NSW, Australia, 1999.

ZAKARIA, Fareed, *"Does the Future Belong to China?"*, Newsweek International, 2005 May 9.

ZHENG Bijian, *China's "Peaceful Rise" to Great-Power Status*, Foreign Affairs, Volume 84, No 5, September/October 2005, pp. 18-24.

ZWEIG, David and JIANHAI, Bi, *China's Global Hunt for Energy*, Foreign Affairs, Volume 84, No 5, September/October 2005, pp. 25-38.

Outros Documentos

– *Acordo Comercial e de Cooperação entre a Comunidade Económica Europeia e Macau* (extraído do site da União Europeia na internet).

– *Active Diplomacy for a Changing World: The UK's International Priorities*, Foreign & Commonwealth Office, Londres, Janeiro de 2006.

– *Annual Report on the Military Power of the People's Republic of China (FY04 Report to Congress on PRC Military Power pursuant to the Fiscal Year 2000 National Defense Authorization Act)*, Department of Defense, Washington D.C., Maio de 2004 (extraído do site do Departamento da Defesa dos EUA).

– *Annual Report on the Military Power of the People's Republic of China (FY05 Report to Congress on PRC Military Power pursuant to the Fiscal Year 2000 National Defense Authorization Act)*, Department of Defense, Washington D.C., Maio de 2005 (extraído do site do Departamento da Defesa dos EUA).

– *Annual Report on the Military Power of the People's Republic of China (FY06 Report to Congress on PRC Military Power pursuant to the Fiscal Year 2000 National Defense Authorization Act)*, Department of Defense, Washington D.C., Maio de 2006 (extraído do site do Departamento da Defesa dos EUA).

– *Annual Report on the Military Power of the People's Republic of China (FY07 Report to Congress on PRC Military Power pursuant to the Fiscal Year 2000 National Defense Authorization Act)*, Department of Defense, Washington D.C., Maio de 2007 (extraído do site do Departamento da Defesa dos EUA).

– *Annual Report on the Military Power of the People's Republic of China (FY08 Report to Congress on PRC Military Power pursuant to the Fiscal Year 2000 National Defense Authorization Act)*, Department of Defense, Washington D.C., Maio de 2008 (extraído do site do Departamento da Defesa dos EUA).

– *Charter of the United Nations and Statute of the International Court of Justice*, United Nations Department of Public Information, New York, April 1994.

– *China: Country Strategy Paper 2002-2006 & National Indicative Programme 2002-2004*, European Commission, Brussels, March 2002.

350 *A ascensão da China. Acomodação pacífica ou grande guerra?*

- *Commission Policy Paper for Transmission to the Council and the European Parliament "A maturing partnership – shared interests and challenges in EU-China relations"*, (COM (2003) 533 fin.), European Commission, Brussels, 10/09/03.

- *Communication from the Commission to the Council and the European Parliament "EU Strategy towards China: Implementation of the 1998 Communication and Future Steps for a more Effective EU Policy"*, COM (2001) 265 final, European Commission, Brussels, 15.05.2001.

- *Communication from the Commission "A Long Term Policy for China-Europe Relations* (COM (1995) 279/final), European Commission.

- *Communication from the Commission "Building a Comprehensive Partnership with China"* (COM(1998) 181), European Commission, Brussels, 25.03.1998.

- *Conceito Estratégico de Defesa Nacional (aprovado pela Resolução do Conselho de Ministros n.º 6/2003)*, Diário da República – I Série-B, n.º 16 – 20 de Janeiro de 2003, páginas 279 a 287.

- *Declaração Conjunta do Governo da República Portuguesa e do Governo da República Popular da China sobre a Questão de Macau*, Imprensa Oficial de Macau, Macau, Maio de 1995 (também publicada no Diário da República n.º 286, I Série, de 14 de Dezembro de 1987 – 2.º Suplemento).

- *Estatuto Orgânico de Macau*, Imprensa Oficial de Macau, Macau, Fevereiro de 1997.

- *EU-China Relations time for a fresh look, Speech by The Rt Hon Chris Patten, CH*, European Chamber of Commerce in China, Beijing, 21 May 2001.

- *Freedom of the Press 2003 – A Global Survey of Media Independence*, Freedom House, Rowman & Littlefield Publishers, Inc., New York, Toronto, Oxford, etc., 2003.

- *Joint Statement, Seventh EC-Macao Joint Committee*, Comissão Europeia, Bruxelas, 30 de Junho de 2000.

- *Lei Básica da Região Administrativa Especial de Macau da República Popular da China*, editada pelo Conselho Consultivo da Lei Básica da Região Administrativa Especial de Macau da República Popular da China, Macau, Abril de 1993.

- *Linhas de Acção Governativa, Ano Financeiro de 2003*, Governo da RAEM (www. macau.gov.mo).

- *Macau*, Revista propriedade do Gabinete de Comunicação Social de Macau (foram consultados os 92 números mensais da II Série, de Maio de 1992 a Dezembro de 1999).

- *Macau Informação*, Gabinete de Comunicação Social do Governo da Região Administrativa Especial de Macau, Novembro de 2000.

- *Mapping the Global Future, Report of the National Intelligence Council's 2020 Project*, National Intelligence Council, Washington, D.C., December 2004.
- *Overview on the EU's relations with Macao SAR*, Direcção-Geral das Relações Externas da Comissão Europeia, Junho de 2001.
- *Primeiro Relatório Anual da Comissão Europeia sobre a Região Administrativa Especial de Macau (COM(2001) 432 final)*, Relatório da Comissão das Comunidades Europeias ao Conselho e ao Parlamento Europeu, Bruxelas, 25 de Julho de 2001.
- *Programa do XV Governo Constitucional*, Presidência do Conselho de Ministros, Lisboa, 2002.
- *Relatório da Comissão ao Conselho e ao Parlamento Europeu sobre a execução da Comunicação "Desenvolvimento de uma parceria global com a China"*, COM (2000) 552 final, Comissão Europeia, Bruxelas, 08.09.2000.
- *Relatório das Linhas de Acção Governativa para o Ano Financeiro de 2002*, Governo da Região Administrativa Especial de Macau (apresentado à Assembleia Legislativa da RAEM pelo Chefe do Executivo Ho Hau Wah em 20 de Novembro de 2001 e publicado pelo Boletim Oficial da RAEM – I Série, n.º 12, 25-3-2002).
- *Report on China's EU Policy*, China Institute of Contemporary International Relations, Vol. 11, No. 8, Beijing, July 2001.
- *Report on the Communication from the Commission to the Council and the European Parliament: The European Union and Macau: beyond 2000 (COM (1999) 484 – C5-0169/2000/2099(COS))*, European Parliament, Committee on Foreign Affairs, Human Rights, Common Security and Defence Policy (Rapporteur: Mário Soares), 25 de Janeiro de 2001.
- *Segundo Relatório Anual da Comissão Europeia sobre a Região Administrativa Especial de Macau – 2001 (COM(2002) 445 final)*, Relatório da Comissão das Comunidades Europeias ao Conselho e ao Parlamento Europeu, Bruxelas, 31 de Julho de 2002.
- *Statement on Macau* (Discurso perante o Parlamento Europeu do Comissário para as Relações Externas, Christopher Patten), Estrasburgo, 14 de Dezembro de 1999.
- *The dragon and the eagle, A survey of the world economy*, The Economist, October 2nd 2004.
- *The European Union's Relations with Macau*, Comissão Europeia, Direcção-Geral I: Relações Externas: Política Comercial e Relações com a América do Norte, o Extremo Oriente, a Austrália e a Nova Zelândia, Unidade para a China, Coreia, Hong Kong, Macau e Taiwan, Bruxelas, Maio de 1997.
- *The National Security Strategy of the USA*, White House, Washington D.C., 23 September 2002.

- *The National Security Strategy of the USA*, White House, Washington D.C., Abril de 2006.
- *The new titans, A survey of the world economy*, The Economist, September 16th 2006.
- *The World's Most Repressive Regimes 2003 – A Special Report to the 59th Session of the United Nations Commission on Human Rights, Geneva, 2003* in *Freedom in the World 2003 – The Annual Survey of Political Rights & Civil Liberties*, Freedom House, New York, 2003.
- *World Investment Report 2005, Transnational Corporations and the Internationalization of R&D*, United Nations Conference on Trade and Development, United Nations, New York and Geneva, 2005.

Principais sites da internet consultados

http://www.europa.eu.int
    (Comissão Europeia)

http://www.macau.gov.mo
    (Governo da RAEM)

http://www.ipri.pt
    (resenha de imprensa diária do Instituto Português de Relações Internacionais)

http://www.china.org.cn
    (Governo da RPC)

http://www.firstgov.gov
    (Governo dos EUA)

Principais agências, jornais e revistas consultados[128]

Lusa (www.lusa.pt)

Diário de Notícias (www.dn.pt)

Público (www.publico.pt)

Expresso (www.expresso.pt)

Visão (www.visaonline.pt)

Focus (html.impala.pt/revista)

Jornal Tribuna de Macau (www.jtm.com.mo)

The Economist (www.economist.com)

Newsweek (www.newsweek.com)

Time (www.time.com)

El País (www.elpais.com)

Military Technology

Jane's Defence Weekly (jdw.janes.com)

---

[128] As datas e os títulos dos artigos dos periódicos e dos despachos das agências noticiosas, de que se extraíram referências ou citações, estão completamente identificados no texto. Mas apenas um ou outro, mais importante, é listado na bibliografia. Quando aplicável, também se mencionam os autores dos artigos e a(s) página(s) (não sendo por vezes possível indicar a página quando o artigo foi extraído de uma edição on-line).